TALVEZ VOCÊ TAMBÉM GOSTE

Tom Vanderbilt

Talvez você também goste
Por que gostamos do que gostamos numa era de opções infinitas

TRADUÇÃO
Débora Landsberg

Copyright © 2016 by Tom Vanderbilt

Grafia atualizada segundo o Acordo Ortográfico da Língua Portuguesa de 1990, que entrou em vigor no Brasil em 2009.

Título original
You May Also Like: Taste in an Age of Endless Choice

Capa
Filipa Pinto e Eduardo Foresti

Preparação
Diogo Henriques

Índice remissivo
Probo Poletti

Revisão
Márcia Moura
Ana Maria Barbosa

Dados Internacionais de Catalogação na Publicação (CIP)
(Câmara Brasileira do Livro, SP, Brasil)

Vanderbilt, Tom
    Talvez você também goste: por que gostamos do que gostamos numa era de opções infinitas / Tom Vanderbilt ; tradução Débora Landsberg. – 1ª ed. – São Paulo : Objetiva, 2017.

    Título original: You May Also Like: Taste in an Age of Endless Choice.
    ISBN 978-85-470-0028-8

    1. Comportamento 2. Escolha (Psicologia) 3. Estética – Aspectos psicológicos 4. Preferências dos consumidores I. Título.

| 17-00675 | CDD-153.83 |

Índice para catálogo sistemático:
1. Escolha : Psicologia 153.83

[2017]
Todos os direitos desta edição reservados à
EDITORA SCHWARCZ S.A.
Praça Floriano, 19 — Sala 3001
20031-050 – Rio de Janeiro – RJ
Telefone: (21) 3993-7510
www.companhiadasletras.com.br
www.blogdacompanhia.com.br
facebook.com/editoraobjetiva
instagram.com/editora_objetiva
twitter.com/edobjetiva

para Sylvie
por se perguntar o porquê

Sumário

Introdução 9
    Qual é sua cor preferida (e por que você nem sequer tem uma)?

1. O que você vai querer? 29
    Refletindo sobre nosso gosto por comida

2. A culpa não é das estrelas, é nossa 80
    O gosto em uma época conectada

3. Em que medida nosso gosto é previsível? 122
    O que sua playlist diz sobre você (e o que você diz sobre sua playlist)

4. Como saber do que gostamos? 167
    Êxtases e angústias da arte

5. Por que (e como) os gostos mudam 223

6. Cerveja, gatos e terra 269
    Como os especialistas decidem o que é bom?

Conclusão 325
    Notas de degustação: como gostar

Notas 331

Índice remissivo 433

Introdução

Qual é sua cor preferida (e por que você nem sequer tem uma)?

E me dizeis, amigos, que não se discutem gostos e sabores?
Mas toda a vida é discussão sobre gostos e sabores!
Friedrich Nietzsche, *Assim falou Zaratustra*

"Qual é sua cor preferida?"

A pergunta partiu, na caminhada matinal até a escola, da minha filha de cinco anos, que andava obcecada por "preferidos" — declarar os dela, saber os meus.

"Azul", respondi, me sentindo o próprio macho ocidental (o Ocidente adora o azul, os homens um pouco mais do que as mulheres).

Uma pausa. "Então por que seu carro não é azul?"

"Bom, eu gosto de azul, mas não muito para carros."

Ela processa a informação. "Minha cor preferida é vermelho." A afirmativa marca uma mudança. Na semana anterior era rosa. O verde parece estar surgindo na linha do horizonte.

"Foi por isso que hoje você botou a calça vermelha?", indago.

Ela sorri. "Você tem alguma calça vermelha?"

"Não", respondo. Quando eu morava na Espanha, comprei e usava uma calça vermelha porque notei que os espanhóis usavam a peça. Depois de me mudar para Nova York, onde quase nenhum homem vestia calça vermelha, ela ficou guardada na gaveta. O que era popular em Madri, ao menos sob meu ponto de vista, era vanguardista demais para os Estados Unidos por volta de 1991. Mas não expliquei nada disso a ela.

"Você devia arrumar uma calça vermelha."

"Acha mesmo?"

Ela faz que sim. "Qual é seu número preferido?"

A pergunta me pega de surpresa. "Hum, não sei se tenho um número preferido." Então sugiro: "Talvez oito". Ao dizer isso, tento entender o porquê. Quem sabe não é porque quando menino eu achava esse número o mais divertido de escrever?

"O meu é seis", ela declara.

"Por quê?"

Ela enruga a testa, dá de ombros. "Sei lá. Eu gosto."

Por que gostamos do que gostamos? Em nossa breve conversa, eu e minha filha levantamos pelo menos cinco princípios importantes da ciência das preferências. Primeiro, elas tendem a ser *categóricas*: eu gosto de azul, mas não para carros (e por que não?). É possível gostar de suco de laranja, mas não em coquetéis. Segundo, em geral elas são *contextualizadas*. A calça que me fascinava em Madri não me caía tão bem em Nova York. Você provavelmente já levou para casa algum suvenir de viagem (alpargatas, um lençol colorido) que era encantador no local da compra mas agora vive um exílio tenebroso dentro do armário. As pessoas compram menos carros pretos quando faz calor e pagam mais por casas com piscina no verão.[1] Em terceiro lugar, via de regra, as preferências são *construídas*. Quando ouvi a pergunta sobre meu número preferido, um dígito passou primeiro pela minha cabeça, trazendo em seu encalço as justificativas possíveis. Quarto, são *comparativas* por natureza. Mesmo antes de falarem, os bebês parecem simpatizar mais com quem tem o mesmo gosto do que com aqueles que não o compartilham. Em um estudo bem construído (e sem dúvida divertido de assistir), os bebês escolhem primeiro entre duas comidas.[2] Depois são exibidas marionetes "gostando" ou "desgostando" das mesmas comidas. Quando as marionetes eram apresentadas aos bebês, os pequenos participantes tendiam a escolher as que "gostavam" da comida que eles gostavam. O enlouquecedor é que as preferências raramente são *congênitas*: por mais que tentemos influenciá-los, por mais material genético que tenhamos em comum, as predileções dos nossos filhos dificilmente coincidem com a de seus pais no que quer que seja.[3]

Minha filha e eu encerramos a conversa com a conclusão mais conhecida de todos a respeito de gostos e preferências: é muito difícil explicá-los. Quase três séculos atrás, o filósofo Edmund Burke, em um dos primeiros ensaios mais profundos sobre gostos, reclamou que "essa faculdade delicada e etérea, que parece volúvel demais e não sobrevive sequer às correias de uma definição, não pode ser devidamente testada por meio de exame algum, tampouco regulada por qualquer padrão".[4]

Aqueles que lutam para entender o gosto às vezes sugerem não haver nada a explicar. Conforme o polêmico argumento dos economistas ganhadores do prêmio Nobel George Stigler e Gary Becker, "nenhum comportamento digno de nota foi esclarecido pela suposição de gostos diferentes".[5] Como qualquer comportamento — a queda da minha filha pelo número seis — poderia ser atribuído apenas a uma predileção pessoal, pode-se ter a impressão de que preferências "explicam tudo e portanto nada".[6] Discutir gostos, Stigler e Becker dão a entender, seria como discutir as Montanhas Rochosas: "ambas estão lá, continuarão lá no ano que vem e são iguais para todos os homens".

No entanto, as Montanhas Rochosas *estão* mudando, como observou um economista, mas não a uma velocidade perceptível.[7] Como psicólogos, com o auxílio cada vez maior dos neurocientistas, demonstraram pesquisa após pesquisa, os gostos mudam, muitas vezes no desenrolar de um único experimento: gostamos mais de comida quando certa música está tocando; gostamos menos de determinada música quando descobrimos algum fato detestável sobre o compositor.

Nossos gostos parecem eternamente "adaptáveis", para usar o termo predileto do influente teórico norueguês da ciência política Jon Elster.[8] Usando a fábula das uvas verdes, na qual uma raposa azarada, não conseguindo alcançar o cacho de uvas que deseja, lhes dá o rótulo de "verdes", Elster destaca que, em vez de simplesmente passar à alternativa predileta *seguinte* — como teóricos da "escolha racional" poderiam imaginar —, a raposa "rebaixa" retroativamente as uvas. Elas não estavam azedas, tampouco a raposa deixou de gostar de uvas. As preferências, Elster defendeu, também podem ser "contra-adaptáveis": não conseguir pegar as uvas, em outra situação, poderia apenas aumentar o desejo que a raposa sentia de comê-las. Em ambos os casos, a preferência parece ser moldada pelas limitações do momento, e a questão se agiganta: qual é a *verdadeira* preferência da raposa em relação a uvas?

Enquanto economistas tendem a pensar que uma escolha "revela" uma preferência,[9] psicólogos geralmente suspeitam que a escolha *cria* a preferência. Imagine a raposa fazendo uma "livre escolha" entre uvas e cerejas e depois relatando que gosta mais daquilo que escolheu: ela escolheu o que quer ou quer o que escolheu?[10] As duas opções podem estar certas, pois a tentativa de entender o gosto é um processo escorregadio. Você já deve estar se perguntando: estamos discutindo a experiência sensorial do gosto? Ou o gosto de uma pessoa para roupas? Ou o que a sociedade acha que é "bom gosto"? Há uma correlação sutil entre todos esses aspectos: é possível que a raposa curtisse o gosto das uvas, mas também que gostasse da sensação de ser o único animal capaz de curtir as uvas.

Por enquanto, pense no gosto como as coisas de que uma pessoa gosta (pelo motivo que for). Porém, ela ainda tem de identificar os gostos; observar quem tem esses gostos; tentar justificar por que gosta; depois, tentar explicar por que outras pessoas (que podem ser bastante similares em relação a outras variáveis) *não* gostam; tentar descobrir por que os gostos mudam; para que existem os gostos; e assim por diante. Segundo resumiu o crítico de design Stephen Bayley, içando a bandeira da rendição, "uma história acadêmica do gosto não é exatamente difícil: é impossível".[11] E, no entanto, creio ser possível explicar as preferências. Podemos discernir por que e como adquirimos gostos ou o que acontece quando expressamos a predileção por algo entre um monte de coisas.

Qual é *seu* número preferido? Se você for como a maioria das pessoas, sua resposta foi "sete". Sete — de novo, no Ocidente — é o azul dos números. Os dois foram escolhidos juntos tantas vezes numa série de experiências da década de 1970 que psicólogos começaram a falar do "fenômeno azul sete"[12] quase como se tivessem alguma relação. Deixando de lado a cor por um instante, por que o sete seria o predileto?

Assim como a maioria das preferências, a resposta é uma mistura de aprendizado cultural, parcialidade psicológica e propriedades internas sob a influência do contexto da escolha. A razão mais simples para sete ser o predileto é o fato de ele ser popular do ponto de vista cultural. É o número "da sorte", provavelmente por ser "o número sagrado por excelência",[13] conforme descreveu um pesquisador, com aparições dignas de nota "na Bíblia e na literatura rabínica". Talvez por isso nossa capacidade de manter séries de coisas na memória operacional caia no "mágico" sete.[14]

Ou vai ver que existe algo no sete. Se pedimos que digam o primeiro número entre um e dez que lhes vem à cabeça, as pessoas em geral dizem sete (em seguida vem o três). Pode ser que elas queiram optar pela alternativa que pareça mais "aleatória", que tudo indica, por razões obscuras de "matematicidade", ser o sete. Dá para imaginar o processo mental: "Um ou dez? Óbvio demais. Cinco? Fica bem no meio. Dois? Números pares parecem menos aleatórios que ímpares, não é? Zero? Zero é número?". Por ser primo, o sete parece menos relacionado a outros números, portanto mais aleatório: é independente; vem desacompanhado de padrões. Mas, apesar de seu poder, quando o contexto é alterado — pense em um número entre seis e 22 —, de repente o sete deixa de ser a opção principal. E no entanto sua influência permanece: o dezessete agora sai ganhando.[15]

Todos os dias nos pedem para determinar, de várias formas diferentes, por que gostamos mais de uma coisa do que de outra. Por que você mudou a estação de rádio quando uma música começou a tocar? Por que você "curtiu" uma publicação no Facebook e não aquela outra? Por que você optou pela limonada em vez da coca zero? Por um lado, essas escolhas são maneiras triviais e mundanas que temos para organizar nosso universo, assim como "organizamos" o café da manhã: "Como você quer o ovo? Pão branco ou integral? Linguiça ou bacon?". Por mais triviais que pareçam essas escolhas, não é difícil perceber o desagrado que causam quando são mal-interpretadas. Por outro lado, essas preferências podem ter se metamorfoseado em gostos amplos, arraigados, que ajudam a definir quem somos: "Eu *amo* música country"; "Adoro a pronúncia da língua francesa"; "Não gosto de filmes de ficção científica".

Sobre os motivos de tamanha obsessão da minha filha por predileções, há poucas pesquisas a respeito.[16] Com uma dose de susto, notei que em uma das raras menções a um "número preferido" que achei na literatura científica, ele estava relacionado a transtornos obsessivo-compulsivos.[17] Sem uma grande teoria, não é difícil imaginar "prediletos" como símbolos de identidade facilmente compreensíveis, adquiridos a preço de banana, como formas de alguém se afirmar no mundo e entender os outros, de se mostrar ao mesmo tempo igual *e* diferente das pessoas. Não à toa, uma das primeiras informações que minha filha me dá sobre um novo amigo, depois de mencionar a data de aniversário da criança, é sua cor preferida.

É natural supor que com a idade deixamos para trás esse redemoinho sempre mutante de preferências e nos tornamos portadores racionais de gostos estáveis. Mas não é sempre esse o caso. Por exemplo, é normal, como que por superstição, termos predileção por coisas que não tenham superioridade intrínseca sobre outras.

Quando, digamos, você entra em um banheiro público, tem preferência por uma cabine? Imaginando que todas estejam abertas, você entra na que fica na ponta ou na do meio? De acordo com pelo menos um estudo, conduzido no "banheiro público de uma praia da Califórnia"[18] (e evidentemente demonstrado nas fronteiras da ciência social), as pessoas davam preferência às do meio em detrimento das cabines das pontas. Os fregueses não foram questionados, mas é de imaginar que tivessem suas razões, assim como ao escolher um número. A primeira cabine talvez parecesse muito próxima da porta e a última talvez parecesse distante demais. Portanto, uma no meio é "perfeita". É a melhor opção? Depende dos critérios (por ironia, essas cabines preferidas talvez sejam as menos limpas, segundo um microbiólogo que mediu a quantidade de bactérias).

Para dar outro exemplo com banheiros, não há base fortemente funcional para o papel higiênico ficar pendurado "por cima" ou "por baixo" do rolo. Tanto num caso como no outro, ele já deixou alguma vez de funcionar adequadamente?[19] Por mais inconsequente que tal preferência pareça, a jornalista Ann Landers, que escreve uma coluna de aconselhamento aos leitores, deu a famosa declaração de que o assunto gerava mais correspondências do que qualquer outro tema — aborto, controle de armas — com que lidava.[20]

Vai ver que a natureza íntima dos banheiros traz à tona convicções curiosamente polêmicas. Mas preferências podem ser tão instáveis que dão a impressão de ser o que os psicólogos chamam de "preferências imotivadas" ou preferências que parecem surgir sem nenhuma razão. Essas preferências são, segundo a descrição de um estudo, "um pouco de detrito experimental que as teorias psicológicas meticulosas ainda precisam varrer". Talvez empreguemos uma regra invisível e mal externada ao fazer tais escolhas, uma regra que nos ajuda, basicamente, a escolher sem fazer escolhas. Ainda assim, a ideia de que a maioria das pessoas se acomoda na mesma preferência seria um indício de que muitas escolhas aparentemente arbitrárias podem ter por trás algum raciocínio (e portanto não serem de fato imotivadas).

Mas de onde *vem* essa preferência? Um exercício clássico da linguística é perguntar às pessoas qual de uma série de palavras (por exemplo, "blick" ou "bnick") poderia, de uma perspectiva realista, existir na língua inglesa. Não é preciso ser um campeão das palavras cruzadas para saber que "blick" é a mais provável, pelo simples fato de existirem palavras em inglês que começam com "bl", mas nenhuma com "bn". Mas o que acontece, indaga o linguista do MIT Adam Albright, quando se pede às pessoas que escolham a palavra preferida dentre uma série de palavras em que *todas* são inverossímeis — "bnick", "bdick", "bzick"? Como e por que alguém prefere algo quando há pouca base sólida para haver preferência e no entanto é *necessário* escolher uma das alternativas (no que é chamado de exercício de "escolha forçada")? Se as pessoas parecem gostar mais de "bnick", é por ela ser a mais parecida com outras palavras do inglês (ainda que não seja)?[21] Ou é por causa de uma "tendência fonológica" inerente, isto é, gostamos mais da sonoridade de um "cluster inicial" — nome que os linguistas dão às duas consoantes no início de "bnick" e "bzick" — do que de outro quando os pronunciamos? Ao que tudo indica a resposta está em alguma combinação inefável do que aprendemos e o que preferimos por natureza. Como aprender a gostar das coisas em geral acontece abaixo do nível da consciência, pode ser difícil separar uma coisa da outra.

O que nos leva de volta ao azul. Pouco depois de minha filha se manifestar, fui a Berkeley visitar Stephen Palmer, professor de psicologia da Universidade da Califórnia que dirige o Laboratório de Percepção Visual e Estética, via de regra chamado simplesmente de Palmer Lab. Palmer e os colegas elaboraram uma das teorias mais fascinantes sobre os motivos pelos quais gostamos das cores de que gostamos.

Quando nos sentamos em sua tumultuada sala no porão, onde uma reprodução da *Noite estrelada* de Van Gogh aliviava um pouco o ambiente institucional, Palmer me contou que seu interesse por estética veio da atuação como fotógrafo amador (ele pintou a *Noite estrelada* para uma aula de artes que frequentou para entender melhor a prática artística). Assim como acontece com toda arte, o curso abarcava a descoberta de uma série de preferências: o que eu quero fotografar? Qual ângulo cria a melhor fotografia? Onde posicionar o objeto? É típico que ensinem fotógrafos aspirantes como Palmer a usar a famosa "regra dos terços", posicionando o objeto focal da obra em um espaço próximo às linhas que dividem a imagem, na horizontal e na vertical, em três partes. E, no entanto, quando ele pediu aos voluntários que classificassem sua simpatia por fotos ou lhes deu câmeras e pediu que produzissem as imagens que tivessem vontade, a preferência esmagadora foi por colocar os objetos retratados no *meio* da peça.

O que traz à baila outra questão: por que os artistas são ensinados a produzir imagens de que as pessoas parecem não gostar? Por que a preferência dos artistas não coincide com a preferência geral?[22] Palmer inquiriu uma gama de estudantes de arte e de música (como grupo de controle, incluiu alunos de psicologia) quanto à "preferência por harmonia", conforme denominou; eles escutaram compositores diversos, viram diversas combinações de cores, olharam círculos dispostos em pontos distintos de retângulos.[23] Os participantes chegaram a certo consenso quanto ao que era harmonioso (Maurice Ravel mais que Arnold Schoenberg, mais propenso à atonalidade). Mas, no que dizia respeito aos estudantes de arte e música, o *gosto* começou a divergir quanto ao que consideravam harmonioso.

Era esnobismo? A educação artística diminui o interesse do estudante pela harmonia ou quem tem menos predileção por harmonia se torna artista? Palmer não tem certeza. É possível que, quanto mais estuda arte, mais a pessoa precise de um estímulo "mais forte" para manter o interesse. "Acho que parte disso é uma superexposição", Palmer cogitou. "Creio que fiquemos entediados com a mesma coisa. Você começa tentando composições espaciais onde a parte importante fica no meio do plano, mas depois começa a achar meio enfadonho. Além do mais, os professores reforçam a ideia de inovação e dizem sem rodeios que você não deve pôr as coisas no centro do quadro."

Artistas ou leigos, todos reagem à estética. É impossível não pensar — seja no nível consciente ou não — se gostamos ou desgostamos de algo. Dias após o nascimento, os bebês demonstram forte predileção por olhar o rosto de quem os olha.[24] Assim, o que há no azul que leva tantas pessoas a gostarem dele? Desde o alvorecer da psicologia, quando o pesquisador pioneiro Joseph Jastrow distribuiu amostras de cores na Feira Mundial de Chicago, em 1893, questionando milhares de visitantes, as pessoas de modo geral põem o azul no topo da lista.[25]

Ele simplesmente acerta um ponto fraco cromático? Se nascemos com esse amor pelo azul, porém, é de esperar que a maioria dos bebês o prefira. Em um estudo, Palmer fez com que participantes bebês (pelo menos os que não foram descartados por "irritabilidade geral")[26] olhassem pares de círculos coloridos. O "tempo de olhar" é utilizado como indicador universal de preferência infantil (e, um pouco menos, adulta): quanto mais tempo olhando, mais você gosta. Aos participantes adultos se aplicou o mesmo teste. Embora o azul, como já se esperava, tenha sido a cor que os adultos foram mais propensos a passar o tempo olhando, os bebês não só não demonstraram preferência categórica pelo azul como um apreço peculiar pelo "amarelo-escuro". Por acaso essa é uma das cores de que os adultos normalmente *não gostam* (Palmer adota uma designação científica própria para essa gama de amarelos amarronzados: "cores de cocô nojento").

O que estava acontecendo? Palmer e sua colega, Karen Schloss, têm uma ideia — chamada de teoria da valência ecológica — capaz de explicar tanto a preferência dos adultos como a dos bebês. A tese é de que gostamos da cor das *coisas* de que mais gostamos. O método experimental deles é elegante em sua simplicidade. Primeiro, pediram que um grupo de voluntários avaliasse o quanto gostavam de 32 cores. Depois, pediram que outro grupo citasse, em vinte segundos, o máximo de coisas possível que tivessem aquela cor. A um último grupo pediram que classificasse o quanto gostavam daquelas coisas. Aquilo de que gostavam predizia, 80% das vezes, de quais cores gostavam. Não é nenhuma surpresa que o azul assumisse o pódio, pois pense no que o azul evoca: céu claro, água limpa. Quem não gosta dessas coisas — aliás, quem não precisa delas para sobreviver? Será que a predominância de camisetas azuis e calças cáqui no guarda-roupa dos homens tem algo a ver com a natureza? "Acontece na praia", o jornalista Peter Kaplan comentou uma vez, ao falar de sua roupa predileta: camiseta azul-claro e calça bege.[27] "O mar encontra a orla." Quem não gosta do litoral?

Em comparação, uma cor como amarelo amarronzado, que não se saiu bem no teste de Palmer, pode trazer à tona uma série de conotações desagradáveis: muco escuro, vômito, pus, o carro Pacer dos anos 1970. Mas então por que os bebês têm tanto carinho pelos tons escuros do amarelo?

A beleza da teoria é o fato de abarcar a ideia de que a preferência por uma cor, assim como a preferência por comida, pode ser tanto arraigada de modo evolucionário (gostamos do que é bom para nós) como uma função do aprendizado adaptativo (aprendemos sobre o que nos leva a nos sentir bem). Bebês, afinal de contas, ainda não aprenderam a associar coisas como fezes à repugnância — como qualquer pai ou mãe que já travou uma batalha no trocador pode atestar. Também pode ser — Palmer sugere, "para criar uma história", do tipo que as narrativas evolucionárias precisam ser, de um modo ou de outro — que o "apreço" dos bebês pela gama amarelo amarronzada se deva à semelhança com o mamilo da mãe, do qual acabam se distanciando ou aprendem a desgostar.

A teoria da valência ecológica foi testada de outras maneiras. Quando Palmer e seus colegas questionaram alunos de Berkeley e Stanford a respeito de um leque de cores, descobriram que os estudantes preferiam as cores da própria instituição às da faculdade rival.[28] Quanto mais gostavam da faculdade, mais gostavam das cores. Segundo Palmer, isso indica que preferências de cor vêm mais da ligação do que das cores em si; é pouco provável, afinal, que alguém estude em Berkeley por gostar de azul e dourado. Mostre às pessoas imagens de coisas positivas que são vermelhas (morango, tomate), e o apreço que afirmam ter pelo vermelho sobe. Apresente fotos de feridas abertas ou uma cicatriz, e o entusiasmo pelo vermelho mingua um pouco. Questione democratas e republicanos no dia das eleições, e o gosto deles por azul ou vermelho, as cores ultimamente associadas a cada um dos partidos, sobe ligeiramente.[29]

Converse com pessoas da indústria das cores e elas descreverão uma versão do aprendizado adaptativo bem similar à valência ecológica. Leatrice Eiseman, a renomada consultora cromática (ela insistiu que a HP lançasse um computador azul-petróleo alguns meses antes de a Apple pôr à venda o revolucionário iMac), observa que as pessoas podem, de início, ter aversão a uma cor como verde-limão — que de vez em quando vive suas temporadas de tom badalado —, mas depois passarem a vê-la de outra forma. "Chamo isso de visão periférica", ela me contou. "Ah, olha o verde-limão ali e o verde-limão lá. Hum, até que ele não é tão feio assim; não cairia mal numa blusa." E de repente você esquece por que não gostava dele. Como Tom Mirabile, um executivo da Lifetime Brands (empresa que foi vanguardista ao levar utensílios que não eram brancos à cozinha), descreveu, "você vê por um tempo e começa a achar que é algo que quer ver".

Alguns argumentam, dando a entender que a teoria de todas-as-escolhas-são-construídas foi longe demais, que preferências por artigos como bens de consumo podem ser "inatas", no sentido de que existiriam desde o princípio, sepultadas como lembranças recalcadas, aguardando por serem desvendadas.[30] O iPhone, prossegue o argumento, nos fez perceber que na verdade as pessoas não preferiam teclados mecânicos em smartphones (como muitos então insistiam). E no entanto a cultura muitas vezes está à espreita detrás de preferências supostamente "naturais". A noção de que o rosa é "por natureza" uma cor de meninas é comprometida pelo fato de que no começo do século passado o rosa era considerado a cor dos *meninos*.[31] O mais provável é que as meninas gostem de rosa por verem outras meninas de roupa rosa. Pois mesmo que as meninas realmente tivessem um leve favoritismo por tons "avermelhados", como alguns estudos revelam, isso não explicaria por que o rosa não é visto como uma cor conveniente para bicicletas de meninos ou o vermelho é tão raro nas bicicletas das meninas — e, aliás, por que é tão raro vermos bicicletas rosa feitas para mulheres adultas.

E assim começa uma espécie de ciclo de realimentação: quanto maiores as chances de alguém ver uma cor, e quanto mais o fato de ver a cor se associa a experiências positivas (um bolo rosa na festa de aniversário de uma menina, a camiseta roxa de um homem), maior será o gosto da pessoa pela cor. Quanto mais alguém gosta de uma cor, mais a usará para criar outras experiências positivas: o vermelho fica lindo em uma Ferrari, por que não em um liquidificador? Segundo a descrição de Palmer, "passamos pelo mundo acumulando essas estatísticas de associações cromáticas a coisas de que gostamos em contraste com as de que não gostamos; em certo sentido, estamos sempre atualizando essas informações". Assim como minha filha vivia reavaliando suas predileções, Palmer afirma que nós "computamos esses dados espontaneamente". Uma cor predileta é como um registro cromático de tudo que já o levou a se sentir bem.

De repente, alguns anos atrás, comecei a notar o quanto, no decorrer de um dia normal, me perguntavam se eu gostava ou não de alguma coisa (às vezes era eu quem me fazia a pergunta), e como a resposta muitas vezes era confusa. A saber:

"Eu vi esse filme." "Você gostou?" "É, mais ou menos."

Ou:

"Nós fomos naquele restaurante tailandês novo." "É bom?" "É bom, mas não tanto quanto eu esperava."

E, invariavelmente:

Sua opinião é muito importante para nós. Avalie seu grau de satisfação numa escala de 1 a 5 (1 = muito satisfeito, 5 = muito insatisfeito). Obrigado.

Mas o que isso tudo realmente significa? Quantas gradações podem haver numa experiência hedonista — cinco é o bastante? O que significa "curtir" uma postagem no Instagram? Que gostei do teor da imagem, da maneira como foi fotografada ou de quem a publicou? A minha curtida dependeu da quantidade de pessoas que tinham ou não curtido? *Não* "curtir" seria dizer que não curti mesmo? Eu não estava nem sequer consciente do que se passava pela minha cabeça enquanto os impulsos elétricos viajavam do cérebro para o dedo? Pesquisas mostram que a mera presença de um rosto em uma fotografia do Instagram aumenta o número de curtidas em cerca de 30% (não importa se velho ou jovem, masculino ou feminino, se é apenas uma pessoa ou se são dez — basta haver um rosto).[32] Esse fato foi conscientemente levado em conta na minha decisão de mexer o dedo?

Deparamo-nos com um número cada vez maior de coisas para descobrir se gostamos ou não, mas ao mesmo tempo existem menos normas e padrões universais que sirvam de base para nos ajudar na decisão. On-line, navegamos na onda das opiniões alheias — a resenha com quatro estrelas do Yelp, o dedão para baixo no YouTube —, mas quais juízos merecem atenção? Quando se pode ouvir basicamente qualquer canção do mundo, como resolver o que escutar e saber se você gostou da música? O mundo é caótico: as comidas e modas que antigamente eram de difícil acesso se tornaram corriqueiras, enquanto coisas antes corriqueiras foram elevadas a assuntos de especialistas. Se é "tudo bom", existe algo ruim?

Quero fazer as perguntas que raramente fazemos porque formulamos nossas reações hedonistas e estéticas cada vez mais rápido. Gostar e não gostar são apenas situações opostas do mesmo espectro ou são coisas diferentes?[33] Como é que passamos a gostar do que antes não gostávamos? Até que ponto o gosto pode ser quantificado? Por que o gosto dos especialistas e dos leigos costuma divergir? Será que o prazer de gostar de algo que você imagina ter o dever de gostar pode substituir a contento o apreço por algo por gosto verdadeiro? Conhecemos o nosso gosto ou gostamos do que conhecemos?

Em 2000, uma equipe de neurocientistas italianos divulgou um caso incomum envolvendo um idoso que sofria de demência frontotemporal.[34] De repente, ele adquiriu o gosto por música pop italiana, gênero a que antes se referia como "mero barulho" (anteriormente gostava sobretudo de música clássica). Não que tenha exatamente "esquecido" dos gostos antigos; em pacientes com Alzheimer, por exemplo, preferências estéticas parecem sobreviver, ainda que outras lembranças se esvaiam.[35] Pesquisadores sugeriram que os efeitos neurais de seu tratamento talvez tenham despertado nele o apetite por novidades.

Essa mudança rápida e substancial de gosto levanta várias questões. Até que ponto estamos abertos a mudar de gosto? O que acontece no cérebro quando percebemos que deixamos de desgostar de algo, quando chegamos à conclusão de que o "mero barulho" na verdade pode ser uma música agradável? Será que alguns de nós, por conta da arquitetura neural, são mais abertos a novidades ou mais predispostos a gostar de certas misturas de tom e ritmo?

Vamos imaginar que a condição do sujeito tenha destravado dentro dele uma preferência já existente — mas reprimida — por música pop. A ideia parece absurda. Porém até que ponto conhecemos mesmo nossos próprios gostos, essas coleções de preferências e predisposições?

Em uma experiência conduzida em uma feira agrícola da Alemanha, pediu-se que as pessoas provassem duas amostras de ketchup.[36] Ambas eram do mesmo tipo fabricado pela Kraft, mas uma dose pequena de vanilina (componente aromático da fava de baunilha) foi adicionada a uma delas. Por quê? Na Alemanha, em geral o leite em pó contém pequenas doses da substância. Na lista de perguntas sobre preferências alimentícias, os pesquisadores perguntaram dissimuladamente aos visitantes se quando pequenos tinham sido amamentados no peito ou na mamadeira. A grande maioria dos que mamaram no peito preferia o ketchup "ao natural", enquanto os que usaram a mamadeira gostavam da amostra com toque de baunilha. É pouco provável que tenham feito alguma correlação: simplesmente gostaram do que gostaram.[37]

É comum ouvirmos, e dizermos, balançando a cabeça: "Gosto não se discute". Normalmente, trata-se de uma reação incrédula ao gosto *alheio*. Quem diz isso dificilmente usa a máxima para insinuar que não seria capaz de explicar os próprios gostos sequer para si mesmo. Afinal, o que é mais autêntico para nós do que as coisas de que gostamos? Quando as preferências são postas à prova, no entanto, os resultados podem ser surpreendentes, até mesmo incômodos, para quem as tem. A socióloga francesa Claudia Fritz examinou, em diversos ambientes, as preferências de violinistas talentosos com relação a instrumentos feitos por mestres italianos antigos como Stradivari. Todo mundo sabe, pelo menos de ouvir histórias sobre esses instrumentos incrivelmente valiosos esquecidos em bancos de táxi, que eles emitem sons exuberantes e vibrantes, como se conferidos com uma magia ancestral, agora perdida. Quem não gostaria de tocar um desses? Mas os músicos exímios que ela analisou tendiam a preferir, em testes às cegas, o som de violinos novos.[38]

No livro *Stranger to Ourselves* [Desconhecidos de nós mesmos], Timothy Wilson afirma ser comum não nos darmos conta de por que reagimos às coisas da forma como reagimos; muito desse comportamento ocorre no que ele chama de "inconsciente adaptativo".[39] Mas vivemos sob uma espécie de ilusão de autenticidade, ele argumenta, em que imaginamos saber as razões de nossos sentimentos porque, bem, os sentimentos são *nossos*. Seguindo esse exemplo, o que você achou da capa deste livro?[40] Gostou? Se tivesse a oportunidade — e quem compra um livro raramente tem —, qual capa escolheria? Você parou para pensar por que prefere uma à outra? Ou sua preferência só agora surgiu no horizonte? Agora tente imaginar o que um estranho acha dela. A não ser que a capa toque num ponto fraco — que lembre outro livro de que você gostou, ou que você seja aluno de design —, sua reação a ela provavelmente foi gerada por um processo não muito diferente da maneira como você explicaria por que um estranho gosta dela (por exemplo, ela chama a atenção, as cores combinam). Não serão nada além de suposições.*

De fato, desconhecemos os nossos gostos. Já está na hora de nos conhecermos. Acho bem oportuno começarmos pela comida, "o arquétipo de qualquer forma de gosto".[41]

---

* Para ficar ainda mais divertido, agora tente explicar por que via de regra o mesmo livro tem capas tão diversas em países diferentes.

1. O que você vai querer?

Refletindo sobre nosso gosto por comida

Tudo deve ser uma delícia; ou por que são tão
poucas as coisas de que não gostamos

Em nenhum outro lugar enfrentamos a questão do gosto de forma tão ampla, tão forte, tão instintiva, quanto em um restaurante. Sentar-se para comer não é apenas um ritual de nutrição, mas uma espécie de história. Ao nos aventurarmos por uma "refeição completa", nos deparamos com uma narrativa com prólogos, apogeus, conclusões vagarosas. Mas a refeição também é um exercício condensado de escolhas e prazeres, cobiças e arrependimentos, a satisfação de vontades e a criação de desejos.

E assim iniciamos nossa trajetória pela jornada de uma refeição. Era um dia tempestuoso de inverno nos confins de Manhattan, mas dentro do Del Posto, o restaurante italiano de Mario Batali e Joe e Lidia Bastianich, o salão forrado de lambris tem uma iluminação quente, o pianista está concentrado em "Send in the Clowns" e o vinho tinto é servido pelo garçom de sotaque europeu e charme aguçado.

Como não gostar?

Difícil, a bem da verdade. Não é comum nos sentarmos à mesa coberta de toalha branca de um restaurante agraciado com quatro estrelas pelo *New York Times* e nos vermos diante de uma série de refugos intragáveis. Só o fato de a comida ter chegado ao cardápio — o cardápio de uma tradição culinária consagrada — já demonstra que a maioria gosta dela. Não somos nossos ancestrais evolutivos, forçados a petiscar a savana culinária, tentando sobreviver em meio a várias plantas desconhecidas e presas esquivas, esperando nosso corpo nos dizer se gostamos da escolha (ou se sobreviveremos a ela).

Contudo, a velha pulguinha atrás da orelha — *come isso, não come aquilo!* — não nos abandonou completamente. Ao nascer, sabemos de duas coisas: doce é bom (energia calórica), amargo é ruim (possibilidade de toxinas). Também chegamos ao mundo com uma mistura curiosa de gamas completas de gostos e aversões. Somos, por um lado, onívoros. São poucas as coisas que não podemos comer. Conforme Paul Rozin, psicólogo da Universidade da Pensilvânia, fez o favor de destacar, nosso status "generalista" é compartilhado "com outras espécies respeitáveis como ratos e baratas".[1] E no entanto, assim como ratos, somos muito "neofóbicos", receosos de provar comidas novas. Sermos ao mesmo tempo onívoros e neofóbicos tem suas vantagens evolutivas: esta última característica nos impediu de ingerir as coisas erradas; a primeira garantiu que tivéssemos bastante acesso às coisas certas. Mas a neofobia pode ir longe demais. Em certos experimentos, depois de sofrerem intoxicações leves com comidas novas, os ratos adquiriram tanto medo de alimentos novos que morreram de fome.[2]

Na realidade, parecemos predispostos a dar mais atenção àquilo de que não gostamos do que àquilo de que gostamos. Ficamos alertas sobretudo a mudanças, ainda que mínimas, no que *gostamos*, como se tivéssemos um alarme interno que disparasse quando as coisas dão errado. Quando me servem, por engano, um refrigerante diet, de que não gosto e portanto não bebo, minha reação beira ao visceral: *perigo!* O alarme é mais aguçado para o sabor amargo, e consideramos sabores "repulsivos" mais intensos que os prazerosos.[3] O bicho encontrado na última mordida de uma maçã deliciosa praticamente acaba com o prazer acumulado ao comermos o resto da fruta. Apesar de isso vez por outra ser um estorvo à nossa capacidade de curtir a vida, estarmos preparados para identificar o que é ruim nos ajuda a ter uma vida para curtir.

Portanto, alguns dias após sairmos do útero já manifestamos preferências, escolhendo água adocicada em vez de água normal, fazendo careta para (algumas) comidas amargas. Trata-se de sobrevivência pura, comer para viver. Começamos a ficar seletivos *de verdade* por volta dos dois anos,[4] quando já descobrimos que (a) talvez a gente passe um bom tempo por aqui e (b) podemos nos dar ao luxo de escolher. A necessidade de alimentos crus explica por que nada é doce demais para os bebês: esse é o gosto primitivo. Até nosso desejo de sal,[5] tão vital para a atividade humana a ponto de dar nome a cidades como Salzburgo e burgos ingleses com a terminação "*wich*"[6] (fontes de água salgada eram conhecidas pelo nome de "*wich houses*", casas de salmoura), demora alguns meses para entrar em ação.

O gosto por doces é o gosto pela vida. Conforme Gary Beauchamp, na época diretor do Monell Chemical Senses Center da Filadélfia — o laboratório de sabores e aromas mais proeminente dos Estados Unidos —, me explicou em seu escritório, "eu diria que *todo* prazer humano deriva do açúcar. É prototípico — um único elemento estimulando um conjunto bem específico de receptores". Ele me disse isso depois de, num gesto

31

casual, me oferecer uma prova de uma lata de formigas salgadas (a lista de ingredientes dizia: "formigas, sal"). Talvez outros tipos de substâncias — como formigas salgadas — façam uma viagem mais inconstante rio acima, ele insinuou, mas com o açúcar "o percurso é direto para as partes do cérebro comprometidas com as emoções e o prazer". Até bebês anencéfalos, nascidos sem partes do cérebro fundamentais para a consciência, reagem de forma positiva (através do que se chama de "reflexo gustofacial") a sabores doces.[7] Nenhum ser vivo tem de fato aversão a doces;[8] talvez só goste menos do que outras pessoas.

Mas poucas das nossas preferências gustativas são inatas; aquele torrão de açúcar, a pitada de sal, talvez a sensação da gordura deslizando na língua, mesmo essas coisas não são imunes a mudanças. Tampouco a maioria do que não gostamos. Algumas pessoas podem ter uma sensibilidade biológica maior a certos componentes, mas de modo geral não se trata de gosto propriamente dito. O coentro, para alguns, tem gosto "de sabão",[9] mas argumenta-se que isso tem a ver com variações genéticas nos receptores *olfativos*. Ao mesmo tempo, apenas metade da população, quando frita costeletas de porco ou grelha linguiça, parece capaz de detectar o "odor de macho inteiro". É um cheiro desagradável, pelo menos para seres humanos, muitas vezes descrito como "esquisito", que lembra "urina" ou, simplesmente, "cheiro de porco". O odor de macho inteiro vem da androstenona, um almíscar baseado em esteroides exalado por suínos machos durante o acasalamento para aumentar sua atratividade. A capacidade dos seres humanos de sentir esse cheiro é genética,[10] embora seja possível treinar as pessoas para detectá-lo (com fins profissionais, não como hobby).

Mas não existe separação nítida entre a sensibilidade biológica a substâncias e os gostos e aversões a certos alimentos. Beauchamp cogita que esse seja um mecanismo de adaptação comum a toda a população. O primeiro grupo gostava de uma planta e o segundo de outra: se uma delas se revelasse insuficiente do ponto de vista nutritivo, não seria o fim da espécie. O fato de uma substância ser mais amarga para você do que é para outra pessoa, todavia, não significa que você passará a gostar menos dela.[11] Nas palavras de um pesquisador, "é impressionante a pouca influência que a genética exerce sobre os seres humanos no que diz respeito a gostarem ou não de sabores".[12]

Porém, você vai a um restaurante — até mesmo um elogiado pela crítica, um exemplo de gastronomia adorada, como o Del Posto — e prefere alguns pratos do cardápio a outros (isso pode até mudar de um dia para outro). O próprio rol de opções que se apresenta — desde a pergunta inicial, "água com ou sem gás?" — é um testemunho dessa ladainha de sabores. Mas o que realmente passa pela cabeça quando decidimos entre alternativas que parecem indiferentes, de querer ou não dióxido de carbono na água? A soma do frisson extra à hidratação? Ou o desejo de uma sensação bucal com uma maciez mais lânguida? Você se entusiasma com a sua escolha ou ela é um bocado arbitrária? Vamos imaginar que você opte pela água sem gás. Isso acarreta outra escolha: "Mineral ou da casa?". Por mais razões que se tenha para optar por uma ou outra, é quase certo que elas não tenham nada a ver com o discernimento sensorial: estudos mostram que a maioria das pessoas não consegue distinguir entre uma e outra.[13]

Por mais inflexíveis que sejamos nas preferências — "Eu amo ragu à bolonhesa", dizem alguns —, nossa firmeza é ainda maior quanto às aversões. "Eu *detesto* berinjela", minha esposa já declarou várias vezes. Se imprensados contra a parede, no entanto, acharíamos difícil encontrar a origem exata dessas predileções.

Será que há algum medo evolutivo ancestral em jogo? A berinjela, afinal, faz parte da família da beladona, e suas folhas, em doses altas, podem ser tóxicas.[14] Porém, tomates e batatas também são do gênero *Solanum*, e minha esposa come esses alimentos com gosto.[15] É claro que ela não está sozinha na aversão à berinjela.[16] Menções a isso na imprensa especializada em culinária volta e meia são revestidas de expressões condicionais divertidas como "ame ou odeie" e "ainda que você não goste dela", além de uma pesquisa com crianças japonesas em idade escolar ter revelado que esse é o legume "mais malquisto".[17] Talvez seja uma questão de textura: se mal preparada, a berinjela fica um pouco viscosa, característica que nem sempre agrada. Aliás, a textura, ou sensação bucal, não deve ser subestimada: não apenas "saboreamos" a textura no sentido literal, mas, como afirma a cientista de alimentos Alina Surmacka Szczesniak, "as pessoas gostam de ter o domínio total da comida que põem na boca. Alimentos fibrosos, gomosos ou viscosos e aqueles com caroço ou partículas duras são rejeitados por medo de ânsia de vômito e asfixia".[18]

Mas nossas impressões acerca das comidas geralmente não têm uma causalidade tão evidente. Deixando de lado folhas venenosas, não existe aversão biológica à berinjela em si ou a grande parte dos alimentos. Conforme o psicólogo Paul Rozin — que recebeu o apelido de Rei do Asco devido a seu trabalho sobre aversões — disse uma vez, na Filadélfia, enquanto comíamos camarão agridoce, "nossas explicações para gostar ou não das coisas são uma bobagem. Precisamos inventar narrativas".

E, no entanto, no que mais além da comida as predileções e aversões são tão elementares? As escolhas alimentícias estão diretamente relacionadas ao nosso bem-estar imediato e a longo prazo. Sem falar que de fato colocamos algo na boca. "Como botar coisas externas dentro do corpo pode ser considerado um ato muito pessoal e arriscado", Rozin escreveu, "o sentimento especial associado à ingestão é compreensível". E também há o simples fato de comermos com muita frequência. Brian Wansink, pesquisador da Universidade Cornell, estimou que tomamos duzentas decisões referentes a comida por dia.[19] Resolvemos o que comer mais do que resolvemos o que vestir ou o que ler ou onde passar as férias — e o que são as férias a não ser uma nova sequência de escolhas alimentícias?

Não que o ato de comer seja sempre instigado por uma busca natural de prazer. Como me falou Danielle Reed, pesquisadora do Monell, existe mais de um tipo de gosto alimentar. Existe o gosto em que se dá uma comida a alguém num laboratório de alimentos e ela tem de responder em que medida gostou. É relativamente simples, mais do que perguntar *por que* ela gostou. Existe gostar de a pessoa ir à loja e escolher entre isso ou aquilo. É um pouco mais complicado. "E tem também o que as pessoas comem de verdade", explicou Reed. "Como você deve imaginar, não é um reflexo direto do quanto você gosta da comida." Ela apontou umas carrocinhas de comida do outro lado da rua, visíveis através da janela de sua sala. "Almocei uma gororoba que só Deus sabe o que era. Não é o que eu *gosto*, é o que por acaso era conveniente." Às vezes é difícil distinguir entre o gosto verdadeiro e a simples escolha de algo em meio a alternativas menos desagradáveis. Uma "questão interessante" que ela propôs e vou abordar neste livro é: como as pessoas diferem no que diz respeito ao modo como reagem às próprias preferências? Para alguns, o gosto pode ser a mola propulsora; outros confiam mais em demais critérios.

Algo além da mera frequência torna o gosto tão crucial na comida: a ideia de que voltamos todos os sentidos — e muito mais

— para o que comemos. Salvo os sinestésicos, não gostamos do som das pinturas ou do aroma da música. Quando você gosta de algo que come, contudo, é típico que goste não somente do sabor, mas também do cheiro, da sensação que passa, da aparência (gostamos menos de um prato quando o comemos no escuro).[20] Gostamos até do barulho que faz. Pesquisas revelam que o simples aumento[21] dos ruídos de alta frequência da "crocância"[22] das batatas chips faz com que elas pareçam mais crocantes — e aparentemente sejam mais adoradas.

Em geral, é complicado dizer o que norteia nossos gostos: há quem relate, por exemplo,[23] que sucos de frutas de cores mais intensas — até certo ponto — são mais saborosos que sucos mais claros, porém de gosto similar. Por outro lado, brincar com um dos "estímulos sensoriais" pode mudar radicalmente as coisas. Quando especialistas não veem o leite que bebem, de repente têm dificuldade de avaliar o teor de gordura que contém (pois perdem a dica visual essencial: a "brancura").[24] Mexer no interruptor de uma luz especial no decorrer de uma refeição — de modo que o bife de repente seja banhado em uma tinta azulada — bastou, segundo um estudo de marketing, para causar náuseas.[25]

Chamamos nossas preferências por todos os tipos de coisas — música, moda, arte — de "gosto". É curioso (e não por acaso) que essa palavra dada às nossas predileções mais gerais coincida com nosso sentido de gosto. Carolyn Korsmeyer, professora de filosofia da Universidade de Buffalo, observa que tradicionalmente o conceito de "prazer corporal" não distinguia esses dois gêneros de gosto. A maneira como curtíamos arte e música não era tão diferente assim da maneira como curtíamos as comidas.

Isso começou a mudar, ao menos para os filósofos, no século XVIII. O paladar (esse prazer "vulgar", "físico", que impõe a ingestão de algo) não se encaixava no influente conceito do filósofo Immanuel Kant de "prazer desinteressado" — da análise fria da "beleza livre" com distanciamento físico e intelectual — em termos de juízo sobre qualidade estética. Conforme Korsmeyer declara em *Making Sense of Taste: Food and Philosophy* [Entendendo o gosto: Comida e filosofia], "em quase todas as análises dos sentidos na filosofia ocidental a distância entre o objeto e o observador foi vista como trunfo cognitivo, moral e estético".[26] Observamos quadros e assistimos a filmes sem estar *dentro* deles ou eles dentro de nós. Mas como é possível separar o gosto por comida da série de "sensações corporais" que ela provoca? Desde então, o gosto, no sentido do que comemos, foi considerado primitivo e instintivo, bem como irremediavelmente pessoal e relativo. "O importantíssimo problema do gosto", aponta Korsmeyer, "não foi concebido para se referir ao gosto sensorial."

Foi com esse fardo filosófico e científico nas costas que almocei no Del Posto, acompanhado de Debra Zellner, professora de psicologia da Montclair State University que há décadas estuda a interseção entre alimentos e "afeto positivo", no jargão da área. Outrora aluna de Paul Rozin — uma discípula do asco, por assim dizer — em seu trabalho acerca do gosto, ela observou ratos lambendo tubos gotejantes e, num empreendimento mais salubre, conduziu experimentos junto ao Culinary Institute of America sobre a influência da "apresentação do prato" na quantidade de comida que ingerimos.

Com os ratos, a equação é bem simples: se comem, gostam. Quanto mais comem, maior o apreço que têm (e vice-versa). A conduta alimentar dos ratos não muda de acordo com seus observadores ou sentimentos de culpa ou virtude. Seres humanos são mais complexos. Perguntar às pessoas do que elas gostam não revela a verdade integral sobre o que comem, mas mensurar o que comem tampouco esclarece do que elas gostam. Na pesquisa sobre apresentação dos pratos feita por Zellner,[27] a mesma refeição num restaurante, em noites diferentes, foi servida primeiro da forma convencional e depois com um pouco mais de capricho. As pessoas que receberam o tratamento mais caprichado relataram ter gostado mais da comida. Quando os pratos foram pesados, no entanto, não houve diferença entre os grupos "convencional" e "caprichado" em relação à quantidade consumida.

Zellner, que passou décadas pensando em gostos, é ela mesma um estudo de caso sobre as idiossincrasias do tema. Quando nos sentamos, ela me informou ser alérgica a laticínios. Isso significa que por instinto não aprecia esses alimentos? De jeito nenhum. Para adquirir uma "aversão condicionada ao gosto", uma repugnância visceral a certo alimento, em geral é preciso vomitar após consumi-lo. A razão é um mistério permanente. Como Paul Rozin se pergunta, "qual é o valor adaptativo de conferir à náusea uma mudança (hedônica) qualitativamente diferente de outras ocorrências, inclusive a dor intestinal?".[28] Talvez a mera intensidade da aversão, a remoção consciente da comida *do estômago em si*, fique marcada na memória.

A importância da reação nauseante talvez vá até além da comida: Rozin observa que o "boquiabrir-se por repulsa" — aquele gesto de mastigar e abrir um pouco a boca depois de ingerir algo asqueroso — tem a "função de promover a saída das substâncias da boca".[29] Essa expressão específica[30] (e usamos mais músculos faciais quando comemos algo de que não gostamos)[31] é a que também usamos para indicar todos os tipos de repugnância, de odores ruins e imagens desagradáveis a transgressões morais. A repulsa *começou*, ele disse, com alimentos malquistos: a boca como guardiã, a boca aberta como mensagem. Exemplos de conduta deplorável,[32] que "deixam um gosto ruim na boca", talvez sejam em algum sentido arcaico ou metafórico parentes do verdadeiro gosto ruim na boca que precisa ser expelido.

Justamente por ser alérgica, Zellner nunca ingeriu laticínios a ponto de sofrer uma náusea forte. Portanto, vive em um purgatório do prazer — plantada em algum espaço entre o desejo e a repulsa. Ela assumiu não ter muito apreço pela sensação bucal de vários laticínios. "Talvez por saber que ela indica que acabei de consumir algo que pode me fazer mal. Sei lá." Para complicar a situação, ela às vezes "trapaceia" com queijo, comendo lasquinhas de tipos muito tentadores.

O garçom apareceu. "É a primeira vez dos senhores no Del Posto?" É uma questão inofensiva, mas importante, como veremos. Ao examinarmos o cardápio, uma das principais questões sobre preferências se imiscui. "O que determina sua escolha?", Zellner indagou enquanto eu ficava em dúvida entre o "trio de lombo suíno" com a "ribollita alla Casella e guizado de cavolo nero" e o "robalo listrado" com "tupinambos macios, alface romana e manteiga occelli derretida". "A minha escolha, ela é o gosto?", ela prossegue. "Não se trata de gostar do sabor porque não estou com a comida na boca." Se já tivesse ido ao restaurante e tivesse preferência por algum prato, eu poderia me lembrar de ter gostado dele. Pode-se argumentar que o gosto é totalmente fundamentado na memória: o maior indicador da possibilidade de você gostar de uma comida é você já tê-la comido (retomarei essa questão em breve).

Mas digamos que seja uma novidade para mim. Talvez eu goste do *conceito* por me recordar de escolhas similares do passado. "As escolhas dependem do gosto", como escreveu um economista, "assim como o gosto depende de escolhas passadas."[33] Talvez seja a forma como a entrada é descrita. A linguagem é o tempero que pode fazer a comida parecer mais palatável. Palavras como "derretido" e "macio" não estão ali à toa: são aperitivos para o cérebro. No livro *The Omnivorous Mind* [A mente onívora], o neurocientista John S. Allen destaca que escutar uma palavra onomatopeica como "crocante" — que o chef Mario Batali considera "inatamente convidativa"[34] — "tende a evocar a sensação de comer esse tipo de alimento".[35] Quanto mais tentadora a linguagem, mais vigoroso é o ensaio que a pessoa faz do ato de consumo.[36] O economista Tyler Cowen argumenta que é preciso resistir a palavras lisonjeiras e pedir o que parece *menos* apetitoso no cardápio. "Um prato não estará no cardápio se não houver bons motivos para isso",[37] ele declarou. "Se parece ruim, é provável que o sabor seja particularmente bom."

Mas é difícil achar algo que não seja apetitoso no cardápio. "Tudo me parece uma delícia", afirma Zellner (uma frase curiosa, porque líamos o cardápio para nós mesmos). A essa altura, a única coisa de que temos certeza de que gostamos é esta: gostamos de escolher. Pesquisas mostram que o mero fato de haver um cardápio de pratos para escolhermos aumenta nosso apreço por *todos* os pratos elencados.[38] E embora a expectativa da nossa escolha nos empolgue, a expectativa de podermos *fazer* a escolha, como imagens do cérebro revelam, parece resultar em mais atividade neural do que simplesmente ansiar por algo sem fazer escolhas.[39]

Se a língua nos ajuda a "pré-comer" o alimento, algo parecido acontece quando apenas ponderamos a escolha. "Pré-sentir" é como os psicólogos Timothy Wilson e Daniel Gilbert descrevem essa situação. Na visão deles, "provamos" diferentes enredos futuros, considerando nossa reação hedônica nesse momento um parâmetro de como vamos nos sentir a respeito da nossa escolha no futuro. Não é nenhuma surpresa que *pensar* em recompensas induza uma atividade cerebral semelhante à de *vivenciar* recompensas. Até pensar no futuro evoca a memória, de qualquer modo. Os amnésicos muitas vezes têm problemas para "pressagiar", ou olhar para a frente, porque, segundo a descrição de Wilson e Gilbert, "lembranças são os tijolos das simulações".[40] Você não vai saber de fato se vai gostar de algo que nunca provou até provar.

O que levanta a questão: é melhor pedir sua comida predileta no cardápio ou um prato que nunca comeu? Rozin me disse que a resposta depende de quando você quer que o prazer ocorra: antes, durante ou depois da refeição. "O prazer antecedente é maior se for sua comida preferida. Você já comeu, já está familiarizado, sabe como é. O prazer *vivenciado* provavelmente será maior com a sua preferida", ele explica. "Por outro lado, em nome dos prazeres relembrados, você se sairá muito melhor pedindo um prato novo. Se pedir a comida predileta, ela não se tornará uma lembrança — você já a comeu antes."

Gostar tem muito a ver com expectativa e memória. Mesmo ao ficar ansioso por algo, você olha para trás, para a lembrança da última vez que o desfrutou. Como Pascal lamentou, "o presente nunca é o nosso fim".[41] O passado e o futuro parecem dominar nossos pensamentos. Talvez isso se deva ao simples fato de que o passado e o futuro *duram* mais que o presente. Você pode passar semanas esperando a "melhor refeição da sua vida", que em si durará poucas horas. Podemos tentar "viver o momento", mas quanto tempo dura esse "momento" antes de mandá-lo para a memória, criptografando-o sob os filtros diáfanos do Instagram de nossas mentes? O fato de tantas pessoas terem suas refeições "memoráveis" diz algo não só sobre como a experiência pode ser efêmera, mas também sobre como fotografá-la ajuda a *torná-la* realmente memorável, mesmo que só naquele momento. Como diz o slogan da Field Notes, minha marca de cadernos preferida, "não estou anotando para lembrar depois, estou anotando para lembrar agora".

Infelizmente, nem lembranças *nem* expectativas são guias muito confiáveis acerca do quanto vamos gostar ou gostamos de algo. Quando pediram aos participantes de um estudo que previssem o quanto iriam gostar de seus sorvetes prediletos depois de comê-lo todos os dias durante uma semana, o que eles relataram no fim desse período pouco teve a ver com o que haviam previsto.[42] Os gostos realmente variavam, de diversas maneiras, mas não como o esperado. Segundo Rozin, "a correlação entre o gosto estimado e real é próxima do zero".[43]

Também parecemos almejar mais variedade no momento da decisão do que de fato desejamos mais adiante.[44] Quando novo, por exemplo, eu era obcecado pelas caixas de cereais variados da Kellogg's. Atraído pela visão dos Apple Jacks e dos Frosted Flakes se acotovelando, suplicava aos meus pais que comprassem a maior caixa à disposição, um edifício de gostosuras em sacos plásticos. Após devorar meus prediletos, no entanto, via minha atração diminuir, do apogeu vertiginoso dos Apple Jacks ao desfecho triste de uns poucos aglomerados de Special K e All-Bran, que volta e meia nem eram consumidos, morrendo lentamente sob o manto do plástico. Meus pais, claro, achavam melhor comprar algumas caixas dos meus prediletos, que eu comia todos os dias, sem falta.

Tentar olhar para trás, para a última experiência recordada de uma refeição — ao menos para tomar uma decisão nova —, incita distorções. Em um experimento,[45] psicólogos conseguiram alterar o quanto as pessoas gostaram de uma coisa (neste caso, "um prato congelado de frango com manjericão e tomate dos Vigilantes do Peso" fabricado pela Heinz) *depois* de comê-la — mas não, como já fizeram com ratos, através da manipulação física de seus cérebros. Os pesquisadores simplesmente pediram aos participantes que "ensaiassem" os "aspectos prazerosos" da refeição. Segundo a ideia, isso tornaria os melhores momentos mais "acessíveis" à memória, e portanto eles emergiriam mais facilmente quando as pessoas pensassem no prato mais tarde. *Voilà!* A comida não só de repente ficou melhor: os participantes quiseram mais. Se quiser gostar mais de uma refeição que acabou de fazer, diga por quais motivos gostou tanto dela.

No Del Posto, enfim tomei a decisão. Essa talvez seja a chave do gosto: o fato de eu ter escolhido. Apesar de antes ter considerado todas as opções igualmente válidas, a minha escolha é banhada por um novo brilho. O lombo de porco já me parece melhor do que era quando se tratava de apenas mais uma entre várias entradas sedutoras. Algumas coisas estão acontecendo. Primeiro, desde a teoria da "dissonância cognitiva" de Leon Festinger, datada de 1957, psicólogos argumentam que tentamos evitar qualquer mal-estar pós-decisão (*E se na verdade eu queria o peixe?*) aumentando nosso gosto pelo que escolhemos (*Ah, essa massa está divina!*) e fomentando o desagrado com a alternativa não escolhida, uma espécie de sistema interno que evita o sofrimento eterno com o remorso do comprador.[46] Nem sempre é um sucesso: foram muitas as vezes que olhei para o prato escolhido por quem estava comigo no restaurante e disse: "você venceu". O remorso do comprador, tem quem afirme, acontece porque compramos algo num estado de espírito "afetivo" (*Quero muito isso*) e depois refletimos num estado mais "cognitivo" (*O que é que eu estava pensando?*).

Tanto as preferências influenciam as escolhas como as escolhas influenciam as preferências. Até amnésicos que não se lembram de terem feito uma opção parecem gostar mais do que escolheram.[47] O mesmo efeito, curiosamente, é observado em não amnésicos que se esquecem temporariamente de suas escolhas.[48] A neurocientista Tali Sharot e seus colegas descobriram que, mesmo quando as pessoas tomavam decisões puramente *hipotéticas* sobre o destino das férias, havia uma atividade cerebral mais robusta quando pensavam no que tinham "escolhido" em contraposição ao que tinham "rejeitado".[49] Em outras palavras, já se sentiam melhor a respeito do destino escolhido e "deflacionavam" o que não tinham escolhido. Em um estudo posterior,[50] a equipe pediu aos participantes que escolhessem destinos apresentados "subliminarmente". Com efeito, tudo que eles "viram" foram expressões sem sentido. Da vez seguinte em que viram a opção que haviam "escolhido" — um lugar apresentado ao acaso, que nunca tinham visto —, deram a ela uma nota mais alta do que à alternativa "rejeitada". Ao que parece, preferimos preferir nossas preferências.

Pode-se argumentar que eles foram ludibriados. Mas pense no que de fato acontece quando você ouve a frase "O que você quer?" ao lhe pedirem que selecione entre algumas opções. O que estão nos perguntando, na verdade, é: "O que você escolhe?". O gosto muitas vezes vem depois. Algumas pessoas chegam a sugerir que já começamos o "processo de reavaliação" na hora da escolha — em vez de ponderá-la retroativamente.[51]

Quando enfim faço minha escolha, é provável que outra coisa esteja acontecendo: imagino que mais gente faria a mesma escolha que eu fiz do que ocorreria de fato. É o conhecidíssimo "efeito do falso consenso". Em um estudo feito na Universidade de Michigan, solicitou-se que os participantes classificassem diversas combinações de sabores de sundae. Quando perǵuntaram aos alunos quantas outras pessoas eles supunham compartilhar da opinião deles, a maior parte achou que os outros mais concordariam que discordariam, sobretudo se *gostassem* dos sabores. Tenho meu próprio exemplo com sorvetes. Meu sogro, no decorrer de muitos anos, me oferecia sorvete sempre que comíamos torta nas reuniões de família, apesar da minha aversão, proclamada em alto e bom som, a torta à la mode. Passei a imaginar que isso se devia menos ao esquecimento de minha preferência do que ao simples raciocínio: eu gosto de torta com sorvete, então o Tom também deve gostar. Tem como não gostar?

No Del Posto, o garçom, acumulando também a função de sommelier, nos pergunta sobre a carta de vinhos. Mencionei o tinto friulano, um Antico Broilo 2004. Ele não disse, é claro, simplesmente, "é bom" ou "o senhor vai gostar". Falarei de especialistas como sommeliers mais adiante. Por enquanto, vamos só ouvir o que ele tinha a dizer. "Ele é bastante encorpado, tem umas notas de pimenta; combina bem com carne suína", afirmou. "Mostra a geografia local porque lá ficam as Dolomitas, e portanto sente-se certa mineralidade no paladar. Como a latitude é a mesma da região de Bordeaux, há também uma característica herbácea, um pouco de hortelã, um pouco de sálvia." Pedimos o vinho tinto friulano.

Quando tomei um golinho, outro fato sobre gostos entrou em jogo: a medida de *comparação* também influencia o quanto você gosta. É um bom vinho? É um bom vinho tinto? É um bom vinho de uva *refosco*? É um bom vinho tinto de Friul? É bom para o preço que custa? Especialistas, como veremos, são capazes de delinear categorias com mais minúcia do que leigos.

Essa categorização, de acordo com Zellner, funciona de várias formas. Depois de provar um vinho ótimo, diz ela, "não dá para voltar atrás. Você acaba por compará-lo a todos os que lhes são inferiores". Se uma garrafa de Château Margaux 1990 é sua referência de vinho tinto, seu apreço pela maioria dos outros tintos provavelmente decairá.

Existe um modo de ainda apreciar todos os outros vinhos do mundo? É possível encontrar algo que se preze até no vinho barato mais medíocre? Nas pesquisas que levou a cabo,[52] com cerveja e café, Zellner entrevistou pessoas sobre beber, e apreciar, "cervejas artesanais" e "cafés gourmet" em comparação com equivalentes "normais" (por exemplo, Budweiser e Folgers). Aqueles propensos a categorizá-las na verdade gostavam mais das bebidas comuns do que aqueles que simplesmente consideravam tudo "cerveja" ou "café". Seu "contraste hedônico" era reduzido. Em outras palavras, quanto mais diferenciavam o bom do ótimo, mais eles curtiam o menos bom (ainda que o curtissem *como o menos bom*). Sem dúvida, você quase instintivamente já disse algo como "Para um fast-food, até que não é ruim". Você não está apenas limitando o escopo das comparações que faz: é possível que tenha se liberado para aproveitar melhor a experiência — ou ao menos atenuar o descontentamento.

Depois passamos à própria comida. Como virou padrão em restaurantes requintados, a refeição no Del Posto começa com uma série de *amuse-bouches*, "distrações bucais" em francês. O nome foi bem escolhido. "Pôr alguma coisinha na boca já libera insulina, o que leva a glicose na corrente sanguínea a ser absorvida pelas células", declarou Zellner. "Isso sinaliza fome. Portanto, se você comer qualquer coisinha, fica com ainda mais fome que antes." Há indícios de que uma entrada mais palatável pode aumentar o apetite — e até a velocidade com que a comemos.[53]

Comemos para lembrar a nós mesmos da fome que estávamos sentindo.

Porém, existe um outro lado nessa onda inicial de alegria. O que muitos talvez ignorem nesse momento é a ironia trágica do prazer da comida: à medida que ingerimos algo, passamos a gostar menos dele. De um ápice inebriante de desejo lascivo ("Minha nossa!") descambamos em um desespero vagaroso de afeição minguante ("Está *bom*", dizemos, nos convencendo até certo ponto), pairando em torno de um platô de ambivalência ("Melhor guardar espaço para a sobremesa!"), depois um declínio lento, tenso ("Eu não devia pedir outro *mesmo*", dizemos com uma risadinha nervosa), antes de enfim desabar em um surto de repulsa ("Tira isso de perto de mim", dizemos, empurrando o prato antes amado).*

O auge da súbita aversão parece ocorrer poucos minutos depois de comermos.[54] No fenômeno conhecido como "saciedade sensorial específica", o corpo basicamente envia sinais quando está farto de certo alimento. Não é o simples fato de estarmos "ficando cheios": é que estamos cheios de uma comida específica. "O prazer das comidas ingeridas", observou um estudo seminal, "decai mais que o prazer das comidas que não foram ingeridas."[55] O simples fato de pôr a comida na boca, sem engolir, diminui o prazer. Em macacos, a mera *visão* de um tipo de comida já consumido estimula menos os neurônios do que a de comidas não consumidas.[56]

A variedade estimula não apenas a mente, mas também o apetite. Em alguns estudos, os voluntários comeram 40% mais

---

* E então chega a conta. O comediante Jerry Seinfeld, ao defender que deveríamos pagar contas de restaurante *antes* de comer, declara: "A gente não está com fome agora. Por que é que a gente está pagando essa comida toda?".

quando havia diversidade. Cientistas especulam que a "saciedade sensorial específica" seja um mecanismo vantajoso do ponto de vista evolutivo, que nos ajuda a ter uma dieta variada da perspectiva nutricional.[57] Ela está por trás de nossas escolhas. Nos finais de semana, pela manhã, você pode curtir sem pressa um café da manhã em família cheio de panquecas repletas de carboidrato, ensopadas de calda. No almoço, é provável que queira algo mais apetitoso, menos parecido com pão. De certa forma abstrata, você continua gostando de panqueca como sempre — mas não nesse momento. É como se tivéssemos pequenos termostatos hedônicos dentro de nós, sempre se reajustando de acordo com as necessidades do corpo. Nas famosas experiências da pesquisadora alimentar Clara Davis, nas décadas de 1920 e 1930, bebês pós-desmame em um hospital público tiveram a liberdade de escolher o que quisessem ("um método alimentar de seleção autônoma") de uma bandeja de opções em geral saudáveis, ainda que bem específicas à época ("miolo", "geleia de osso"). Tratava-se menos de uma criação "caipira" da parte dos pais e mais de achar uma solução para um problema comum: os bebês não seguiam "dietas receitadas pelos médicos". Seu relatório, apesar da falta crassa de dados, foi enfático: "Não houve falha por parte dos bebês ao escolherem as próprias dietas; todos tinham apetites substanciais: todos vicejaram".[58]

O gosto é estável mas temporário, mesmo enquanto comemos. Você saboreia os últimos flocos saturados de leite que pesca da tigela de cereais antes crocantes tanto quanto saboreou as primeiras colheradas? Você pode gostar da intensa explosão de canela que sente com uma pastilha Altoids, mas e se o sabor permanecesse uns minutos depois? A saciedade sensorial específica[59] é uma das razões pelas quais dividimos refeições em pratos diferentes (e consta que damos preferência a uma mistura ideal

48

de três alimentos e três cores num prato): depois de comer a salada verde, você não vai gostar ou querer mais salada verde. Mas lombo de porco é outra história.

Curiosamente, a saciedade sensorial específica não é desencadeada só pelo sabor. Quando ofereceram às pessoas balas Smarties de cores diferentes, elas disseram gostar mais do sabor das cores que não haviam consumido do que daquelas que haviam ingerido.[60] Em um estudo com batata chips,[61] a marca Ruffles — com suas ondulações protuberantes — pareceu causar saciedade mais rápido que outros tipos. Junto com descobertas similares acerca de baguetes, devemos entender que "cansamos" mais rápido de alimentos mais difíceis de comer. No chamado efeito sorvete,[62] os cientistas alimentares Robert Hyde e Steven Witherly argumentam que o sorvete é tão prazeroso porque a textura, temperatura e outras propriedades sensoriais mudam durante o consumo. Assim, ele se alterna entre fontes diferentes de prazer, basicamente conquistando um pouco mais de tempo dentro da boca antes de a saciedade chegar para acabar com a festa.

Por falar em sorvete, chega a hora da sobremesa no Del Posto. Já satisfeitos, de repente nos deparamos com uma novíssima gama de sabores e sensações. São tão diferentes do que veio antes que sempre temos a impressão de que há "espaço para a sobremesa". Também estamos caindo no feitiço do chamado efeito da sobremesa.[63] Quando comemos a sobremesa — ou quaisquer outros sabores que encerram a refeição —, começamos a obter os benefícios nutritivos "pós-ingestão" dos alimentos consumidos no início da refeição. Claro, o chocolate é uma delícia, mas talvez sejam os legumes os responsáveis pela saciedade que você sente (se comêssemos sobremesa no *começo* da refeição, ela não seria nem de longe tão empolgante). Como o sabor das coisas diminui à medida que ficamos mais satisfeitos, declara Zellner, "no final das contas, você tem mesmo é que comer algo cujo sabor seja bom para querer a sobremesa, que é um exagero". O excesso de chocolate nunca nos mata.

No final, a memória turva tudo. O interessante é que estudos feitos por Rozin sugerem que o prazer que lembramos de uma refeição tem pouco a ver com o quanto consumimos ou quanto tempo passamos comendo. O nome disso é "negligência com a duração". "Umas poucas mordidas de um prato preferido durante a refeição", afirma ele, "pode cumprir a função inteira para a memória."[64] Ou, como me disse na Filadélfia, "dobrar a porção de sua comida predileta não surte nenhum efeito no seu apreço pela refeição". Nisso, o movimento em prol das "porções pequenas" ganha mais um ponto. Nossa memória para refeições, de acordo com a pesquisa de Rozin, deve pouco a fenômenos bem conhecidos como efeitos de "fim" e "pico" — nos quais as pessoas se recordam dos momentos mais recentes ou intensos de uma experiência.[65] Em outras palavras, não necessariamente gostamos mais de uma refeição ao deixarmos para o final a nossa parte preferida. Rozin acha que os "começos" são, de modo geral, subestimados, e de fato estudos sobre "gostos dinâmicos" em relação a alimentos revelam que às vezes o prazer é maior nas primeiras mordidas do que na última. Mas chega de pensar tanto no futuro do meu prazer relembrado quando há tanta comida no prato à minha frente.

Melhor do que eu esperava que fosse, mas não tão bom quanto eu me lembrava

Vamos a um restaurante na expectativa de fazer uma boa refeição. Mas outra maneira de pensar na comida de que gostamos, e nos porquês, é pensar nas comidas que esperávamos *não* apreciar.

Refiro-me às rações militares arrumadas diante de mim sobre a toalha de mesa camuflada do "Café do Combatente", situado no Centro de Pesquisa, Desenvolvimento e Engenharia do exército dos EUA, em Natick, Massachusetts, para onde fui com o objetivo de entender os desafios de tornar alimentos detestados — os pré-embalados — mais apetitosos. Natick, como é amplamente conhecido um conjunto disperso de edifícios institucionais de pé-direito baixo dos anos 1960, abriga laboratórios de camuflagem, túneis de vento e chuva e torres de queda livre. Abriga também o Diretório de Alimentação em Combate do Departamento de Defesa. "Em breve, em um cinema perto de você!", anunciava o slogan registrado como marca acima do cardápio de pratos. Meus anfitriões, Gerald Darsch e Kathy Evangelos, encabeçam o Diretório de Alimentação em Combate do Departamento de Defesa. "Você põe óleo diesel para encher o tanque", Darsch explicou. "Nossa função é abastecer o combatente."

O aspecto mais espantoso do cardápio à minha frente — de bolo de baunilha sem gordura trans e focaccia de ervas a "espetos de carne cafeinada" — é que eu poderia voltar ali três anos depois e comer o mesmo prato. O *mesmo* prato, literalmente.

"Os alimentos pré-embalados precisam ter validade mínima de três anos", Darsch me contou. Eles seguem restrições especiais. "A Kraft não precisa se preocupar em lançar a comida de aviões." Uma quantidade incrível de engenharia entra em ação para garantir que o alimento e a embalagem sobrevivam ao manuseio abrutalhado; os sanduíches passam por exames de ressonância magnética no hospital da cidade para comprovar que não há umidade demais — e portanto mofo — circulando dentro deles. É um desafio antigo. Uma nova tecnologia utilizada pela primeira vez em Natick — "esterilização térmica assistida por alta pressão" — se originou do processo desenvolvido pelo chef parisiense Nicolas Appert, que aprimorou as técnicas de conservação dos alimentos a pedido de Napoleão. "Napoleão perdia mais soldados por desnutrição e intoxicação alimentar", Darsch explicou, "do que para as balas dos inimigos."

Apesar de toda a tecnologia usada para assegurar a capacidade de sobrevivência da comida — "isto aqui é uma fábrica do Willy Wonka da alimentação em combate", Evangelos brincou —, uma questão ainda mais importante é a palatabilidade do prato, ou "aceitabilidade", segundo a alcunha que recebe ali. Esse é o limiar mínimo do gosto: concordar em botar algo na boca. "Sabíamos que daria para enfiar muitas calorias e nutrição no menor espaço possível", Darsch explicou. "Em tese, é uma boa ideia. Um pequeno elemento da fórmula ao qual não demos muita atenção era se os combatentes achariam o prato aceitável — eles iriam ao menos comê-lo?" No final das contas, a ração tem de "parecer boa, ter um gosto bom e suprir um terço da cota nutricional recomendada aos militares".

Uma das maiores campanhas que o Diretório de Alimentação em Combate tem travado é a luta contra as expectativas. É praticamente uma lei do gosto: *há uma chance maior de gostarmos de algo quando esperamos gostar.* Rações militares, infelizmente, têm um longo e amplo histórico de baixas expectativas. Conforme o historiador William C. Davis observa em *A Taste for War* [O gosto por guerras], a Guerra da Secessão americana gerou um leque de comidas novas, como "verduras dissecadas"[66] — bolas grandes comprimidas a cerca de cinco centímetros, formadas por tudo, de folhas de repolho e pastinaca a "um enorme resíduo de material insolúvel e insolvável". Quando fervidas, se expandiam, o que levou um soldado a se lembrar de "um riacho sujo com um monte de folhas mortas boiando misturadas". Os soldados, não é surpresa nenhuma, apelidaram aquilo de "verduras ressecadas".

Enquanto os cientistas de alimentos se esforçam para tornar os pratos mais palatáveis, pesquisadores como Armand Cardello, pesquisador sênior de Natick, há décadas tenta desvendar a psicologia por trás de como os soldados se alimentam e do que eles gostam. Esse trabalho, por sua vez, exerce grande influência na indústria alimentícia comercial. "Não interessa o tipo de pesquisa que você faz. Quando você observa o que determina as opções ou o consumo alimentar das pessoas, seja o preço, o teor nutritivo, o que for", Cardello me disse, atrás de uma mesa apinhada em uma sala apertada, "o sabor vem sempre em primeiro lugar. Quando nos referimos ao sabor, estamos falando de achar uma comida boa."

Em relação à comida militar, em geral há muito mais a desgostar do que gostar. Os soldados recebem um pacote esquisito contendo uma comida quase irreconhecível, que, como destacou Cardello, "passou os últimos três meses em um depósito no deserto a cinquenta graus de temperatura". Pode ser melhor do que imaginavam, mas também é possível que eles comecem a questionar que alquimia estranha foi usada para mantê-la comestível sob as condições extremas do combate. É por isso que a equipe, sempre que possível, tenta fazer com que a comida fique o mais parecida possível com seu equivalente no mundo real. Ou simplesmente usa a comida verdadeira.

Darsch me entregou um pacote simplório rotulado "doce de torradeira, açúcar mascavo". "É Pop-Tart!", afirmou ele. Não um Pop-Tart militar, mas um Pop-Tart de verdade, embora vestido com cores militares. O diretório sabe, por conta da pesquisa

53

de Cardello, que os soldados gostariam mais do produto se ele viesse empacotado como os Pop-Tarts já conhecidos. Por que não lhes dar um simples Pop-Tart comercial? "A embalagem do Pop-Tart não tem as barreiras de que precisamos", Darsch justificou, "para evitar a migração de umidade, oxigênio e luz." A estabilidade nas prateleiras dos militares não é igual à estabilidade nas prateleiras dos supermercados. Este Pop-Tart usa colete à prova de balas.

As expectativas norteiam o gosto. Passamos quase tanto tempo prevendo se vamos gostar de algo quanto gostando de fato. Se nos dizem que um filme é bom, duas coisas podem acontecer quando o assistimos. A primeira é a "assimilação". É quando todas as expectativas geradas nos levam a gostar mais dele do que gostaríamos normalmente. No caso do "contraste", por outro lado, acabamos nos decepcionando mais do que aconteceria normalmente se as expectativas não tivessem sido exacerbadas a um patamar tão alto.

Com a comida, somos propensos à assimilação. "A gente come primeiro com os olhos", diz a máxima, mas mesmo antes disso a comida é provada pela mente. O problema em Natick é que via de regra as expectativas são baixíssimas. Em um estudo, a equipe de Cardello pegou milho da marca Green Giant e pôs no pacote de comida pré-embalada e vice-versa. "As pessoas gostam muito mais do milho quando acham que é da Green Giant", ele revela. Talvez ainda mais que o gosto intrínseco pela Green Giant, "o estereótipo negativo a respeito dos produtos militares derrube o gosto".

A assimilação remete a outra lei do gosto: quanto mais a experiência da pessoa com certo produto corresponde à expectativa, maior será seu gosto por ele e vice-versa. Acontece o tempo todo com os alimentos, de formas que pouco têm a ver com as verdadeiras reações sensoriais a um produto. Diga às pessoas que o café é amargo e elas o acharão mais amargo do que achariam se nunca tivessem ouvido essa declaração.[67] Neurocientistas sugerem que o contrário também pode acontecer[68] com o cérebro, que "suprime" nossa reação ao sabor amargo quando não nos dizem que devemos esperá-lo. Diga aos participantes de uma pesquisa que um suco de laranja tem vodca, e eles gostarão mais dele do que do suco que não a tem[69] — ainda que *nenhum* dos sucos tenha álcool de fato (desnecessário dizer que os participantes da pesquisa eram universitários).

Basta dar às pessoas alguma informação sobre o que podem esperar de uma comida que nunca provaram — em um teste em Natick, foi amora-ártica — para que elas gostem mais dela. Se for "comida espacial esquisita", chame de comida espacial esquisita! Ainda assim as pessoas gostarão mais (a pesquisa foi feita com astronautas).[70] Em uma pesquisa de Natick, soldados comeram no escuro, situação que não lhes é improvável. Gostaram mais dos pratos quando lhes disseram o que comiam.

Quando as expectativas são descumpridas, fatos interessantes acontecem. Em um estudo famoso,[71] os participantes receberam sorvetes de salmão cujos rótulos diziam apenas "sorvete" ou "mousse saborosa congelada". Gostaram mais como mousse do que como sorvete. Na verdade, a aversão ao sorvete foi tão veemente que, conforme os pesquisadores observaram, com certa preocupação, "muitos participantes descreveram verbalmente a comida como nojenta". A ideia de assimilação e contraste é o motivo pelo qual os cardápios sempre anunciam a presença perceptível de sal em sobremesas com chocolate ou caramelo. Como um confeiteiro proeminente destaca, "se declaramos que algo tem sal, é apenas para que as pessoas não se surpreendam. Assim, elas têm a chance de apreciar o contraste do salgado com o doce".[72] Em outras palavras, têm a chance de gostar mais. Lembre-se: somos preparados para notar — e não gostar de — coisas "estranhas" no que comemos.

Mas o experimento do sorvete de salmão mostra que gostar não é apenas gostar da coisa em si. A forma da qual se gosta pode ter igual importância. Em um estudo que Cardello conduziu sobre "comidas novas"[73] ("O Exército dos Estados Unidos e a NASA volta e meia pedem que sejam desenvolvidas comidas 'novas' para uso em ambientes extremos"), os participantes receberam "sopa" (o creme concentrado de cogumelo da Campbell's) e uma "dieta líquida" (uma substância polvilhada e viscosa feita de frango com tomate, cogumelo e ervas criada para pacientes cujos maxilares foram operados — creio que uma vez a cantina da minha escola também me serviu uma dessas). Ambas as comidas foram servidas em tigelas de cerâmica e em um copo com canudo. Tudo foi apresentado como "sopa". Talvez não seja surpresa, mas as pessoas gostaram mais da sopa de verdade. Porém, no segundo teste, a substância no copo foi identificada como "dieta líquida dental". De repente, as pessoas gostaram mais do *enxaguante bucal* que da sopa quando servida no copo. Os pesquisadores observaram: "a mudança de expectativa causada pela alteração do rótulo tornou a sopa mais incongruente e resultou em uma reação afetiva reduzida".

Essa dissonância de expectativa não se restringe a comidas estranhas em laboratórios militares. Certa tarde, fui visitar Garrett Oliver, o estiloso, afável e dogmático cervejeiro da Brooklyn Brewery. Quando nos sentamos ao redor de alguns exemplares da série de "*ghost bottles*" de uma cerveja exclusiva envelhecida em barril de bourbon contendo sedimentos de levedura de uma fermentação de uva Riesling, Oliver me disse que, alguns anos antes, havia criado a edição limitada de uma nova cerveja. A bebida fermentada foi inspirada no popular drinque chamado Penicillin, mistura de uísque, gengibre, mel e limão. "Tem um quê azedo, um quê de doçura", ele explicou. "O que eu adorei é que esses elementos se uniram num todo harmonioso." Ele se questionou se daria para engarrafar um pouco dessa magia em forma de cerveja. E assim misturou malte turfado, suco de limão orgânico, mel silvestre e gengibre picado.

A reação foi incrivelmente polarizada "A revista *Draft* colocou-a na lista das 25 melhores cervejas de 2011", disse ele. "Mas teve gente querendo dar uns cascudos na nossa cabeça." O problema, ele desconfiou, era que nem todo bartender a apresentava da maneira como Oliver imaginara. "A única coisa que o bartender tinha de falar, no final das contas, era que a cerveja era inspirada em um drinque feito de uísque, gengibre, mel e limão. Nem sempre eles agiam assim." Portanto, certos consumidores tomavam a cerveja que esperavam ser inspirada no drinque, talvez até com o coquetel original servido junto para dar a dica. Outros simplesmente ouviam, na descrição de Oliver: "'Ah, olha a cerveja nova da Brooklyn Brewery, deve ser uma cerveja clara ou coisa assim', o que não os preparava para experimentar um sabor esquisito. Tomavam um gole e 'eca'". Não haviam lhes dito *como* gostar.

Numa escala de um a nove: o problema da avaliação do apreço

Como já vimos, brincar com as expectativas do consumidor é arriscado.

Um dos casos mais infames de sabor e expectativas rompidas é o da crystal pepsi, refrigerante transparente lançado pela fábrica de bebidas no início dos anos 1990. O refrigerante foi inspirado na vendagem crescente de água engarrafa e na tendência que se percebia rumo a produtos "transparentes", que abarcava desde detergentes a desodorantes. A crystal pepsi foi apresentada como "mais leve", tanto na cor como no teor calórico, uma alternativa mais "natural" à pepsi-cola. Os primeiros indicadores foram positivos. Houve o que o então diretor executivo da empresa, David Novak, descreveu como um lançamento-teste "de enorme sucesso" no Colorado. Três meses após a distribuição nacional nos Estados Unidos, a crystal pepsi já tinha se apoderado da respeitável fatia de 2,4% do mercado. Era até mais caro que a pepsi, indício de seu apelo especial.[74]

Aí o gás escapuliu. Em 1994, a crystal pepsi já havia sumido, relegada a uma nota de rodapé inglória na história dos infortúnios do marketing. O que deu errado? Além do óbvio — a maioria dos produtos fracassa —, havia os primeiros sinais de insatisfação. Um teste às cegas[75] feito por um jornal deu a entender qual era o problema: as pessoas preferiam o sabor da crystal pepsi, mas apenas de olhos *fechados*. Ver a crystal pepsi gerava expectativas quanto ao sabor que teria, e tais expectativas eram claramente descumpridas. Os engarrafadores da pepsi, relembrou Novak, levantaram outro tipo de problema de expectativa: a crystal pepsi não tinha "gosto muito parecido com o de pepsi".[76] O nome pepsi levava o consumidor a pensar que o refrigerante seria parecido com pepsi. Chamá-lo só de crystal poderia ter ajudado. Mas o episódio suscitou uma questão delicada: se a "serventia principal"[77] da cor de um alimento, como um estudo revelou, é a "identificação do sabor", qual sabor você identifica quando não há cor?

Além do contratempo da expectativa rompida, o desastre da crystal pepsi contém outra lição importante: como é complicado prever o gosto dos consumidores. Parece um problema simples: se um número suficiente de pessoas gosta de algo em uma degustação, por que não gostariam no mundo real? Claro que a pepsi não desovou a crystal pepsi no mercado sem mais nem menos. Umas noventa pessoas, segundo dizem, passaram quinze meses se dedicando ao produto, elaborando e descartando milhares de versões. E, bem antes de nem sequer chegar a um mercado regional de degustação, sem sombra de dúvida ela foi testada internamente por vários painéis de avaliação sensorial e de consumidores, dos quais grande parte, supõe-se, declarou gostar do refrigerante.

Aliás, essa ideia — medir o agrado das pessoas com um produto em um "painel de consumidores" de uma indústria alimentícia — foi desenvolvida e aperfeiçoada em Natick. O programa mesmo[78] foi fundado em 1944, no Quartermaster Food and Container Institute, em Chicago, a partir de um problema constante relativo à qualidade das rações e seu impacto no moral das tropas. Uma equipe de psicólogos, muitos dos quais posteriormente fariam trabalhos seminais para a indústria alimentícia, foi montada. "Uma das primeiras preocupações que surgiu", Cardello me relatou, "foi a seguinte: como medir o quanto a pessoa gosta de alguma coisa?"

Pioneiros da psicologia como Wilhelm Wundt tentaram quantificar, através da "psicofísica", as maneiras inexatas com que nossos sentidos reagem a vários estímulos (por exemplo, quando se dobra a doçura de algo e o sabor não fica duas vezes mais doce).

Mas ninguém conseguiu, ou tentou o bastante, quantificar o agrado. E assim nasceu a "escala hedônica de nove pontos". Usada primeiro com soldados, ela acabou chegando às cozinhas de teste de todas as grandes fabricantes de alimentos. É bem provável que alguém, em algum lugar, tenha indicado numa escala de um a nove o agrado que sentiu ao comer o que há na sua geladeira neste momento. Houve, de acordo com um relato, uma tentativa mais antiga de introduzir a "escala de onze pontos",[79] mas ela não se encaixaria nas documentações regulamentadas pelo governo. Já se pediu até que seres humanos anotassem na escala de um a nove suas reações a produtos como ração de gato. Por quê? Felinos, como observou um relatório de acompanhamento, são "evidentemente incapazes de verbalizar seus gostos e aversões". Eles podem se afastar com passos arrogantes da tigela, o rabo uma bandeira do desdém, mas esse gesto não se traduz facilmente em uma escala numérica. "Talvez seja uma surpresa", conclui o relatório, "que a média de todas as pontuações hedônicas tenha sido 4,7, classificando-a entre o 'nem gosto nem desgosto' e 'gosto um pouco' na escala de adjetivos."[80] As pessoas acharam que a ração de gato não era muito ruim, pelo menos *como* ração de gato.

A simplicidade, relativa exatidão e conveniência das escalas hedônicas como padrão da indústria ofuscaram as questões metodológicas existentes na tentativa de traduzir o agrado em números. Outros métodos, como polígrafos, foram um fracasso retumbante.[81] Mas os problemas abundam. Há questões semânticas. Será que "gostar um pouco" quer dizer a mesma coisa para uma pessoa e outra? Há questões de matemática. O número oito, Cardello percebeu, não significa um apreço duas vezes maior que o sinalizado pelo número quatro.[82] Será que gosto e desgosto podem ser expressos na mesma escala? Como o trabalho de Timothy Wilson e de seus colegas da Universidade da Virgínia deixa claro,[83] pedir às pessoas que analisem por que escolheram algo pode levá-las a mudar de ideia — e via de regra não para melhor.

Mas apenas perguntar aos consumidores *do que* eles gostam tampouco é tão simples quanto se pode imaginar. Em uma ferramenta muito utilizada, a "escala do ideal", as pessoas recebem amostras do produto. Cada uma tem, digamos, uma gradação diferente de adoçante. O consumidor indica qual é a "ideal". Não parece ótimo? Só há um problema: o nível de adoçante que o participante escolhe volta e meia é diferente do que ele afirma gostar.[84]

Há também o fato de que a maioria das pessoas não opta pelos números um ou nove. Eles soam artificiais. As pessoas se resguardam. Ela se transforma, por omissão, em uma escala de sete pontos. "Nunca se sabe se na próxima amostra você não vai receber um produto ainda melhor do que aquele que você acabou de provar", Cardello justificou.

Nossa confusão a respeito do próprio gosto se torna uma dificuldade para quem tenta medi-lo. As pessoas em geral tendem à "regressão à média" em termos de agrado. Pergunte antes o quanto gostam de lasanha ou fígado, digamos, e então pergunte outra vez depois de consumirem os alimentos: os participantes marcarão suas comidas prediletas um pouco abaixo e as menos prediletas um pouco acima.[85] As expectativas rondam nosso agrado, mas nos desconcertam. Examine a ciência do gosto por bastante tempo e talvez você comece a achar que ela se aproxima do mantra: *o ruim nunca é tão ruim quanto imaginamos, o bom nunca é tão bom.*

Um motivo pelo qual Natick se mostrou tão influente é que, ano após ano, ela manteve um público basicamente cativo de voluntários para testar. Também é um laboratório do puro agrado, não corrompido pelos contextos do mundo exterior. Soldados que consomem alimentos pré-embalados não veem o preço do prato; não são persuadidos por propagandas. Tampouco têm alternativas. Um dos interesses de pesquisa tem sido a "monotonia" alimentar — por quanto tempo é razoável esperar que um soldado não consuma nada além de alimentos pré-embalados. A análise do próprio exército, Darsch me disse, especificava 21 dias. O número possivelmente "pendia mais para o lado conservador", ele admitiu. "É provável que dê para ir além dos trinta dias e não ter uma perda estatística de massa e músculo corporal."

Mas, de modo mais amplo, Natick pensou muito em como planejar cardápios que ofereçam a maior variedade possível da perspectiva logística e que sejam mais apreciados. Os soldados não comerão qualquer coisa ao sentir fome. O consumo, para não falar da saúde e do moral, cai à medida que a aceitabilidade da comida diminui. Alimentar um exército inteiro significa que as preferências devem ser vastas e extensas. Conforme um primeiro estudo destaca, "até as comidas extremamente apreciadas, mas somente por uma porção pequena de consumidores, são inadequadas ao uso militar". Pratos como sopa de amêijoa fracassaram porque, nas palavras de Darsch, "muitos dos caras que comeram não sabiam o que era amêijoa".[86]

Howard Moskowitz, figura importante na indústria alimentícia, trabalhou em Natick na década de 1950, criando modelos matemáticos de "otimização de cardápio". Durante o café da manhã no Harvard Club, em Nova York, ele disse que a pesquisa era simples: "Com que frequência a gente pode servir algo sem que fique entediante?". Cardápios, sob o ponto de vista dele, são orientados por duas dinâmicas: gosto e tempo. Tem coisas de que gostamos, mas em quanto tempo nos cansamos delas? Aquilo de que mais gostamos numa degustação, vários estudos revelam, muitas vezes se torna o que *menos* gostamos após uma série de provas.[87] A crystal pepsi pode ter parecido diferente e interessante numa degustação, mas era de fato um produto que os consumidores reporiam na geladeira? Aquele barato intenso do açúcar ou de um sabor novo pode ser ótimo da primeira vez, "mas é preciso conviver com ele", disse Moskowitz.

"Se você gosta muito de uma coisa", prosseguiu ele, "você a escolhe com mais frequência?" Não necessariamente. Passamos a escolher coisas de que gostamos muito menos, talvez a fim de proteger nosso agrado pela coisa amada.[88] Queremos evitar a "morte pelo excesso de hambúrguer", como ele apelidou. Por que nem *sequer* nos cansamos de uma comida?, perguntei. É para que, mediante a saciedade sensorial específica, nossas carências nutricionais sejam satisfeitas? Existe um desejo inato de novidade? "Não sei", disse ele, suspirando. "Por que nos acostumamos ao cheiro de um perfume? Por que quando vivemos em uma casa vizinha à estrada de ferro não escutamos mais o trem passar?" Por que precisamos de opções? "Vá a uma lanchonete", disse ele. "Lanchonetes têm sete páginas de cardápio. Mas você pede sempre a mesma coisa. Você não quer opção. Quer a ilusão da escolha."

Tyler Cowen, talvez nosso economista mais atento à alimentação, observou que volta e meia fica confuso ao escutar, quando a escolha do almoço está em debate, alguém enunciar algo como "hoje eu não quero comida tailandesa; já comi ontem". É uma negligência com o fato de que os tailandeses consomem comida tailandesa *todo dia*. "Seria assim tão terrível", ele se perguntou, "comer só comida indiana, seja em casa ou no restaurante, todos os dias durante uma semana?"[89] Muitas vezes, quando imaginamos estar cansados de algo, talvez estejamos apenas nos esquecendo da grande variedade que ingerimos (num fenômeno que foi chamado de "amnésia de variedade").[90] Curiosamente, embora se possa esperar que as pessoas levem mais tempo para se cansar de alimentos saborosos, a pesquisa sobre monotonia alimentar de Natick demonstra o oposto: quanto mais insípido o sabor, mais devagar os soldados se entediam. A comida sem graça, afinal, se esvai da memória mais rápido que a comida empolgante. Quanto menos nos lembramos de tê-la comido, menos cansados ficamos dela.

Natick também teve de enfrentar a questão de *onde* a comida era consumida. Um mesmo prato recebe avaliações melhores quando servido em um restaurante em vez de um refeitório institucional ou laboratório. Soldados em campo lidam com dois desafios: não só consomem alimentos pré-embalados, com diversidade limitada e entradas de sabor similar e textura dúbia, como volta e meia fazem as refeições em ambientes remotos, inóspitos, aos quais são designados. Em uma série de experiências inovadoras, um grupo de soldados (em bivaques em uma ilha do Havaí) e outro de alunos do MIT (no campus) não ingeriram nada além de alimentos pré-embalados. Os soldados seguiram a dieta por 34 dias corridos, os estudantes por 45 dias. Ambos os grupos consideraram a comida "aceitável" (o que não é bom sinal para a cantina do MIT). Ambos perderam peso. Os estudantes, no entanto, comeram mais que os soldados em campo. Os experimentos mostraram a importância do *contexto* para o agrado. Por inúmeras razões, é mais difícil fazer as pessoas em campo se alimentarem.

O contexto não é menos relevante no mundo real. Pessoas que comem em um restaurante étnico com a decoração adequada dão notas maiores à comida;[91] ponha uma toalha xadrez vermelha ou um pôster de Sergio Leone e elas comem mais massa. A altura e o tipo de música podem afetar a maneira como vemos a comida. Comemos mais quando estamos em grupos grandes.

O tipo de louça, o peso dos pratos, a combinação da cor da comida e a cor do prato — até o tempo que as pessoas têm de esperar pela refeição —, já está provado que tudo isso influencia o quanto gostamos da comida e a quantidade que ingerimos. Há uma cena comovente no filme *Sideways: Entre umas e outras* em que Miles, o azarado protagonista, num surto de ressentimento e desespero por conta de sua perspectiva de vida desanimadora, leva sua estimada garrafa de Cheval Blanc 1961 a uma lanchonete. Em meio à iluminação hostil e ao cheiro de gordura, com o acompanhamento de um sanduíche e anéis de cebola, ele traga às escondidas o "vinho para ocasiões especiais" de um copo de isopor. O vinho continua o mesmo, e se o consumo tivesse a ver apenas com a coisa sendo consumida, o nível de fruição em tese seria o mesmo. Mas todos os aspectos do contexto estão "errados": ele está sozinho, consumindo uma comida medíocre, não tem a louça adequada, a decoração é um horror. Ele bebe com desforra, não apreço.

O contexto não diz respeito apenas ao local, mas também ao momento. Seu amor por cereais no café de manhã provavelmente, em circunstâncias normais, não se estende ao jantar. O próprio café da manhã é uma refeição bem esquisita, como o pesquisador holandês E. P. Köster observou. Os gourmands mais ousados comem a mesma coisa no café da manhã, dia após dia.[92] Dificilmente cogitariam fazê-lo no jantar. A pura conveniência explica boa parte desse fato, sem dúvida, mas pesquisas indicam que há classes inteiras de texturas menos agradáveis no café da manhã, variáveis segundo a cultura. Quando o jantar termina e chega a hora da sobremesa, temos fome de variedade. É como se acordássemos menos propensos a querer novidades, nosso limite de entusiasmo se expandindo lentamente à medida que o dia avança.

De volta ao Café do Combatente, contemplei a comida diante de mim. Como se saíram os alimentos pré-embalados de amanhã? Ainda mereciam apelidos lastimáveis como "refeições que se recusavam a sair do estoque" ou "pratos rejeitados por etíopes"? Dei uma garfada no "salmão MATS", sendo "MATS" a sigla em inglês para "esterilização térmica assistida por alta pressão". O nome poderia ser melhor, e o peixe estava, é preciso admitir, meio duro. "Está um pouco mais difícil de mastigar do que a gente gostaria", Darsch confessou. Não é nenhuma surpresa: o salmão fora bombardeado com mais de 120 mil psi de pressão, literalmente rompendo as paredes das células de qualquer bactéria persistente com a brutalidade de uma bomba que explode a casamata. Mas o sabor estava lá, ou pelo menos mais do que seria de esperar de um peixe embrulhado em plástico e servido em temperatura ambiente sem data de validade próxima. Passaria despercebido no Del Posto? Não. Mas para o soldado que encara uma patrulha a longo prazo no deserto encalorado, talvez seja bastante bom.

Posso saber do que gosto, mas sei que não gosto
do que desconheço: gostar é um aprendizado

Na manhã em que fui à Filadélfia encontrar Marcia Pelchat, pesquisadora que há muito tempo trabalha no Monell, eu estava um pouco resfriado. Quando cheguei a seu escritório, Pelchat, uma mulher mignon, bem-educada, com senso de humor irresistível, me ofereceu um café. Perguntei se tinha chá, explicando que sempre que estava resfriado preferia chá, que de repente me parecia mais saboroso do que café. Ela pensou por um instante no que eu havia falado e disse: "Acho que o café, sem aroma, deve parecer cinzas".

É aquilo que é tão fácil esquecer mas nunca deixa de nos sobressaltar quando a experiência é em primeira mão: a maior parte da ação, quando provamos algo, vem do nariz. O café é uma dessas coisas curiosas cujo aroma é melhor do que o gosto, e perder seu cheiro é, no fundo, perder aquilo de que mais gostamos na bebida. Para se lembrar desse fato sensorial básico vale a pena, de vez em quando, fazer consigo mesmo o que Pelchat fez comigo naquela manhã: o teste do delicado. Ela me entregou três balas e me pediu para tampar meu nariz já entupido. Todos os delicados tinham sabor simplesmente doce. Quando soltei o nariz, no último delicado, de repente senti, mesmo resfriado, uma enxurrada de sabor, algo como um sorvete de café da Häagen-Dazs, se espalhando pela boca e o nariz. Tinha, de fato, acabado de comer um delicado com sabor de café, bem como seus primos de banana e alcaçuz.

Nossas línguas repletas de botões gustativos fazem uma triagem sensorial básica: doce, azedo, amargo, salgado e, de modo menos oficial, umami (e talvez gordura). Mas todas as distinções mais delicadas — manga versus papaia, cordeiro versus porco — vêm "pela via retronasal", subindo da boca até a via nasal sob a forma de aroma. O que reconhecemos como morango ou coca-cola ou molho *sriracha* não são gostos: são sabores. Não existe, a rigor, "gosto de mel": existe "olfação retronasal de mel". O mel, para ser mel, tem de flutuar em uma lufada de ar inalado rumo à nasofaringe. Até "gostos" que parecem fortes, como o de limão, são interpretados pela língua apenas como uma coleção de azedos e amargos e doces. São os terpenos que acionam os receptores da mucosa olfativa que fazem do limão o limão.[93]

A maneira como percebemos alguma coisa, afirma Paul Rozin, influencia a impressão que temos sobre ela.[94] Até quem não gosta do sabor de café é capaz, sem dúvida, de apreciar seu aroma. Em contrapartida, no prato, um queijo Limburger pode nos parecer, através do nariz, desagradável. Já na boca, no entanto, ele passa por uma mudança estonteante e se torna algo que talvez achemos prazeroso. É como se o cérebro, ao perceber que a comida está dentro da boca e, portanto, não representa mais um risco vindo de fora, mudasse totalmente de perspectiva. Dê a alguém de nariz entupido por conta de uma gripe uma tigela de caldo de carne ao qual se acrescentou um corante amarelo, Pelchat me disse, e a pessoa imagina estar comendo canja. Acabar com a via retronasal seria como ir de um pacote de tevê a cabo com um número quase infinito de canais a um punhado de redes que reprisam sempre os mesmos programas.

Mas fui ao escritório de Pelchat para conversar sobre gosto. Deixando de lado quais partes da minha boca e cavidades nasais me informam sobre determinado sabor, o que me informa que gosto dele? Virginia Woolf escreveu que "ler é um processo mais complicado e mais longo do que ver".[95] Isso também pode ser dito sobre a questão de gostarmos de algo para além da reação sensorial que temos ao colocá-lo na boca. Aquilo de que gostamos às vezes é corrompido por aquilo de que sabemos gostar.[96] Um estudo que pediu aos consumidores para avaliarem tipos de abacaxi revelou que quem preferia abacaxi classificado como "orgânico" ou "de comércio justo" geralmente era mais afeito a produtos orgânicos ou com o selo de comércio justo. Os menos entusiásticos a respeito dos orgânicos ficaram menos contentes com o abacaxi. Conforme observaram os pesquisadores, "a mesma informação cognitiva despertou reações afetivas opostas em diferentes participantes".[97]

Pelchat, afinal, tinha chá para me servir. Mas primeiro quis que eu tomasse uma cápsula que continha ou açúcar ou uma simples celulose não calórica. Queria me mostrar o mecanismo gustativo chamado de condicionamento "nutriente-sabor" — a ideia de que gostamos daquilo que nos leva a nos sentirmos bem, *ainda que não saibamos disso.*

O poder desse condicionamento foi demonstrado em inúmeros estudos com ratos,[98] nossos companheiros onívoros neofóbicos. É típico que o rato beba, ad libitum (o quanto desejar), algo como kool-aid laranja. Ratos, como uma passada de olhos na literatura científica revela, bebem *muito* kool-aid. Enquanto isso, em algum momento antes, durante ou depois, o adoçante é "introduzido", via "sonda intragástrica", diretamente em seu estômago. Mais tarde, o rato prova o kool-aid de uva sem receber as gotas de açúcar no estômago. Depois, quando ambos os sabores são avaliados, os ratos preferem o que *foi* adoçado, ainda que os dois sabores agora não sejam adocicados. Às vezes se atêm a um velho favorito quando uma das *novas* opções tem sabor mais doce naquele momento.

O curioso é que a maneira como o rato passou a gostar mais de um sabor que de outro não tem nada a ver com preferências do paladar. Como os pesquisadores sabem disso? "Na verdade", Pelchat me explica, a voz um pouco mais baixa, "o esôfago é exteriorizado." Com o órgão para fora do corpo, o rato não consegue degustar a glicose nem expeli-la de volta à boca. Se introduzida no estômago, no entanto, a doçura ainda tem algum proveito hedônico. "Algo no intestino ou no sistema metabólico faz com que gostem do sabor", Pelchat declarou.

Pelchat se perguntava se os mecanismos sensoriais humanos poderiam ser igualmente contornados sem uma cirurgia tão radical. Assim, passou um dia com uma sonda nasogástrica e tentou injetar glicose. "Eu pensei: sei o que estou fazendo, vou fingir que é comida e engolir a sonda, vai dar tudo certo. Mas acabei vomitando, me arranhando." Por fim, descobriu os comprimidos, que liberariam ou não o doce no organismo. A pílula de celulose é um placebo sem calorias, não traz benefícios ao corpo. Bem, não traz quase nenhum. "Por acaso", ela observou com uma risada enquanto eu inspecionava a pílula, "ajuda a regular o intestino." Em seu estudo, os participantes que tomaram as cápsulas (insossas) de açúcar acabaram gostando do sabor do chá mais do que do chá que beberam com os comprimidos sem açúcar.[99]

Portanto, sem nem saber o porquê, as pessoas preferiam um chá ao outro (desconhecemos nosso próprio gosto). Estavam recebendo sinais "pós-ingestão", em forma de recompensa nutricional, que as deixavam predispostas a um sabor. "Sempre faço questão de dizer às pessoas que recompensa e prazer não são uma coisa só", ela afirma. "A comida pode ser compensatória sem a experiência consciente do prazer." Todos sabemos muito bem disso por comermos na frente da televisão. Também pode acontecer o contrário. Pacientes com câncer que provaram um sabor novo de sorvete antes da quimioterapia, com a consequente náusea, desgostaram do sabor (mais do que dos sabores conhecidos dos quais gostavam). Com o apreço por todas as comidas reduzido, os pacientes tinham pouco ânimo para novidades. O interessante é que um jeito de evitar a interferência negativa do tratamento sobre o apetite normal foi proporcionar um novo sabor que servisse de "bode expiatório"[100] — como balas Life Savers — durante as refeições normais do paciente. O sabor do bode expiatório, em vez dos alimentos habituais, absorve a força da aversão. Assim faz-se o jogo da nossa tendência a gostar de comidas familiares e não gostar de novidades.

Na pesquisa de Pelchat, financiada por uma fábrica de chás que pretendia sondar se os americanos poderiam adquirir o gosto por chás não adocicados, as pessoas chegaram até a gostar mais do chá no qual não havia a pitada de glicose. Por quê? Simplesmente porque bebiam mais de uma vez. Em 1968, o psicólogo Robert B. Zajonc, em um artigo extremamente influente, criou o chamado "efeito da mera exposição": "a mera exposição repetida do indivíduo a um estímulo é condição suficiente para a melhora de sua atitude quanto a ela".[101] Ele não se referia à comida, mas a exposição se tornou uma ideia central no gosto por comidas. Em um estudo clássico, crianças de apenas dois anos provaram uma coleção de frutas e queijos desconhecidos por 26 dias seguidos.[102] Mais tarde, quando deixaram que escolhessem entre pares aleatórios de alimentos que haviam provado, elas optaram por aqueles que haviam consumido mais vezes — mesmo quando de início os tinham cuspido.

Prova,[103] prometia (atrevidamente) o antigo comercial de Alka-Seltzer, *você vai gostar*. Em geral os pais não têm a paciência dos pesquisadores (nem mesmo quando podem lançar mão de sondas gástricas). Volta e meia abandonam as tentativas de dar comidas novas aos filhos depois de três ou quatro vezes.[104] Em uma pesquisa feita por ingleses, pediu-se a um grupo que comesse repetidamente espinafre, uma iguaria não muito apreciada na Inglaterra.[105] A outro grupo pediram que comesse ervilha, um alimento mais benquisto. As pessoas passaram a gostar um pouco mais de espinafre, principalmente as que antes não gostavam. Mas o gosto por ervilhas começou alto e permaneceu alto. As pessoas gostavam de ervilha porque já estavam acostumadas a gostar dela.[106]

A exposição confirma a ideia de que gostamos daquilo que conhecemos. Mas conhecer significa primeiro ter de comer, ainda que não gostemos. Em uma pesquisa, os participantes adquiriam o gosto por uma sopa com baixo teor de sal de que a princípio desgostavam depois de tomá-la poucas vezes[107] (a sopa não foi apresentada como "sopa com baixo teor de sal" porque só este fato já poderia influenciar negativamente o agrado).[108] Em outra experiência, os voluntários consumiram porções de ratatouille enlatado com doses cada vez maiores de pimenta--malagueta.[109] Quanto maior a ardência, mais gostavam. George Orwell, em "Uma boa xícara de chá", ensaio escrito em 1946, previu esse tipo de adaptação do paladar: "Alguns dirão que não gostam do chá em si mesmo, que bebem somente para se aquecer e ficar estimulados, e que precisam do açúcar para tirar o gosto. A essas pessoas equivocadas, eu diria: tentem tomar chá sem açúcar por, digamos, uma quinzena, e é muito provável que nunca mais queiram arruinar seu chá adoçando-o novamente".[110]

Gosto é aprendizado: esse truísmo abarca desde culturas inteiras até o indivíduo. O efeito da exposição começa antes mesmo de nascermos. Você gostava de suco de cenoura quando criança? É bem provável que sua mãe também gostasse.[111] Os aromas e sabores estavam ao seu redor, na atmosfera do líquido amniótico que constituiu seu primeiro jantar. Membros mais capacitados de painéis sensoriais chegam a ponto de saber quais mulheres ingeriram comprimidos de alho baseando-se apenas no cheiro de seus líquidos amnióticos.[112] Fora do útero,[113] nos voltamos para o que preferimos (isto é, o familiar) e fazemos "caretas de repugnância" para aquilo de que não gostamos. Caretas fazem parte da experiência social do gosto e, sobretudo, da aversão: damos dicas sobre o que comemos e buscamos informações sobre o que os outros comem.[114]

O simples ato de ver os outros comendo alguma coisa parece fomentar o gosto.[115] Em um estudo clássico que examinava a alimentação das crianças em um presídio feminino na década de 1930, as preferências dos pequenos parecia se fundamentar na de quem os alimentava: "descobriu-se que bebês que rejeitavam suco de tomate eram alimentados por adultos que também expressavam aversão por suco de tomate".[116] Em uma pesquisa com crianças em idade pré-escolar,[117] uma criança-alvo que preferia um legume a outro se sentava com três colegas de classe que tinham a preferência oposta. No segundo dia do estudo, a criança-alvo já havia mudado de preferência. A exposição às pessoas, tanto quanto à comida, exerce influência sobre o gosto.

Ainda são inúmeros os mistérios acerca de nossas preferências culinárias. Pense na simples questão de por que deveríamos de repente gostar de algo de que antes não gostávamos. Pouquíssimos de nós "gostam" de uma substância como café ou cerveja da primeira vez que a bebem, mas muitos de nós passam a gostar. Todos os sabores são, basicamente, "gostos adquiridos". Ou, como Pelchat sugere, "um *agrado* adquirido é o nome que devíamos dar".

E quando falamos de "gostos adquiridos", na verdade deveríamos falar em "sabores adquiridos", conforme sugeriu Dana Small, pesquisadora adjunta do Laboratório John B. Pierce, na Universidade de Yale, que estuda a neuropsicologia da alimentação. Não nascemos conhecendo sabores como o de café; simplesmente sabemos que a bebida é amarga e portanto ruim. "O amargor está lá como sinal de que há uma toxina latente no que você está provando", ela afirmou. "É só disso que você quer saber; você não quer ter de aprender."

Mas ninguém nasce gostando ou não de pé de galinha. É improvável, afinal de contas, que esses sistemas gustativos "guardiões" soubessem distinguir o pé da asa. É tudo frango. Antes mesmo que a comida chegue ao nosso prato, a cultura faz a primeira grande triagem, peneirando aquilo de que é aceitável gostar. "Os franceses comem cavalo e rã, mas os britânicos não comem nada disso", destaca Jared Diamond.[118] Assim como com qualquer comida, os franceses, em dado momento histórico, foram ensinados a "aprender a gostar" de cavalo como comida.[119] Mas o que gostamos no *gosto*, ao contrário do sabor, é de uma similaridade notável no mundo todo. Como John Prescott diz em *Taste Matters* [O gosto importa], "o ponto ideal para o sabor da sacarose na água ser agradável é por volta de 10% a 12% do peso (aproximadamente a proporção encontrada em várias frutas maduras), sendo você do Japão, de Taiwan ou da Austrália".[120]

O condicionamento do paladar nos ajuda a gostar ou não dos sabores. A vantagem, nas palavras de Small, é que podemos "aprender a gostar das comidas que nos são acessíveis e a evitar certas comidas em vez de categorias inteiras de nutrientes". Quando nova, ela foi a um evento popular de iatismo em sua terra natal, Victoria, na Colúmbia Britânica. Com amigos da faculdade, tomou várias doses de Malibu e 7UP, uma mistura terrível e intensamente nauseante de rum doce, com gosto de coco, e refrigerante cítrico. "Faz vinte anos", ela relembrou. "Não consigo usar nem bronzeador com cheiro de coco. Me dá enjoo."[121]

Através de uma rede complexa de atividades cerebrais, disse ela, aprendemos a "saborear objetos" — a "gestalt perceptiva" do tato, paladar e olfato de tudo o que comemos. "Essa comida me fez mal? Essa comida me deu energia? Você aprende preferências com base no objeto de sabor como um todo." O objeto de sabor é "criado" por uma rede de atividade neural, descrita como "um circuito disperso que inclui a representação neural do objeto de odor, as células gustativas unimodais, células orais somatossensórias unimodais, células multimodais e um 'mecanismo aglutinador'".[122] Você não simplesmente "saboreia" o morango: você praticamente o traz à existência.

O café — a substância de verdade — não se torna menos amargo na centésima vez que o tomamos do que era na primeira vez que o provamos. Mas algo acontece. "Ele *vira* café", disse Small. "O cérebro aprendeu que o café não é um sinal potencialmente nocivo." Muitos de nós, ao tomar café pela primeira vez, acrescentamos coisas de que gostamos — leite e açúcar. Isso não somente suaviza o amargor, mas ajuda a criar associações positivas com o café. A relação é de mão única, observa John Prescott: não aprendemos a gostar de açúcar tomando café, aprendemos a gostar de café bebendo-o com açúcar. Acrescente o sinal pós-ingestão da cafeína e você tem uma bebida da qual gostamos, quase que a despeito de nós mesmos. Você deve estar pensando que os prazeres da cafeína ou do álcool bastam para explicar a razão pela qual ficamos condicionados a gostar de café ou uísque. Mas então por que não adicionar somente substâncias das quais já gostamos? Por que as coisas de que mais desgostamos no começo se transformam naquelas de que mais gostamos?

Deve haver um momento em que a aversão se torna apreço. Small vem tentando situá-lo no tempo e espaço neurológico. Em uma experiência,[123] pediu aos voluntários que provassem bebidas com sabores novos que não continham calorias. Apesar de não conseguirem perceber sua presença, os participantes gostaram mais de bebidas com maltodextrina. Assim como no estudo de Pelchat sobre chá, o "sinal pós-oral" que vinha do intestino — que se alegra ao converter a maltodextrina em glicose — alterou o gosto dos voluntários pelas bebidas.

No estudo de Small, porém, as bebidas foram todas classificadas no patamar do "gosto um pouco". Esse dado ainda não esclarece como passamos da aversão ao apreço. E se fosse possível pegar uma comida extremamente malquista e, num piscar de olhos, de repente gerar um desejo intenso por ela? Foi exatamente o que Kent Berridge, neurocientista da Universidade de Michigan, fez numa experiência de condicionamento pavloviano com ratos.[124] Primeiro, os ratos receberam "pulsações" de uma solução agradável de sacarose, acompanhada de um som. Também receberam uma solução bastante desagradável de "sal do mar Morto", três vezes mais forte que o sal marítimo, acompanhada de outro som.

Os ratos *odiaram* o sal — a tal ponto que foi necessário despejá-lo em suas bocas via "cânula implantada". E depois, quando ouviam os respectivos sons, ou viravam a cara ou olhavam para a fonte de comida e faziam as expressões faciais adequadas. Em seguida, o cérebro dos ratos foi alterado com injeções que provocavam uma espécie de simulação de desejo extremo de sal. No dia seguinte, quando escutaram de novo os sons, imediatamente foram em direção ao sal do mar Morto, fazendo vigorosas caras de "prazer" ao lamber os lábios (como os bebês humanos) — *antes de nem sequer provarem sua condição nova, "prazerosa".* Em outras palavras, sem nem saber que gostavam dele, de repente quiseram o sal.

Talvez isso ajude a explicar não só condutas viciantes como preferências cotidianas. Em um estudo, Berridge e os colegas pediram a estudantes que identificassem o gênero dos rostos mostrados em uma tela de computador. Também foram exibidos, de modo meio furtivo — por 16,7 milissegundos —, rostos tristes ou enraivecidos. Depois, os participantes da experiência ganharam uma bebida de fruta, que, segundo as informações recebidas, era desenvolvida por uma fábrica de refrigerantes, e foram perguntados se haviam gostado. Os participantes que viram os rostos "felizes" disseram gostar da bebida 50% mais do que os voluntários que viram rostos tristes. As expressões alegres estimularam "vias mesolímbicas de 'desejo' no cérebro dos

76

estudantes que as viram, e que se mantiveram indetectáveis por alguns minutos enquanto os alunos avaliavam o próprio estado de espírito", Berridge escreveu.[125] "O 'desejo' veio à tona somente quando o alvo adequado foi enfim apresentado na forma de um estímulo doce cheio de hedonismo que podiam provar e escolher ingerir ou não." É como se eles estivessem procurando o gosto em todos os cantos errados", por fim achando algo pelo que demonstrar interesse.

Esses tipos de mecanismos talvez ajudem a explicar como a aversão se transforma em apreço. Os "gostos" entram no cérebro bem "mais adiante". Até bebês, que não têm muito mais que um tronco cerebral, fazem "tanto o reconhecimento como a decisão avaliativa". Mas não estão, como Berridge me sugeriu, formando o "objeto do sabor". Isso acontece em algum lugar "lá em cima". Em um estudo clássico de Ivan de Araújo e colegas, os participantes receberam breves lufadas de uma mistura de ácido isovalérico e queijo cheddar e foram informados de que o odor era ou de queijo ou de suor. Aqueles na situação do "cheiro de suor" (por assim dizer) deram ao componente uma nota menor do que quem acreditava se tratar de queijo. Nenhuma surpresa. Mas o pessoal do queijo também ativou uma rede maior de áreas cerebrais, o que corrobora o veredito comum de que "gostar" ativa uma rede maior de atividade cerebral do que a aversão. É como se precisássemos despender mais energia para descobrir por que gostamos de algo do que despenderíamos caso não gostássemos.

Os cheiros de suor e de queijo são interpretados de formas diferentes pelo cérebro. Mas nos primeiros passos do processamento mental, "o sinal será o mesmo", Berridge afirmou. "Esse sinal poderia ser alterado bem no começo da via, no entanto, através da expectativa e antecipação. Por quanto tempo esse sinal continua o mesmo no momento em que atinge diversas partes do cérebro?" Tão fortes são essas camadas de expectativa e antecipação, é claro, que no estudo de Araújo até as pessoas que sentiram "cheiro de limpeza", mas foram informadas de que se tratava de queijo ou suor, tiveram padrões similares de atividade cerebral. Estavam se preparando para gostar ou não gostar de um aroma que nunca veio, um prazer ou desprazer fantasma.

"No fundo", Berridge me disse, "temos ciência do produto final, mas não do processo que nos deu esse produto." O sinal de amargor no tronco cerebral é o mesmo, mas em algum ponto dos processos cognitivos superiores o "café" toma forma. Aprender é interagir com o gosto a fim de gerar prazer. "Qualquer prazer que tenhamos provavelmente vem das mesmas vias básicas de prazer que o doce tem o privilégio especial de mobilizar", declarou Berridge. O cérebro adoçou seu café.

A ideia de encontrar o momento e o lugar exatos em que a aversão vira apreço é dificultada pelo fato de que as mesmas áreas do cérebro estimuladas pelo apreço também são ativadas pela aversão.[126] A amígdala, por exemplo, parece reagir em igual medida àquilo de que gostamos e àquilo de que não gostamos. Talvez um dia os cientistas descubram a via do *nhé* — uma descoberta que daria a entender que no fundo somos bastante ambivalentes quanto à maioria das coisas e que é algum furor específico das sinapses, ou a pessoa com quem almoçamos, ou a canção que toca no rádio, que acaba por nos empurrar para um lado ou para o outro.

É formidável perceber a veemência com que defendemos nossos gostos e aversões, sendo eles tão vulneráveis a distorções e manipulações tanto por parte do nosso cérebro quanto por influências externas. Talvez, instintivamente, nos demos conta da fragilidade e arbitrariedade dessas predileções e por isso nos apeguemos a elas com tanta força. O que está claro é que é na comida que encontramos a relação pessoal mais intensa com nosso próprio gosto, nos sentidos literal e metafórico. Como Beauchamp me disse no Monell, "a decisão mais importante que todos os seres humanos tomam todos os dias é a de pôr ou não algo na boca". Essa já foi uma questão de vida ou morte, mas hoje é só de gosto pessoal.

E no entanto isso parece só tornar as decisões ainda mais complexas, gerando muito mais insegurança quanto às nossas próprias escolhas. De volta ao restaurante chinês, Rozin descreveu nossa relação "afetiva" com a comida como "extremamente essencial, extremamente básica, além de frequente. Não tão frequente quanto a respiração, mas respiração não é questão de gosto". Ele parou para dar a última garfada no camarão agridoce, enfiou-o na boca e então acrescentou: "É o mesmo buraco".

2. A culpa não é das estrelas, é nossa

O gosto em uma época conectada

Em si, os juízos de gosto não têm absolutamente nenhum interesse. Somente em sociedade torna-se interessante ter gosto.

Immanuel Kant, *Crítica da razão pura*

Não é o que você diz gostar, é o que você faz

Uma noite, procurando alguma coisa para ver na Netflix, um filme chamado *Sublime inspiração* apareceu na tela ("Porque você gostou de: *Psicose, Noivo neurótico, noiva nervosa, Fargo*"). Cliquei e descobri a adaptação de 1949 do conto de D. H. Lawrence sobre um menino com o dom de prever os vencedores das corridas de cavalos na vida real cavalgando rápido seu cavalinho de brinquedo. Eu não conhecia nem o conto nem o filme.

Essa, pensei, era a genialidade dos sistemas de recomendação algorítmica: a escolha de um filme obscuro tirado da lixeira da história com base em alguma alquimia despercebida que escapava ao meu entendimento. O que ligava *Sublime inspiração* à comédia icônica de Woody Allen, à película chocante de Alfred Hitchcock e ao gótico sombrio cujo cenário é o Meio-Oeste americano dos irmãos Coen? E qual aspecto da minha iniciativa de classificar os filmes provocou esse *ménage à quatre* cinematográfico? E se tivesse *adorado* o Hitchcock mas não curtisse *Noivo neurótico, noiva nervosa* — a recomendação desencadeada teria sido outra? Greg Linden, que ajudou a criar os algoritmos pioneiros da Amazon, lembra que não deveríamos lhes atribuir poder demais devido à descoberta de recomendações bizarras, misteriosamente visionárias. "O computador", ele explica, "apenas faz uma análise do que os seres humanos estão fazendo." E no entanto seus próprios criadores já admitiram que os sistemas matemáticos, cada vez mais complexos, podem de fato virar "caixas-pretas" similares ao HAL, cuja conduta exata não poderá mais ser determinada ou prevista (algo com que nós, seres humanos, pelo menos podemos nos identificar).[1]

De vez em quando me arrepio com as recomendações da Netflix — *um filme do Adam Sandler? É gozação com a minha cara?* Mas o outro lado de ter acesso a tantos filmes é gastar mais tempo decidindo ao que assistir. Portanto, passei a aceitar que numa época de opções volta e meia atordoantes, em que não tenho mais tempo para ler edições antigas de *Cahiers du Cinéma* ou revirar os cestos de recortes de lojas de discos, deve haver alguma vantagem em delegar parte das minhas decisões e processos de descobertas a um computador, assim como terceirizamos grande parte dos nossos lapsos de memória ao Google.

Durante um tempo, em todo caso, fui rigoroso no treinamento do meu algoritmo da Netflix. Classificava todos os filmes que via e estudava as previsões do que poderia me agradar com uma energia talmúdica. Queria que o troço ficasse afinado, que fosse capaz de lidar com as curvas sinuosas do meu perfil. Queria que entendesse que o fato de eu ter adorado *Uma noite alucinante: a morte do demônio* não significaria necessariamente que gosto da maioria dos filmes de terror. Queria que soubesse não só que gostei de algo mas *por que* gostei. Queria mais do que ele poderia me dar.

Portanto, ao me ver na sede da Netflix, um edifício de telhado vermelho — meio velha Hollywood, meio La Quinta Inn — em Los Gatos, na Califórnia, tinha em mente as estrelinhas classificatórias. Eram quase uma obsessão. Eu gastava um tempo enorme ponderando se a classificação de 2,9 que me era prevista justificava que eu assistisse a certo filme (a distância entre 2,9 e 3,0 tinha um poder aforístico). Ver um filme avaliado com 1 me parecia quase ilegal. E, ao me deparar com um filme a que nunca tinha assistido e cuja classificação prevista para mim era de 4,7, senti o mundo tremer.

Sabia que não era o único: a empresa dera 1 milhão de dólares, seu famoso "prêmio de otimização", aos cientistas da computação que desenvolveram uma forma de aprimorar em 10% as classificações previstas da Netflix. Muitas pessoas inteligentes investiram horas pensando em coisas como o suposto Problema *Napoleon Dynamite* — ou o que fazer com filmes que polarizam opiniões em termos nada previsíveis. Ali, em Los Gatos, imaginei que existisse uma espécie de Stasi benevolente de predileções, ciente de tudo que dissesse respeito a como as pessoas assistem a filmes, um repositório gigantesco de favoritismos humanos. Queria informações que sabia serem confidenciais e sabia que não me diriam: até que ponto o algoritmo era sensível às classificações? Se eu desse 2,7 a um filme que a Netflix previa que eu avaliasse com a nota 3,2, com que velocidade essa divergência reverberaria no meu ecossistema classificatório? Qual é o filme com a distância mais ampla entre as avaliações extremamente positivas e extremamente negativas?

Essas foram as razões pelas quais dava quase para ouvir a agulha arranhar o disco quando me sentei com Todd Yellin, o vice-presidente de inovação de produtos da empresa, na sala Top Gun (todas as salas da Netflix são batizadas em homenagem a filmes ou programas de tevê), e ele me disse: "Meu primeiro cargo aqui foi de diretor de personalização de produtos. Chefiei o projeto para descobrir como obter classificações, como aprimorar as previsões a partir dessas classificações, onde colocá-las na interface do usuário". Até aqui, tudo bem. Então ele continuou: "Ao longo dos anos, à medida que ampliávamos o alcance da personalização, fomos tirando o foco das previsões avaliativas".

Absorvi a declaração dele. *Tirar o foco.* É provável que tenha me abatido. Dava para perceber que Yellin notou minha decepção. Eu tinha ido lá para entender o motor mais sofisticado do mundo na previsão de gostos cinematográficos e ouvia que o gosto — ao menos aquele expresso por classificações — estava saindo do foco. "Conseguimos fazer mais pessoas clicarem nas estrelas do que quem quer que seja no universo dos filmes e dos programas televisivos", afirmou Yellin. "E criamos várias receitas algorítmicas para aumentar a exatidão dessas previsões." Mas essa, ele justificou, era a tecnologia de ponta por volta de "2005 ou 2006". Minhas perguntas de geek sobre as "estrelas" de repente pareciam terrivelmente antiquadas. Quer dizer que depois de tanto tempo e esforço dedicados à elaboração de um sistema perfeito de sugestões com base nas avaliações, a Netflix deixou a ideia pra lá?

Não exatamente. "Ainda pedimos que as pessoas avaliem, ainda achamos esse dado muito útil", explicou Yellin. "Mas ele é secundário." Duas coisas ofuscaram a utilidade das estrelas. A primeira, de acordo com Xavier Amatriain, diretor de sistemas de recomendação da Netflix, é que a empresa estava próxima de uma espécie de celeridade terminal na previsão de gostos. "É basicamente como inúmeras coisas no universo algorítmico", ele me disse. "Você gasta 20% do seu tempo para chegar àqueles 90% de exatidão, depois passa 80% do seu tempo tentando chegar àqueles últimos 10%." Não estava muito claro como o investimento necessário para a obtenção daqueles últimos 10%, e a complexidade que iria acrescentar — a um sistema de recomendações que já estava sobrecarregado de "máquinas de Boltzmann restritas", "Random Forests" e "Alocações Latentes de Dirichlet" —, traria resultados.

Algo mais havia mudado. Desde o Prêmio Netflix, a empresa tinha deixado de ser apenas um sistema de entrega de DVDs pelo correio para ser sobretudo um serviço de streaming de vídeos. "O que as pessoas queriam ao fazer as avaliações", disse Amatriain, "era expressar um processo mental. Você botava uma coisa na fila; assistia dois dias depois. E então você expressava uma opinião a partir da qual já sabia que teria um retorno a longo prazo." Mas, com o streaming instantâneo, "é um conceito bem diferente. Se você não gosta, tudo bem. Você muda para outra coisa. O custo da troca é bem menor".

Com o streaming, a Netflix obtém menos opiniões explícitas, mas tem mais *comportamentos* implícitos. "Nós conseguimos dados em tempo real", Yellin explicou, "mais valiosos do que aquilo que as pessoas dizem querer." A Netflix sabe muitíssimo sobre o que e *como* você assiste: quando você vê algo, onde vê, o momento em que interrompe a transmissão, o que assiste em seguida, se assiste algo duas vezes. O que você *procura* — é outro sinal do seu gosto. Yellin enumera isso tudo com uma veemência entusiástica. Com sua tagarelice irrequieta e rosto anguloso, ligeiramente tenso, acentuado pela falta de cabelo, parece um vendedor de loja muito bem informado, da época em que isso ainda existia. Mas ele é um atendente de locadora a quem concederam um vislumbre onipotente do que as pessoas dos Estados Unidos têm enfiado nos aparelhos de videocassete — e em que momentos apertam o "rebobinar". Se existe aí uma violação de privacidade, seu traço mais proeminente é a impossibilidade de fecharmos os olhos para os nossos próprios gostos.

O surgimento de empresas como a Netflix, com seus petabytes de dados sobre os gostos e antipatias das pessoas, todas aquelas curtidas e favoritos, proporcionou uma percepção inédita do que havia tempos era um campo misterioso: a formação de juízos, a expressão de preferências, a mecânica dos gostos. Esse vasto leque de atividades on-line — "boca a boca eletrônico", como é chamado — é onde as noções abstratas e "inexplicáveis" de gosto esbarram na ordem empírica da internet, com seus algoritmos de filtragem colaborativa, conjuntos de dados dispersos, registros aparentemente eternos de atividades. Uma só resenha — ou curtida ou polegar para cima — é, em essência, inútil. Sofre do que Ray Fisman chamou de problema da "conversa fiada".[2] É no nível agregado que, através de números absolutos, o ruído pode ser filtrado, os estranhos marginalizados e o consenso estatístico alcançado.

Sociólogos como Pierre Bourdieu, provavelmente a pessoa que mais refletiu sobre o gosto (e que revisitaremos mais adiante), sempre enfrentaram o problema do autorrelato: perguntar às pessoas do que elas gostam não equivale a observar o que fazem. A beleza da internet é que, apesar do que as pessoas dizem, dá para ver, com uma fidelidade cada vez maior, a conduta que têm de verdade. Praticamente todos os aspectos do gosto humano pelos quais Bourdieu tinha interesse são, diariamente, catalogados on-line, em números que extrapolam os sonhos de qualquer sociólogo. De que música você gosta? (Spotify, Pandora.) Qual é o rosto humano ideal para você? (OkCupid, Match.com.) Qual é o objeto ideal de uma fotografia? (Flickr, Instagram.)

Assim, enquanto antes a Netflix confiava muito mais no que as pessoas *diziam* gostar — o novo pilar sobre o qual os sistemas de recomendação foram construídos —, agora ela está mais focada no que as pessoas realmente *assistem*.[3] "Há inúmeras vantagens nisso", diz Amatriain. "Uma delas é como as pessoas classificam: elas classificam de forma ambiciosa — o que gostariam de estar assistindo ou como gostariam de estar assistindo." Conforme Carlos Gómez Uribe, o diretor de inovação de produtos da Netflix, me contou, "uma parcela relativamente alta das pessoas nos diz que volta e meia assiste a filmes estrangeiros ou documentários. Mas na prática isso não é tão comum assim".

A Netflix sempre percebeu esse abismo entre as aspirações e o comportamento das pessoas. A empresa podia, para citar um exemplo, monitorar quanto tempo um DVD ficava parado na casa do cliente, provavelmente sem ser visto. "*Uma verdade inconveniente*, do Al Gore", disse Yellin, levando o resto da mesa a confirmar com a cabeça. "Notamos que esse filme passava séculos na casa das pessoas. Era um ótimo porta-copos." Mas agora o nível de análise se dava em tempo real, era mais visceral: você abandona o filme do Bergman e vai assistir a *Com a bola toda*? Pois acaba de criar um ponto de referência.

As pessoas, Yellin sugere, "querem se sentir bem. Ou talvez até se iludam com a imagem que pintam de si mesmas — de que tipo de coisa dizem gostar, quantas estrelas darão a um título específico e ao que assistem de fato". Você pode dar cinco estrelas a *Hotel Ruanda* e duas estrelas a *Capitão América*, ele explicou, "mas é bem mais provável que você assista a *Capitão América*".

Não existe nenhuma grande novidade nisso. Desde Thorstein Veblen os economistas falam dos "sinais" ostensivos de gosto, sejam eles genuínos ou não. Em geral, só fluem para cima: as pessoas não dão cinco estrelas a *Capitão América*, duas estrelas a *Hotel Ruanda* e depois assistem ao último às escondidas. O sociólogo Erving Goffman ficou famoso ao descrever a maneira de nos apresentarmos como um ato "dramatúrgico": "Verificamos com frequência que a mobilidade ascendente implica a representação de desempenhos adequados e que os esforços para subir e para evitar descer exprimem-se em termos dos sacrifícios feitos para a manutenção da fachada".[4]

Todos já tivemos vontade, em algum momento, de mostrar nosso eu idealizado. "Na verdade eu sou uma pessoa bem diferente", escreveu o dramaturgo Ödön von Horváth, "mas nunca consegui ser essa pessoa."[5] Pense na cena de *Sonhos de um sedutor*, em que o personagem de Woody Allen tenta, às pressas, antes de um encontro, arrumar a mesa de centro com livros respeitáveis ("Você não pode deixar os livros espalhados por aí se não estiver lendo", a amiga reclama, ao que ele retruca: "Eles criam uma imagem"). O curioso é que os dados da Netflix eram particulares: não havia ninguém para ver o bom gosto de suas escolhas ou sua fila interessante. Como Yellin sugere, a dramaturgia envolvida ali é direcionada ao próprio *eu*.

O que leva a uma questão instigante proposta pelo antropólogo Robert Trivers e seu colega psicólogo William von Hippel: "Qual é a plateia do autoengano?". Goffman declarou que as pessoas volta e meia são estimuladas a manter padrões "por causa da crença vívida de que há uma plateia invisível presente que punirá desvios desses padrões". Por isso a culpa na expressão em inglês "*guilty pleasure*", o "prazer culpado", um assunto sobre o qual falarei depois. Se a farsa por si só é uma estratégia útil à evolução, "fundamental na comunicação animal", o autoengano também se torna "uma estratégia ofensiva elaborada para enganar os outros".[6] O personagem de Woody Allen, ao exibir os livros, faz isso para se sentir melhor, bem como para dar um jeito de convencer *a si mesmo* de que é o tipo de pessoa que lê os tais livros, o que por conseguinte ajuda a convencer a mulher que vai encontrar.

Isso não significa que não seja desagradável quando o espelho expõe o autoengano. Uma reclamação bastante comum feita à Netflix é "por que vocês estão me recomendando esse monte de filmes com duas ou três estrelas?". Em outras palavras, por que vocês estão me dando filmes de que não vou gostar? A Netflix, no entanto, não está no mercado para transformá-lo em um cineasta. O intuito é que você continue assinando o serviço. É como o cassino, que se utiliza da engenhosidade matemática para que você não abandone os caça-níqueis. Ela quer recomendar coisas que serão assistidas.[7] "Envolvimento", segundo a Netflix. "Quando alguém avalia um filme como *A lista de Schindler*", diz Gómez Uribe, "a tendência é de que a nota seja bem alta — ao contrário das comédias bobas que vejo, como *A ressaca.*" Mas não dar às pessoas nada além de filmes com quatro ou cinco estrelas "não quer dizer que o usuário realmente vai ter vontade de ver o vídeo numa quarta-feira à noite, depois de passar o dia inteiro trabalhando".

O sistema de estrelas em si é repleto de vieses. As pessoas evitam os extremos das escalas — o fenômeno tem o nome de "viés de retração".[8] Portanto, são mais comuns as classificações de duas ou quatro estrelas que as de uma ou de cinco. Outro soluço estatístico, Amatriain declara, é que "sabemos que a escala de classificação não é linear: a distância entre uma estrela e duas não é igual à distância entre duas e três". O meio-termo, a terra do *nhé*, é bastante turvo quanto ao que a pessoa considera assistir. Existe também o "viés do número inteiro",[9] ou a ideia de que as pessoas estão predispostas a dar notas redondas.

Atribuir estrelas a um produto cultural é uma iniciativa curiosa — e há muito tempo controvertida. Parece ter surgido nos livros, a bem da verdade, com o primeiro volume organizado por Edward O'Brien, *The Best Short Stories of 1915* [Os melhores contos de 1915]. Conforme ele descreveu na introdução, os contos escolhidos "se encaixavam *naturalmente* em quatro grupos" (itálico meu). Receberam asteriscos — quanto mais, melhor —, chegando ao máximo de três (para os contos merecedores de "um lugar de certa permanência na nossa literatura"). Com a visão do crítico imparcial, ele declarou, "não deixei que nenhuma preferência ou preconceito pessoal influenciasse conscientemente meu juízo a favor ou contra algum conto" (mais adiante veremos como isso é difícil). O sistema de estrelas de O'Brien — aliás, o mero ato de ter escolhido os "melhores" contos do ano — enfrentou algumas críticas contundentes.* Ao resenhar *The Best Short Stories of 1925*, um crítico do *New York Times*, censurando o sistema de avaliação "dogmático" de O'Brien, afirmou: "Muitas pessoas acreditam praticamente em qualquer coisa que alguém lhes diga em tom positivo o bastante".[10] A história das estrelas é meio nebulosa, mas parece surgir no âmbito cinematográfico em uma crítica de Irene Thirer na edição de 31 de julho de 1928 do *New York Daily News*. Ela diz: "Julgar filmes através do sistema de estrelas, como faremos de agora em diante, de forma permanente" — insinuando que ele já estava em uso. Em seguida, concede a *Lar sem teto* uma única estrela.**

---

* De cinco estrelas, o livro de O'Brien recebeu 3,75 no Goodreads.com.

** O tempo foi mais bondoso com o filme. No IMDb.com, tem 6,9 de dez estrelas.

As pessoas fazem objeções às estrelas desde então. Um problema óbvio é que, como têm gostos diferentes, o que uma pessoa considera um filme de três estrelas, para outra pode ser uma película de cinco estrelas. É por isso que a Netflix distingue entre o número total de estrelas e a métrica do "nosso melhor palpite para você". Isso põe o gosto em evidência: você deu a esse filme 0,7 pontos a mais que os outros. Embora possamos imaginar que se trate da expressão mais pura do "nosso" gosto, a complicação é que, assim como acontece com todos os motores de recomendação, tal número é em certa medida derivado do que *os outros* estão fazendo.[11] Outra questão é que você pode simplesmente avaliar de outro jeito — com um viés alto ou baixo — apesar da sua verdadeira opinião sobre o filme. "Algumas pessoas que eu conheço são muito seletivas na hora de dar notas altas", diz Amatriain. "Então, duas ou três estrelas, para elas, não é necessariamente uma avaliação ruim."

Esse fator aponta para um aspecto interessante da Netflix e de suas classificações. Talvez como vestígio da época em que recebíamos opiniões basicamente de críticos, com seus próprios sistemas de classificação, pensamos nas estrelas como uma espécie de medida estável de qualidade ou ao menos do nosso gosto. Tanto no nível individual como no global, contudo, as estrelas da Netflix não são nem de longe fixas. Na verdade, são como mercados livres: passíveis de correções, bolhas, salvaguardas, inflações e outros gêneros de "ruído" estatístico.

No início de 2004, para mencionar um caso, houve uma "repentina elevação na classificação média dos filmes". Será que os filmes hollywoodianos melhoraram de repente? Na realidade, foi o sistema de recomendações que melhorou. "Os usuários cada vez mais classificam filmes compatíveis com o próprio gosto", observou o pesquisador Yehuda Koren, que participou do

Prêmio Netflix.[12] Em outras palavras, os filmes melhoraram porque foram escolhidos por mais pessoas que os achavam melhores. Dependendo do ponto de vista, isso pode ser considerado uma espécie de viés seletivo — as pessoas que provavelmente gostariam de um filme lhe davam uma nota mais favorável — ou um equilíbrio de mercado em termos de gosto: as pessoas encontravam de maneira mais certeira os filmes (isto é, a oferta) de que era mais provável que gostassem (ou seja, a procura).

A confusão é ainda maior no âmbito individual. Peça para alguém reavaliar um filme que já viu e o mais provável é que a nota dada antes não seja alterada.[13] Experiências revelam que o mero ato de mudar a classificação original do usuário pode impactar a reavaliação do vídeo pela mesma pessoa mais tarde. Tudo indica que a forma como as pessoas classificam as coisas é distinta quando avaliam um monte de filmes juntos (treinando seus algoritmos) em vez de um filme só.[14] Programas televisivos não são avaliados sob os mesmos critérios que filmes. "A nota média de um programa de tevê tende a ser bem mais alta que a de um filme", Yellin explicou. Será que a televisão se tornou melhor que o cinema? "Minha intuição é de que há uma seleção", ele disse. "Quem avalia *Família Soprano*? Não foi quem assistiu a cinco minutos e não gostou porque a série não virou parte de sua vida. Foi a pessoa que se dedicou e ficou centenas de horas assistindo." Por outro lado, "quem avalia *Segurança de shopping*? O filme pode até não ser muito bom, mas tem noventa minutos. Seu parâmetro ou critério talvez seja diferente".

Além disso, o mesmo filme visto por streaming ou em DVD pode receber classificações diversas. "Principalmente se o filme é muito visceral", Yellin disse — como um título "bem sentimental" de Spielberg. "Haverá algum impacto, mas ele talvez seja efêmero. Assim, se você o avalia logo depois dos créditos, é capaz de dar uma nota maior. Uma semana depois, talvez ele já não tenha o mesmo efeito sobre você." Assistir sozinho a um filme pode gerar notas mais baixas do que vê-lo com amigos entusiasmados. E assim por diante. "Passei anos mergulhado nas classificações", Yellin disse em tom sério, parecendo um gângster esfalfado a refletir sobre o passado repulsivo nas ruas. Percebi que ele batalhava por certa pureza nessas classificações, um ideal platônico dos nossos gostos. "Olha só quanto cabelo eu tenho. Arranquei tudo tentando entender esse tipo de coisa." As avaliações, no fundo, não eram um indício tão grande assim daquilo a que as pessoas assistiriam, conforme seria de imaginar. Tampouco fatos como gênero e localização. "Se você não tiver nenhum outro dado, saber disso ajuda um pouquinho", explicou Yellin. "Mas se as pessoas assistirem a cinco vídeos da Netflix, você já sabe muito mais coisas sobre elas do que saberia pela idade, gênero, onde moram." Você é o que assiste.

Todo esse papo sobre o abandono do foco nas classificações não significa que as recomendações sejam menos relevantes. Na verdade, são mais importantes do que nunca para a função algorítmica da Netflix, impulsionando cerca de 75% de todas as visualizações.

Agora, entretanto, elas são mais implícitas. Em vez de lhe dizer do que você gosta, a Netflix basicamente mostra o que você gosta em fileiras "personalizadas" cuja arquitetura foi, em essência, criada pelo seu próprio modo de agir. "Tudo é recomendação", como Amatriain gosta de dizer sobre essa nova linha de pensamento, "que vai além das cinco estrelas." Até as pesquisas — um sinal de que "não somos capazes de mostrar aos usuários o que eles devem assistir" — alimentam o motor de recomendações. Saber o que você busca denuncia do que você poderia gostar. Fazer *qualquer coisa* na Netflix é uma espécie de metar-recomendação: o site, assim como grande parte da internet, é um experimento constante no que se refere a preferências, uma série de "testes de A ou B" dos quais você provavelmente participou sem saber. Será que a caixa de busca estar à esquerda ou à direita no site da sapataria on-line o levou a comprar mais produtos? Será que pôr na página de entrada uma fileira intitulada "Dramas estrangeiros dos anos 1980" o levou a ver mais dramas estrangeiros dos anos 1980?

As fileiras refletem um meio-termo entre os dois extremos dos sinais que sozinhos não seriam muito úteis: em uma ponta estão as preferências declaradas. Elas podem gerar um beco sem saída dos gostos, cheio de filmes obscuros e interessantes que dificilmente são assistidos. "Sobreajuste" é o termo algorítmico: o motor faz recomendações que, em certo sentido, são perfeitas *demais* — e perfeitamente estéreis.

Na outra ponta está a popularidade. Essa é a antítese da "personalização", Amatriain disse; porém, se a tentativa é de aperfeiçoar o consumo, "é mais provável que o usuário assista ao que a maioria anda assistindo". Isso pode causar o Problema *Um sonho de liberdade* ou a recomendação supérflua de algo que o mundo inteiro já viu. *Um sonho de liberdade* é o filme com a maior nota de todos os tempos na Netflix, uma película tão enaltecida no site que sua aceitação aparentemente intrínseca praticamente não tem força preditiva. "As pessoas amam esse filme em tudo quanto é lugar", Yellin se admirou, balançando a cabeça.

Talvez como concessão ao ruído inexorável do gosto humano, a Netflix não se vale apenas do comportamento dos usuários para dar recomendações.[15] A empresa também tem uma tropa remunerada de "etiquetadores" humanos que constroem um labirinto de metadados cinematográficos. Em vez de tentar compreender o que torna similar o gosto de duas pessoas, a Netflix descobriu que em geral é mais fácil averiguar o que torna dois *filmes* similares, o que pode suscitar descobertas curiosas. A presença do diretor Pedro Almodóvar pode forjar a conexão de dois filmes, apesar de haver enormes diferenças entre eles, quando nenhum outro aspecto os uniria. Recomendar *Dogville* — um filme tão controverso quanto *Napoleon Dynamite* — a quem viu *As horas* ou *Moulin Rouge* pelo simples fato de Nicole Kidman atuar em ambos pode ser um desastre.

Mas os metadados também podem trazer à tona coisas que talvez não descobríssemos sozinhos. As fileiras de gêneros muitas vezes idiossincráticas, geradas por seres humanos, nos lembram, conforme já destaquei, como a categorização é capaz de influenciar nossas preferências. Gostamos de coisas *como* algo, ainda que, com um filme como *O grande Lebowski*, demoremos um tempo para perceber "o que" ele é. Os gêneros peculiares da Netflix tentam formar significados a partir do que poderiam ser consideradas sugestões arbitrárias. "As recomendações podem ser bem malucas", Yellin disse. "É tipo: 'Uau, só porque dei cinco estrelas a *Lanternas vermelhas* vocês acham que vou gostar desse filme infantil japonês?'" Yellin apontou para o laptop. Na sua página da Netflix havia um rol de recomendações: *Gomorra*, *O guerreiro silencioso*, *Viagem alucinante* e *Um cão andaluz*. Todos faziam parte de um gênero apelidado de "Dramas estrangeiros desconcertantes". "Fiquei empolgado quando vi isso", ele contou, "mas, se me mostrassem essa lista sem nenhuma contextualização, talvez ela não fosse tão fascinante assim." Conforme a descrição do escritor Alexis Madrigal, "não é só que a Netflix seja capaz de lhe mostrar coisas de que você pode gostar, mas o fato de poder lhe dizer *quais* tipos de coisas são essas".

O fato de essas duas coisas poderem se influenciar mutuamente não é um mero aspecto curioso de entrelaçamento quântico encontrado nos megadados dos sistemas de recomendação, mas uma característica do gosto humano.

Todo mundo é um crítico: que venham as milhares de reclamações

Meu marido e eu descobrimos esse lugar "meio escondido" uma noite, quando viajávamos por uma estrada escura no deserto. Nosso quarto era meio antiquado (espelhos no teto rs!), mas foi uma agradável surpresa perceber que recebemos um upgrade — tinha até champanhe gelado no quarto! Porém o hotel tinha um sério problema de barulho: acordamos de madrugada com vozes vindo da outra ponta do corredor. Embora concorde com o resenhista anterior, de que esse é "um lugar adorável!", meus sentimentos são contraditórios. O pior, no entanto, era a política de checkout, que achei totalmente inaceitável.

Talvez você perceba que fiz acima uma mistura de duas narrativas conhecidas: referências à letra de "Hotel California", dos Eagles, e a críticas no website de viagens TripAdvisor.com. Você conhece "Hotel California" porque já ouviu a canção no rádio inúmeras vezes. E se já passou algum tempo no site TripAdvisor. com, depois de ler a 28ª resenha de um hotel, começou a assimilar suas cadências amenas: o tom casual, confessional; o gracejo com outros resenhistas; a personalidade que parece emergir ao mesmo tempo como a de uma pessoa comum ludibriada com quem podemos simpatizar e a da diva ressentida que se acha a rainha da cocada preta. Então vem o "mas" — uma particularidade do "ato de fala" conhecido pelo nome de reclamação. Como observou o linguista Harvey Sacks, reclamações tendem a seguir um padrão: "um elogio seguido de 'mas' e algo mais". Em geral o elogio vem primeiro, como que para dar a entender: "Não estou sendo insensato".[16]

Ao ler esse tipo de resenha, é impossível não me questionar: para onde, antes da internet e das redes sociais, as pessoas canalizavam essa torrente opinativa? Se a pressurização do chuveiro do hotel não caía nas graças de alguém, a quem expressar essa angústia, além da plateia cativa da recepção do estabelecimento? Antes, bem como agora, a pessoa que tivesse uma experiência ruim talvez nunca mais voltasse ao local. Poderia relatar suas impressões aos amigos e parentes, e a queixa casual talvez chegasse aos ouvidos de mais algumas pessoas. Mas como avisar a um estranho que se dirigisse ao lendário Hotel California que a hospedagem não valia a pena?

Talvez já seja difícil lembrar, mas antes do advento da internet, e depois dos smartphones, comer em um restaurante desconhecido era se fiar na heurística apressada. A presença de vários caminhoneiros ou policiais em uma lanchonete isolada era considerada um atestado de qualidade (mas podia indicar apenas que era a única opção das redondezas). Quanto a comidas "étnicas", havia o clássico "Éramos os únicos não [inserir etnia] do restaurante". Ou então passávamos alguns minutos de nervosismo na calçada, sob o olhar vigilante do maître, lendo resenhas encrespadas e amareladas das revistas locais, nos perguntando se a opinião do crítico que esteve lá numa tarde de 1987 ainda era cabível.

Vivíamos em um ambiente pobre de informações. A fim de escolher um hotel em uma cidade desconhecida, folheávamos guias de viagem. Mas e se o guia só incluísse uns poucos hotéis e não fosse recente? Talvez nos apoiássemos apenas em marcas:

fiquei naquele hotel em Akron, então vou ficar no da mesma rede em Davenport. Mas e se o de Akron tivesse uma gerência muito melhor?

"A dificuldade de distinguir a boa qualidade da ruim é inerente ao mundo dos negócios", escreveu o economista George Akerlof.[17] Seu famoso "problema do limão" adotou o mercado de carros usados como a quintessência da assimetria de informações: o vendedor sabe muito mais sobre a qualidade do carro que o comprador. Esse fato pode levar o comprador a ser ludibriado. Devido a esse risco, entretanto, o preço que o vendedor consegue propor pode ser achatado. As marcas, para Akerlof, eram uma forma de os consumidores "retaliarem" um produto ruim, não comprando mais delas, de forma generalizada, no futuro. E as redes, marcas inscritas na paisagem, poderiam oferecer essa mesma garantia. O consumidor sabia o que esperar. Por mais modesta que fosse a expectativa, era *melhor do que não ter a expectativa cumprida.*

Comer em uma rede de restaurantes na estrada causava um problema de informação específica. "Os clientes raramente são da área", Akerlof explicou. "A razão é que essas redes bem conhecidas oferecem um hambúrguer melhor do que o restaurante local *médio*; ao mesmo tempo, o cliente que mora ali, que conhece a área, em geral pode optar pelo lugar de que mais gosta."[18]

Chamemos esse de "problema do frango ao limão". O cliente local, mais informado do que você, sempre acabaria comendo melhor. Em um ambiente onde as informações são escassas, você poderia se contentar com uma série de experiências medianas, mas jamais descobrir aquele lugar transcendental ao qual, como gostam de anunciar as revistas de turismo, "os moradores vão em bandos". É claro que, quando os turistas começavam a frequentar o local em bandos, provavelmente o negócio dava menos atenção ao que os moradores pensavam e a qualidade talvez caísse — por que quantas pessoas voltariam, em todo caso? Se necessário, você simplesmente confiava na intuição. Às vezes saía passando mal.

O advento de websites como Yelp, TripAdvisor e Amazon mudou a situação num nível fundamental. O mofo na cortina do chuveiro do quarto 224? Conte ao mundo inteiro! Aquele lugarzinho escondido na Rota 51 cujas rosquinhas são incríveis? Um toque no GPS, a importação de "conteúdo gerado por usuários" e de repente você fica a par de uma experiência que antes teria perdido.

A ideia de que o "boca a boca eletrônico" pode sacudir o mercado é inquestionável. Na Amazon.com, revela um estudo feito pelo National Bureau of Economic Research, o aumento do "número médio de estrelas" de um livro confere à obra uma "participação relativa de mercado maior"[19] que a de todos os livros existentes no site. Uma equipe de pesquisadores da Irlanda, enquanto isso, desvendou o "efeito TripAdvisor": depois de o serviço ser inaugurado na Irlanda, as avaliações totais de hotéis no site subiram ao longo de dois anos. Ou os hotéis reagiam às opiniões on-line ou tentavam conquistar notas mais altas.[20] De qualquer modo, os hóspedes conseguiam quartos melhores. Já os hotéis de Las Vegas, onde o TripAdvisor não era novidade, não sofreram mudanças. Como propõe certa versão da hipótese do "mercado eficiente", todas as informações já haviam sido "precificadas" nas avaliações dos hotéis de Las Vegas.

Através do Yelp, Michael Luca, economista da Universidade Harvard, descobriu que no mercado de Seattle uma estrela a mais na classificação de um restaurante gerava um aumento de lucro de até 9%. O impacto era "totalmente voltado para restaurantes independentes". Faz sentido: as redes, de modo geral, preenchem as lacunas do boca a boca, não dependem dele para levar o negócio adiante. O que dizer sobre uma rede que alguém já não saiba? Será que o mundo se importa se você não gosta do molho secreto que o McDonald's usa no Big Mac? Não — porque ao que consta, bilhões de pessoas gostam.

Luca também percebeu que as redes, após a introdução do Yelp no mercado que ele estudava, começaram a perder participação no mercado para os restaurantes independentes. Imagine o protótipo de cliente de Akerlof em 1963, comendo seu sanduíche um pouco acima da média em uma franquia de rede à beira da estrada, recebendo como que por mágica um smartphone: de repente, ele tem como saber onde comer um *ótimo* hambúrguer. Segundo observa Luca, a "vantagem" de ir a um restaurante independente é maior. Os clientes não tinham nada a perder além das franquias. É o "mercado eficiente" de novo: quando todas as "informações conhecidas"[21] já foram embutidas no valor das ações (ou avaliações do restaurante), amadores em investimentos (ou clientes amadores) podem ser tão bem-sucedidos quanto os especialistas. É possível até argumentar que o Yelp, e a comunicação mais ampla de gostos on-line, fomentou o surgimento de redes de restaurantes melhores.

Mas o boca a boca eletrônico traz seus próprios problemas. Em vez de escassez de informação, hoje em dia pode haver o problema oposto: excesso de informação. Você mergulha em uma entrada do Yelp a fim de simplesmente diagnosticar se vale a pena gastar seu dinheiro em determinado lugar. Depara-se com uma dicotomia ziguezagueante de experiências: um prato era "de comer rezando"; o mesmo prato era "sem graça nenhuma". Ou percebe que foi arrastado para os canais estreitos das propensões alheias — a aversão à música, a divagação sobre o design dos talheres. Depois de vasculhar um pântano de resenhas, talvez você sinta uma espécie de ressaca. Ou esquece o lugar de uma vez por todas ou, ao chegar lá, já sente o peso de certa exaustão de expectativas, como se já tivesse vivido aquela experiência e agora agisse apenas no automático.

Ao ler as resenhas de um restaurante, talvez você se pegue criticando os críticos. Porque tão relevante quanto a questão de terem ou não gostado é: *eles são como nós?* Buscamos indícios de confiabilidade e mentalidade semelhante. Um sinal de alerta para mim, por exemplo, é a palavra "sensacional". Não apenas por eu achar que a palavra perdeu grande parte de sua conotação. É que confio menos na opinião de quem a utiliza (por exemplo, "margaritas sensacionais")* — e talvez você confie menos em mim por desconfiar dessas pessoas. As expressões "aniversário de casamento" e "lua de mel" em resenhas são um presságio de que havia grandes expectativas para a noite especial. A reclamação sobre qualquer incapacidade por parte do restaurante ou hotel de fazer jus à ocasião solene não será necessariamente a nossa. Automaticamente, rebaixo a classificação dos resenhistas que escrevem com o entulho meloso tirado dos folhetos de hotéis ("Uma visão do paraíso") ou empregam abominações batidas tais como "um pecado de tão delicioso!".

Essa ideia de que nutrimos interesse tanto pelo que a crítica diz sobre a pessoa que a escreveu quanto sobre o restaurante ou hotel não é novidade, em certo sentido. Antigamente, nossas escolhas eram embasadas ou nos amigos nos quais confiávamos

---

* A inflação linguística é outro problema das críticas on-line. Os criadores do RevMiner, aplicativo de extração de dados feito para otimizar o Yelp, observaram que ao buscar algo como "bom dim sum", a pessoa não quer de fato um *bom* dim sum, mas um "dim sum que outras pessoas descreveram como 'ótimo' ou 'incrível'". O bom já não é bom o bastante. É preciso ser impressionante.

ou nos críticos cujas vozes pareciam ter peso. Mas de supetão a porta foi aberta para uma multidão de vozes, nenhuma delas com autoridade preexistente ou responsabilidade social. Sempre desconfiamos de que os críticos tivessem suas preferências e preconceitos, mas na internet vicejam milhares de críticos. A dinâmica conturbada, complicada, muitas vezes oculta, dos gostos e predileções, e as batalhas travadas por conta deles de repente transcorrem diante dos nossos olhos.

A ascensão dessa colaboração coletiva feita por um amontoado de resenhistas amadores geralmente é vista como uma eclosão igualitária, a libertação dos consumidores da tirania dos mandarins de elite, cada qual com seus projetos e gostos. "A eliminação das críticas de especialistas está acontecendo em todas as esferas", declarou a escritora Suzanne Moore no *Guardian*. "Quem precisa de qualificação se qualquer fulano resenha tudo de graça? Não é mais democrático? A natureza da crítica está mudando, portanto a hierarquia da opinião técnica está se desintegrando."[22]

Dá quase para ouvir os ecos premonitórios de algo como o Yelp no contexto do tratado escrito pelo filósofo espanhol José Ortega y Gasset em 1930, *A rebelião das massas*. A multiplicidade, afirmou ele, outrora "espalhada pelo mundo em grupos pequenos", aparece "como aglomeração", "de repente se torna visível", e enquanto antes ocupava o "pano de fundo do palco social", "agora avançou à ribalta e é o personagem principal".[23] O cliente irritado e discriminado agora pode levar um restaurante ao êxito ou fracasso por meio da pura vontade coletiva. Contra essa horizontalidade de poder crítico, a velha guarda explode. Ruth Reichl, ex-editora da *Gourmet*, ergueu a trombeta: "Quem acredita no Yelp é idiota. A maioria das pessoas do Yelp não tem noção do que está falando".[24]

Há complicações nessa ideia de que a internet erradicou a necessidade de especialistas e confiabilidade crítica. Para começar, boa parte da energia opinativa do Yelp vem exatamente do afã de estabelecer as credenciais da pessoa. O resenhista de um restaurante indiano no centro de Manhattan põe na mesa três alegações de que é perito no assunto: "Sou *foodie* e é difícil alguém ter tanto amor pela culinária indiana (sendo eu indiano) quanto eu. Vou a este restaurante pelo menos uma vez por semana. Mistura de ingredientes muito inovadora, porém extremamente autêntica". Não só ele é *foodie* como é um *foodie* indiano que, assim como todos os verdadeiros críticos de culinária, esteve lá mais de uma vez. E nem vamos entrar na análise da espinhosa palavra "autêntica". Por mais escorregadia que pareça, a palavra "autêntica", ou seus sinônimos, parece gerar notas mais altas para os restaurantes no Yelp.[25]

O site é cheio desse gênero de sinalização, conforme o jargão dos economistas — referências sutis que conferem autoridade a alguém numa tentativa de sobressair em meio à massa de resenhistas similares. ("Conhecia o chef do tempo que ele passou em..." ou "De todos os restaurantes da culinária de Henan onde comi, este é um dos melhores".) Trata-se de "sinalização convencional": nada no sinal em si comprova o que você diz além do fato de dizê-lo. Se você usa uma blusa que diz "I ♥ NYC", quem somos nós para botar em dúvida seu entusiasmo? É baixo o "custo", de dinheiro e energia, acarretado pelo sinal; por isso, há pouca credibilidade. O que existe, na verdade, para impedir esses sinais de perderem *toda* a credibilidade? Segundo o argumento de Judith Donath, a sinceridade pode vir do simples fato "de que há pouca motivação para produzir uma crítica desonesta".[26] Também existe pouca motivação para suspeitar de sua veracidade. Portanto, on-line, onde a regra é o anonimato e, argumenta Donath, "tudo é sinal", como verificar rapidamente a qualidade de uma resenha?

Ao mesmo tempo que agrega sua horda democrática, o Yelp luta para reintroduzir a hierarquia por meio de uma classe de avaliadores "de elite".[27] Eles usam distintivos — um tipo de sinal — e são escolhidos por uma equipe que atende pelo nome de Conselho. "Não divulgamos como isso é feito", declarou um porta-voz do Yelp, como se descrevesse a contratação velada de inspetores da Michelin. É meio que um paradoxo. Afirmamos viver num mundo em que a autoridade tradicional dos especialistas — da mídia ao governo, passando pelo sistema de saúde — anda sob suspeita. Mas será que os sites com resenhas on-line (com designações como "Avaliadores top" da Amazon e as nivelações dos "Colaboradores" do TripAdvisor) simplesmente construíram uma nova forma de qualificação, o curioso fenômeno do "especialista leigo"?[28]

Qual é a credibilidade que damos a essa nova classe de especialistas? Ao verificar a crítica de um restaurante ou hotel ou livro on-line, você só observa o número total de estrelas ou dá uma passada de olhos no emaranhado de opiniões individuais? Se o poder do boca a boca on-line vem da habilidade de quantificar um bloco coletivo de opiniões — nos libertando da estreiteza da perspectiva de uma só pessoa —, qual é o valor de ler qualquer resenha?

Em seu estudo sobre o Yelp, Luca narrou exemplos da "inferência bayesiana". Em outras palavras, as pessoas reagiam de forma mais veemente a resenhas que pareciam conter mais informações. Os críticos de elite do Yelp, ele percebeu, causavam o dobro do impacto estatístico dos que não eram de elite.

Outro grupo que teve um efeito descomunal sobre o Yelp foi o de usuários do Groupon, o site de cupons. Os usuários do Groupon, depois de entrarem no Yelp, escreveram resenhas mais longas e mais adoradas do que aquelas feitas pelo usuário médio do Yelp, segundo mostra a pesquisa. Essa influência tem peso genuíno: parece derrubar a nota média de um restaurante. Curiosamente, não é que sejam críticos per se. A bem da verdade, os usuários do Groupon que estão no Yelp, apontaram os autores, são mais "moderados".[29]

A ideia das massas liberando os alvos das críticas da tirania dos críticos é obscurecida pelo número de resenhistas que se voltam para o despotismo mesquinho. Lendo opiniões no Yelp ou no TripAdvisor, em especial aquelas de uma estrela, percebe-se rapidamente as segundas intenções: a recepcionista que deu um olhar "enviesado" para o grupo "de meninas na noitada"; o garçom que não reagiu com entusiasmo à fofura do bebê do cliente; a "postura preconceituosa" de um atendente; o cumprimento efusivo de mais ou de menos; o garçom considerado "nervoso demais com a ideia de ser garçom"; ou diversos episódios (todos esses são exemplos verdadeiros extraídos do site) que pouco têm a ver com a comida. São disputas trabalhistas: entre o capital dos fregueses e a expectativa infinitamente subjetiva do que deveriam receber.

Como grande parte da economia do setor de serviços agora gira em torno do "trabalho afetivo" — os sorrisos forçados que as organizações induzem os funcionários a lançar aos "convidados" —, as avaliações do "produto" se tornam cada vez mais subjetivas e interpessoais. Como o escritor Paul Myerscough já observou, "o trabalho cada vez mais deixa de ser, ou deixa de ser apenas, uma questão de produzir coisas, e passa a exigir que se supra sua energia, física e emocional, a serviço dos outros".[30] Para quem sente que não recebeu o tipo certo de energia emocional, o Yelp vira um site de catalogação dessas cantilenas de reclamações. Como saber se o resenhista não estava de mal com a vida naquele dia?

Na ponta do problema de confiabilidade das críticas on-line estão aquelas realmente fajutas: plantadas pelo dono do restaurante rival, o autor invejoso, o hóspede rejeitado. Quase um quarto das opiniões no Yelp é dispensado pelos filtros de autenticidade do próprio site.[31] A frequência dessas notas fajutas, Luca e Georgios Zervas descobriram, tende a seguir padrões razoavelmente previsíveis. Quanto mais negativa a reputação de um restaurante, ou quanto menor o número de avaliações, maiores as chances de uma resenha positiva falsa. Quando restaurantes são de tipos parecidos (por exemplo, "tailandês" ou "vegano") e *próximos* no sentido geográfico, a probabilidade de uma opinião positiva fajuta sobe. Padrões similares também ocorrem no TripAdvisor.

Às vezes as razões do engodo não ficam claras: o estudo feito por Eric Anderson e Duncan Simester a respeito de uma loja on-line de roupas revelou que em 5% de todas as críticas os clientes não haviam comprado a peça resenhada (mas tinham adquirido vários outros artigos do site). Essas críticas tendiam a ser negativas, e os autores levantaram a hipótese de que os clientes estariam agindo como "gerentes de marca" — um exemplo daquela "retaliação" por parte do cliente mencionada por Akerlof.

Mas, seja por que motivo for, como saber se uma resenha é falsa? Examine os seguintes trechos de duas avaliações:

Já me hospedei em diversos hotéis viajando tanto a negócios como a lazer e digo com toda a sinceridade que o James é o máximo. O serviço do hotel é de primeira categoria. Os quartos são modernos e muito confortáveis.

Meu marido e eu ficamos no James Chicago Hotel para comemorar nosso aniversário de casamento. O lugar é fantástico! Assim que chegamos nós percebemos que a decisão foi acertada! Os quartos são LINDOS e os funcionários são muito atenciosos e maravilhosos!!

No final das contas, a segunda resenha é a fajuta. Uma equipe de pesquisadores da Universidade Cornell criou um sistema de aprendizagem automática capaz de revelar, com 90% de precisão, se uma crítica é ou não genuína.[32] É um número bem melhor do que o tipicamente alcançado por seres humanos treinados; dentre outros problemas, somos propensos a sofrer do "viés da verdade" — o desejo de supor que as pessoas não estejam mentindo.

Para criar o algoritmo, a equipe de Cornell se fiou principalmente em décadas de pesquisas sobre o jeito como as pessoas falam ao confabular. Em "narrativas inventadas", as pessoas têm a propensão de serem menos rigorosas com detalhes contextuais, visto que não estavam de fato no local. Resenhas fajutas de hotéis, descobriram os pesquisadores, tinham menos informações minuciosas sobre fatores como o tamanho dos quartos e a localização. Críticos prevaricadores usam mais superlativos (*o melhor! o pior!*). Como mentir dá mais trabalho à mente, via de regra as resenhas falsas são mais curtas. Quando mentem, as pessoas também parecem usar mais verbos do que substantivos, pois é mais fácil discorrer sobre as coisas que *fez* do que descrever como as coisas *eram*.[33] Mentirosos também costumam usar menos pronomes pessoais do que quem fala a verdade, aparentemente para criar mais "distanciamento" entre eles e a fraude.

Mas o exemplo fajuto acima não tem vários pronomes pessoais? A verdade é que a equipe de Cornell constatou que as pessoas se referem *mais* a elas mesmas em críticas falsas na esperança de parecerem mais plausíveis. O curioso é que os pesquisadores notaram que as pessoas usavam menos pronomes pessoais em resenhas negativas falsas do que em resenhas positivas falsas, como se o distanciamento fosse mais importante quando o objetivo é que a mentira pareça maldosa.[34] É quase indiscutível que mentir seja mais fácil on-line, sem as pressões interpessoais e a pressa de tentar inventar algo de repente, na frente de alguém. Até que ponto é fácil? Quando testei minha resenha imaginária do Hotel California no Review Skeptic, website criado por um membro da equipe de Cornell, ela foi proclamada "verdadeira".[35]

Críticas fajutas de fato existem e sem dúvida geram consequências econômicas. Mas o enorme grau de atenção que receberam da imprensa, e toda a energia dedicada a farejar automaticamente as fraudes, pode nos levar à cômoda suposição de que todas as outras resenhas são, simplesmente, "verdadeiras". Embora exista a possibilidade de não serem fraudes propositais, há inúmeras formas de estarem sujeitas a distorções e parcialidades, veladas ou não.

O primeiro contratempo é que quase ninguém escreve críticas. Em uma loja on-line, a parcela era de menos de 5% dos clientes — nem de longe um número democrático.[36] E os primeiros resenhistas de um produto vão divergir de quem opinar um ano depois porque, para começo de conversa, já existem resenhas para influenciar as que são escritas mais tarde. O mero ato de comprar algo de um lugar pode levá-lo a pender para o lado positivo: era duas vezes mais provável que as pessoas que avaliavam mas não compravam um livro da Amazon, segundo revelam Simester e Anderson, *não* gostassem da obra. Por fim, os clientes volta e meia são instigados a emitir opinião por causa de experiências muito positivas ou muito negativas. Portanto, as notas tendem a ser "bimodais" — não distribuídas uniformemente pelo leque de estrelas, mas aglomeradas na parte de cima ou de baixo. Isso recebe o nome de "distribuição em forma de J", ou, num linguajar mais colorido, o "fenômeno do alarde e da queixa".[37]

A curva é em forma de J, e não em forma de bengala, devido a outro fenômeno das avaliações on-line: o "viés positivo". No Goodreads.com, a média é de 3,8 em cinco estrelas. No Yelp, como demonstra uma análise, as críticas sofrem de um "ponto de partida artificialmente alto".[38] A média de todas as notas no TripAdvisor é de 3,7 estrelas; quando um imóvel similar é listado no Airbnb, ele se sai ainda melhor, já que os donos podem criticar os *hóspedes*.[39] No eBay também é raro alguém deixar opiniões negativas, em parte porque, numa espécie de versão do famoso "jogo do ultimato", tanto o comprador como o vendedor podem avaliar uns aos outros.[40] O viés positivo ficou tão desenfreado em 2009 que o eBay revisou seu sistema. Agora, os vendedores, em vez de precisarem de um número mínimo de estrelas para garantir que cumprem o "padrão mínimo de atendimento"[41] do site, necessitariam de certa quantidade de resenhas *negativas*. Tinham de ser ruins para ser bons.

Alguns anos atrás, o YouTube enfrentava um problema: todo mundo dava cinco estrelas. "Parece que, no quesito avaliação", foi a observação publicada no blog do site, "é tudo ou nada."[42] As notas, raciocinaram os engenheiros do site, eram usadas acima de tudo como "selo de aprovação", um simples "curtir", e não como "indicador editorial" da qualidade geral (a segunda nota mais popular era uma estrela, para quem não curtia). Diante desse método estatístico fortemente tendencioso, quase sem sentido, eles alteraram o sistema de avaliações para "polegar para cima/polegar para baixo". No entanto, o esquema binário também tem suas falhas. O vídeo de um gatinho meio fofo — sejamos sinceros, um parâmetro razoavelmente baixo — é endossado com o mesmo sentimento que o vídeo do gato mais fofo do mundo. Mas no mundo heurístico da internet, onde tudo acontece na velocidade da luz, onde a informação é barata e o preço da mudança é quase nulo, as pessoas talvez não queiram um sistema de avaliação que exija tanto tempo quanto a experiência de consumo. E assim todas as curtidas se assemelham.

E então vem o ato de criticar a crítica — ou o crítico. As resenhas mais úteis aumentam a probabilidade de que as pessoas comprem algo, em especial no que diz respeito a produtos de "cauda longa".[43] Mas essas resenhas têm suas próprias dinâmicas curiosas. As primeiras ganham mais votos de utilidade, e quanto mais votos uma resenha ganha, mais votos atrai. Na Amazon, as resenhas consideradas mais "úteis" ajudam a aumentar a vendagem — não importa quantas estrelas foram concedidas ao produto.[44]

O que torna uma resenha útil? Uma equipe de pesquisadores da Universidade Cornell e do Google, ao analisar o comportamento dos críticos da Amazon.com, descobriram que a nota de "utilidade" da resenha cai à medida que as estrelas dadas pelo crítico se afasta do número médio de estrelas. Definir "utilidade" é complicado: a resenha ajudou o leitor a fazer a compra ou trata-se de uma recompensa por estar de acordo com o que os outros disseram? Para explorar o tema, os pesquisadores identificaram resenhas em que o texto era plagiado, um artifício "abundante" na Amazon, em que a mesmíssima crítica era usada para produtos diferentes. Eles descobriram, com esses pares, que quando uma resenha se aproximava em número de estrelas de *todas* as resenhas, era considerada mais útil do que as demais. Em outras palavras, apesar do conteúdo, a resenha era melhor quando dizia algo semelhante ao que as outras tinham dito.

Gosto *é* comparação social. Como Todd Yellin me disse na Netflix, "quantas vezes você não viu alguém numa situação inédita — tipo 'estou na ópera e nunca tinha assistido a uma antes' —, a pessoa olha para a direita, olha para a esquerda, olha ao redor. 'Esta é boa?'". Quando o espetáculo termina, o fato de alguém tomar parte na ovação pode ter tanto a ver com o que a plateia ao redor está fazendo quanto com sua satisfação.[45] Em contrapartida, quando não podemos ver o que alguém escolheu, como estudos mostraram, o mais provável é que nossa opção seja diferente.

Não é de admirar, portanto, que nas redes sociais, onde a opinião de muitos outros é onipresente e quase inescapável, nos deparemos com o que Sinan Aral, professor de administração do MIT, chama de "viés da influência social". Aral e os colegas queriam saber se o viés positivo comum no comportamento avaliativo se devia às avaliações anteriores. Em que medida aquelas 4,5 estrelas na avaliação de um restaurante podia ser atribuída ao restaurante em si e em que medida se devia às pessoas que o avaliaram com 4,5 estrelas? Será que a primeira curtida no Instagram gera mais curtidas do que uma foto sem curtidas?

Portanto, Aral e os colegas bolaram um brilhante experimento usando um site "agregador de notícias" ao estilo do Digg, em que assinantes publicam links de artigos, comentam os textos e dão "polegar para cima" ou "polegar para baixo" nos comentários. Dividiram cerca de 100 mil comentários em três grupos. Havia o grupo "positivo", em que os comentários foram artificialmente semeados com um voto "para cima". Havia o grupo "negativo", no qual plantaram "polegares para baixo" nos comentários. O grupo de controle não tinha comentários.

Assim como acontece com outros sites, as coisas começaram com um viés positivo. A probabilidade de as pessoas darem um voto positivo era 4,6 vezes maior do que de darem voto negativo. Quando o primeiro voto era artificialmente "para cima", no entanto, a cascata de positividade era ainda maior. Não só a possibilidade de o voto seguinte ser positivo aumentava como os que vinham *depois* também. Quando o primeiro comentário era negativo, o seguinte tendia a também ser negativo. Mas uma hora ou outra os negativos seriam "neutralizados" por uma força contrária de resenhistas positivos, como uma cavalaria chegando para salvá-los.

O que estava acontecendo? Os pesquisadores alegaram que os votos com polegares para cima ou para baixo não traziam à tona as pessoas que geralmente gostavam de dar polegares para cima ou para baixo. A tese era de que a existência de uma avaliação no comentário instigava mais gente a avaliar — e a avaliar de forma mais positiva do que seria de esperar. Até quem era *negativo* nos comentários controlados (aqueles que não tinham avaliações) tendia a ser mais positivo nos comentários em que o voto "para baixo" foi plantado. Segundo a descrição de Aral, "nossa tendência é agir como manada quanto a opiniões positivas e manter o ceticismo acerca das negativas".[46]

O investimento é maior do que apenas uns cliques que levem um artigo no Diggs à superfície por algum tempo. Uma crítica positiva logo no início, autêntica ou não, pode causar uma onda sutil em todas as opiniões posteriores. O estudo de Aral revelou que plantar uma resenha inchava a pontuação total de modo positivo em 25%, um resultado duradouro. Mesmo se alguém entrasse e removesse as críticas falsas, o dano já estava feito: elas poderiam ter influenciado as resenhas "genuínas". "Esses sistemas de avaliação são ostensivamente projetados para lhe mostrar a opinião global imparcial do público", Aral me disse. Mas, assim como na ovação, conseguimos descobrir qual é nossa própria opinião em meio ao estrondo da multidão?

Isso tudo não quer dizer que as notas, se empurradas em certa direção positiva, sempre sobem. Na verdade, em um site como o da Amazon, embora padrões de "viés sequencial" tenham sido descobertos, existe a tendência geral de que as notas dos livros se tornem mais negativas com o tempo. "Quanto mais avaliações são feitas de um produto", ressaltou um estudo, "menores as notas."[47] O que distingue a Amazon de outros mecanismos em que curtidas e não curtidas são dadas com um clique, como os analisados no experimento de Aral, é que o preço da expressão é mais alto: não se pode dizer simplesmente o quanto você gostou ou não de algo; é preciso explicar os *porquês*.

Esse fator parece alterar o comportamento. Em estudo sobre resenhistas da Amazon, Fang Wu e Bernardo Huberman, pesquisadores do HP Labs, descobriram que, ao contrário da "associação e polarização" vista em sites como Digg, os resenhistas da Amazon reagem aos avaliadores "extremos" que os antecederam.[48] Quem chega logo depois de uma nota de uma estrela pode se sentir constrangido a "equilibrar" a nota dando três estrelas, sendo que pensava em deixar duas estrelas. Essa reação aos extremos pode levar a uma "amenizada" geral das opiniões ao longo do tempo.

Eles desconfiam que um dos motivos seja o desejo inerente de sobressair em meio à multidão, de realmente impactar o resultado ou inflar a própria autoestima. "Qual é a relevância de fazer outra resenha com cinco estrelas", questionam Wu e

Huberman, "se cem pessoas já fizeram isso?" Do ponto de vista da lógica, nenhuma, assim como, no "paradoxo do voto", há pouca racionalidade em votar em eleições nas quais uma escolha individual não afetará o resultado (embora, ao contrário do que acontece em eleições, existam indícios de que as críticas recentes causem impacto sobre a vendagem).[49] Portanto, depois de um tempo, as pessoas que emitem opiniões geralmente são as que discordam das críticas anteriores.

É fácil imaginar as várias etapas da evolução das notas de um livro na Amazon. A tendência é de que as primeiras resenhas venham das pessoas mais interessadas no livro (para não falar dos amigos e parentes do autor, se não do autor em pessoa) e mais propensas a gostar dele.

O gosto é a autosseleção em grande escala. Mas depois que os fãs do autor e outros clientes motivados falam o que têm para falar, passado um tempo o livro talvez atraia um público maior com "preferências mais fracas", como sugerem os pesquisadores David Godes e José Silva. Sejam eles críticos mais realistas e objetivos ou que não "entendem" a obra como os primeiros resenhistas, suas opiniões passam a divergir. Com vários livros surge a "dinâmica do tiro que errou o alvo": um período em que as notas são ainda *mais baixas* do que a eventual média baixa, quando os leitores, talvez convencidos pelo "viés da avaliação positiva" anterior, basicamente erram na compra. Então emitem suas opiniões, no que pode ser chamado de "efeito não acreditem-em-todo-esse-alarde".[50] Assim começa a espiral das críticas. "Quanto maior o número de resenhas", Godes e Silva sugerem, "menor a qualidade da informação disponível, o que leva a decisões piores, causando notas mais baixas." Não é raro achar críticas tardias, bastante desconcertadas, com uma estrela e apenas uma ou duas frases: "Simplesmente não gostei".

À medida que outras opiniões são publicadas, as pessoas gastam menos tempo falando do conteúdo — já que muitos outros já fizeram isso — do que do conteúdo de outras *resenhas*. Quando a crítica menciona uma crítica anterior,[51] a tendência é de que seja negativa. O contexto assume o controle.[52]

O que nos leva de volta a Aral. Como *saber* se uma resenha foi influenciada por outra que veio antes ou se é mera homofilia, a ideia de que "cada qual com o seu igual"? Ele dá um exemplo tirado do sociólogo Max Weber: quando você vê um grupo de pessoas abrir os guarda-chuvas no momento em que começa a garoar, não acha que estão influenciando umas às outras. Estão apenas reagindo às condições *endógenas*, com a correlata preferência coletiva por não se molhar. Se a pessoa que abre o guarda-chuva *sem* estar chovendo conseguir que os outros a imitem, aí sim será influência social.

Elucidar o que acontece nas críticas on-line, bem como no gosto de modo geral, é um assunto conturbado, com o qual Aral vem lidando há uma década. Os moradores do meu bairro repleto de Subarus compram esse tipo de carro porque veem muitos Subarus ou via de regra quem compra Subaru é o tipo de gente que por acaso também gosta de bairros como o meu? Há muita gente esbelta no meu bairro por influência dos vizinhos esbeltos ou pessoas propensas a serem esbeltas estão se mudando para o meu bairro? O único jeito de saber é escolher ao acaso pessoas do país todo, que não necessariamente querem ir para o Brooklyn, e botá-las ali.

Retomaremos essa questão no próximo capítulo, mas por enquanto vamos pensar em outra coisa que tem ocorrido quando as opiniões se acumulam em sites como a Amazon. Godes e Silva argumentam que, à medida que mais críticas são publicadas, "mais diferente é o comprador do grupo anterior de resenhistas". Em outras palavras, o que acontece é o *gosto*. As pessoas expressam a própria decepção com um livro, mas também escrevem sobre a reação entusiástica dos outros. Apesar de se depararem com algo de que não parecem gostar, o mais inquietante é se depararem com *pessoas* que não são parecidas com elas.

Como decreta o sociólogo francês Pierre Bourdieu, "os gostos (ou seja, as preferências manifestas) são a afirmação prática de uma diferença inevitável. Não é por acaso que, ao serem obrigados a justificar-se, eles afirmam-se de maneira totalmente negativa, pela recusa oposta a outros gostos".[53]

Quando o risco de um gosto é muito alto, a dissonância pode parecer ainda mais aguçada. Se um livro, sobretudo um romance, ganha um prêmio importante, a recepção pelos leitores no Goodreads, site de resenhas escritas pelos usuários pertencente à Amazon, acaba piorando. Balázs Kovács e Amanda Sharkey, que fizeram a análise, chamam isso de "paradoxo da publicidade".[54] Não que os jurados sejam incapazes de escolher livros bons ou que os leitores não consigam perceber seus méritos. Na verdade, os livros que fazem parte apenas da lista dos pré-selecionados a um prêmio têm notas mais baixas do que obras ganhadoras — *antes* de o prêmio ser anunciado. Depois que o livro é adornado com um adesivo indicando o prêmio com que foi agraciado, entretanto, suas avaliações sofrem uma queda mais brusca do que a dos livros pré-selecionados que não saíram vencedores.[55]

Por que a reação adversa a essa marca ostensiva de qualidade? Premiações podem aumentar a vendagem dos livros, mas são uma faca de dois gumes. O louvor, notam os autores, cria expectativas: o livro deixa de ser aquele de que você *talvez* goste para ser o de que você *tem que* gostar. O prêmio também pode atrair os leitores errados, ao contrário daqueles que opinaram antes de o livro sair vencedor. É o *inverso* do que aconteceu com a Netflix no início do século XXI, quando as notas dos filmes subiram de ponta a ponta: não foram as películas que melhoraram, foi a compatibilização algorítmica. No Goodreads, quando os livros "melhoravam" devido à condecoração, leitores novos, cujas preferências podiam ser menos compatíveis com a obra, se sentiam atraídos por eles como mariposas a uma chama ardendo vivamente.

Não é surpresa que volta e meia terminassem em expectativas frustradas. Talvez tenha sido esse o mesmo caso dos usuários do Groupon no Yelp: eram consumidores acidentais seduzidos por motivações pouco "naturais". Ao contrário dos padrões opinativos quanto a livros comuns na Amazon, cujas oscilações são mais sutis, o "choque" do prêmio incita um pico de polarização: não só começam a surgir mais resenhas com uma ou duas estrelas como o número de "curtidas" *nessas* críticas, segundo Kovács me relatou, "aumentam loucamente". Críticas que ficam no meio-termo — o panorama do *nhé* — mal tiram o ponteiro do lugar. Quem gosta de odiar vai odiar, por assim dizer. Mas quem gosta de odiar também gosta de *avaliar*.

Por meio da análise de cerca de 30 mil resenhas, o estudo confirmou um clichê consagrado: você pode ser benquisto pelos críticos ou pela maioria dos leitores, mas raramente por ambos. É capaz até de fãs de longa data do autor em questão se irritarem com a recém-adquirida popularidade outorgada ao antes predileto "deles". Steve Albini, produtor e músico punk de Chicago, lendário pela rispidez, uma vez descreveu a dinâmica que vivia quando sua banda modesta, obscura, chamada Big Black, se tornou mais conhecida: "À medida que a banda cresce, os shows passam a ser frequentados por gente que não tem a mesma mentalidade, que só está lá para curtir uma noitada, entende?".[56] Eram pessoas não só mais indiferentes à banda, ele deu a entender, como também "gente que provavelmente lhe seria hostil em um ambiente neutro".

Existe um estágio final bastante sombrio pairando aí, no entanto: o artista só produz arte que as pessoas de quem ele gosta curtirão, as pessoas só se interessam por artistas dos quais elas acham que vão gostar. Será que o mundo do gosto on-line nos abre a novas experiências ou simplesmente nos leva de forma mais eficiente às nossas pequenas bolhas de predisposição?

Procuramos "sinais de confiabilidade" em meio ao ruído. Quando os resenhistas usam seus nomes verdadeiros, suas opiniões são consideradas mais úteis. O que mais gera essa opinião positiva a respeito de uma opinião? Como já foi mencionado, resenhas que se mantêm rentes ao número médio de estrelas são vistas como mais úteis. O interessante é que os pesquisadores descobriram que o viés não é simétrico: "resenhas ligeiramente negativas são punidas com mais veemência, no tocante à avaliação de sua utilidade, do que resenhas ligeiramente positivas".[57] Quando em dúvida, tendemos à positividade.

Mas nem sempre. Existe uma variável crucial que determina se gostamos de uma resenha negativa ou confiamos nela: o artigo ser um *bem de experiência* (como um livro ou filme) ou um *bem de busca* (uma câmera ou limpador de para-brisas). Embora resenhas negativas em geral sejam consideradas menos úteis do que resenhas "moderadas", como Susan Mudambi e David Schuff descobriram ao analisar as críticas da Amazon, o juízo feito sobre elas é mais severo quando o produto é um livro ou um filme. Por quê? "O gosto exerce um papel de relevo em muitos bens de experiência", eles observam, "e os consumidores geralmente são muito seguros dos próprios gostos e avaliações subjetivas e céticos diante das visões extremadas dos outros". Em contraposição ao que acontece com limpadores de para-brisas,[58] as pessoas podem já ter formado uma opinião sobre o livro ou o filme quando examinam as resenhas, podendo filtrar a crítica de uma estrela de alguém como forma de dissonância cognitiva.

Em uma das minhas resenhas prediletas, acompanhada de uma estrela, do romance *A estrada*, de Cormac McCarthy, dá quase para sentir o crítico tentando fugir dessa armadilha com um ímpeto defensivo:

> Eu sei que muita gente ama esse livro. Lembre-se de que, por mais que você e eu discordemos, ainda estou dando informações sobre o livro que podem ser úteis para quem ainda não resolveu se deve comprá-lo ou não. É esse o meu objetivo. Não estou querendo difamar o McCarthy ou o seu gosto pessoal, mas dar uma opinião a partir de outro ponto de vista.

O resenhista dá voltas em torno do gosto como se o simples fato de mencioná-lo fosse exprimir uma indelicadeza. "O gosto é um traidor impiedoso das posturas social e cultural", observa Stephen Bayley, "é um assunto mais tabu do que sexo e dinheiro."[59]

Com *bens de busca*, as pessoas procuram dados técnicos, dicas de usuários, defeitos do produto e afins. Não têm preconceitos ou preferências, e a opinião negativa pode indicar um defeito tangível do produto.

As críticas mais extremadas a, digamos, uma centrífuga de salada OXO via de regra envolvem defeitos do produto. Mas, nas resenhas em que recebeu uma estrela, *Os lança-chamas*, de Rachel Kushner, o (premiado) livro que por acaso eu estava lendo ao escrever este capítulo, há frases e mais frases como "acho que o maior problema é que não consegui me apegar a nenhum dos personagens". Trata-se de um defeito do produto ou do leitor? Livros podem ser um fracasso ou um sucesso, mas não da mesma forma para todos os leitores. Parafraseando Tolstói, cada leitor infeliz é infeliz à sua maneira. Por outro lado, as pessoas não têm problema para se apegarem às centrífugas de salada. Além disso, apetrechos para secar alface provavelmente são reflexos menos pessoais de quem os compra do que os livros que adquirem. Como escreve a pesquisadora de administração Sheen Iyengar, "quanto menos uma escolha se presta a funções utilitárias, mais ela sugere sobre a identidade".[60]

Curiosamente, no estudo sobre livros premiados, o declínio das notas pós-premiação era menor em livros de não ficção. Pode-se dizer que sejam produtos mais utilitários, com menos espaço para a interferência do gosto. É como se fôssemos quase instintivamente programados para reconhecer a expressão do gosto alheio ao vê-la — em especial quando diverge do nosso.

Somos levados a pensar se todas as aversões não são, mesmo que remotamente, ligadas aos mecanismos primitivos do desgosto mencionados antes em relação a comidas.[61] Aliás, quando os participantes de um estudo[62] olharam as resenhas negativas de vários produtos — bens "utilitários" e "hedônicos" —, sua tendência foi atribuir as razões para as resenhas negativas ao *objeto* quando o produto era utilitário e a algo relativo à *pessoa* quando era hedônico. "O gosto classifica", escreveu Bourdieu, "aquele que procede à classificação." E então nós classificamos a classificação.

Pode-se alegar que resenhar restaurantes no Yelp, livros e centrífugas de salada na Amazon e filmes na Netflix sejam coisas diferentes. E no entanto uma curiosa metalógica assume as rédeas on-line. Em geral as pessoas não situam a obra em seu contexto histórico ou fazem os outros trabalhos de monta que os críticos já foram pagos para fazer, e sim refletem sobre a própria experiência de consumo.

Uma "análise de conteúdo" das resenhas cinematográficas de um website,[63] à procura de diferenças entre críticos e "boca a boca" on-line, revelou que os críticos são mais metódicos ao falar de sinopse, direção e interpretação do que o espectador médio (o interessante é que, quando fazem referência a eles mesmos, suas resenhas desviam mais da média: nada indica o gosto mais do que a palavra "eu"). Já os críticos amadores falavam mais sobre a relevância pessoal do filme (em 33% dos filmes, contra *zero* no caso dos profissionais). Em quase metade das resenhas do público, os autores reagiam a críticos de cinema (como seria de esperar, nenhum crítico falou das resenhas dos espectadores médios).[64]

Em suma, os críticos dão as razões para que se goste (ou não) de algo; as pessoas dão as razões por que *elas* gostaram de algo. Curioso que os críticos volta e meia sofram críticas por tentarem impor o próprio gosto a "todos nós", quando na verdade somos "todos nós" os culpados por esse hábito.

Hoje em dia, as pessoas estão tão acostumadas a esse modo de pensar de resenhista que de vez em quando espiamos "resenhas" desconcertadas de produtos simples como clipes de papel: "Dizer o quê? São clipes!". Quatro estrelas! O fato de que um site como a Amazon venda praticamente de tudo tende a turvar e achatar as coisas. Os livros são atacados por não estarem disponíveis em e-book ou pela fonte tipográfica.[65] A estrutura hierárquica fica distorcida. O que o competente resenhista de clipes tem a dizer sobre a poesia do simbolismo francês? Quais são os critérios para avaliar um produto como uma máquina de ruído branco, e de onde vem a autoridade? (Uma frase verdadeira: "o ruído branco é um pouco grave demais para nós"). A ascensão da avaliação on-line pode estar derrubando a voz crítica singular do pedestal. Mas, com sua queda, o gosto se despedaçou em milhares de cacos. Estamos examinando os cacos, buscando entender as tentativas dos outros de dizer o que algo significou para eles.

Em seguida, viraremos a questão do avesso: não o que dizemos sobre nossas escolhas, mas o que as escolhas dizem de *nós*.

3. Em que medida nosso gosto é previsível?

O que sua playlist diz sobre você (e o que você diz sobre sua playlist)

> *Ele imaginava as triviais preferências intensas e as triviais rejeições ferinas, tinha profunda desconfiança da vulgaridade e uma perspectiva pessoal da correção.*
>
> Henry James, *Os embaixadores*

Perdidos no espaço do gosto

Quem o Google pensa que você é?

Existe um jeito fácil de descobrir. Digite *www.google.com/ads/preferences*.

A empresa de buscas acredita que sou um homem que fala inglês e tem entre 25 e 34 anos, cujos maiores interesses são "viagens de avião" e "filmes de ação e aventura". "Bom, e daí", pondero, "que serventia isso pode ter? Ele acha que tenho mais de dez anos a menos do que realmente tenho!" Mas então uma intuição sombria passa pela minha cabeça: vai ver que simplesmente *ajo* como se tivesse dez anos a menos. Todas as minhas buscas no Google me resumiram a uma pessoa que voa muito e assiste a filmes de ação (muitas vezes ao mesmo tempo). "Você não me conhece", tenho vontade de protestar, com um sofrimento digno de Ray Charles, mas talvez eu não me conheça tão bem quanto conheço meu eu idealizado. Ver esse retrato jogado na sua cara pode ser tão incômodo quanto ver seu reflexo na tela do celular: esse sou eu mesmo?

Somos, é claro, mais do que os termos que pesquisamos. O que é possível inferir a meu respeito através da minha busca por cartuchos de tinta para a impressora, além de que preciso de cartuchos novos de tinta?

Conforme Hugo Liu, principal cientista de dados da start-up de recomendações Hunch.com, me disse uma tarde, quando tomávamos um cafezinho no bairro de Chelsea, em Nova York, "se alguém por acaso faz muitas buscas por gatos na internet ou se está procurando peças para carrinhos de bebê, em que medida podemos ver isso como um gosto?". Liu, que, com óculos grossos de armação preta e um amontoado engenhoso de cabelo desgrenhado, ostenta um visual de cientista louco, há muito se debruça sobre a questão de como extrair, projetar e prever padrões no comportamento das pessoas on-line. No Media Lab do MIT, quando era aluno de Pattie Maes — que, dentre outras coisas, foi pioneira ao desenvolver o Firefly, sistema de recomendações baseado em filtragem colaborativa —, ele já se incomodava com a falta de dimensionalidade desse sistema. "Ele alude às pessoas, mas não as representa de jeito nenhum. É só o meu comportamento em um domínio específico", ele justifica. O que comprei na Amazon, o que assisti na Netflix. "Mas e se eu conseguisse criar um modelo das pessoas que funcionasse extrapolando os domínios?"

Em outras palavras, e se fosse possível juntar o que você viu na Netflix com o que escutou no Pandora; casar essas informações com o que você comprou na Amazon e em outras lojas on-line; em seguida, sobrepor a esses dados as pessoas que suscitaram seu interesse no Match.com e a comida que comprou no último mês; depois misturar nessa miríade os detalhes pessoais — a forma como você falou, as imagens que viu num teste de Rorschach, suas crenças em matéria de ciência e Deus — e então unir tudo isso e correlacionar aos dados de milhões de outras pessoas? Será que então começaríamos a achar um jeito mais robusto de entender as pessoas como variáveis tangíveis? No cerne da questão reside outra, ainda maior: até que ponto nosso gosto é previsível?

Essa é a essência do trabalho que Liu vinha fazendo no Hunch, um site criado, conforme a descrição de seu fundador, para "conseguir fazer recomendações de qualquer tipo".[1] O Hunch* convidava o usuário a responder uma série de perguntas simples, às vezes divertidas, aparentemente desconexas: você já comprou alguma coisa anunciada em infomercial? Qual dessas folhas você geralmente prefere na salada (imagens de alfaces chinesa, romana e vermelha, além de rúcula)? Você gosta quando a tripulação faz piadas no avião?

No começo, o Hunch era para ser um "motor de decisão" personalizado, uma forma de responder a todos os tipos de perguntas (por exemplo, onde devo cursar a faculdade?). Mas a linha que vai de como você corta o sanduíche (na diagonal ou no meio) a "que Blu-ray comprar?" pode ser tênue. E como confirmar se a recomendação suprema do Hunch foi correta? Também ficou claro, por meio das excêntricas perguntas pessoais, que "as pessoas adoram falar de si". Portanto, o Hunch "pegou

---

* Quando conheci Liu, o site estava prestes a ser comprado pelo eBay e desde então foi fechado.

esse elemento do gosto", Liu me contou, e fez dele o site inteiro. A ideia era uma espécie de metamotor de recomendações. Responder às perguntas do Hunch recaía, na minha cabeça, em algum ponto entre fazer um questionário de psicologia de revista e brincar com o velho programa de inteligência artificial ELIZA. Dava para ter a vaga noção de que se era manipulado, mas se seguia em frente com um fascínio compulsivo. A maioria das perguntas não indicava nada em si e por si: o Hunch não tinha nenhuma teoria psicológica acerca de que tipos de pessoas gostavam de tripulações jocosas. Na verdade, Liu declarou, a intenção era que as perguntas fossem, acima de tudo, envolventes. A pessoa média, ele destacou, dava mais de 110 respostas. As questões também eram para ser desagradáveis de vez em quando. "As pessoas bolaram respostas prontas para várias coisas", ele explicou. Talvez quisessem evitar as parcialidades típicas. "Perguntar 'Você é uma boa pessoa?' é como perguntar se você é da classe média. Todo americano diz ser da classe média!"

Mas e se a pergunta fosse "Você desviaria do seu caminho para pisar em uma folha seca?". É provável que você nunca tenha pensado muito nisso. Será que a resposta trairia alguma compreensão magnânima que extrapolasse seu âmbito? Em vez de perguntar "Você é uma boa pessoa?", Liu sugere, por que não perguntar "Você tomaria água de um bebedouro público?". A sua tendência a responder sim a essa questão por acaso se correlaciona à sua resposta para a questão de estar disposto a arriscar a própria vida para salvar alguém?

A ideia do Hunch era que, caso se fizesse um número suficiente dessas perguntas — as superficiais, as que pareciam significativas e todo o meio-termo — e depois todas as respostas fossem correlacionadas em um enorme "gráfico de gostos", um retrato matemático mostrando onde as pessoas e suas preferências coletivas se situavam em relação umas às outras, seria possível obter uma compreensão bidimensional, robusta, do comportamento humano. Daria para saber o "quem" e o "o quê" e deixar o "por que" — por que os pisadores de folhas preferiam Toyotas — para os psicólogos.

As correlações foram impressionantes. A revista *Wired* descreveu algumas delas: "Quem enxota mosquitos tem uma queda pelo *USA Today*. Os que acreditam em abdução alienígena são mais propensos a tomar pepsi do que os incrédulos. Aqueles que comem frutas frescas todos os dias provavelmente desejarão a câmera cara EOS 7D da Canon. E é provável que quem corta o sanduíche na diagonal e não na vertical prefira óculos Ray- -Ban masculinos". Se alguma dessas deduções fazia sentido ou era contestável basicamente não vinha ao caso: ao simplesmente sondar a vasta rede de associações, o Hunch era capaz de saber. "Uma promessa discretamente radical", foi como a *Wired* o chamou, "dando a entender que nossos gostos são definidos não só pelo que compramos ou do que gostamos no passado, mas por quem somos como pessoas."[2]

Porém, não era tão radical assim. Não era nem novidade. O sociólogo Georg Simmel, em 1904, observou que a moda "simboliza a união com aqueles da mesma classe" ao mesmo tempo que demarca a "exclusão de todos os outros grupos".[3] Não é nenhuma grande surpresa que Simmel escrevesse na época vitoriana, obcecada pelas distinções sociais. Filósofos começaram a brigar a sério com o gosto estético nos salões do século XVIII, estimulados pela ascensão da burguesia, na qual, como declara a historiadora Jennifer Tsien, "todo mundo se sentia no direito de tecer críticas sobre pinturas e livros".[4]

No século XIX, o gosto passou de ruminação de filósofos a obsessão social. À medida que mais pessoas ganhavam dinheiro, sinalizar o que se era, do ponto de vista social, se tornava uma espécie de jogo.[5] A identidade social e cultural passava a ser definida menos pelas instituições consolidadas (a Igreja, a aristocracia) e mais pelo dinheiro — quanto se tinha e, o mais importante, como se gastava.* O que a pessoa vestia ajudava a definir quem ela era. E quanto mais aberta a interpretações era a questão de quem você era, mais relevante se tornava o que vestia.

"Quanto mais tensa a época", Simmel ressaltou, "mais suas modas mudam." Pense na "transformação extrema" vitoriana. Quando um cliente de classe média alta chamava a famosa firma de decoração londrina Morris & Co., perguntando a Dante Gabriel Rossetti o que deveria fazer na casa, a resposta de Rossetti era tão imediata e enfática quanto a dos apresentadores dos reality shows da atualidade: comece "ateando fogo a tudo que você tem".[6] Mais tarde, o cliente elogiava a firma por salvar um sem--número de gente "de se sentar sobre pastores, ou passarinhos e borboletas, dos enfeites vulgares e outras atrocidades de gosto".

Em um romance como o de Elizabeth Gaskell, *Norte e sul* (1855), a fronteira geográfica é na verdade uma fronteira de gostos: a sociedade londrina bem-educada versus as classes mercadoras emergentes do Norte. Nada é secundário demais para penetrar as falhas geológicas do gosto — da estampa do papel de parede ao "número de iguarias" adequado em cima da mesa de jantar. As próprias expressões "bom gosto" e "mau gosto" na verdade só surgiram a sério no século XX (segundo a base de dados

---

* Essa mensagem existe hoje em dia em veículos como o suplemento publicado pelo *Financial Times* nos finais de semana, cujo título sugestivo é *How to Spend It* [Como gastar].

de livros do Google, Ngram). Parecem ter estagnado na década de 1950, quando a "cultura de classe média" atingiu a supremacia (como um gaiato descreveu o conceito, "pessoas que esperam um dia se acostumar com as coisas de que precisam gostar").[7]

Mas ninguém vasculhou com tamanha minúcia a taxonomia do gosto — o que era, para que *serve* — quanto o sociólogo francês Pierre Bourdieu. *Distinção*, sua obra clássica, datada de 1979, foi descrita como uma "revolução copernicana do estudo do gosto".[8] Bourdieu criou "perfis de gosto" — conforme o nome usado hoje pelos sites da internet — de 1217 participantes franceses. Combinou observação etnográfica com um exame minucioso e inovador, feito de inúmeras perguntas: "Quais são seus três pintores preferidos dentre os listados abaixo?", "Onde você adquiriu sua mobília?". Queria saber até como as pessoas arrumavam o cabelo.

Ele correlacionou tudo isso com a demografia das pessoas e, com rigor e rigidez, dividiu-as em grupos como "executivos, engenheiros" e "clérigos, jovens executivos" (o autor advertiu que se tratava de um "livro muito francês"). Descobriu, pela correlação estatística, que "os sujeitos sociais distinguem-se pelas distinções que operam".[9] Por si só, não era novidade, mas Bourdieu enfatizou como podem ser minúsculas essas diferenças de gosto, como podem parecer firmemente amarradas à posição que a pessoa ocupa na sociedade e com que frequência são determinadas menos pela riqueza do que pela educação.

As correlações eram fortes: na música, as "classes dominantes" preferiam obras como o *Concerto para a mão esquerda* de Ravel; as "classes médias" gostavam da *Rapsódia húngara* (tão utilizada nos desenhos animados de meados do século); já as classes "populares" optavam por materiais "mais leves", como o *Danúbio azul*. O capital "cultural" é um indicador de gosto maior do que o capital de fato. Mais que dinheiro, o capital cultural agrupava as pessoas: arquitetos parisienses gostavam de Kandinsky; dentistas preferiam Renoir. O gosto era exprimido não só pelos filmes que se via. A maneira como a pessoa *falava* deles também servia de vitrine não muito velada — uma "hierarquia a sustentar ou um distanciamento a manter" — de seu capital cultural. Você foi ver o último "filme do George Clooney" ou foi ver o último "filme do Alexander Payne"? Falar de diretores vira um sinal de que você integra certo espaço da hierarquia social. É um distintivo sutil que serve de licença para entrar em certo tipo de clube, como saber que a designer americana Ray Eames era mulher e que Ortega y Gasset não eram duas pessoas, mas um filósofo espanhol (dois erros que eu cometia antigamente).[10]

Bourdieu insistia que tais "oposições" eram vistas não somente em "práticas culturais", mas também em coisas mundanas, como "hábitos alimentares". Ele queria derrubar a velha divisa kantiana entre "consumo estético" — a arte de que gostamos — e "o universo do consumo comum": os prazeres banais do que comemos e compramos. Ele via o gosto operando em todos os âmbitos. "O gosto é o princípio de tudo o que se tem, pessoas e coisas, e de tudo o que se é para os outros", decretou Bourdieu.[11] "A ciência do gosto deve abolir a fronteira sagrada que transforma a cultura legítima em um universo separado para descobrir as relações inteligíveis que unem 'escolhas', aparentemente, incomensuráveis, tais como as preferências em matéria de música e de cardápio, de pintura e de esporte, de literatura e de penteado."[12]

O Hunch, à sua própria maneira, tentava descobrir essas "relações inteligíveis". O Hunch era um Bourdieu elevado ao cubo, sem nenhum peso sociológico, mas com uma base de dados bem maior (cerca de 55 milhões de respostas), abarcando um número inacreditável de comportamentos. Não eram mais somente as pinturas e cardápios de Bourdieu, mas que tipo de árvore de Natal se preferia (verdadeira ou artificial), de que tipo de batata frita se gostava e como você se saía diante da questão "É errado manter golfinhos em cativeiro e ensinar-lhes truques?". Sempre que respondia a uma pergunta do Hunch, Liu me contou, "você acrescentava algum tipo de esclarecimento à sua coordenada no nosso gráfico de gostos". Assim como o GPS usa a triangulação das coordenadas latitudinal e longitudinal para mapear sua localização na terra, o Hunch tinha um sistema de cinquenta coordenadas para localizá-lo na sociedade.

Se o Hunch.com tem ares de Bourdieu pop,[13] não é nenhum espanto saber que Liu, na época do MIT, foi inspirado pelo francês. Mas boa parte daquela pesquisa veio da França dos anos 1960. Pesquisas subsequentes lançaram dúvida sobre as rígidas hierarquias de classe e gosto de Bourdieu;[14] em linhas gerais, muitos defenderam que o gosto já não era uma estratégia da classe alta para dominar verticalmente as classes mais baixas, mas um sistema distribuído horizontalmente de comunidades de interesse coexistentes, de "universos de gosto".

Indicadores tradicionais do gosto se tornaram meio escorregadios e, em tese, mais democratizados.[15] Em um espaço como o Hunch, bem como outras start-ups da internet, onde todo mundo parecia ter a mesma idade, ninguém tinha escritório e a impressão era de que todos usavam jeans e camiseta, não havia nenhuma forma instantânea de perceber a hierarquia social. Isso parecia refletir uma nova regra dos Estados Unidos: à medida que a desigualdade de renda cresce, as pessoas vão se vestindo de maneira mais parecida. Quando um executivo do Google como Sergey Brin usa sandália, está enviando um sinal contrário, usando roupas informais para disfarçar sua riqueza?[16] Ou trata-se apenas de mais sinalização? *Meu aparente desdém pelo visual na verdade é uma insinuação convincente do meu poder.* Quando todo mundo põe smartphones iguais em cima da mesa, como discernir a diferença socioeconômica? Por meio dos gigabytes, que são invisíveis? É a capa de pele de avestruz filetada à mão, com as iniciais do dono em caligrafia provocadora, que diferencia alguém? Ou é o fato de seu telefone não ter capa nenhuma, indício de que você não dá a mínima para seu destino porque terá a versão nova no dia em que for lançada? O suprassumo da demarcação social talvez seja *não* ter telefone.

A sinalização, Liu argumenta, embaçou. A camiseta que parece cara foi uma pechincha na H&M. Grande parte do mundo mapeado por Bourdieu em *Distinção* passou a ser on-line. O habitus de alguém pode ser exprimido no post casual no Instagram da poltrona modernista herdada dos avós ou na opulência do *crema* (uma palavra que ninguém conhecia poucos anos atrás) no expresso de origem única.

A postura apreensiva que Bourdieu observou[17] poderia ser sentida em um tuíte no qual o autor "se gaba com humildade", uma tentativa de reivindicar capital cultural sem parecer fazê-lo. Assim são os tuítes das bandas promissoras: "Estávamos no táxi e nossa música tocou no rádio.[18] Embaraçoso!". Os gostos musicais das pessoas, dentre outros, pode ser demonstrado em seus perfis no Facebook. E não à toa: um estudo acadêmico sobre contas de Facebook revelou que apenas quem põe "clássica" e "jazz" e não "indie" ou "dance" nas curtidas incentiva os outros a seguirem o exemplo. Apenas as primeiras categorias têm uma aura prestigiosa.

Arrancar uma explicação de todos os dados do Hunch poderia gerar correlações questionáveis e teorias fantasiosas. Liu sugere que a propensão de alguém a sair do cinema no meio de um filme de que não gosta poderia ser uma representação psicológica de uma predisposição maior ao divórcio. "Um casamento ruim é como um filme ruim", ele me disse. "Você fica pra ver?" Em momentos como esse, parecia difícil ver o Hunch como algo além de um ardil baseado em dados. Mas então, de volta ao Decision Lounge (isto é, o único ambiente fechado) do escritório do Hunch, Liu me conduziu pelo "Prognosticador de Twitter" do site. O Hunch pegou todos os meus seguidores no Twitter, além das pessoas que eu seguia, mapeou todas as coordenadas de gosto deles e então gerou um para mim. "É gosto por associação", ele explicou.

Depois, o Prognosticador de Twitter me fez perguntas e tentou adivinhar como eu as responderia. "Dado o nome de um país estrangeiro bem conhecido, você saberia dizer se o fuso horário dele estaria à frente ou atrás do nosso?" *Sim*. "Você votou na última eleição presidencial do seu país?" *Sim*. "Você assiste a documentários?" *Sim*. Por enquanto, o Prognosticador de Twitter me entendeu muito bem. Tive a impressão de estar no OkCupid e ter encontrado a mim mesmo.* Mas eram questões óbvias? Ou eu estava caindo no chamado efeito Forer, aquela tendência, em situações como testes psicológicos ou leituras de cartomantes, de nos enxergarmos nitidamente retratados no que na verdade são afirmações muito abrangentes?

À medida que as perguntas se sucediam, pareciam se tornar mais específicas e menos alinhadas a aspectos como política: "Você acha uma boa ideia dar agulhas esterilizadas a viciados?";

---

* Isso me lembra uma cena de *Mundo fantasma* em que o protagonista, Seymour, declara: "Talvez eu não queira conhecer alguém com interesses iguais aos meus. Detesto meus interesses".

"Você joga os joguinhos do Facebook?"; "Os médicos deveriam poder auxiliar pacientes que optam pelo suicídio?". Mas ele não vacilou. Liu verificou meu placar. "Está 19 a 0 para o Hunch." Ele me falou que atingiram cerca de 90% de precisão na previsão de respostas. Nas palavras do fundador do Hunch, Chris Dixon, "a verdade é que os participantes das nossas pesquisas são coerentes só com *eles mesmos* em cerca de 90% das vezes".[19]

Foi um momento curioso e contundente. Em uma época individualista, é comum nos convencermos de que somos criaturas complexas marchando ao ritmo de nossos próprios tambores, indefiníveis por meio de hipóteses seguras. "Meu gosto reflete o quanto sou especial", resume o crítico musical Carl Wilson, e "são sempre os outros que seguem o bando."[20] Mas ali estava eu, no Decision Lounge, aparentemente preso como uma borboleta a uma parede de cinquenta coordenadas, minhas predileções delineadas com nitidez em um desenho de ligar os pontos. "O mais fascinante é que não estamos captando exatamente suas respostas para essas perguntas", Liu explicou. "Estamos captando sua localização no espaço dos gostos."

Na verdade, o passo é ainda maior: como eu nunca tinha respondido a nenhuma das perguntas do Hunch, fui compreendido apenas pela junção de todas as respostas dadas por todas as pessoas que sigo no Twitter. "O gosto é um ponto no gráfico", Liu disse. "A pessoa pode se situar nele sem saber dos pormenores de suas crenças e experiências." Isso salienta a homofilia social — a tendência ao agrupamento — discutida no capítulo anterior: não me senti motivado a responder de certa maneira por influência de um único tuíte de alguém (embora "muitos usuários", observa Liu, "desconfiassem de que líamos os tuítes" para fazer o Prognosticador de Twitter funcionar). Na verdade, me associava a muitas pessoas no Twitter que já eram parecidas comigo: cantarolávamos a mesma melodia.[21]

Como as pessoas volta e meia ficam pasmas com os gostos *alheios*, é fácil aceitar a máxima "gosto não se discute". "As pessoas imaginam que o gosto seja inexplicável", Liu constatou. Elas dizem "eu sou único, assim como todo mundo". "É claro que gosto se discute", acrescentou ele. "Você tem que procurar os traços certos."

Para Bourdieu, um ponto supera todos os outros como atalho para descobrir o gosto de alguém. "Nada existe que permita, tanto quanto os gostos no campo da música, afirmar sua 'classe', nada pelo qual alguém possa ser infalivelmente classificado", escreveu ele.[22]

Música no seu tom

De que tipo de música você gosta?

Existe outra pergunta que pareça ao mesmo tempo tão reducionista e tão aberta, tão banal e ao mesmo tempo tão cheia de sentido?

Mas ela vem à baila: em estudos sobre "conhecimento zero", em que as pessoas têm de tentar se conhecer, o primeiro tema abordado foi música (tudo bem, os participantes eram universitários). Não se trata só de papo-furado: as preferências musicais têm a força de gerar inferências certeiras sobre a personalidade de alguém, ou pelo menos a personalidade que tentam projetar.[23]

Parece mais fácil debater os gostos do que as aversões. Os gostos são públicos, Hugo Liu me explicou. As roupas da pessoa revelam suas predileções, mas não necessariamente suas aversões.[24] As aversões — embora tão cruciais para o gosto — tendem a ser particulares. Sites como o Facebook nem sequer apresentam a opção de "não curtir".* Falar dos gostos pode ser um bom jeito de descobrir se alguém poderia ser seu amigo. Mas a conversa sobre aversões geralmente é reservada àqueles que já fazem parte do nosso círculo social; Liu comparou aversões a fofocas que trocamos com amigos, uma forma de cultivar a relação. O simples ato de externar suas preferências musicais depende de vários fatores: quem pergunta, o que você tem ouvido ultimamente, onde se está, o que vem à mente.

Esses tipos de perguntas inspiraram o Echo Nest, empresa de "inteligência musical" de Cambridge, Massachusetts, espécie de remix das vizinhas MIT e Berklee College of Music, os geeks dos dados com os geeks da música. A função principal do Echo Nest, pertencente ao Spotify, é ajudar a solucionar o dilema de casar pessoas com músicas em uma época em que a oferta de canções é praticamente inesgotável.

Não deve surpreender ninguém que, certa tarde, ao entrar no escritório da empresa, meu primeiro papo tenha sido sobre gostos musicais. Quando sentei para conversar com Glenn McDonald, o diretor de engenharia da empresa, perguntei o que era aquilo que tocava no aparelho de som. Em um escritório onde todo mundo deve ser cheio de opiniões, como decidiam o *que* escutar? "A regra é 'qualquer coisa menos Coldplay'", ele declarou em tom sarcástico. Ali estava, a linha divisória, verbalizada meio que como gracejo, mas ainda capaz, em um golpe certeiro, de separar a população em quem gosta de Coldplay e quem

---

* Porém no final de 2015 houve boatos controversos de que ele seria acrescentado — mas seria apenas para demonstrar empatia pelos outros (ou seja, "não curtir" as más notícias alheias).

não gosta, além daqueles que não têm uma opinião contundente nem contra nem a favor — mas que mesmo assim talvez entendessem a piada. O Coldplay pode ser um excelente determinante do gosto. Quando digitei "Coldplay é", o Google completou automaticamente, nesta ordem: "Coldplay é a melhor banda do mundo" e "Coldplay é a pior banda do mundo". Grande parte do veneno contra o Coldplay sem dúvida é causado exatamente por essa veneração. Seja qual for a razão, as pessoas tomam partido. Tome vários desses partidos e você começará a encontrar "sua música" — e *você mesmo* — no gráfico de gostos.

De gustibus non est disputandum. Gosto não se discute. O filósofo Roger Scruton revida: "Óbvio que ninguém acredita nesse provérbio latino. É exatamente sobre questões de gosto que as pessoas tendem a discutir mais".[25] A música é um exemplo do que a antropóloga Mary Douglas chamou de características "cercas ou pontes" dos bens (ou do gosto), unindo as pessoas ao mesmo tempo que as separa. "De certo modo, é feito religião", me disse uma vez o dono de uma loja de discos inveteradamente hippie de Greenwich Village. "Por que as pessoas te odeiam tanto porque você gosta de rock psicodélico de San Francisco mas não gosta de psicodelismo japonês?"

Claro que as pessoas, em sua maioria, não odeiam os outros apenas por gostarem de psicodelismo japonês; provavelmente não fazem nem ideia do que *é* psicodelismo japonês. Isso traz à tona um aspecto curioso sobre gostos identificado por Bourdieu: quanto mais próximas socialmente, mais veementes são os debates das pessoas sobre gosto.[26] Quanto menor o território, mais exaltadas as batalhas. É o famoso "narcisismo das pequenas diferenças" de Freud; essas divergências secundárias, "em pessoas de resto parecidas", formam "a base dos sentimentos de hostilidade entre elas".

Parte disso provavelmente se deve ao simples fato de que o gosto depende do conhecimento (ou pelo menos de sua manifestação). Afora os fãs do Pavement, quem se importa com a opinião controversa de que *Wowee Zowee* é o melhor álbum que produziram? Um estudo, que representou o gosto musical das pessoas em um gráfico, revelou que quem gosta da ópera de Philip Glass *Einstein on the Beach* se "situa" bem perto de quem não gosta.[27] Por quê? Porque, com uma obra relativamente obscura, não gostar implica saber algo sobre ela, o que o coloca em um espaço social próximo ao de quem gosta. Pegue algo que mais gente já ouviu, como *As quatro estações* de Vivaldi, e o abismo social entre quem aprecia e quem não aprecia aumenta (bem como as *razões* para o desapreço). Quando o abismo se torna bastante profundo, o desagrado pode até transbordar numa espécie de apreço ponderado, que em si granjeia poder e certa segurança por meio do distanciamento social do que seria normal gostar. Segundo Bourdieu, "mais fáceis de 'recuperar' são os horrores do kitsch popular em relação aos do símile pequeno-burguês".[28]

O que a música de que você gosta diz a seu respeito? Antes de ir ao Echo Nest, eu havia participado de um de seus divertidos experimentos, chamado "Qual é seu estereótipo?". Você insere alguns dos seus músicos prediletos e é caracterizado como "Manic Pixie Dream Girl" ou "Vengeance Dad" ("Baseado em sua simpatia por artistas como Iron Maiden"). Fui apelidado de "Barista Hipster", o que, visto que boa parte da minha audição musical hoje em dia acontece em cafeterias do Brooklyn, me pareceu bem profético. O barbudo e descontraído Brian Whitman, um dos fundadores do Echo Nest, soou como um Bourdieu moderno quando me disse que nada é mais preditivo sobre uma pessoa do que seu gosto musical. "Se a única coisa que eu soubesse sobre você fosse os últimos cinco livros que leu, é provável que não soubesse muita coisa", disse ele. "Mas se eu soubesse quais foram as últimas cinco canções que ouviu em um serviço de streaming, é provável que soubesse bastante."

Filmes, ele afirmou, são menos proféticos. Existem em menor quantidade e oferecem menos oportunidades de consumo. Gêneros interessam, mas não há a mesma distinção sutil existente na música. "Eles são mais sociais", Whitman justifica. "Sua esposa pode te obrigar a assistir a um filme." A música entra em ação quando as pessoas estão sozinhas: no carro, de fones de ouvido, por meio das listas de reprodução e estações de rádio personalizadas. As preferências nesse quesito são fortemente pessoais, e as pessoas não falam dos "meus filmes" do mesmo jeito que falam da "minha música". Pesquisas indicam que, se alguém divulga suas bandas preferidas em uma rede social como o Facebook, não necessariamente influenciará outros a também gostarem delas. Na verdade, talvez seja o contrário.[29]

Em uma época em que, segundo Paul Lamere, engenheiro do Echo Nest, é possível carregar "quase todas as canções já gravadas no bolso", a questão de *o que ouvir em seguida* fica cada vez mais complexa. Muitas das pessoas que assinaram versões de teste de serviços de streaming, Whitman contou, nunca ouvem nada. "Elas veem um campo de busca em branco. O que fazer?" Algumas, McDonald disse, talvez "escutem aquele álbum do Dave Matthews, o CD que está numa caixa qualquer que não foi aberta depois da última mudança". Vivem 42 minutos de felicidade.

E depois? Chame de "medo da procura". Você assina um serviço que tem tudo que alguém poderia querer ouvir e de repente a ideia de ouvir *qualquer coisa* se torna opressiva. O objetivo da "descoberta" musical, como é chamada, é conduzir os ouvintes pântano adentro, caminhando dentro dos limites do aceitável em meio aos cardumes do desamor. "Como diferenciar os 10 milhões de canções de que você nunca vai gostar, seja porque são horríveis ou porque estão fora do seu contexto", McDonald explicou, "e uma dos 10 milhões de canções que poderia ser sua predileta se você soubesse que ela existe?"

Do outro lado da tela do computador, o Echo Nest enfrenta o "problema de partir do zero" que inferniza todos os empreendimentos que lidam com recomendações: qual canção tocar primeiro para essa pessoa sobre a qual não sei quase nada? Descobrir que tipo de ouvinte você é, acredita o Echo Nest — em vez de simplesmente saber o que escutou —, é a chave para mantê-lo interessado. Ele configura atributos como "popularidade" — onde está seu gosto em comparação com o dos ouvintes de outros serviços? Para você, Radiohead é uma banda experimental fascinante ou é a banda mais popular que se dispõe a escutar?

O Echo Nest começou como uma tentativa de entender, por meio de dados e do aprendizado de máquinas, o vasto mundo da música através da fusão de duas característica essenciais: como elas soam e como falamos delas. Alguns anos antes, Whitman gravava "música dance inteligente" sob o pseudônimo Blitter. Assim como muitos músicos, achou difícil fazer sucesso "em grande escala". É o estilo geek de dizer que *ninguém ouvia a música*. Ele lembra que o público "existia, mas era complicado de achar". Como esses fãs poderiam ser encontrados e conectados? Ao fazer pós-graduação, começou a trabalhar com o processamento de línguas naturais e pensar sobre seu problema inicial. "Tem um monte de gente falando de música na internet. Deve haver um jeito de descobrir automaticamente o que estão falando sobre o assunto."

A forma como falamos de música é, no fim das contas, bastante previsível. "A gente vê as pessoas falando de seu contexto em relação a tudo que conhecem", ele explicou. "É exatamente esse o texto que queremos." Detalhes musicológicos são relativamente irrelevantes: saber a escala ou o tom da canção não ajuda a conduzir os ouvintes rumo à próxima, Whitman destacou. É preciso saber de onde é a banda, quais são suas influências.

Enquanto isso, o outro fundador do Echo Nest, Tristan Jehan, mergulhava no mundo da "Recuperação de Informações Musicais", uma disciplina abrangente que busca transformar música em dados para que sua compreensão seja aprimorada. A tentativa de atribuir uma valência emocional a canções pode confundir as máquinas. Uma canção em escala maior propulsiva, mas ligeiramente sombria, como "Ceremony", do New Order, é alegre ou triste? Computadores pelejam para distinguir cravos de violões. "No final das contas, é uma corda puxada", declarou Jehan, um estiloso francês que, de cabelo longo e escorrido, parece mais um artista do que um analista musical. "A diferença é como você toca."

Os computadores também não são muito bons — pelo menos em termos de som — em entender o sistema classificatório humano conhecido pelo nome de gênero. Em um projeto extenso chamado "Every Noise at Once", McDonald usou os motores semânticos do Echo Nest para mapear o corpus mundial de gêneros musicais — tudo, do "pop romeno" ao "hip-hop finlandês", passando por "reggae polonês". O curioso é que não se vale de modo algum da *sonoridade* para identificar seus gêneros (um computador encontraria dificuldades, mas seres humanos levam menos tempo para reconhecer um gênero do que para pronunciar a palavra "gênero").[30]

Gêneros, parafraseando o crítico musical Simon Frith,[31] são tanto distinções sociais quanto distinções musicais. Aos ouvidos humanos, pode de fato haver reggae polonês; McDonald disse haver nele "certa melodia polca-folk polonesa". E as letras são em polonês. Para um computador, no entanto, a diferença é obscura. Há bandas de reggae da Bulgária a Omaha com sonoridades, em termos de sinal de áudio, bastante similares. "Mas está claro que o 'reggae polonês' é um fenômeno", disse McDonald, "e as bandas da Bulgária e de Omaha não fazem parte disso, independentemente do som que têm." Os computadores do Echo Nest ajudam a nos dizer algo sobre música: declaramos gostar do som, mas, boa parte das vezes, gostamos mesmo é do que ele significa. E mais: saber que *nome* dar nos ajuda a gostar da sonoridade nomeada.

Lamere deu como exemplo Miley Cyrus, de quem sua filha, então com quinze anos, gostava uns anos antes. Do ponto de vista da acústica, ele explicou, daria para pôr Cyrus na linhagem de "algumas cantoras-compositoras indie". Em tese, o som era parecido. Mas em um serviço de música não seria uma boa ideia tocar uma dessas compositoras indie depois de Miley Cyrus. "O descompasso da impedância cultural seria grande demais", ele justificou.

É claro que ele se referia, no linguajar tortuoso de um engenheiro de softwares, àquele que talvez seja o maior desafio de todos para as máquinas aprenderem: o gosto humano. São os seres humanos que decidem que não convém tocar Miley Cyrus no meio de um grupo de outras compositoras com sonoridade similar. São os seres humanos que decidem em que gênero o artista se encaixa ou se uma sonoridade pode ser considerada um gênero: os gêneros estão em constante mutação.

A cantora Lucinda Williams conta que, quando distribuía sua fita demo, era rejeitada pelas gravadoras. "Na Sony daqui de Los

Angeles, é rock com pegada country demais, então mandamos a fita para Nashville."[32] Em Nashville, disseram "é rock demais para o country". Afinal, o álbum foi lançado por uma gravadora inglesa conhecida por seus artistas punk e virou um marco do emergente "country alternativo", "seja lá o que isso for", segundo o famoso refrão da revista que registra o movimento, a *No Depression*. A canção "Passionate Kisses" acabou fazendo sucesso em Nashville,[33] mas somente na voz de Mary Chapin Carpenter, cuja versão os computadores do Echo Nest provavelmente teriam dificuldade de categorizar.

Whitman confessou que, apesar de os algoritmos da empresa terem se aprimorado no entendimento automático da música em si — baseando-se em mais de 1 trilhão de pontos de dados abarcando mais de 35 milhões de canções e mais de 2,5 milhões de artistas —, não se saíram muito bem "na compreensão de como os ouvintes se relacionam com a música". Portanto, durante a minha visita, a empresa testava sua tecnologia de "Perfil de Gosto". No ápice de seu horizonte, a música seria usada para entender as outras afinidades das pessoas. Em um exercício ao estilo Bourdieu,[34] o Echo Nest relacionou as preferências musicais dos moradores dos Estados Unidos às suas filiações políticas. Conforme questionava Whitman, "dá para saber se alguém é republicano só de olhar sua coleção no iTunes?". Algumas conclusões foram óbvias: em geral os republicanos gostam de country; é comum democratas gostarem de rap.

Mas outras correlações são mais surpreendentes. O Pink Floyd, ao que consta, é uma banda que tem o apreço principalmente de republicanos (ainda que os membros da banda pareçam ter uma visão bem progressista). Whitman especulou que isso se deve sobretudo à mudança demográfica gerada pelo envelhecimento dos fãs. Mas o próprio Pink Floyd mudou com o tempo, do ponto de vista musical, portanto Whitman conseguiu identificar uma cisão: os fãs da fase inicial do Pink Floyd, mais psicodélica, encabeçada por Syd Barrett, pendem mais para o lado democrata. A mineração de dados revelou outras tendências: democratas gostam de mais gêneros musicais (dez) do que republicanos (sete), e gostar de Beatles não quer dizer praticamente nada em termos de preferência política.

Curiosamente, de todos os gêneros musicais, o que menos prenuncia a filiação política é o metal. Parece que o som barulhento e rebelde agrada todo mundo. "Pense em todas as diferentes maneiras para você se entusiasmar com o metal", justificou Whitman. O gênero Todos os Barulhos de Uma Só Vez lista quase uma dúzia de variantes só do gênero "black metal". Em um extremo estão os hinos do bate-cabeça propícios a tocar nas rádios; no outro está o "metal de fazer as igrejas arderem em chamas", segundo o apelido brincalhão dado por Whitman. O sociólogo da música inglês Adrian North sugere que a impressão é de que todos sejam ligados por um senso feroz, ainda que frouxo, de "independência". Nas entrelinhas dos subgêneros do metal — "black metal sinfônico", "neo-trad metal", "death core" — talvez existam correlações políticas mais robustas. Pode ser que haja delegações inexploradas de "progressistas do mathcore" ou "socialdemocratas do synth-pop". A música pode revelar muito sobre a pessoa — depois de descobrirmos o que a música é.

Bourdieu aventou que uma das razões para a música ser um prenúncio tão forte da classe de alguém, do ponto de vista histórico, é o fato de ser complicado adquirir, por exemplo, o talento para tocar um "instrumento nobre". O "capital cultural" mais fácil, menos custoso, pode ser encontrado em galerias e teatros. Esse argumento foi derrubado com o advento do fonógrafo. "Escutar peças musicais famosas", observou o compositor Claude Debussy, sem traço de delicadeza, "é tão fácil quanto comprar um copo de cerveja".[35]

Agora o custo da reprodução é quase nulo. Existe tanta música para ouvir no Spotify que, como exemplificou o website Forgotify, por volta de 2013, aproximadamente 4 milhões dos vinte e poucos milhões de faixas do serviço *nunca foram ouvidas* (sejam quais forem as virtudes de "I Need a Girl [with a Car]", do Desperation Squad, o mundo fez ouvidos moucos). O que acontece com o gosto em uma época em que a maioria das pessoas tem igual acesso a grande parte de todas as canções que já foram gravadas? De acordo com Richard Peterson, "é difícil esperar que o apreço pela música clássica, o rock, techno e country mantenha a qualidade que estabeleceu seu prestígio se a música cada vez mais é transformada em mercadoria, e fácil de se adquirir".[36] Existe algo *menos* escasso hoje do que acesso à música?

Obviamente, Bourdieu sempre deu a entender que aquilo que *não* ouvimos diz tanto sobre nós quanto o que ouvimos. O amor pela ópera exclui o gosto por country e música ocidental. Mas, no começo da década de 1990, Peterson e o colega Albert Simkus, ao ponderarem os dados do censo americano relativos às artes, descobriram uma tendência interessante: de 1982 a 1992, supostos intelectuais começaram a escutar — e curtir — mais tipos de música, inclusive gêneros "incultos" como country e blues.

A tal fenômeno deram o nome de "onivoridade". Não é que todas as relações entre música e classe estivessem sumindo. É provável que os ouvintes de música clássica ainda fossem os mais velhos, mais ricos, mais escolarizados. E ouvintes de gêneros menos prestigiados tampouco compravam camarotes para a ópera. A realidade é que uma nova forma de "distinção" havia surgido, menos voltada para a exclusão simbólica e com uma tendência maior ao apreço abrangente, inclusivo. A sensação poderia ser de que as velhas categorias de Bourdieu desmoronavam. Ou não? Os meios de comunicação de massa, além da internet, tornavam acessíveis todos os tipos de cultura. Nas palavras do crítico musical Nitsuh Abebe, "existe música demais no mundo para a gente ter tanta certeza assim de que as canções que cruzam o nosso caminho valem mais a pena, oficialmente, do que o resto".[37]

Os antigos eruditos, agora sob o pendão do onívoro, reorganizaram seus capitais culturais, se expandindo em largura em vez de profundidade, redesenhando hierarquias de gosto com divisas *horizontais*, e não *verticais*.[38] Ser esnobe poderia ser contraproducente do ponto de vista social, diminuindo a habilidade da pessoa em questão de circular por grupos diversos. A cultura da playlist feita de arquivos em MP3 — em que inexiste posse material — tinha menos a ver com ter as músicas certas do que ter a lista mais eclética; menos a ver com a rejeição cabal de gêneros musicais do que ter razões "interessantes" para acrescentá-los à mistura (como disse Bourdieu, "afeiçoar-se de outro modo às mesmas coisas").[39]

Bourdieu sempre enfatizou que a *forma* de consumirmos as coisas é tão representativa de nosso gosto quanto o *que* consumimos. Certas pessoas defendem que o onívoro apenas segue a velha estratégia do erudito — a habilidade, declarou Bourdieu, de "constituir, esteticamente, objetos quaisquer ou, até mesmo, 'vulgares'" — e a aplica a gêneros musicais antes excluídos. Em espaços como a seção de anúncios pessoais da *New York Review of Books*,[40] sem sombra de dúvida um panorama do gosto classe média-alta instruída, a onivoridade é tão universal quanto o amor por caminhadas em meio à natureza e pela França. Pegando um exemplo ao acaso, da edição (perdoem meu capital cultural) que tenho à mão: "Atração por boa comida, cinema independente, viagens intrigantes, música de câmara, jazz, rock...". Subtexto: *meus gostos são tão ousados quanto eu, mas ainda assim são gostos*. É duro imaginar um leitor de cardigã e óculos de tartaruga da década de 1950 proclamando gostar de Bill Haley na mesma medida que hard bop e Brahms.[41]

Como sugere o sociólogo Omar Lizardo, não é que os onívoros *adorassem* de verdade todas aquelas novas canções, e sim que conseguiam manter um apreço vacilante, genérico, uma série de bules pequenos em fogo baixo. Afinal, gostar das coisas leva tempo. Não só as pessoas consomem música, observa o sociólogo Noah Mark, mas "formas musicais consomem as pessoas".[42] Quanto mais se gosta de um gênero, menos tempo e energia sobram para gostar de outros. No Echo Nest, Whitman viu centelhas de onivoridade: "Tomamos como exemplo ouvintes cujos perfis de gosto eram vastos, depois passamos uma semana comparando o comportamento deles às características das estações das doze categorias radiofônicas mais populares. Em uma semana, quem ouve música sob demanda percorreu em média 5,6 formatos de reprodução". Claro que é provável que a autosseleção esteja em jogo: os mais onívoros hão de querer a enorme variedade oferecida pelos serviços on-line. A maioria ainda parece querer os sucessos: de acordo com uma análise, 1% dos artistas responde por 77% de toda a receita gerada por gravações musicais.[43]

Até onívoros, no entanto, precisam de margem para aversões. Quando a socióloga Bethany Bryson examinou os mesmos dados sobre gostos obtidos pelo Censo de 1996, mas se concentrando no que as pessoas diziam detestar, o heavy metal e o rap (segundo as classificações bem toscas do órgão) eram os menos benquistos pelos indivíduos mais "tolerantes". Isso não deveria causar surpresa; afinal, eram os gêneros menos benquistos por todos os entrevistados da pesquisa.*

Porém, ela descobriu que ouvintes tolerantes tampouco gostavam de country e gospel, dois dos três gêneros favoritos da população em geral. Por quê? "Os gêneros que mais desagradam os tolerantes", ela explica, "são aqueles apreciados pelas pessoas com os níveis mais baixos de escolaridade." Mesmo no interior da onivoridade, os onívoros ainda traçavam com cuidado — e previsibilidade estatística — linhas em torno do que era conveniente gostar, provavelmente definidas menos pela música em si do que por *quem* gosta dela.

O oposto do onívoro é o suposto unívoro: quem escuta o menor número possível de gêneros e expressa com mais veemência a aversão por outros tipos de música. Unívoros geralmente são indivíduos pouco instruídos em grupos com baixo prestígio cultural; o curioso é que Peterson sugeriu que talvez haja "unívoros eruditos", igualmente restritivos, mas por outros motivos. Em uma simbiose clara, os unívoros tendem a se ocupar exatamente dos gêneros menos queridos pelos onívoros. O Echo Nest descobriu alguns indícios disso em uma métrica que apelidou de "índice passional". Quais artistas, a empresa queria saber, "dominam as listas de reprodução dos fãs"? Bandas de metal, o flagelo do onívoro, constituíam boa parte delas. Fãs de

---

* Pelo menos em 1996. Assim como todos os gêneros antes "marginais", há indícios de que o metal foi popularizado; o pianista Lang Lang, por exemplo, se apresentou com o Metallica no Grammy Awards em 2014 (e pode-se elucubrar que ambos os gêneros estavam buscando alguma forma de legitimidade com a parceria).

metal querem ouvir metal — rejeitando todas as outras músicas — mais do que os fãs de outros gêneros desejam ouvir seus tipos de música. À sua própria maneira, unívoros desenham linhas de exclusão cultural mais fortes, talvez numa espécie de reação à exclusão simbólica (e verdadeira) que enfrentam.

Pense em um dos números musicais mais desdenhados do mundo, o dueto de rap-rock "horrorcore"* conhecido pelo nome de Insane Clown Posse. A banda foi considerada a pior de todos os tempos pelas revistas *Blender* e *Spin*. Os integrantes e os fãs são desprezados pelo grande público, recriminados pelos críticos, e parecem não merecer nem o apreço irônico dos onívoros estetas de sangue-frio. E, no entanto, os álbuns, apesar de suas canções pouco tocarem no rádio, conforme destaca a revista *n+1*, se saem melhor nas listas dos discos mais vendidos de gravadoras independentes do que os de bandas como White Stripes, Arcade Fire e Arctic Monkeys. Os únicos que assumem gostar da dupla são, naturalmente, os fãs, apelidados de juggalos, uma autodeclarada "família" cuja definição não é muito rigorosa. O interessante dessa "comunidade carnavalesca protoutópica",[44] como um sociólogo descreveu seus "encontros", é que ela parece tirar boa parte de sua força do fato de ser excluída simbolicamente, o que Bourdieu chamou de "recusa da recusa". "Eles meio que são aceitos pelo que são", afirmou um juggalo sobre os companheiros de "família". "A questão é ser quem você é. Não precisa usar roupa extravagante ou ter um carro legal."

Ao ler sobre os encontros do Insane Clown Posse, dá para ouvir Bourdieu falando dos "faustos espetaculares" das formas

---

* Para constar: o Every Noise at Once não inclui esse gênero, mas tem um chamado simplesmente "juggalo", apelido dados aos fãs do Insane Clown Posse e de outras bandas da mesma gravadora.

artísticas da classe operária: "Eles dão satisfação ao gosto e ao sentido da *festa*, da conversação e brincadeira espontâneas, cujo desfecho é uma liberação por colocar o mundo social de ponta--cabeça, derrubando as convenções e conveniências". A música em si talvez não venha muito ao caso. De certo modo é um retorno aos antigos rituais da música — não como objeto isolado de consumo casual em uma lista de reprodução gigantesca, mas como meio de criar uma identidade de grupo. O fato de nem a música nem o grupo social serem muito benquistos serve apenas para aguçar a coesão. Trata-se de um refúgio do gosto, um oásis de tolerância que contrasta com os hábitos sociais de todo o resto, inclusive dos onívoros, supostamente tolerantes. Bourdieu observou: "A visão da classificação depende da posição ocupada nas classificações".[45] Ou, nas palavras do escritor Kent Russell, "você pode ser juggalo ou ser um branco pobre — o primeiro termo é seu, o segundo é dos outros".[46]

Pessoas rotulam as músicas; as músicas rotulam pessoas. A maneira como esses rótulos casam ou não um público específico à música é curioso. Como sempre, entretanto, o ato mais revelador é o que as pessoas dizem quando não gostam, e não quando gostam.

A caixa de Pandora do gosto: como gostar do que não conhecemos?

Em um sábado à noite em 1950, a rádio pública dinamarquesa tocou uma série de canções desconhecidas às quais deu o nome de "música popular de gramofone". No sábado seguinte, noite em que a audiência geralmente alcançava o ápice, a estação transmitiu um programa de música que chamou de "clássica".

Como seria de esperar, o público foi maior — o dobro — no primeiro programa.

Porém, existe uma reviravolta interessante nessa história. Em ambos os sábados, a mesma sequência de gravações foi reproduzida. Só que na segunda semana os títulos (com tonalidade, número de opus e assim por diante) foram mencionados. Sem saber, os ouvintes dinamarqueses foram submetidos a um experimento de Theodor Geiger, sociólogo da Universidade de Aarhus. A rádio pública da Dinamarca andava preocupada com o aparente desinteresse do público por música clássica e "o tipo mais sério de música moderna".[47] Mas Geiger queria saber: as pessoas realmente não gostavam de música clássica? Ou simplesmente achavam que não precisavam gostar porque lhes faltava conhecimento de música ou o gênero não era "pertinente" à sua classe social?

Curiosamente, durante a audição da primeira semana, o número de ouvintes aumentou ao longo do programa. Não que as pessoas fossem seduzidas pelo rótulo de "popular" e depois, ao dar com uma música que Geiger descreveu como "de modo algum um enorme deleite para os ouvidos", abandonassem a estação. De modo geral, os ouvintes permaneceram. Algumas pessoas — supõe-se que fãs de música clássica — chegaram a ligar para perguntar com irritação por que estavam chamando aquela música de "popular".

Para Geiger, o experimento trouxe uma lição peculiar: "O gosto musical da população é mais refinado do que ela gostaria de admitir". Ou, para afugentar o cheiro de tweed do pensamento "erudito" da década de 1950, a *maneira* como a música era categorizada influenciava o número de pessoas que a escutavam. Não há como saber o que passava pela cabeça dos ouvintes. Gostaram *mesmo* da música? Ou será que a designação "popular" era sinal de que deveriam gostar porque, ao que parecia, os outros gostavam? Por que "clássica" os dissuadiria? Era problema da música ou do rótulo?

A grande pergunta é: com que frequência nosso "gosto" é um obstáculo àquilo de que poderíamos de fato gostar?[48] E se alguém como Bourdieu, questionou o filósofo francês Jacques Rancière, tivesse apresentado músicas a seus voluntários sem as pompas da classificação socioeconômica, assim como fez o compositor argentino Miguel Ángel Estrella ao arrastar seu piano até "um vilarejo no planalto andino" e simplesmente tocar, para uma plateia de camponeses, na base da tentativa e erro? Os aldeães, ao que consta, preferiram Bach. E por si só o nome Bach, ao que parece, é capaz de balançar as pessoas em termos de gostos. Em um estudo, as pessoas gostaram mais de uma peça musical quando diziam ser de Bach do que ao ser apresentada como obra de um compositor fictício chamado Buxtehude.[49] E se dissermos às pessoas que Hitler gostava de certa música?[50] Elas gostam menos do que se simplesmente fosse denominada "romântica". Isso lembra os experimentos de Paul Rozin sobre aversão e "magia receptiva": uma vez, o pesquisador serviu calda de chocolate em forma de fezes caninas aos participantes de um experimento.[51] A mera associação bastou para demover a maioria das pessoas. Hitler não era o *autor* da música do experimento e as fezes caninas não eram reais. Mas houve contaminação simbólica. No gosto, o simbólico é real o bastante.

Nos primeiros dias do Pandora, popular serviço de música on-line, um de seus fundadores, Tim Westergren, propôs algo radical: e se o ouvinte não tivesse informação nenhuma sobre o que escutava?

"A ideia", ele me disse, "era que nosso apreço pela música seria afetado de forma profunda por noções preconcebidas do que um artista representa, o que um gênero significa. Não escutamos música objetivamente. As pessoas têm uma reação automática ao artista baseada em algum aspecto que não o musical." Isso serviu de inspiração para o Projeto Genoma Musical do Pandora, a vasta rede de atributos musicológicos codificados à mão que orienta o que o serviço executa para o ouvinte. "O plano do genoma era desnudar isso, fazer escolhas fundamentadas na musicologia", ele declarou. Assim como se usa o DNA para localizar parentes distantes, o genoma pode nos levar a músicas que compartilham uma linhagem secreta. "Livrar-se de nomes e retratos dos artistas seria um modo de fazer o ouvinte agir do mesmo jeito." A ideia, ele explica, "foi considerada burra".

Antes de fundar o Pandora, Westergren era compositor de trilhas para cinema. Sua função era achar o estilo musical certo para o filme, mas também perceber o gosto do diretor. "Tocava um bando de canções e recebia um retorno", ele explicou. "Tentava mapear as preferências da pessoa." Ele compara isso ao jogo Batalha Naval. "É literalmente assim, tatear até encontrar que formato tinha o gosto do diretor." Esse era o espírito do Pandora: tentar codificar o processo de mapeamento dos gostos tocando um monte de músicas para o usuário e registrando suas avaliações.

Algo mais o assombrava. Ele tinha lido um artigo sobre a cantora Aimee Mann e a luta para que sua música fosse distribuída. "É uma mulher que tem um fã-clube", ele explicou. "Deve existir algum jeito de conectá-la a eles com custo-benefício melhor." Talvez houvesse gente que gostaria de Aimee Mann — porque ela partilhava de certas características musicais com outros artistas já conhecidos e queridos — se ao menos conseguisse ouvi-

-la. Pense em quantas vezes artistas saíram da obscuridade participando da trilha sonora de algum filme, como os Proclaimers, com a canção "I'm Gonna Be (500 Miles)". O cinema é um meio pelo qual, como no plano inicial de Westergren, a música nos chega às cegas, sem noções preconcebidas. Não sabemos o que é ou quem canta. Somos *obrigados* a ouvir.

O fator mais fundamental no apreço por uma canção é já tê-la ouvido. A exposição, assim como ocorre em relação à comida, é o segredo: quanto mais escutamos algo, mais gostamos (salvo em alguns casos, que retomarei mais adiante). Existe um enorme acervo de literatura sobre o impacto da exposição.[52] Em um estudo clássico, grupos de crianças e universitários ingleses ouviram amostras de músicas populares paquistanesas desconhecidas e à medida que iam escutando passavam a gostar mais. É assim que os DJs ajudam a criar sucessos. Whitman, do Echo Nest, assumiu ter inveja do fato de o rádio não ter um "botão para pular músicas". "Talvez algum DJ por aí tenha sacado que, se você ouvisse 'Bohemian Rhapsody' vinte vezes", disse ele, "aquela parte operística condicionaria o seu cérebro e você passaria a gostar dela."

Muitos psicólogos argumentam que, quando somos expostos repetidas vezes a um estímulo — como músicas, figuras ou ideogramas chineses —, nossa "fluência perceptiva" aumenta e aprendemos a processá-lo com mais facilidade. Traduzimos essa facilidade de processamento, que causa uma sensação boa, em sentimentos pela coisa em si.[53] Nas palavras da psicóloga Elizabeth Hellmuth Margulis, não necessariamente pensamos, ao ver um triângulo pela quarta vez: "Já vi esse triângulo antes, é por isso que o conheço".[54] Na realidade, pensamos: "Nossa, gostei desse triângulo. Me dá a sensação de que sou sagaz". Quanto mais "prototípicas" as coisas, mais fáceis de processar.

Participantes de experimentos[55] tendem a achar combinações de rostos (ou pássaros ou carros ou figuras geométricas)[56] alterados digitalmente mais simpáticas do que qualquer rosto ou pássaro ou carro específico, pois é na média que existe a maior chance de a imagem ser similar àquela que a pessoa acredita ser a ideal.

Até a ordem em que ouvimos os sons parece influenciar o gosto. Em um estudo, uma série de canções originais e versões cover foram apresentadas a ouvintes de rádio. Como seria de esperar, as pessoas gostavam da versão original quando eram mais velhas e quando havia transcorrido bastante tempo entre uma versão e outra. Esses fãs foram mais "expostos" à canção original. Mas quem nunca tinha ouvido nenhuma delas preferia a que escutava primeiro. "O estímulo com o qual nos deparamos primeiro", ponderaram os autores, "deixa uma marca maior na mente, e em consequência disso seu processamento é mais fluente do que o do estímulo afim com que nos deparamos depois."[57]

Antes de ter nome, o efeito da exposição era debatido como uma espécie de tautologia: gostamos de coisas que nos são familiares porque gostamos de sua familiaridade. O problema dessa análise, conforme observou Robert Zajonc, psicólogo e criador do termo, é que as coisas de que as pessoas gostavam não eram necessariamente aquelas de que mais se lembravam.[58] Em certos casos, ele afirmou, gostamos mais das coisas com a exposição repetida quando *não* percebemos que fomos expostos a elas.

Anos atrás, eu viajava pelo México e de repente reparei na canção que tocava no rádio: "Burbujas de amor", do cantor dominicano Juan Luis Guerra. Naquele ano, ela era inescapável. Por que a canção me chamou a atenção? Claro, era pegajosa, mas todas as outras que tocavam no rádio também eram. Era o tipo de música, segundo meu gosto habitual, que eu consideraria meio tosca. Era provável que a tivesse ouvido diversas vezes até ela se imiscuir na minha consciência. Aos poucos, comecei a reconhecer o ritmo, a prever o agora familiar refrão "ay ay ay ay!". Depois alguém me falou que a letra, que eu mal conseguia entender com meu espanhol insípido — mais fluência perceptiva —, era recheada de duplos sentidos picantes. Minha fluência aumentou. E de repente, sem ter me esforçado para apreciar baladas *bachata*, eu *gostei* da canção, e apenas porque tive a chance de ser exposto a ela inúmeras vezes em ônibus e bares mexicanos.

Gosto é aprendizado e aprendizado é gosto — mesmo que nem sempre tenhamos consciência disso. Em matéria de música, o arco do gosto pode ser bem rápido, abranger poucas audições. Uma noite, no verão de 1985, um clarinetista e aspirante a DJ fazia experimentações com um sintetizador de baixo Roland TB-303 junto com alguns amigos adolescentes. Enquanto brincavam com os botões, ruídos estranhos começavam a emergir. Eles gostaram principalmente do baixo "ao vivo" da máquina. Não porque parecesse um bom baixo ao vivo, mas porque, nas palavras de um deles, "parecia ser feito para dançar". O crítico musical Bob Stanley descreveu o som como o de um "cérebro derretendo".

Uma noite, a trupe levou uma fita intitulada "In Your Mind" a uma boate chamada Music Box e entregou-a ao DJ. "Da primeira vez que ele pôs a música para tocar, o público não soube como reagir", um dos membros do bando relembra.[59] "Aí ele tocou uma segunda vez, e as pessoas começaram a dançar. Da terceira vez, as pessoas começaram a gritar. Da quarta, estavam dançando de cabeça pra baixo. A música tomou conta delas." Em uma noite, praticamente, nascia um novo gênero chamado acid house, em homenagem à ideia de que devia haver algo na água da boate naquele dia. Quantas carreiras musicais não atolaram porque uma canção nunca ganhou a proverbial segunda chance?

A exposição contém um risco oculto: passamos a gostar *menos* de algumas coisas quanto mais expostos somos a elas — sobretudo as coisas de que já não gostávamos antes.[60] Não existe uma fórmula exata, mas uma das teorias principais, apresentada pelo psicólogo Daniel Berlyne, é que nosso gosto por música segue o formato de um U invertido baseado no fator "complexidade".[61] Gostamos menos de algo quanto mais simples ou complexo ele é. Para a maioria, o meio-termo é ideal.

Cada vez que ouvimos uma canção, no entanto, ela se torna menos complexa. Assim, a canção pop contagiante construída em torno de uma batida simples que arrebata as paradas num verão pode cair rapidamente do penhasco do gosto. Outra canção, de arranjo mais complexo, cheia de melodias e sentidos densos, pode aos poucos conquistar a nossa estima. *Pink Moon*, de Nick Drake, com sua letra repleta de poesia e acordes intricados, nem chegou perto da lista dos sucessos do pop inglês em 1972. Porém, é mais provável que você tenha ouvido a canção que dá título ao álbum nos últimos anos — em filmes, comerciais, no rádio — do que uma das músicas que fizeram grande sucesso naquele ano: "Puppy Love", de Donny Osmond, ou "My Ding-a-Ling", de Chuck Berry. É como se tivéssemos levado mais tempo para gostar de Nick Drake. Se o catálogo dos Beatles for organizado por complexidade, observam os acadêmicos especialistas em música Adrian North e David Hargreaves, veremos que a popularidade de álbuns de muito sucesso na época do lançamento, como *Please Please Me*, é menos duradoura do que a de obras mais complexas em termos de melodia e letra, como *Abbey Road*.[62]

É o que também acontece com a comida. Nosso gosto por doces, por exemplo, tende a seguir um formato de U invertido semelhante — muito ou pouco e o apreço cai. O pesquisador alimentar Howard Moskowitz, em um teste com consumidores de um "condimento com sabor de alho", pediu aos participantes que provassem versões diferentes do produto, cada um deles com níveis diversos de sabores específicos. "À medida que o condimento fica mais forte, o apreço pelo sabor aumenta", ele declarou.[63] E faz sentido. Então ele percebeu outro efeito curioso. "Mas também aumenta a possibilidade de tédio." O que é empolgante num primeiro momento logo se torna chato. Talvez seja uma espécie de fluência perceptiva. "Nossa, dá para sentir o gosto de alho mesmo!", dizemos na primeira vez. "Hmmm, aquele gosto de alho!", dizemos na segunda. Já na terceira amostra, só sentimos o alho. Se, conforme declarou Moskowitz,[64] refrigerantes de cola são populares[65] porque não dá para saber o que há dentro deles, então um gênero como jazz pode ser a cola da música; já a música pop talvez seja o refrigerante de laranja — gostoso das primeiras vezes, mas enjoativo pouco depois. Acadêmicos que se dedicam ao estudo da música[66] chegaram a empregar a palavra "saciedade" para descrever um fenômeno, constatado através do exame do antigo *Your Hit Parade*: quanto mais rápido uma canção chegava às dez músicas mais tocadas, mais rápido ela saía, como se tivéssemos tragado uma bebida a todo vapor e sofrêssemos uma queda brusca depois de passado o efeito do açúcar.

Deixando de lado a complexidade, por que aparentemente preferimos o que nos é familiar? Em matéria de comida, a familiaridade é benéfica à evolução: o que não nos matou da última vez nos fará bem. Enfrentamos o "dilema do onívoro" de Paul Rozin: assim como ratos, não somos limitados nas escolhas alimentares, mas como resultado, escreve Michael Pollan, "uma grande quantidade de espaço do nosso cérebro e do nosso tempo precisa ser dedicada à questão de saber qual dos muitos possíveis pratos que a natureza nos oferece seria seguro comer".[67] No tocante à música, e ao gosto de modo geral, lidamos com um dilema do onívoro similar: mais canções do que seríamos capazes de ouvir na vida. A promessa inicial da revolução da música digital era, como ressaltou o músico Peter Gabriel, a liberdade de escolha. De repente, quando os discos rígidos transbordaram e a nuvem começou a explodir de tanta música, precisamos nos libertar *da* escolha.

Portanto, voltamos à exposição: por que não gostar do que conhecemos (ainda que haja algo de que possamos gostar mais)?[68] Isso nos poupa tempo e energia, em vez de termos de revirar a grande selva musical em busca de coisas difíceis de processar.[69] Deve ser por isso que as pessoas parecem gostar mais da música que ouviram durante "um período crítico de sensibilidade máxima", como os pesquisadores Morris Holbrook e Robert Schindler demonstraram — uma idade que fixam em 23,5 anos. Isso também pode ser familiaridade. Seria estranho se pessoas na casa dos setenta anos *não* preferissem "Smoke Rings", dos Mills Brothers, a "Sledgehammer", de Peter Gabriel, nem que seja por terem mais familiaridade com a primeira canção.[70]

Talvez haja algo além da exposição e familiaridade, no entanto, que explique por que temos um lugarzinho especial no coração para a música do começo da nossa vida adulta. Holbrook e Schindler trazem à tona a ideia de uma espécie de estampagem lorenziana, um período "biologicamente definido" em que estabelecemos ligações paternais ou aprendemos uma língua (embora a ideia arraigada de que exista um "período crítico" em termos de idade para a aquisição da linguagem tenha sido posta em dúvida ultimamente).[71]

Imagino que também aconteça algo mais simples. A época da faculdade é o momento em que tipicamente temos mais tempo para procurar e consumir música. Meu pescoço ainda é duro de tanto me debruçar sobre cestas de discos. Agora mal tenho tempo de passar os olhos em uma lista de reprodução.

Durante um período da vida em que a maioria não tem relógios ou carros chiques, a música vira um símbolo de distinção barato e socialmente importante. Provamos, assim como camisetas estampadas com serigrafia, diversas identidades. Meus cadernos escolares eram recheados de logotipos de bandas, enquanto uma caixa de charutos era cheia de ingressos de shows, como talismãs, pistas da minha alma. Discussões sobre bandas eram discussões sobre quem queríamos (e não queríamos) ser. Como esses afetos ferozes poderiam sobreviver à transição para a vida adulta? No documentário *Rush: Beyond the Lighted Stage*, Matt Stone, criador de *South Park*, declara ser o tipo de pessoa que tentava em vão convencer seus colegas céticos — mais propensos a gostar de artistas "aceitos pela crítica", como Elvis Costello — das virtudes do trio de rock progressivo canadense. "Agora estamos todos tão velhos", disse ele, "que, mesmo que você odiasse Rush nos anos 1970 e 80, hoje aplaude os caras. É necessário."

E de fato, quando ouço uma canção como "Spirit of Radio", do Rush, é difícil não tirar algum prazer dela. Eu estava enganado sobre a banda tantos anos atrás? Meu apreço recém-adquirido é puro ou impregnado por um ímpeto de distanciamento irônico? Ou será que não só não tenho tempo para descobrir de que música gostar (de novo) como *não tenho tempo sequer para cultivar minhas antipatias?** Estou "perdendo o bonde". Sofrendo "enregelamento de gosto".[72] Qual é o ônus da oportunidade de caçar a última banda se aos seus ouvidos ela parece apenas um derivado grosseiro da banda que você escutava na juventude? É difícil fugir do que já foi chamado de "auge da reminiscência", que se define da seguinte forma: "Os acontecimentos e mudanças com impacto máximo em termos de rememoração ocorrem durante a adolescência e o início da vida adulta do grupo".[73]

Por essa análise, pode-se supor Woodstock foi tão relevante para a cultura não só por causa da música, mas também pelo fato *estatístico* de que a geração mais numerosa da história americana estava atingindo essa faixa etária de impacto máximo.[74] Mas por que todos — e não só a geração paz e amor — insistimos que a música da nossa juventude era *melhor*? Carey Morewedge, da Carnegie Mellon University, destaca que, como quase todo mundo tem essa impressão, ela não pode ser uma verdade objetiva. Segundo ele sugere, assim como tendemos a lembrar de acontecimentos positivos da vida com mais nitidez do que acontecimentos negativos, apenas a música "boa" do nosso passado tende a sobreviver na memória. Enquanto isso, no presente sem graça, ouvimos música de que imaginamos gostar *e* música de que já sabemos que não gostamos. A memória, conforme ele descreve, é uma estação de rádio que só toca o que queremos escutar. Visto que dedicamos tanto tempo a pensar sobre músi-

---

* No filme *Enquanto somos jovens*, Ben Stiller interpreta um intelectual da Geração X. Quando um jovem onívoro descolado põe para tocar a canção "Eye of the Tiger", de Survivor, o personagem escuta, aparentemente com grande deleite, e declara, maravilhado, "Lembro-me de quando essa música era considerada ruim".

ca, não é surpresa nenhuma que seja tão fácil ela encher nossa memória e termos nela um ponto fraco hedônico.

Então como ultrapassar o perímetro seguro de nosso típico terreno saqueado rumo a novas paisagens promissoras, ainda que aterradoras, repletas de prazeres novos, desconhecidos? Procuramos alguém que nos leve lá. Como brincou Westergren, "a gente deixa o cara preguiçoso de meia-idade entrar no jogo".

Antes de ir à sede do Pandora, travei uma angustiante conversa com o pessoal do departamento de relações públicas. O impasse parecia estar na palavra "gosto". Queriam que eu soubesse que não eram "formadores de gostos em nenhum sentido do termo". Aliás, eles se empenhavam para "oferecer a cada um dos ouvintes uma experiência única". Tive a sensação de que era outro sinal de como o conceito de Gosto com G maiúsculo decaiu a partir de meados do século, como se prescrever gosto fosse um hábito antigo, defasado, como tomar martínis no almoço.

Hoje as pessoas usam palavras mais suaves, mais vacilantes, como "descoberta" e "curadoria". O Clube de Livro do Mês, ao ser lançado, em 1926, prometia que qualquer título que sobrevivesse a "gostos divergentes" e "boa avaliação" de seu comitê seria "com certeza um livro excelente". Depois de quase um século, o clube promete modestamente "nossos novos títulos prediletos que você vai ter vontade de ler" (observe a mudança de foco, de critérios objetivos vindos de cima para o uso de suas preferências pessoais).

Mas ainda assim não se trata da imposição de critérios seletivos? Westergren tentou parecer totalmente liberal a respeito das listas de reprodução do Pandora. "Não queremos tecer juízos sobre nada disso", ele declarou. "Tem gente que sente vontade de ouvir as mesmas dez músicas o tempo todo; temos de dar essa possibilidade a elas." Isso nos leva a questionar se precisam de uma tropa de analistas musicais e algoritmos sofisticados. Logo depois, ele acrescentou: "Fazemos curadoria da nossa coleção. Dispensamos um monte de músicas porque isso torna o outro lado mais satisfatório".

Faço a pergunta a Michael Zapruder, há muitos anos o diretor de curadoria musical da empresa. Sua função era selecionar quais gravações — a maioria das quais ele desconhecia — entrariam no Genoma Musical. Ele enfrentou o problema da inclusão democrática em contraponto ao elitismo da curadoria, comparando o trabalho a ser jurado de um concurso de beleza para bebês (um problema que não deixa de ter suas complicações, sobre o qual falarei mais à frente).[75]

Ele chamou isso de "paradoxo" e parafraseou Orwell: algumas canções são mais iguais que outras. O gosto estava em jogo, ainda que não fosse exatamente o do Pandora. Mas parecia funcionar: Westergren me contou que mais de 95% das mais de 1 milhão de canções do serviço eram ouvidas todo mês.

O Pandora criou uma caixa de areia musical gigantesca. Havia muito o que escutar, muito o que descobrir, mas ainda havia limites. Como me disse Steve Hogan, gerente de operações musicais da empresa, "é por isso que temos 1 milhão de canções". Outros serviços talvez tivessem 18 milhões, ele declarou, "mas temos seres humanos que opinam. Se uma gravadora nos manda um bando de músicas de karaokê, eles deixam de fora". Na verdade, declara Hogan, os analistas do Pandora "tentam escolher as canções que acreditam representar bem um artista e têm mais chance de fazer sucesso".

Mas enquanto as rádios só podem tocar uma canção de cada vez, em geral no formato esperado pelos ouvintes, o Pandora tentava usar a matemática e a musicologia para criar um exército de DJs invisíveis, cada um deles oferecendo uma mistura do que você gosta com o que poderia gostar. Em uma das histórias que ouvi, Tim Westergren estava em uma reunião ao estilo "ambiente governamental" em que alguém lhe disse que não fazia ideia de que havia tantos fãs de bandas marciais no mundo. O site de fato tem um canal de bandas marciais, e para o tal ouvinte era para isso que *servia* o Pandora. Tom Conrad, diretor técnico da empresa, me disse: "Queremos que os usuários sintam como se os donos fossem eles, e que nosso gosto musical — ou o gosto musical de outras pessoas — não lhes seja imposto".

A questão de qual música as pessoas talvez escutassem era uma parte pequena do problema. Ao tentar criar estações feitas sob medida para os indivíduos, o Pandora abria a caixa de Pandora dos gostos. Porque o nosso gosto musical, assim como o culinário, é suscetível a um grau desconcertante de influências. Ouviu muito uma coisa, diversas vezes? A saciedade sensorial específica se manifesta. O que você escutou antes? Uma canção triste pode parecer menos triste após uma série de canções alegres. Onde você escuta música? Na faculdade, eu frequentava uma loja de discos muito respeitada, um santuário de erudição obscura onde me sentia ligeiramente abençoado se um funcionário fizesse um gesto de aprovação tácita à minha compra. Em pouco tempo me dei conta de que nenhuma música *jamais* soaria tão bem quanto aquilo que os esguios e austeros sábios botavam para tocar na vitrola atrás do caixa.

E existe a ideia de que, assim como acontece com a comida, a música talvez seja constituída de "gostos" básicos — em vez de sal ou açúcar, pense na síncope, ou na respiração do vocalista, ou na ressonância da percussão —, embora sejam "sabores" aquilo de que aprendemos a gostar e discernir. Há alguns anos, os ouvintes do Pandora davam muitas opiniões negativas para a música dance eletrônica. "Tínhamos analisado umas 45 mil canções, e nos demos conta de que grande parte da música dance se misturava indiscriminadamente", explicou Hogan. "Para o genoma, todas tinham a mesma batida 'tum tum tum'." Mas os fãs ouviam techno nas estações de trance. Techno, afirma Eric Bieschke, "é um gênero bem específico se você gosta de música eletrônica. Se você perguntar para o meu pai, tudo o que eu ouço é techno". Portanto, segundo Bieschke, o Pandora acrescentou mais ou menos uma dezena de "características" novas ao genoma. "Qual é o grau de reverberação e atmosfera? Que efeitos de equalização ou ruídos foram usados?"

Até uma única banda pode representar diversos caminhos do gosto. Às vezes são as pessoas que mudam e as canções continuam iguais. Pense no sucesso "We Are Young", da banda Fun. Um ano antes, Conrad me disse que Fun era "só mais uma das inúmeras bandas que praticamente não têm rosto, gravam um álbum, conseguem uma resenha no *Pitchfork* e nenhuma parte significativa da população sabe que existe". A canção, ele observou, estava no Pandora "fazia anos", ouvida por "um círculo de gente que tinha a sensação de ter descoberto a banda". Então, de repente, apareceu na trilha sonora da famosa série de TV *Glee*. "De um dia para o outro, ela ganhou um público enorme, que eu acho que tinha um monte de expectativas diferentes quando foram ouvi-la no Pandora. Queriam escutar outras músicas que tinham aparecido em *Glee*."

O universo inteiro de música gravada, Zapruder sugeriu, é como um oceano. "Cada gravação é uma porta de entrada. Então você pode entrar na água com os Beatles, e, depois de entrar, você pode acabar em qualquer lugar." Algumas pessoas se abraçam à costa; outras enfrentam o mar aberto. Em seus momentos mais incisivos, o Pandora pode fazer uma conexão fortuita, assim como um DJ sem programação prévia, partindo dos Beatles para, digamos, "Lemons Never Forget", dos Bee Gees. A sonoridade é bem ao estilo dos Beatles. Porém, para muitos, o modelo mental dos Bee Gees como artistas da música disco não lhes permitiria fazer tal ligação. Bieschke diz que a "santa trindade" do Pandora é "variedade, descoberta, familiaridade". Ele segue um modelo matemático em que nos situamos em um eixo — de audição "ativa" a "passiva". As estações que criamos são uma condensação da amplitude do nosso gosto. "Se você já criou uma estação de jazz, é bem provável que tenha estações espalhadas pelo mapa inteiro", ele explicou. "Se já digitou 'Coltrane', é possível que tenha uma enorme gama de interesses musicais."

No final das contas, o polegar é quem manda. No início de 2015, alguém fez a avaliação de número 50 bilhões no Pandora. O polegar é o sinal mais claro na tela, com mais peso do que o botão de pular música. Mas ainda assim há espaço para ambiguidades. Você está querendo dizer que não quer ouvir essa canção agora? Você não gosta da banda ou ela não se encaixa direito nesta estação? "Nós fizemos um teste", informou Bieschke. "Pegamos 0,5% das pessoas que ouviam música no Pandora. Quando elas marcavam polegar para cima ou para baixo, perguntávamos o motivo." Os usuários listavam as razões em uma caixa de texto. "O complicado é que as pessoas escreveram coisas que podiam ser interpretadas de qualquer forma. Elas diziam coisas do tipo 'curti porque foi a primeira dança do casamento da minha filha'. Sou um cara de algoritmos, então fiquei pensando: o que é que eu vou fazer com isso?" O recurso foi abandonado, e essa caixa de Pandora — que tentava entender por que as pessoas gostavam ou não de certas coisas — foi fechada.

"Dizem que gosto não se discute", Hogan comentou. "Mas podemos discutir em massa. Podemos dizer que há 84% de chances de que certa canção vai funcionar para quem escuta a estação dos Rolling Stones. É uma boa aposta: nós computamos o gosto desse grupo grande de pessoas." Ele parou, olhou para o nada e depois acrescentou: "Talvez não dê para discutir por que motivos *não* gostaram".

4. Como saber do que gostamos?

Êxtases e angústias da arte

Gostamos do que vemos; vemos o que gostamos:
o que as pessoas aprontam nos museus

Na manhã de 9 de abril de 2008, em uma calçada banal da cidade belga de Antuérpia, uma imagem se desvelou em silêncio: uma pintura em preto, branco e cinza, aplicada diretamente sobre o concreto, que retratava macacos copulando.*

A obra era de Luc Tuymans, pintor flamengo de importância e renome consideráveis. Fora "comissionada" por um canal de televisão belga especializado em artes como forma sutil de responder a uma questão simples: será que as pessoas, em especial aquelas que não são consumidoras devotas de arte contemporânea, reconhecem a arte ao vê-la?

Em um curta-metragem sobre o experimento, vê-se, antes da inauguração da pintura, diversos curadores de grandes museus, todos a aclamarem com grandiloquência a relevância de

---

* Ao que consta, em homenagem a uma imagem exposta em um museu da fertilidade do Japão.

Tuymans, a maioria confiante de que as pessoas notariam a obra — que seria quase impossível não notá-la. A população desprevenida de Antuérpia, previu um curador, seria "obrigada" a pensar "por que aquela obra tinha entrado na sua vida". "Acho que vai parar as pessoas", disse outro. "Fazê-las pensar, despertá-las."

Em 48 horas de observação, apesar do tema surpreendente e da proeminência visual da pintura, menos de 4% dos quase 3 mil transeuntes parou para examiná-la. O mérito artístico daquela obra específica de Tuymans, qualquer que fosse, passava despercebido para a maioria do populacho local. "Será que experimentos como esse levam as pessoas a se interessarem mais por arte?", o canal havia se perguntado. As pessoas votavam com os pés — e não interrompiam os passos.

Muitas objeções podem ser feitas à metodologia do experimento, talvez à premissa como um todo. A primeira é equiparar o fato de as pessoas não pararem diante da imagem imprevista em uma rua qualquer à falta de apreço estético. O pedestre urbano médio é atacado por uma enorme gama de sons, cheiros e, acima de tudo, visões. Deixar de perceber um Tuymans na parede seria um desapreço maior do que não notar uma estampa na pavimentação da calçada ou o pássaro incomum empoleirado em um fio suspenso? Como W. H. Auden observou acerca da famosa pintura de Brueghel da queda de Ícaro — e ninguém, talvez nem mesmo Brueghel, parece dar muita atenção ao homem alado que afunda —, até o sofrimento acontece "enquanto alguém come ou abre a janela ou simplesmente caminha entediado".[1]

Portanto, a pintura de Tuymans já vive nas sombras cognitivas, fiando-se em um pedacinho de excedente neural para ser ao menos vista. Depois vem a "expectativa". Imagens surgem nos muros das cidades o tempo inteiro — grafites, anúncios colados.

O que em geral não esperamos ver é pinturas originais feitas por ilustres artistas contemporâneos (à exceção, é claro, de um artista como Banksy, cujo trabalho as pessoas de fato procuram nos muros das cidades e ainda assim às vezes deixam passar). É menos provável que vejamos o que não esperamos ver. E se você, durante um dia movimentado, lançasse um olhar para a pintura? (Não está claro quantas das pessoas que *não* pararam para a observar chegaram a avistá-la.) E se você a assimilasse como uma imagem interessante, provocadora ou até bela? E daí? O mundo está cheio de imagens assim. O conteúdo se perde sem o contexto. Como uma pessoa, ainda que reconhecesse o estilo de Tuymans, saberia se tratar de um original? Como essa única imagem, fora das paredes de galerias, sem legendas, proclama sua importância ao observador? Sem dúvida, uma fileira de obras de Tuymans, anunciadas como obras "verdadeiras" — pois obtemos uma carga neural mensurável dos originais —, granjearia mais público.[2]

Por fim, vai ver que algumas pessoas viram a pintura, concluíram que não gostavam e consequentemente não pararam. "Gostar", sobretudo na arte contemporânea, é uma palavra desaconselhável. Não é raro lermos, por exemplo, frases como "A questão de se 'gostar' ou não de Nauman parece impertinente" (repare nas aspas fatais).[3]

A desconfiança quanto ao prazer, é claro, há muito permeia a reflexão estética. Kant, em *Crítica da faculdade do juízo*, denominou a reação hedônica mais rasteira "agradável", ou aquilo "que apraz aos sentidos na sensação".[4] Não merecia crédito: ao esfomeado, tudo tem sabor mais ou menos bom. Além disso, era "juízo pessoal", o tipo de coisa ao qual nos referimos ao declarar "gosto não se discute". Kant estava atrás do peixe grande: a reação estética "desinteressada". Não só você *não* saberia dizer que era um Tuymans como nem sequer pensaria na obra em termos de estilo, de técnica. Não pensaria nela sequer como pintura. Deixaria apenas que suas faculdades corressem soltas perante a beleza inefável do objeto. O empirista David Hume, outro membro da equipe de pesos-pesados da luta livre no ringue da estética iluminista,* poderia rebater afirmando que não importava se alguém gosta de Tuymans — qualquer que fosse a razão, ela seria "inocente" —, pois esta seria apenas uma entre "milhares de opiniões". Ele tinha interesse em algum critério duradouro capaz de confirmar que Tuymans era algo além de mero prazer.

Kant e Hume estavam pensando em críticos ideais, não transeuntes atarefados em uma rua de Antuérpia, mais propensos a seguir a ordem do crítico de arte Clement Greenberg: "A arte é, em primeiro lugar e acima de tudo, uma questão de gostar ou não gostar — só isso".[5] O poder de gostar ou desgostar, ou o que os psicólogos chamam de "afeto", não deve ser subestimado: não só molda o que sentimos por algo como a arte, mas também influencia nossa forma de *enxergá-la*.[6]

Apesar de todas as falhas, o experimento Tuymans nos lembra que, por menos conscientes que sejamos disso, vivemos em um mundo "top-down", de cima para baixo: vemos o que esperamos ou queremos ver, em vez de reparar de baixo para cima, "bottom-up", nas coisas em si. Ou, nas palavras do neurocientista Eric Kandel, "vivemos em dois mundos ao mesmo tem-

---

* Muitos outros foram coadjuvantes nesse espetáculo de luta com a estética, obviamente, de Lord Shaftesbury a Edmund Burke, passando por Nietzsche. Mas as teorias de Kant e Hume obtiveram mais atenção subsequente.

po" — o bottom-up e o top-down —, "e nossa experiência visual contínua é um diálogo entre os dois".[7] Um estímulo bottom-up, como a pintura de Tuymans, pode nos "forçar" a percebê-la se for suficientemente grande, vívida ou nos parecer uma ameaça. O mais provável, no entanto, é que atraia nossa atenção por meio da percepção top-down: talvez estejamos saindo ou indo a uma exposição de Tuymans em um museu próximo e o artista, ou a arte em geral, esteja na nossa cabeça.

Como descreveu Lisa Feldman Barrett, que dirige o Laboratório Interdisciplinar de Ciências Afetivas da Northeastern University, por muito tempo o cérebro foi considerado um órgão predominantemente bottom-up. O roteiro era mais ou menos assim: neurônios ficam adormecidos no cérebro até despertarem com um estímulo externo (digamos, uma pintura de Tuymans vista por acaso). Em seguida, o cérebro percebe o estímulo, talvez avaliando sua relevância pessoal (parece com alguma coisa que já vi?), para decidir a reação emocional ou afetiva adequada (como me sinto a respeito disso?). O filósofo Karl Popper, sem qualquer benevolência, deu a isso o nome de "teoria da mente como balde":[8] o cérebro como recipiente vazio, esperando passivamente ser preenchido.

"Na verdade não é assim que funciona", declarou Barrett. "Não estou falando que o processo bottom-up não existe." Mas, via de regra, diz ela, o cérebro funciona como "modelo gerativo do mundo baseado na nossa experiência passada do mundo". Assim como sua conta no Instagram, o cérebro codifica todos os acontecimentos de sua vida — todas as caminhadas ao pôr do sol que você já deu, todas as pessoas que conheceu, todas as obras artísticas que já viu, e se "gostou" delas. Aliás, a lembrança do que sentimos por algo em geral é mais forte, paradoxalmente, do que a lembrança de tê-lo vivenciado.[9] "Amparado no contexto",

Barrett explicou, "o cérebro faz previsões sobre que estímulo esperar em determinada situação."

Seu sentimento por algo, ela elaborou, existe *antes* de você detectar o estímulo: você pode ver as obras de Tuymans e concluir que gosta delas, mas o mais provável é que você goste de Tuymans e depois resolva vê-las. "É parte do prognóstico", ela argumentou. "Ajuda a influenciar no que você presta atenção como estímulo." Caso esteja se sentindo bem (ou não) a respeito do mundo, o cérebro, ela explica, tenta completar a estrutura de coisas que você associa ao prazer (ou desprazer).

Um slogan pintado em um caminhão pelo artista Banksy evoca de modo habilidoso essa ideia: "Quanto mais rabugento você é, mais babacas encontra". Quando você gosta de arte contemporânea, seu cérebro é mais propenso a direcionar a atenção para objetos que parecem arte contemporânea, assim como, por exemplo, pessoas com fome são capazes de reconhecer mais rápido palavras relacionadas a comida.[10] O cérebro gosta de dissolver a aleatoriedade em uma estrutura reconhecível. E, para a grande maioria, uma rua movimentada da cidade é simplesmente barulhenta demais, fortuita demais, para a contemplação de arte, pelo menos *como* arte. Como observou o crítico Edwin Denby: "Faço distinção entre ver o cotidiano e ver arte".[11] Não que o ato de ver por si só seja funcionalmente diferente. "Mas ver arte", comentou Denby, "é ver um mundo ordenado e imaginário, subjetivo e concentrado." De acordo com o crítico, o fato de a arte não ser algo que se veja todos os dias, na rua, é o que a torna tão extraordinária.

É por isso que visitamos museus, não só para ver obras aceitas como arte, mas para de fato contemplá-las. Rituais, como observou a antropóloga Mary Douglas, são uma espécie de moldura, separando certa experiência da vida cotidiana. Museus, assim como molduras de quadros, chamam a atenção para o que há dentro deles e estabelecem onde a arte termina. Entramos para olhar objetos especiais, respirar "ares empíreos"[12] e sentir a demonstrável aura hedônica de peças artísticas autênticas. Porém, também os visitamos para olhá-los de formas especiais, livres das preocupações e restrições normais; museus já foram chamados de "um modo de ver",[13] talvez até um campo de treinamento para se olhar o mundo.

Pense na experiência, frequentemente narrada, de pessoas em exposições de arte moderna que confundiram uma parte do prédio com uma obra de arte (extintores de incêndio parecem ser os objetos mais comuns nesses relatos).[14] Volta e meia conta-se a piada de que, depois de artistas conceituais como Duchamp, Warhol e Koons, é complicado saber a diferença. Mas outro modo de ver a situação é pensar que nesse momento estamos tão preparados para o consumo visual de imagens que objetos que normalmente escapam ao nosso radar de repente são arrastados em direção ao nosso olhar voraz. Do mesmo modo que o Tuymans nos passa despercebido, de repente vemos um pedaço do prédio sob nova luz.

Mas o que realmente acontece quando olhamos quadros em um museu?

Há muitos relatos do que *deveria* acontecer. No clássico *Arte como experiência*, o filósofo John Dewey argumenta que, a fim de perceber, o "espectador", conforme denominou quem vê, "precisa *criar* sua própria experiência".[15] Em outras palavras, o espectador tem de abordar de algum modo, com o mesmo rigor, o processo por meio do qual o artista criou a obra — como foi feita, qual era a intenção, que decisões foram tomadas. O espectador "preguiçoso, inativo ou embotado [demais] por convenções para executar esse trabalho", Dewey ralhou, "não vê nem ouve".

Há histórias de episódios heroicos de contemplação que resultaram em momentos de arrebatamento. "Fiquei parado como uma estátua durante um quarto de hora, ou meia hora, não sei precisar", escreveu Thomas Jefferson depois de ver a obra-prima de Drouais, *Marius prisionnier à Minturnes*, no Louvre.[16] "Perdi qualquer noção de tempo, até mesmo a consciência de que existo" (hoje, talvez só quem passa horas e horas nas enormes filas para entrar no Louvre possa relatar tal dissociação temporal). O filósofo Richard Wollheim divulgou ter ficado até *duas horas* diante das pinturas. "Concluí que em geral eu passava a primeira hora, mais ou menos, em frente ao quadro para que conexões a esmo ou erros de percepção motivados se aplacassem", ele observou em *A pintura como arte*.[17] "Só então, com a mesma quantidade de tempo ou mais para despender observando-a, é possível crer que a imagem se mostrará como é."

Ninguém sabe ao certo quanto tempo levamos para "apreciar" um quadro ou o que isso sequer significa.[18] Afora esses atos de resistência estética, como a maioria das pessoas se comporta quando está no museu? A verdade é que são presas fugidias. "O visitante ocasional é, de modo geral, um enigma", ressaltou um relatório de 1928.[19] Anos depois, após décadas de "estudos sobre visitantes", um museólogo pesquisador lamentou: "A verdade é que não temos uma boa noção de quem são nossos visitantes, não para além do básico".[20] O que estavam *fazendo* era um enigma maior ainda.

Uma coisa sabida é que eles não passam muito tempo olhando as pinturas. Quando Jeffrey Smith, que durante anos dirigiu o Departamento de Pesquisa e Avaliação do Metropolitan Museum of Art de Nova York, analisou o tempo de observação dos visitantes do Met abarcando uma variedade de pinturas — entre elas, *Aristóteles contemplando o busto de Homero*, de Rembrandt, e *Washington cruzando o rio Delaware*, de Leutze —, descobriu que o tempo médio de observação de cada quadro era de dezessete segundos.

O que deduzir? Vivemos uma época de atenção reduzida ou trata-se de um indício de que as pessoas são incapazes de ser parte do olhar profundo tão estimado por Dewey e outros? Algumas advertências. Primeiro, esse é um número *médio*, o que significa que certas contemplações são bem mais longas (a média é de 27 segundos). Em um estudo menos científico conduzido pelo crítico de arte Philip Hensher no Tate Britain, por exemplo, visitantes davam olhadelas de cinco segundos para obras contemporâneas de artistas como Tracey Emin, mas passavam alguns minutos diante das obras de Turner e Constable.[21]

A segunda questão é a dimensão de um museu como o Met. Você já percebeu como ver arte em museus parece causar uma espécie de cansaço agudo, maior do que se teria em outras atividades que combinam andar e olhar? No início do século XX, pesquisadores identificaram, com certo alarmismo, uma condição que denominaram "fadiga de museu". Parte do problema estava na ergonomia sofrível desses ambientes. Um relatório de 1916 publicado na *Scientific Monthly* mostra um cavalheiro bigodudo, muito elegante (descrito como "um homem inteligente, com vista boa"),[22] participando de um decatlo estético: se curvava para olhar dentro de caixas, se agachava para alcançar as legendas das esculturas, se esticava para olhar quadros que ocupavam a parede de alto a baixo ao velho "estilo dos salões". Claro que agora o "estilo dos salões" só é referenciado em pinturas históricas: os museus, ao longo do século XX, reconhecendo a crise ergonômica, se tornaram mais minimalistas em suas exposições — à exceção do texto nas paredes, outrora raros, mas hoje prósperos, em especial quando a arte precisa de muitas explicações. Enquanto se tornam mais esparsos, os museus continuam crescendo: as paredes ficam mais vazias, porém são mais numerosas.

A fadiga não é apenas física, mas também cognitiva. Podemos comparar a observação da arte ao ato de fazer compras: de modo geral não paramos para ver cada peça de roupa de uma loja, ler a etiqueta para saber de onde veio e como foi fabricada, nem nos perguntamos o que está tentando "dizer", o que passou pela cabeça do estilista, ou por que não vemos o detalhe de um artigo no qual a pessoa ao lado parece se concentrar etc. Você basicamente avalia se cairia bem e segue em frente. A intensidade do estímulo sensorial que absorvemos em museus de arte ajuda a explicar por que tendemos a superestimar o tempo que de fato passamos dentro deles.[23]

Além disso, as condições dos museus contemporâneos podem tornar a contemplação prolongada quase impossível. Observar arte em multidões, afinal, é uma ideia meio estranha: você gostaria de ler um livro com seis pessoas olhando por cima do seu ombro? Gostaria de assistir a um filme enquanto alguém às suas costas não para de fazer comentários como "Parece o cachorro do tio Joe"? Tampouco sabemos se o modelo "passar andando junto a obras de arte"[24] é a melhor forma de consumo de arte: será que, conforme questionou o crítico de museus Kenneth Hudson, via de regra não absorvemos melhor as coisas quando estamos sentados? Talvez como resquício das teorias estéticas austeras do século XIX, a observação de arte tenha sido equiparada a um exercício quase penitente, um ato rigoroso de autocontemplação em repulsivas salas de concreto. Alguns con-

176

sultores de museus dizem que o melhor jeito de aumentar o apreço dos visitantes por arte é simples: mais café e cadeiras.[25]

Pesquisadores logo identificaram um padrão nítido: quanto mais quadros um museu abrigava, menos tempo os visitantes passavam olhando-os. Os museus mais amplos diminuíam as chances de que uma pintura fosse vista. "Segundo as médias", um estudo de 1928 feito por Edward S. Robinson, professor de psicologia da Universidade Yale, revelou que "uma dada imagem tem cerca de uma chance em vinte de ser contemplada por um dado visitante das coleções mais numerosas; já a mesma imagem, na mais eficaz das coleções pequenas, tem aproximadamente uma chance em três de ser observada".[26] Talvez Tuymans ficasse aliviado: mesmo *dentro* de museus, pinturas passam despercebidas.

Portanto, quem visita o Met ou qualquer outro museu grandioso é um explorador das profundezas do mar: tenta ver o máximo que pode antes de o oxigênio se esgotar.[27] No Met, pelo menos para quem o visita apenas uma vez, não há dúvida de que ninguém seleciona uma obra a ser contemplada por duas horas, segundo Wollheim. O ímpeto é de ver o máximo possível de grande arte, por isso a sensação torturante de olhar uma pintura em um corredor e já se ver atraído para o público aglomerado em frente ao *Retrato de uma jovem* de Vermeer. Pesquisas sugerem que ao olharmos uma obra já nos "envolvemos" com a próxima.[28] As pessoas podem ver mais em grandes museus, mas é quase indiscutível que enxergam mais em museus pequenos.[29]

De acordo com o museólogo pesquisador Stephen Bitgood, tudo o que fazemos no museu é guiado pelo ímpeto de maximização utilitária: fazer valer o dinheiro gasto. No instante em que entramos em uma galeria, via de regra viramos à direita porque já estávamos andando desse lado e precisamos dar menos passos para chegar ao objeto de arte mais próximo.* Além disso, os visitantes não se dispõem a voltar atrás em exposições para revisitar salas pelas quais já passaram (alguns estudos revelaram que, se por acaso errarem a direção no começo da exposição, olharão menos quadros, em pânico para achar o caminho certo).

O lugar onde os quadros são pendurados pode ser mais relevante do que sua qualidade intrínseca para chamar a atenção do visitante. Em um experimento feito em um museu suíço, quando mudaram uma pintura de lugar, do meio da sala para o canto, o número de vezes que ela foi "visitada" durante o teste caiu de 207 para dezessete.[30] As pessoas não gostam de ler textos grandes nas paredes: quando um texto de 150 palavras foi dividido em três "blocos" de cinquenta palavras, obteve o dobro de leitores (e quanto mais perto o texto fica do objeto, melhor).

Curiosamente, outros estudos mostram que o tempo médio de contemplação é parecido, lendo-se ou não as legendas, como se houvesse um orçamento interno destinado a cada obra.[31] Mesmo quando estão em grupo,[32] as pessoas tendem a olhar os quadros sozinhas, como que para maximizar a atenção: quanto mais tempo passam conversando durante a visita a um museu, menos tempo passam olhando a arte e menos se comovem com ela.[33] Apresentações de vídeos em museus recebem poucas visitas, declara Bitgood, porque é difícil saber antes o que se vai tirar delas — sobretudo quando há alternativas "de custo mais

---

* Depende, é claro, de em qual lado você estava andando antes de entrar na galeria: no Reino Unido, as pessoas andam mais do lado esquerdo, portanto viram mais à esquerda ao entrar.

baixo" nas redondezas. "Não pague entradas polpudas", aconselha um pesquisador da área.[34]

Quando nos deparamos com o depósito de tesouros visuais representado pelo Met, ou qualquer outro museu grandioso, dezessete segundos talvez pareça uma média razoável de tempo. E quando comecei a pesquisar o que de fato acontece quando paramos para observar, tive a impressão de que provavelmente poderíamos gastar bem *menos* tempo.

Um dia, no Met, encontrei com Paul Locher, professor de psicologia da Montclair State University que mostrou a seus voluntários, por meio de um aparelho chamado taquistoscópio, imagens de pinturas em lampejos de cinquenta milissegundos.[35] O "mascaramento" ocorre em seguida para garantir que a pós-imagem não permaneça muito tempo no olho. Nessa velocidade, observa Locher, pinturas "acontecem" na retina de forma pré-cognitiva. Antes de sequer nos darmos conta, essa reação "essencial" nos disse bastante sobre a pintura (apesar do fato de que na verdade vimos, em termos de porcentagem, muito pouco do quadro em si).

Em cinquenta ou cem milissegundos observando uma obra artística, digamos, o *Retrato de uma jovem* de Vermeer, sabemos quais cores vemos, se a imagem é de uma mulher ou um homem e sua configuração geral (por exemplo, se é simétrica). Como é de uma pessoa, nossos olhos são atraídos, basicamente por instinto, assim como na vida, pelo rosto da moça[36] (em pinturas de paisagens, nossos olhos vagueiam livremente).[37] A julgar pelo rastreamento ocular, boa parte de nossa observação é feita no centro da imagem.[38] "Nunca olhamos para os cantos", Locher me contou. "Parece que os artistas sabiam que a visão fóvea é muito limitada e botavam as coisas importantes no meio da composição." Quanto à moldura, embora possa, conforme declarou o filósofo José Ortega y Gasset, "converter em imagem o que estiver visível dentro dela", não a notamos.[39]

Enquanto a pessoa olha a imagem, um "processo duplo" entra em ação, uma espécie de conversa entre nossos órgãos sensoriais bottom-up e o maquinário cognitivo top-down, passando do mero reconhecimento do objeto a aspectos como estilo artístico ou significados semânticos. Dá para imaginar o diálogo: *Bottom: Olha só! Os olhos, o nariz, a boca... Top: Hmmm... parece ser mulher. Mas não é de verdade: é o retrato de uma jovem. Bottom: Ei, essas cores também são uma beleza! Top: Talvez seja de um holandês.* (Corre até a sala de memória.) *Deve ser daquele tal de Vermeer. Por que você não dá uma olhada na qualidade da luz? Bottom: Eu já volto!*

É claro, quanto mais desenvolvido o "top", melhor será o "bottom" e mais elaborada a conversa entre os dois. Dizem que especialistas em arte têm "olho bom". Na verdade, têm cérebro bom. Não é tanto por repararem em coisas que os outros não percebem e mais por saberem o que olhar; aliás, estudos volta e meia demonstram como a trajetória dos olhos dos especialistas difere da dos novatos.[40]

Uma das informações mais importantes que coletamos naquele primeiro lampejo de cinquenta milissegundos é se gostamos ou não da imagem. "A avaliação do valor estético de uma imagem", argumentou o psicólogo Hans Eysenck, "talvez seja tão instantânea quanto a percepção da imagem em si."[41] Em um estudo de Locher,[42] quando o pesquisador perguntou aos voluntários, depois da segunda exposição de cem milissegundos a uma pintura, até que ponto achavam que era "agradável", em termos gerais os resultados foram similares ao agrado que sentiram após quase trinta segundos de "exploração" (no entanto, quanto mais tempo tinham para observar, mais gostavam da imagem). "Olhando as pessoas numa galeria", Locher comentou, "dá para perceber que sabem logo no que não querem perder tempo."

Nessas velocidades, as pessoas não necessariamente questionam *por que* gostam ou desgostam de alguma coisa. Ainda estão no que a arte-educadora Abigail Housen chama de "primeira etapa" do processamento estético: simplesmente examinam os detalhes básicos e tecem um juízo de gosto (em grande medida baseado no que já sabem). Chegar à segunda etapa, começar a pensar em *formas* de observar, ela afirma, requer uma pergunta como "O que você viu que o levou a pensar assim?".[43] Para isso é necessário olhar de novo.

Mas em geral, ela diz, não passamos da segunda etapa rumo ao terceiro e quarto olhares. É nesse momento que a pintura se torna uma "velha amiga",[44] que começamos a perceber que o antes agradável talvez não seja o que no fundo nos cativa. Não deve ser nenhuma surpresa que o pintor Brueghel tenha se saído mal no estudo de Locher: na superfície, sua obra não é "agradável", para ecoar Kant. As figuras são muitas vezes grotescas, as cores terrosas e com um toque ocre. Como ressaltam diversos historiadores da arte, é difícil até saber qual é o centro focal de seus quadros.[45]

Mas a questão é que não raro sabemos que gostamos (ou desgostamos) de algo antes de saber o *que* é. O psicólogo Robert Zajonc defende que nossos sentimentos por algo, em vez de seguirem as pegadas da cognição — isto é, "antes de poder gostar, preciso ter certo conhecimento sobre a coisa" —, acompanham e talvez até *precedam* seu conhecimento. "Para a maioria das decisões", declara Zajonc, "é extremamente difícil demonstrar que houve *algum* processo cognitivo anterior."[46] Como ele pode ter havido, por exemplo, nas avaliações de quadros após cem milissegundos? O afeto, sugeriu Zajonc, é como um sistema de alarme potente, primitivo, independente. "O coelho", afirma ele, "não pode parar e contemplar o tamanho das presas da cobra ou a geometria de suas escamas." Ele tem de saber o que acha da cobra antes de ter plena consciência de que se trata de uma cobra. E assim rejeitamos coisas antes de dar uma segunda olhada.

Como a reação parece válida, afirma Zajonc, é complicado contrariá-la. Sem dúvida, existe algum valor em confiarmos no instinto para decidir o que achamos de uma obra de arte. Críticos de arte agem assim o tempo todo. O instinto nos ajuda a filtrar o mundo, e o que é o gosto, na verdade, senão uma espécie de mecanismo cognitivo feito para gerenciar a sobrecarga sensorial? Mas temos razões para sermos cautelosos. Talvez nem sempre esses instintos sejam interpretados da forma certa.

Podemos desconhecer nosso próprio gosto. Você já trouxe algum objeto de uma viagem — uma garrafa de vinho italiano, uma obra de arte balinesa — que parecia fantástico da primeira vez que botou os olhos nele na Itália ou em Bali, mas que não lhe causa mais nenhuma empolgação? Talvez você tenha gostado *mesmo* é de sua estadia na Itália ou em Bali. "Como juízos afetivos são inescapáveis", observou Zajonc, "não podem ser focados com a mesma facilidade que os processos perceptivo e cognitivo." São mais volúveis a influências, menos controláveis. Nosso gosto por algo é afetado não só porque alguém está olhando algo, mas por *como* olham. Ficamos mais dispostos a gostar de um quadro de Vermeer ao ver alguém sorrir diante dele do que ao lhe franzir o cenho.[47] Até um olhar esquisito do segurança implacável pode nos desconcertar.[48]

182

Mudar de ideia — ou, para ser exato, de sentimento — requer esforço. "O afeto muitas vezes persiste após a total invalidação de sua base cognitiva original", observou Zajonc.[49] Outro problema é que o cérebro, sendo um motor de casamento de padrões, é menos propenso a reagir de modo positivo a coisas com que nunca havia se deparado. Conforme brincou o crítico Clement Greenberg, "toda arte original é feia à primeira vista".[50] Não podemos sequer ver aquilo de que não gostamos. "Acho que, no que tange à arte, você precisa se dar uma chance", defende a historiadora da arte Linda Nochlin.[51] "Não creio que aquilo que você ama à primeira vista é sempre o que vai amar à segunda, terceira, quarta ou quinta." O poder de "captar" rapidamente a essência de uma pintura nos causa a ilusão de que já vimos tudo.[52] Já o crítico de arte Kenneth Clark declara-se capaz de perceber um quadro digno de nota em uma vitrine de dentro de um ônibus a cinquenta quilômetros por hora — e então descer do ônibus, voltar e "perceber minha primeira impressão traída pela falta de talento ou curiosidade na execução".[53]

Mas de que maneira a forma como as pessoas olham a arte em museus influencia seu gosto? O estudo de um museu revelou que os visitantes diziam perambular até algo lhes chamar a atenção.[54] Parece uma boa estratégia: para que gastar tempo com coisas de que não gostamos? Mas o que nos chama a atenção pode ter pouco a ver com o que realmente desejamos contemplar: aquela primeira olhadela involuntária pode ter sido provocada porque a pintura é grande, muito gritante ou fica bem no meio da parede, onde os curadores gostam de pendurar quadros "importantes" e para onde tendemos a olhar. O que chama a sua atenção também pode ser o que você já planejava ver.

Essas influências top-down são como legendas de quadros (que, como mostram as pesquisas, influenciam para que ponto do quadro os observadores leigos olham).[55] No magnífico filme *Horas de museu*, cujo cenário é o Kunsthistorisches Museum em Viena, um guia conduz um grupo por uma coleção espetacular de obras de Brueghel. Parando diante da *Conversão de S. Paulo*, o guia observa como é difícil localizar o foco da pintura (como já mencionei ao falar sobre o quadro de Ícaro, o efeito não é incomum em Brueghel). Seria a figura de Paulo? Sim, um dos visitantes insiste: veja só o nome da pintura. Mas então por que ele mal aparece, está no chão depois de cair do cavalo? Por que uma "bunda de cavalo" é muito mais proeminente? O guia sugere, não sem suscitar polêmica, que o foco do quadro está em um menino, "um soldado jovem demais para qualquer guerra", o capacete caindo sobre o rosto, escondido debaixo de uma "linda árvore". É apenas a minha interpretação, avisa o guia. Mas agora que me chamaram a atenção para o intrigante menino, antes invisível, ele é uma das primeiras coisas que procuro ao ver o quadro. Será que eu teria reparado nele se não fosse assim?

No tocante à arte, observa o crítico Philip Hensher, ao contrário do que ocorre no teatro ou nos concertos, é você, no papel de espectador, que "resolve quanto tempo vai lhe dar".[56] O tempo de observação, ele sugere, é "um bom indicador do interesse que tem". Porém é um indicador falho. Você pode adorar uma obra mas se sentir pressionado a seguir em frente porque tem muita coisa para ver. É possível que certas obras despertassem seu interesse se você soubesse delas. Aquela pintura abstrata de De Kooning[57] — você sabia que ele usou tintas comuns, de parede, para fazê-la, pois estava sem grana? Ficamos enredados no ciclo das opiniões: gastamos tempo com um quadro para tentar entendê-lo, mas o tempo que passamos diante dele é *baseado* no quanto o entendemos.[58]

Não há dúvida de que certas obras pedem um pouco de interpretação. "Não sabemos o que significa", escreve Robert Hughes sobre *O cão* de Goya, com sua cabeça canina desconsolada examinando a incógnita, "mas seu *páthos* nos leva a um nível abaixo da narrativa".* Por outro lado, há aspectos que ninguém nunca verá — ou sentirá — em um quadro. Em outro canto do Prado, *As meninas* de Velázquez perdeu o sentido que devia ter quando ocupava o gabinete particular de Filipe IV.[59] O historiador de arte Michael Baxandall fala do "olhar da época", jeitos de observar que nós perdemos; mesmo depois de saber, por exemplo, que o azul-ultramarino usado em certas pinturas italianas do século XV era caríssimo, somos incapazes de olhá-lo com a sofreguidão do século XV, de sentir seu "caráter exótico e perigoso".[60]

Podemos não reparar em certos traços mesmo quando acreditamos prestar atenção: em um estudo com visitantes do Whitney Museum,[61] aqueles que ouviam o áudio tour do museu tendiam a passar mais tempo diante dos quadros, porém, mais tarde, ao serem questionados sobre as obras *não* inclusas no texto do áudio, se saíam pior do que os visitantes que tinham apenas olhado os quadros. Qualquer um que pense ter "entendido o recado", ter visto do que gosta e do que não gosta, pode se enredar em um círculo vicioso: não olha de jeitos que trariam "recompensas", que estimulariam uma atenção maior, que em si traria mais coisas para ver e portanto mais recompensas.

Nessas mesmas pesquisas, a ideia de uma reação emotiva à arte se impõe. As pessoas *querem* se comover; querem sentir uma espécie de síndrome de Stendhal — ser levadas ao êxtase através do puro júbilo estético. Parecem suspeitar de reações mais "intelectuais", do mergulho aprofundado no motivo do

---

* O curioso é que a procedência dessa obra foi posta em dúvida recentemente, fato que suscita um jogo de palavras filosófico interessante: será que o prazer do inautêntico pode ser considerado um prazer autêntico?

apreço. Isso tudo vai ao encontro das teorias de Zajonc. Por mais instintivas que sejam as emoções, é complicado falar delas. Talvez, ele sugeriu, isso ocorra porque seres humanos, antes de haver a linguagem, tinham maneiras eficazes de expressar emoções de forma não verbal (seu rosto revela a aversão pela comida antes das palavras). Buscamos termos inexatos como "legal" ou "incrível" ou até "lindo".

O filósofo Ludwig Wittgenstein, que se incomodava especificamente com a palavra "adorável" — "muitas pessoas, é claro, que não conseguem se expressar adequadamente usam essa palavra com bastante frequência"[62] —, pensou nisso ao sugerir que carinhas ao estilo dos emoticons (do tipo que muitas décadas depois povoariam as mídias sociais) seriam mais expressivas de nossas reações estéticas do que os adjetivos. "Mesmo ao contemplar imagens muitíssimo celebradas e adoradas", observa Alain de Botton, "estamos sujeitos a sentir a dor de nos vermos silenciados pela questão básica do porquê gostamos delas."[63]

Daí as angústias da arte: não só não tenho certeza se gosto (ou deveria gostar) de uma obra, mas não sei explicar o porquê.[64] (Já se sugeriu que talvez a força motriz do nosso gosto seja a facilidade de verbalizarmos os aspectos do quadro dos quais gostamos ou desgostamos.) Pergunto-me se a hostilidade inerente que tantas pessoas nutrem em relação aos críticos se deve menos à ideia de lhes dizerem do que deveriam gostar e mais à frustração de conseguirem ser tão eloquentes ao dizer por que gostam de algo.

Mas seria um engano supor, como certas pessoas parecem fazer, que a reflexão sobre a arte de algum modo entra em conflito com a reação emotiva a ela. "O sentimento não é livre do pensamento", escreveu Zajonc, "tampouco o pensamento é livre de sentimento." Como me disse um consultor de museus,[65] parte da decepção que as pessoas sentiam no Tate Britain, ao vagar das coleções de quadros históricos para as salas de arte contemporânea, era causada pelo fato de virem de exposições repletas não apenas de arte, mas também de interpretações e histórias sobre essa arte, e então se virem mergulhadas em salas enxutas de arte enxuta com formas enxutas de pensar sobre ela. "Elas ficavam com raiva — todos aqueles comentários clássicos, 'meu filho de quatro anos faz isso'. Era porque eram abandonadas à queda livre. Não havia ninguém para segurar sua mão, faltava contexto."

Jeffrey Smith conta que um dia ouviu o curador do Met falar com entusiasmo sobre um quadro recém-adquirido de Delacroix. A obra, agora exposta na galeria 801, é um retrato de Félicité Longrois. Smith descobriu que ela era próxima de Delacroix, uma figura materna do artista e, muito tempo antes, amante de Napoleão por um breve período. De repente, armado dessas informações, nas palavras de Smith, ele percebeu que a "bela pintura de uma senhora" captou sua atenção de um jeito diferente. Precisou "olhar com mais atenção". Quem era aquela mulher que tanto comovera Delacroix (a morte dela, ele disse por escrito a George Sand, era o augúrio da perda de "um mundo inteiro de emoções que nenhuma outra relação será capaz de reviver")? Qual aspecto do quadro poderia revelar a profundeza do olhar do pintor? A pintura não havia sofrido nenhuma mudança e no entanto já não era mais a mesma obra, tampouco era a mesma a pessoa diante dela. Quanto mais aprendia sobre a obra, mais tocado Smith ficava. Ela não apenas cativava seu olhar quando antes isso não aconteceria, mas também, em certa medida, cativava seu coração. Porém primeiro a pintura teve de entrar em sua cabeça.

Observando o cérebro observar arte

Mas como a arte nos atinge, se aloja em nossos cérebros, nos transforma? O que nos acontece quando "reagimos" à arte? Ela é diferente, biológica ou neurologicamente, da reação a um ótimo prato? E se nossa propensão a notar e mais ainda se comover com a arte é tão tênue, surge uma questão: em meio ao turbilhão de impressões da galeria (ou da vida cotidiana), existem coisas às quais somos atraídos *instintivamente*?

Uma tarde, me vi na sede de uma empresa chamada Neuro-Focus, de frente para uma praça com rampas de skate em Berkeley, na Califórnia. Estava assistindo a um vídeo promocional da série *Planeta Terra*, do Discovery Channel, em um monitor de tela plana. As imagens eram exuberantes (um cogumelo se revelando ao mundo em time-lapse), impressionantes (sequência subaquática de elefantes nadando) e violentas (a zebra visada por uma chita no momento do ataque). Acompanhada de uma trilha emocionante, que aumentava de modo triunfal com a imagem de um tubarão saltador, a série me pareceu épica e sublime. Porém levantou uma questão: o tubarão pode ter saltado, mas o ato ficou registrado no meu cérebro?

"É uma surpresa, mas você é das poucas pessoas cuja atenção não é despertada pelo tubarão", me diria depois Andrew Pohlmann, diretor de marketing da empresa. Estávamos debruçados sobre um rolo de papel com linhas finas e trêmulas, todas elas relacionadas à vibração da atividade eletrofisiológica do cérebro, segundo medição feita pela colmeia de sensores de EEG que salpicavam minha cabeça, embrulhados em uma touca ao estilo daquelas usadas por funcionários de cafeterias. O creme para pentear dava a condutividade necessária ao eletroencefalograma.

"São 64 sensores", explicou A. K. Pradeep, diretor executivo da empresa. "Cada sensor mede o cérebro 2 mil vezes por segundo — são 128 mil pontos de referência por segundo." O gráfico descrito como "EX02" gerou um dos maiores picos. "É uma piscadela", acrescentou Robert Knight, diretor do Instituto de Neurociência Helen Wills na Universidade da Califórnia em Berkeley e consultor científico da NeuroFocus. "É um grande artefato. Quando seus olhos se voltam para cima, causam uma latência elétrica no cérebro."

Deixando de lado tais "artefatos", o que a NeuroFocus, subsidiária da gigante dos índices de audiência Nielsen, procurava nos picos denteados do gráfico do EEG era um presságio do envolvimento. Ela queria saber não somente se eu não olhava impassível as imagens na tela plana como, segundo indicavam as torrentes de atividade elétrica, que eu havia notado, lembrado e talvez até me comovido com o que vira.

Faz muito tempo que esse é o santo graal da propaganda. No final do século XIX, Harlow Gale, professor de "psicologia fisiológica" da Universidade de Minnesota, se propôs a estudar o que chamava de "problema da atenção involuntária". Referia-se à propaganda.

Em um teste simples, porém astuto, Gale pediu aos participantes que se sentassem à mesa em uma sala escura e soltou lampejos rápidos de luz elétrica sobre uma coleção de páginas de revistas grudadas à parede, todas contendo combinações diferentes de palavras e imagens de marcas. Em seguida, pediu que recordassem o que haviam acabado de ver. Seu interesse não era só pelo que tinham visto, mas "as consequências conscientes, bem como inconscientes da propaganda". Ele descobriu que "o lado esquerdo da página tinha uma nítida vantagem" segundo o padrão de leitura. Ou que, sobre um fundo branco, letras pretas captavam mais a atenção masculina, enquanto as mulheres eram atraídas por fontes vermelhas. O jovem campo da psicologia encontrava a disciplina emergente da publicidade.

Gale desejava saber não somente quais propagandas as pessoas olhavam, mas por que reagiam mais a umas do que a outras. Acabou com a impressão duradoura que nos remete à questão de nosso gosto por arte: "Muitas pessoas raciocinam inconscientemente, e quando tentam não conseguem explicar o verdadeiro motivo".[66]

Em 1871, a população da cidade de Dresden foi em massa à exposição de pinturas de Hans Holbein, o Jovem. Além do apreço pelo velho mestre, as pessoas eram levadas pelo que o *Art-Journal* de Londres chamou de "uma das polêmicas da arte mais interessantes de que se pode lembrar".[67] No centro da exposição havia duas versões da obra considerada pela ampla maioria o grande feito do artista: *A Virgem do burgomestre Meyer*. O problema era que ninguém sabia qual era autêntica: a versão "Dresden" ou a versão "Darmstadt". Durante anos, historiadores e críticos de arte vinham investigando a origem e examinando as pinceladas, e surgia o surpreendente consenso de que a pintura de Darmstadt — havia muito tempo considerada falsa — era a autêntica. "Sem dúvida, se comparada à do rival", disse o *New York Times* a respeito da *Virgem de Darmstadt*, "a execução tem uma uniformidade e harmonia singulares."[68]

Quem entrou na rixa foi Gustav Fechner, ex-professor de física que foi pioneiro no estudo de "psicofísica" — a ciência de tentar quantificar o quanto percebemos as coisas. A influência distante de Fechner é sentida ainda hoje em qualquer teste com consumidores. Sob os auspícios do estudo sobre a autenticidade do quadro, Fechner distribuiu questionários a mais de 11 mil visitantes da exposição de Holbein. O que de fato queria saber, ao sondar seus pensamentos sobre qual obra constituía o mais belo retrato da Virgem, era qual eles *preferiam*.

O estudo foi meio desastroso: quase ninguém respondeu.[69] Quem respondeu declarou ter gostado mais da versão de Darmstadt.* Isso surpreendeu Fechner, que imaginava que os visitantes achariam menos agradável a pintura mais escura e de aspecto mais envelhecido; talvez, supôs, eles tivessem simplesmente equiparado a "aparência antiga"[70] com a obra mais autêntica e portanto mais querida. Mais tarde, psicólogos se queixaram da metodologia. Vai saber que fatores desconcertantes não fizeram balançar as opiniões dos visitantes (muitos artigos na imprensa, por exemplo, pendiam para o lado da versão de Darmstadt)?

Como ideia, no entanto, o estudo de Fechner era de uma originalidade incrível: pôr duas obras de arte, quase idênticas, lado a lado, e perguntar a pessoas normais o que achavam. O trabalho de Fechner, conhecido pelo nome de "estética experimental", tentava desvendar, usando termos científicos, as preferências estéticas das pessoas "de baixo".[71]

Ele não queria saber do que a filosofia da estética do século XIX supunha que as mentes cultas deveriam gostar, mas do que as pessoas gostavam de verdade quando lhes apresentavam coisas em situações controladas. Fechner não ignorava a ideia de que podemos gostar de arte por motivos sociais. "Todo mundo sabe que precisa gostar de Rafael, Michelangelo, Ticiano, Albrecht Dürer e pinturas de gênero holandesas", ele escreveu.[72] Mas

---

* A versão de Darmstadt se tornou amplamente aceita como a obra verdadeira, portanto a sabedoria estética do povo ganha pontos. Ela foi comprada no começo de 2014 por 70 milhões de dólares.

o que acontecia quando as pessoas paravam diante de quadros de artistas novos ou desconhecidos?

Ele levou tudo isso até o nível mais básico de estímulos, inquirindo os voluntários com baterias de figuras geométricas, saindo-se com o famoso "retângulo áureo" — com aquela proporção exata de largura e comprimento que parecia agradar o senso estético da maioria das pessoas. Pensava no gosto: havia algum aspecto inerente a esse retângulo (ou às pessoas, segundo Hume) que o tornava superior a outros retângulos. Mas até que ponto seu cálculo era correto? Críticos observaram que na verdade os estudos de Fechner demonstravam que a predileção no tocante a retângulos era bastante abrangente.[73] E como saber se os participantes não escolhem retângulos parecidos com os retângulos que costumam ver?[74] Talvez a preferência seja apenas tradição. Quem seria capaz de notar a diferença?

Após Fechner, muitos fizeram objeções à ideia de reduzir a complexidade contida na reação das pessoas à arte a uma única variável (beleza, prazer e assim por diante) em uma escala móvel.[75] Mas o advento da neurociência moderna gerou uma nova promessa — será que o estudo do cérebro poderia ajudar a explicar nossas reações à arte? —, bem como versões revisadas de uma crítica antiga: como nossa reação à arte pode ser reduzida a um sinal elétrico?

Com essa questão persistente na cabeça — o que nossa atividade neural pode nos dizer sobre nossos sentimentos pela arte que não seríamos capazes de perceber sozinhos — fui ao encontro de Semir Zeki, professor de neurociência da University College London a quem a cunhagem do termo "neuroestética" é atribuída. Como sugere a palavra, trata-se de estética empírica atualizada para a época das imagens por ressonância magnética funcional, uma busca das "leis neurais" subjacentes a nossas experiências estéticas. Zeki argumenta,[76] não sem causar controvérsia, que artistas *são* neurocientistas que "exploram o potencial e as habilidades"[77] do cérebro, às vezes prenunciando de modo quase sobrenatural em suas obras o que parece estimular o "cérebro visual", conforme Zeki o chama.

Mondrian, por exemplo, pode ativar, como Zeki sugere no livro *Inner Vision* [Visão interna], células neuronais com preferência pela direção das linhas que pintou.[78] O gosto por Mondrian seria uma predileção que nossas *células* observadoras de arte cultivam? Será que, como um cachorro ávido, não esboçariam reação a *qualquer* conjunto de linhas do mundo? Se *não* temos muito interesse em Mondrian, o problema está nas células que orientam as linhas? Temos como ensiná-las a apreciar o que Mondrian fazia? Não é algo impensável: quando as pessoas recebem pulsos de estimulação transcraniana por corrente contínua no córtex pré-frontal dorsolateral esquerdo, gostam mais das imagens que veem.[79]

Quando entro no escritório de Zeki — cheio de canecas e outras parafernálias de Mondrian —, me deparo não com um ideólogo racionalista desvairado empenhado em desnudar o prazer e o mistério dos encontros artísticos, mas com um homem elegante com brilho nos olhos, alguém com interesse fervoroso pelo funcionamento da mente humana, um amor à arte quase tão intenso e o que parece ser um desejo completamente sensato de ver como essas coisas se relacionam. "Dizem que a neurociência jamais vai explicar a beleza e a arte", ele declarou. "Em primeiro lugar, nunca confundimos beleza com arte. Em segundo, não procuramos explicar nem a beleza nem a arte. O conhecimento mais detalhado do cérebro não aperfeiçoaria as sinfonias de Beethoven." Imaginei estar ouvindo ecos defensivos de menosprezos passados, estar ouvindo alguém que escutara educadamente de colegas da neurociência que a arte estava aquém dele e de artistas que a arte estava além da compreensão da neurociência.

O que acontece no cérebro de uma pessoa normal ao olhar uma pintura? Se a reação tem algo a ver com o porquê de ser considerada arte, parece grosseiro, até mesmo anticientífico, não ver esse dado como parte do apreço pela obra. Pense em Francis Bacon, com seus retratos de rostos notoriamente deformados. "Ninguém descreve os quadros de Francis Bacon como belos", Zeki explicou. "Podem lhes atribuir um monte de qualidades, qualidades pictóricas, e imputar-lhes uma verdade brutal e por aí vai, mas ninguém diz que são belos. Chamam de uma câmara de horrores." Parte da razão, Zeki pondera, talvez esteja na reação instintiva do cérebro a rostos muito desfigurados. São poucas as coisas a que o cérebro responde tão rápido quanto a rostos humanos, em especial os que acha atraentes. Semanas depois de sair do útero, os bebês já votam com os olhos, fitando por mais tempo rostos visualmente agradáveis. Parecemos ser capazes até de julgar a atratividade de um rosto antes de reconhecê-lo *como* rosto (talvez seja *tão* instintivo que o simples fato de pensar nisso, como pesquisas revelam, já diminui o prazer).[80] Quando as pessoas observam retratos pintados, o gosto pelas pinturas se correlaciona com a atratividade que percebem nos retratados.[81]

No decorrer do tempo e de múltiplas exposições, infelizmente, o entusiasmo hedônico de olhar um rosto cativante começa a minguar, pelo menos como sinal neural. Mas existe um registro facial, Zeki me contou, diante do qual a reação cerebral nunca cessa: a desfiguração severa. "Caso você exponha os participantes a imagens de rostos desfigurados e a imagens de objetos desfigurados, eles logo se acostumam com os objetos. A atividade do córtex frontal some", declarou Zeki. "Isso nunca acontece com rostos desfigurados. Você nunca se habitua a um rosto desfigurado." Portanto, o "impacto visual"[82] de Bacon, como o artista o chamava, explora essa reação inata de uma forma que, por exemplo, os cubistas não o faziam (talvez porque, segundo Zeki, as desfigurações fossem menos violentas). Como observa com perspicácia o biógrafo de Bacon, Michael Peppiatt, o efeito de uma obra como *Cabeça I* é alertar os nervos "para *algo incomum*, algo sinistramente desagradável, antes de a imagem se inscrever no cérebro".[83]

A visão da neurociência respalda essa ideia. O impacto visual pode nos causar sensações intensas, como quando olhamos imagens desfiguradas de outro tipo: rostos perfeitamente simétricos. A "simetria" tem sido considerada, em consenso, um "equivalente" à beleza facial. Na verdade, todos os rostos humanos têm algum tipo de assimetria. "Não é natural ter um rosto perfeitamente simétrico", como me disse Dahlia Zaidel, professora de neurociência da Universidade da Califórnia em Los Angeles.[84] Não existe "proporção áurea", um grau de assimetria preferido por todos. Nas palavras do outro Francis Bacon famoso, "toda beleza tem certa estranheza em sua proporção". O lado esquerdo do rosto,[85] por exemplo, via de regra é mais expressivo — razão pela qual tem mais rugas —, e "o fato de essas assimetrias faciais existirem", ressaltou Zaidel, "nos diz que o cérebro do observador precisa notá-las". De fato, os artistas devem ter percebido esses desequilíbrios de expressividade, pois retratistas europeus da Renascença em diante demonstraram preferência pelo perfil esquerdo, em especial ao retratar mulheres.[86]

Veja retratos gerados por computadores de rostos perfeitamente simétricos e você sentirá certo incômodo, assim como ao "mudar" o foco ao olhar uma imagem ambígua como o cubo de Necker. "A simetria é como um monstro", Zaidel constatou. "Ela não existe na vida real." O giro fusiforme, uma área no hemisfério direito dedicada principalmente ao processamento de rostos humanos, percebe que sua hipótese sobre o mundo foi transgredida. "O cérebro tem suas especificidades acerca do que considera um rosto", ela disse. "Ele tem que dar uma segunda olhada." Provavelmente, assim como nas obras de Bacon, antes de você se dar conta do que está olhando. Nada disso explica por que achamos Bacon um grande artista — ou sequer um artista. Poderíamos simplesmente olhar rostos muito desfigurados em algum periódico médico obscuro. Mas será que ter consciência de que o trabalho dele pode nos afetar em um plano irrevogavelmente fundamental não soma algo ao seu apreço, a exemplo de Smith, que passou a gostar mais do Delacroix ao conhecer melhor a história de vida da pessoa retratada? O prazer da arte e o prazer do sorvete são diferentes, asseverou o filósofo Rudolf Arnheim. Será que a neurociência não tem alguma forma de demonstrar que não se tratava de mera ficção reconfortante dita aos amantes da arte?

Naquele mesmo dia, Semir Zeki e eu saímos para dar uma caminhada, olhar quadros. Na National Gallery, vimos o suposto autorretrato de Ticiano. "Ele usa a técnica em que o rosto fica meio virado", Zeki comentou.[87] "Era um jeito na Veneza da época de mostrar prepotência, desprezo por todo mundo. E o fato de que o rosto virado era sinal de desprezo — e continua sendo — nos diz que nosso cérebro é parecido na interpretação desse tipo de gesto."

Depois, almoçando no Garrick Club — um lugar ridículo de tanto refinamento, onde os membros, em vez de trocarem mensagens de texto, deixam bilhetes em envelopes marfim na recepção —, Zeki me falou: "Acredito que haja um esqueleto básico no cérebro que nos permite vivenciar a beleza. Quais são as características do objeto, deixo que os historiadores da arte respondam".

Em vez de responder ou refletir preferências inatas, a arte pode ser bem-sucedida ao refiná-las. A maioria esmagadora dos seres humanos parece adorar desenhos fractais — aquelas formas geométricas recorrentes vistas em flocos de neve e galhos de árvores. O pintor Jackson Pollock, segundo análises revelam, produzia desenhos fractais em suas obras monumentais de expressionismo abstrato. Só isso não explicaria seu sucesso como artista, dada a hostilidade inicial ao seu trabalho.

O mais interessante, no entanto, como o físico Richard Taylor e seus colegas descobriram,[88] é que as obras mais tardias, mais evoluídas e que acabaram se tornando as mais famosas *abandonam* a amplitude estreita dos desenhos fractais mais benquistos. Como se o artista, eles supõem, tentasse desafiar ou até confundir os observadores, rompendo as fronteiras do que poderiam gostar. Afinal, se o cérebro é aparelhado para a simetria, existe um jeito melhor de chamar a atenção do que transgredi-la? No tocante a estilos tipográficos, preferimos fontes fáceis de ler. Nenhuma surpresa — gostamos da fluência. Mas pesquisas mostram que, quando usamos fontes menos *fluentes*, mais difíceis de ler, as pessoas se lembram melhor da informação transmitida pelas palavras.[89] A arte que é absorvida com muita facilidade também é a arte mais fácil de esquecer.

Uma crítica à neuroestética é de que teria pouca serventia se alguém não pudesse, do ponto de vista neurológico, distinguir o urinol que ganhou fama por Duchamp tê-lo apresentado como arte e o mesmo urinol em uma loja. É claro que *ninguém mais* era capaz de fazer a distinção até Duchamp passar a defendê-la; mais tarde, ele admitiu ter ficado "horrorizado" com o fato de seus objetos terem conquistado a admiração alheia pela "beleza estética".[90] A arte em si não tem sido muito boa em decidir o que é arte e o que é arte de qualidade. Quando Andy Warhol criou as famosas esculturas com caixas de sabão em pó, as *Brillo Boxes*, conforme observou o crítico Arthur Danto, mais interessante do que questionar se podiam ser consideradas arte era perguntar por que a fielmente copiada caixa de sabão (criada pelo artista James Harvey) *não* era. Essas razões, Danto explica, "não eram nada que estivesse ao alcance dos olhos".[91] Mas sem dúvida estavam ao alcance do cérebro. Danto aventou que talvez pudéssemos chamá-las de "arte comercial".

Você pode até questionar a validade dessa distinção,[92] mas ao menos um experimento revelou que quando solicita-se às pessoas que olhem imagens com um objetivo estético em mente, em vez de simplesmente olhá-las, as atividades cerebrais que ocorrem são diferentes. Tal ato insinua que, mesmo que nem tudo seja arte, podemos tentar *olhar* tudo como se fosse. (Warhol, afinal, declarou: "Só pinto coisas que sempre achei lindas".[93]) O que transformaria um objeto em arte? Danto resumiu numa frase memorável: arte é o que o mundo da arte diz ser arte.[94] Essa tautologia petulante[95] suscita a questão que retoma o experimento de Tuymans: em que medida nossa reação à arte tem a ver com sermos informados que algo *é* arte? (Resposta: em *grande* medida.)

A maioria das pessoas, mesmo amantes dedicados das artes visuais, não visita galerias e museus como filósofos da arte. Não tentam encaixar obras em tradições, confirmar que as obras contêm um sentido ou marcar um formulário com o discurso sobre arte vigente. Olham o que atrai seus olhos — no sentido metafórico ou literal. E olham mais para o que gostam.

Olhar pode ser por si só um prazer. Edward Vessel, neurocientista que dirige o ArtLab da Universidade de Nova York,[96] me contou em seu escritório no sul de Manhattan que se surpreendeu, durante um estudo feito alguns anos antes com seu colega Irving Biederman, ao descobrir que parecia haver receptores opioides na via visual ventral do cérebro. A área normalmente lida com o reconhecimento de formas. Opioides, até aquele momento, eram relacionados a opiatos sintéticos (como heroína) em vias de "recompensa" ou de "dor". Então o que faziam ali, na área "visual"? Ele se perguntou se seriam os responsáveis por "mediar" uma conexão entre o modo de gerarmos representações visuais e sentidos no cérebro e o modo de obtermos prazer. À medida que galgassem degraus na hierarquia do processamento sensorial do cérebro, ele teorizou, as recompensas começavam a surtir efeito.

Depois disso, parecia um passo natural indagar: o que nos leva a achar um cenário agradável? "Se você e eu tivermos a mesma preferência", ele me disse, "talvez seja porque existe alguma coisa no mundo que guia a preferência dos dois. Ou talvez nossas representações internas do mundo sejam bem similares e essas simulações internas guiem nossas preferências."

Em um estudo,[97] Vessel e um colega pediram aos participantes que classificassem cenários da vida real e uma série de "estímulos abstratos". A preferência das pessoas por cenários da vida real foi bastante estável: quase todo mundo gostava mais de imagens da natureza do que de imagens de um estacionamento. Mas quando lhes pediam para descrever o que achavam de imagens abstratas, quase ninguém gostava das mesmas coisas. Vessel sugere que, com imagens figurativas, somos capazes de extrair mais "significado semântico". Era sobre esse significado que os voluntários mais concordavam. No tocante a imagens abstratas, os participantes (e seus cérebros) precisavam destrinchar sozinhos — assim como o observador desafortunado diante de uma obra de arte não figurativa sem texto informativo —, e portanto as predileções eram divergentes.

No auge do expressionismo abstrato de meados do século, sugeriu-se que a arte não figurativa poderia funcionar como uma espécie de "linguagem universal",[98] pois é típico que seja despojada de qualquer referência cultural. Inúmeros estudos demonstraram, entretanto, que é bem mais difícil vender arte abstrata. As pessoas preferem objetos com significado, e se lhes é oferecido algum contexto para a abstração — mesmo que seja apenas um título —, passam a gostar mais dela.[99]

A neurociência, em vez de diminuir o mistério e a força de nossa reação à arte, serve apenas para confirmá-los. Depois que as pessoas veem fotografias de rostos,[100] algoritmos conseguem saber, com índices de acerto que vão muito além do acaso, qual rosto alguém viu com base apenas nos sinais neurais do voluntário. Mas esses "decodificadores" neurais só funcionam *para a pessoa em questão*. O modelo de sua reação neural a uma obra de arte tampouco será igual ao meu; talvez nem seja igual ao seu mesmo um instante atrás.

Porém, ainda que nossas preferências sejam totalmente diferentes, algumas de nossas atividades cerebrais serão bem parecidas, mesmo se não estivermos diante da mesma obra. Vessel e os colegas fizeram algumas pesquisas provocadoras sobre o que a arte — a arte de que gostamos — faz conosco. Em um estudo, enquanto os voluntários estavam deitados em um tomógrafo (é bem verdade que não é assim que a maioria vê arte), eles tinham de classificar, em uma escala de um a quatro, a comoção que certa pintura lhes causava. Assim como com qualquer escala, a "comoção" talvez não seja um indicador conveniente, mas é uma *reação*. Os participantes viam um grande leque de obras de arte: novas, antigas, conhecidas, desconhecidas. Havia pouca similitude entre as classificações. Mas algo interessante acontecia com as pessoas quando olhavam um quadro ao qual atribuíam a nota quatro. Sozinhas, essas pinturas com notas mais altas acionavam uma série de regiões, entre elas o córtex frontal medial, chamado de rede de modo-padrão.

A rede de modo-padrão foi descoberta mais ou menos por acaso, nos primórdios dos estudos de imagens cerebrais. Os participantes tinham de cumprir uma tarefa e a reação do cérebro era observada. Entre uma tarefa e outra, no entanto, os pesquisadores perceberam que várias regiões ganhavam vida quando as pessoas não estavam fazendo nada, basicamente. A função exata da rede é obscura. Pode ser uma espécie de sistema de monitoramento das circunstâncias; pode ser a divagação. Quando as pessoas têm de fazer coisas, a rede de modo-padrão é reprimida.

Então a arte que comove nos leva a um barato estético? Onde estão os picos denteados de sublimidade neural? A rede de modo-padrão, ao que consta, também ganha vida sob condições que Vessel chama de "cognição internamente focada" — ou o ato de pensarmos em nós mesmos. Ver uma obra de arte de algum modo gera uma onda de atividade neural que não destoa muito do pensar em si. "Pensei logo em Kant", Vessel me contou, "quando fala de beleza, de como, ao ver um objeto externo, o objeto ressoa o formato que temos em mente."

É curioso, mas quando a pessoa simplesmente olha, via de regra a rede de modo-padrão fica inativa. Ao mesmo tempo, quando repousamos, as áreas do cérebro voltadas para o aspecto visual ficam menos ativas. "A gente não absorve as coisas de verdade", nas palavras de Vessel. Porém, quando as pessoas observam as obras de arte que consideram as mais comoventes, *ambas* as redes parecem ficar ativas. Talvez seja, segundo ele, uma "particularidade do que se pode chamar de experiência estética" — "uma imersão tão absoluta", conforme a descrição de John Dewey, "que as qualidades do objeto e as emoções suscitadas não têm existência independente".[101] Vessel cogita que, olhando ao mesmo tempo para fora e para dentro, tenhamos "um momento de sacação em que descobrimos algo novo sobre nós mesmos e também sobre o mundo que nos rodeia".

Como sabemos o que é bom?

Você já foi a um museu, se apaixonou por um quadro obscuro em um canto mal iluminado e se perguntou por que ninguém mais parecia notá-lo? Se ao menos alguém prestasse atenção àquela obra-prima desconhecida, você supõe, ela se tornaria mais célebre. O outro lado dessa ideia, como você deve ter suspeitado, é que certas obras famosas, aquelas que sempre atraem multidões aos museus, talvez não sejam tão primorosas quanto as pinturas abandonadas expostas em outros lugares.

No começo da década de 1990,[102] o professor de psicologia James Cutting começou a questionar se os cânones artísticos seriam uma forma de mera exposição em grande escala. Como você deve se lembrar do capítulo 1, a teoria diz que, quanto mais nos deparamos com uma coisa — desde uma culinária nova a uma nova canção —, maior a chance de gostarmos dela (talvez, um desdobramento da teoria sugere, por facilitar seu processamento e o cérebro gostar de "fluência"). Mas, conforme Cutting me explicou, boa parte do mero trabalho de exposição foi feita com imagens pouco relevantes para a vida normal das pessoas: figuras geométricas aleatórias ou ideogramas chineses (quando os participantes não sabiam chinês). Foram feitas experiências com pinturas, porém a tendência era de que fossem obras desconhecidas de cunho não figurativo. Mas e o cânone — as pinturas que provavelmente já vimos na vida real? Para fazer isso, seria necessário saber a que tipo de arte os participantes já tinham sido expostos. Apenas perguntar pode ser problemático porque, como já foi demonstrado, a mera exposição parece funcionar mesmo quando não *sabemos* que já vimos algo.

Cutting arrumou uma solução curiosa. Como "amostra", escolheu a coleção de Gustave Caillebotte, pintor impressionista francês cujo quadro de 1877, *Rua de Paris, dia chuvoso*, você já deve ter visto (em reproduções, se não o original no Art Institute of Chicago). Caillebotte também foi um colecionador entusiástico de arte impressionista, acumulando uma mina monumental de obras de Cézanne, Monet e Renoir. Hoje a coleção parece monumental, abrigada com orgulho pelo Musée d'Orsay, mas, na época dele, foi um transtorno entregá-la como presente ao Estado francês.

Cutting escolheu 66 imagens da coleção de Caillebotte. Em seguida, juntou cada uma delas a outra pintura: do mesmo artista, do mesmo estilo, basicamente do mesmo tema e período. Aqueles, como sugere Cutting, que escaparam a Caillebotte. Para descobrir com que frequência cada imagem era vista, Cutting embarcou em uma jornada quase insana: como o personagem de um conto de Borges, ele (e alguns alunos de pós-graduação incansáveis) saiu à caça nas bibliotecas de Cornell e contou *todas* as vezes que uma das 132 imagens fora reproduzida no corpus considerável de livros de arte da universidade.

A medida parecia tão fiel quanto qualquer outra — uma versão para artes visuais do índice Ngram do Google — do alcance que as pinturas tinham atingido na cultura. "Eu estava péssimo", Cutting me disse, descrevendo o período após o falecimento de sua primeira esposa. Mergulhar em uma empreitada tão "mecânica" lhe pareceu interessante, e, nas palavras dele, "eu estava cansado de toda aquela pesquisa desleixada que via um monte de gente fazer. Queria fazer alguma coisa bem intensiva".

Com os dados coletados, Cutting reuniu um grupo de estudantes e lhes mostrou pares de imagens, perguntando de qual "gostavam mais". Os voluntários preferiam, por uma margem pequena, mas "significativa", as pinturas que eram reproduzidas com mais frequência (ainda que houvesse pouca diferença no número de vezes que os voluntários declaravam reconhecer cada uma das imagens). Cutting obteve o mesmo resultado com um grupo de voluntários mais velhos. Nada disso, é claro, significa que a mera exposição *causa* o apreço. Pode ser que tenham sido reproduzidas mais vezes porque eram imagens melhores. Se houve um ciclo de realimentação, não foi por falta de bons motivos. O cânone, em outras palavras, cumpriu sua função de deixar a nata artística chegar à superfície.

No último experimento, entretanto, Cutting se perguntou se a exposição mais intensiva a pinturas aleatórias poderia alterar a equação.[103] E assim, ao longo de um ano, em uma disciplina introdutória sobre percepção — às vezes no começo da aula, às vezes no meio —, ele mostrava, por cerca de dois segundos e sem tecer comentários, as pinturas dos estudos anteriores. Mas, aos alunos, era mais frequente que exibisse as imagens que *menos* apareciam no mundo externo. E agora era dessas que os alunos, de modo geral, gostavam mais. Para Cutting, a ideia não era questionar quais pinturas faziam parte do cânone, e sim quais *não faziam.* Eram mesmo piores ou, por acaso ou acidente ou política, haviam simplesmente sido negligenciadas e por isso eram "subestimadas"?

Mas seria essa a história na íntegra? Agora a questão dos juízos de valor era irrelevante? O gosto das pessoas por uma obra de arte dependia tanto assim de sua falta de ineditismo, como Cutting deduzira? Não que juízos de qualidade e familiaridade sejam incompatíveis: talvez precisemos de várias observações para perceber se e por que algo é bom (o próprio Caillebotte foi "redescoberto" quase um século depois).[104] Mas se a exposição repetida ajuda as pessoas a descobrirem o que há de bom em uma pintura — em vez de forçá-las a gostar através de pura familiaridade —, então só funciona com pinturas que são de fato *boas*. Essa foi a tese de um grupo de pesquisadores da Universidade de Leeds ao se encarregar de um estudo sobre exposição inspirado nos de Cutting.

Dessa vez, o objeto de estudo não era um grupo de pinturas impressionistas mais ou menos boas, mas um pintor inglês do século XIX cujo lugar no cânone está assegurado, John Everett Millais, e outro que nem de longe é canônico — o americano Thomas Kinkade. O "pintor da luz", como Kinkade era conhecido por sua legião de fãs, por um tempo teve grande sucesso comercial — não em galerias populares, mas em suas próprias butiques em shoppings. Até hoje, é o único artista a emprestar seu nome a uma cadeira reclinável La-Z-Boy. A obra de Millais era de paisagens pouco conhecidas, selecionadas com o intuito de ao menos "lembrar em termos gerais os temas e a paleta de cores de Kinkade".[105]

Assim como no estudo de Cutting, os estudantes viam lampejos das imagens, ao acaso, durante as aulas. Das sessenta imagens, a maioria era de Kinkade, uma dúzia era de Millais.

Em relação às pinturas de Millais, os resultados corroboraram as conclusões de Cutting: quanto mais as viam, mais os participantes diziam gostar delas. Mas com Kinkade, quanto mais viam, menos gostavam (já no segundo contato). Será que para os estudantes ingleses a obra de Millais *parece* mais a arte que cairia bem em museus e portanto a arte de que deveriam gostar? Já Kinkade, pense você o que quiser sobre seu estilo e técnica, evoca menos o que qualquer pessoa que já entrou em um museu reconhece como arte. Não existe aí uma comparação de duas coisas totalmente diferentes?

Fiz essa pergunta a Matthew Kieran, professor de filosofia de Leeds e um dos autores do estudo, quando tomávamos um café no Tate Britain, em cuja entrada há uma escultura do próprio John Millais. "Na verdade, isso não devia ter importância", ele me respondeu. "Você poderia dar nove a Millais e três ao Kinkade, mas a hipótese da exposição diz que o gosto pelos dois aumentaria." Ele admitiu que os voluntários podiam ter predileção por certo estilo de pintura, e a exposição só intensificaria tal apreço.

Mas não pense que o resultado se deveu apenas ao fato de o trabalho de Kinkade já não ser popular na Inglaterra: curiosamente, Kinkade, à primeira vista, fez *mais* sucesso do que Millais. Talvez os observadores estivessem aumentando as apostas: vai saber se aqueles eram os melhores ou os piores quadros de cada pintor. De acordo com o argumento da fluência, talvez o trabalho sutil de Millais não impressionasse os voluntários à primeira vista, mas depois de vê-lo outras vezes eles encontrassem novos motivos para gostar de suas obras. Como Italo Calvino afirmou, referindo-se à literatura, um "clássico é um livro que nunca terminou de dizer aquilo que tinha para dizer".[106]

De qualquer modo, os quadros de Kinkade, apesar de a princípio descerem fácil como um refrigerante em um dia quente

— quem não gosta de um chalé à luz de velas em uma alameda nevada? —, depois podem ter parecido limitados em termos de variedade e execução, talvez até nauseantes. No romance *A insustentável leveza do ser*, Milan Kundera define o kitsch como "duas lágrimas". "A primeira lágrima diz: como é bonito crianças correndo num gramado! A segunda lágrima diz: como é bonito se emocionar com toda a humanidade ao ver crianças correndo num gramado!" Segundo a descrição do historiador da arte Alexis Boylan, Kinkade não exatamente retrata coisas, mas sim o "desejo de sentir",[107] as vidraças reluzentes[108] praticamente cegando o observador com sentimentalismo. Aquela "segunda lágrima" pode ser um exagero, assim como uma segunda exibição de Kinkade foi um exagero para os estudantes de Leeds.

E quem gosta de Kinkade?* O prazer dessas pessoas não é genuíno? Devíamos enfiá-las em um tomógrafo para ver se a reação neural é tão forte quanto seria diante de, digamos, um Rafael? "O sentido de uma grande obra de arte", escreveu o crítico Kenneth Clark, "deve se relacionar à nossa vida de tal modo que aumente a energia da nossa alma."[109] A obra de Kinkade, segundo testemunhos de fãs do pintor, sem dúvida provoca esse efeito. Mas Clark também insiste que "a arte deve fazer algo além de dar prazer".

Exatamente *por quê*, ele não explica, mas somos remetidos a Kant e Hume, cujas ideias ainda pairam sobre nossa forma de pensar a respeito do que gostamos e, o que talvez seja ainda mais importante, do que *deveríamos* gostar. Em uma época

---

* Essas pessoas existem, dada a estimativa de que seus quadros estejam em um em cada vinte lares americanos.

de mobilidade social inquietante e novas formas de autoridade cultural,[110] em que opiniões sobre arte ou literatura ou moda se tornavam mais pessoais e subjetivas — mais indicativas da personalidade[111] e portanto menos cuidadosamente imbuídas de sentidos —, Kant e Hume tentavam resgatar debates sobre o gosto do caos do relativismo total e da corrupção das propensões banais.

Kant, cuja obra "notoriamente difícil"[112] de 1780, *Crítica da faculdade do juízo*, há muito foi consagrada o texto para se pensar a estética, estabeleceu uma perspectiva bastante rígida como forma ideal de julgar a beleza: era preciso ser "desinteressada". Isso não significa *sem interesse*, e sim que era necessário não ter nenhum interesse ou desejo pessoal pela coisa em análise. Era preciso se dedicar a um ato de "mera contemplação". Para que algo fosse belo, precisava de "beleza livre": não podia ser associado a nenhum conceito, rótulo, propósito, pressuposto. É quase indiscutível que existe uma dose de Kant na neuroestética, a noção de que alguém pode ser capaz de achar respostas "inatas" a objetos estéticos, como os fractais de Pollock — contanto que não saiba que se trata de um Pollock!

Esse desinteresse premeditado, é claro, basicamente se contrapõe ao nosso modo de julgar a beleza. Kant argumenta que objetos como flores e conchas são belezas livres,[113] mas ao que consta só um alienígena que acabasse de vir de um planeta desconhecido (sem flores e conchas) conseguiria apreciá-las de acordo com o ideal kantiano. Conforme descreve o filósofo Denis Dutton, você acha uma concha e a admira por certos motivos. Depois acha outra — *nossa, mais bonita ainda!* Talvez compre um livro sobre conchas e descubra seus nomes, verifique a incidência da que você pegou. "Toda essa atividade — essa busca, identificação, comparação, admiração", afirmou

208

Dutton, "abarca conceitos."[114] Até mesmo saber que é uma concha é um conceito.[115]

Talvez por perceber a quase impossibilidade de remover esse grande obstáculo estético, Kant levou em conta o "meramente agradável", aquelas coisas maculadas pelo gosto. Apenas por gostarmos delas — na verdade, *porque* gostamos — não devemos esperar que alguém mais goste: é nosso gosto "particular" que se manifesta. Desconfio que as pinturas de Kinkade se enquadrariam nas instruções de Kant de que "o juízo de gosto puro é aquele não influenciado por encantos ou emoções";[116] não que a beleza não possa ter encantos ou emoções, mas não pode ser *determinada* por eles.

Depois de viver à sombra de Kant por alguns séculos no que dizia respeito ao gosto, nas últimas décadas David Hume tem tido uma ascensão constante nas paradas de sucesso da estética. Antes "subestimado",[117] os periódicos de filosofia observaram um "surto" de interesse em Hume. Talvez isso se deva ao fato de que vivemos uma época em que juízos estéticos absolutos são vistos como antiquados ou talvez por suas teorias parecerem dar mais conta das realidades de ser humano.

Embora se diga que o gosto do filósofo era questionável,[118] o ensaio "Do padrão do gosto" tem uma relevância impressionante hoje em dia. Sempre empirista, Hume se atém mais a como as coisas são do que como deveriam ser; parece impossível os seres humanos não serem humanos. "A grande variedade de gostos", ele observa, "é óbvia demais para não ser observada por todos."[119] Não é uma simples questão de classe, como Bourdieu tentaria documentar. "Homens de conhecimento limitado", escreveu Hume, "são capazes de perceber a diferença de gostos em seu restrito círculo de conhecidos, ainda que as pessoas tenham sido educadas sob o mesmo governo e desde cedo lhes tenham incutido os mesmos preconceitos."[120] Hume sentia que, ao dizer que "gosto não se discute", queríamos dizer que gosto alheio não se discute.

Mas Hume não via problema nisso e achava que nós tampouco deveríamos ver. "É quase impossível não sentir predileção por aquilo que serve às nossas inclinações e temperamentos pessoais." *Óbvio* que você gostava de Van Halen quando era adolescente, ele declarou (para atualizar um bocadinho suas referências a Ovídio e Tácito), e os Pixies aos 23 anos, e agora, aos cinquenta, prefere Leonard Cohen. Não estamos aqui para julgá-lo como pessoa. Mas *precisamos*, ele deu a entender, julgar. Apesar — ou por causa — dessa multiplicidade de opiniões, "buscamos em vão um padrão por meio do qual reconciliar os sentimentos contrários".

Mas quem faria esse julgamento? Para isso, necessitávamos de bons críticos. Eram raros: "Poucos são qualificados para emitir juízos sobre qualquer obra de arte ou estabelecer os próprios pontos de vista como padrão de beleza". Um bom crítico precisava de várias coisas, entre elas um "gosto primoroso", para o qual Hume invocava não apenas o olhar, mas o paladar, pois só recentemente o "gosto" como ato sensorial e como sinônimo de discernimento refinado de modo geral foram separados.[121]

O bom crítico também precisava de tempo, assim evitaria a "comoção ou pressa de pensamento" que "confunde a opinião genuína sobre a beleza".[122] Em um comentário que parece explicar o estudo sobre Kinkade, Hume ressaltou que bons críticos precisavam olhar mais de uma vez. "Existe uma espécie de beleza", ele afirmou, "que, por ser exuberante e superficial, agrada de início; mas quando se nota sua incompatibilidade com a expressão justa da razão ou da paixão, logo se torna insípida ao gosto e é rejeitada com desdém ou no mínimo lhe atribuem um valor muito mais baixo." A essa altura, você deve ter levantado algumas das questões que os filósofos modernos têm acerca de Hume. Ao dizer que o padrão de boa arte seria decidido por bons críticos, ele simplesmente jogou a bola para o outro lado do campo?[123] E se dois críticos, considerados igualmente sensatos, discordarem brutalmente sobre alguma obra? Hume insistia que os críticos mantivessem a cabeça "livre de todos os preconceitos", porém declarou que os críticos que julgassem obras de outras épocas ou culturas precisariam levar em conta "as ideias ou preconceitos peculiares" a essas épocas ou culturas. Será que Hume, como questionou a professora de filosofia Michelle Mason, simplesmente pediu aos juízes que "abandonassem os próprios preconceitos a fim de adotar outros"?[124]

Hume anteviu o pântano imemorial no qual estava se embrenhando. Levantava questões "constrangedoras" que poderiam formar um círculo e voltar ao mesmo desespero de "incerteza" do qual tentava escapar. Um crítico contemporâneo a Hume reclamou que "em vez de fixar e determinar o padrão de gosto, como esperávamos, nosso autor nos abandona na mesma incerteza em que nos encontrou".[125]

Passados alguns séculos, no entanto, o ensaio é fascinante e vigoroso, no mínimo porque não estamos mais próximos de achar respostas (e talvez, assim como acontece com a Bíblia, por haver bastante margem para interpretações). O professor de filosofia James Shelley sugeriu que Hume nos causa grande impacto porque, sendo possível ou não chegarmos a um padrão algum dia, queremos *acreditar* que ele é alcançável.[126] A grande expectativa de Hume era de que prestássemos atenção aos juízos de quem julgamos ser os juízes mais qualificados; os resultados dessas decisões "conjuntas" seriam justificados pelo teste do tempo. "A credibilidade ou o preconceito podem gerar popularidade temporária a um mau poeta ou orador", escreveu Hume, "mas sua reputação jamais será duradoura." Em outras palavras, a exposição nunca bastará. Kinkade pode até fazer parte de um em cada vinte lares americanos atuais,[127] mas dizem que os trabalhos de Maxfield Parrish[128] já estiveram pendurados em uma de cada cinco casas. Boa sorte para quem quiser procurá-los hoje em dia.[129]

"Quando você está sob o jugo do que imagina ser a atmosfera cultural", Matthew Kieran me explicou, "é bem mais difícil distinguir entre algo bom de verdade e uma ótima versão daquela coisa que é realmente popular." Curiosamente, só depois me dei conta de que estávamos em uma sala cuja exposição era intitulada *Forgotten Faces* [Rostos esquecidos]. Havia obras como *Diana of the Uplands* [Diana dos planaltos], de Charles Wellington Furse, um retrato, segundo o texto grudado à parede, que já foi tão popular quanto a *Ofélia* de John Everett Millais (quadro que uma pesquisa informal revelou ser aquele que as pessoas passam mais tempo olhando no Tate). Essas pinturas, observava o museu, eram outrora as "estrelas" da coleção, mas tinham "saído de moda". Hume afirmava que as melhores obras sobreviviam ao tempo, que "o mesmo Homero que agradava em Atenas e Roma duzentos anos atrás ainda é admirado em Paris e Londres". Mas, sem "exposição", como alguém vai saber que uma obra *era* boa e adquirir gosto por ela? E se as mudanças da moda levam embora o que é bom junto com o que é ruim? Mas algo mais assombra a investigação de Hume: por que, exatamente, os gostos *mudam*?

Essa questão será examinada no próximo capítulo. Mas uma complicação que não foi solucionada na teoria de Hume merece uma análise mais profunda. Em seu ensaio, apreciação e gosto estão mais ou menos entrelaçados: supõe-se que você (ou críticos ideais, de qualquer modo) goste do que é bom. Mas e quando as coisas são um pouco mais confusas?

Não interessa do que você gosta: interessa como você gosta

Quando os pesquisadores almejam investigar a reação das pessoas a expressões artísticas sobre as quais têm opinião favorável — e sobre aquelas que detestam —, enfrentam um problema: como encontrar a arte que a maioria sem dúvida vai achar *ruim*? Vários acadêmicos resolveram o problema indo ao Museum of Bad Art (MOBA), uma instituição de Boston que há décadas coleciona refugos culturais sob o mantra "Arte ruim demais para ser ignorada". Em geral, juntam um portfólio de pinturas e mostram-nas aos voluntários, contrastando as obras com aquelas expostas no Museum of Modern Art (MoMA). Normalmente — mas nem sempre —, o MoMA leva a melhor sobre o MOBA.

Talvez o melhor resumo do teor da coleção seja uma transcrição da minha conversa com Michael Frank, curador do MOBA, ao tentar me orientar, pelo telefone, rumo a certa imagem no website do museu. "Você já passou pela Liza Minnelli com mãos de dançarina de jazz? Está vendo a língua saindo pelo olho? O pênis dentado?" Por fim, o alvo da busca surge diante de nossos olhos: *Swamp Picnic* [Piquenique no pântano], de Ted Cate Jr., que retrata um casal com roupas que parecem versões amarelo-esverdeadas feitas por Lilly Pulitzer dos trajes usados na parábola distópica de George Lucas, *THX 1138*, descansando no pântano que dá nome à obra. É um híbrido curioso, como se dois personagens de um livro de ficção científica com capa brega viessem do futuro e aterrissassem em uma pintura de saguão de hotel. "Quem pintou tinha técnica", Frank me disse. "Mas a imagem é meio... você coça a cabeça e pensa: 'O que é que essa pessoa estava pensando quando fez isso?'"

Essa é uma das características mais impressionantes do MOBA: não o fato de usar descaradamente a palavra "ruim" — juízos de qualidade são meio tabus hoje —, mas de ter uma série de critérios seletivos, ainda que ecléticos, acerca do que denominar dessa forma. A arte não figurativa tende a não entrar no MOBA, pois, segundo Frank, é "difícil de julgar". O museu aceita apenas metade do que é doado; ao que parece, o restante é ruim demais para ser ruim. "Não colecionamos kitsch", Frank explicou. Nada de Elvis pintado sobre veludo, nada de Bob Ross. O que ele procura é alguém que tentava fazer um "manifesto artístico", mas, ou pela técnica ou pelo tema, se saiu mal. E no entanto, apesar do fracasso — ou exatamente por causa dele —, algo na imagem cativa o olhar ou a imaginação.

Examinando a coleção, vez por outra, sob a risada intencional, sente-se a mesma angústia torturante que se pode ter em uma casa de leilões ou em qualquer exposição de arte contemporânea: *isso é bom ou ruim?* Hume declarou que o primeiro olhar apressado para uma obra pode toldar nosso sentimento verdadeiro. Nas palavras dele, "perfeições e desagrados" podem, juntos, ser "envoltos em uma espécie de confusão".

Menos relevante do que *como* a princípio nos sentimos sobre uma obra de arte é *o fato* de sentir — uma centelha que faz com que você sempre volte. Críticos de arte sempre falam que de início "guardavam rancor" de algumas das obras que depois passaram a amar. Nas palavras da crítica Linda Nochlin, "você pode odiar uma coisa, mas talvez inconscientemente a forte emoção ponha fogo nas chamas do amor".[130]

Semir Zeki, em um estudo que examina os "correlatos neurais do ódio", descobriu que, quando os participantes olhavam fotografias de pessoas detestadas, dentre as redes cerebrais incendiadas estavam algumas regiões "quase idênticas àquelas ativadas pelo amor romântico, passional".[131] É como a palavra "tremendo", que tem dois sentidos fortes, mas contraditórios. Significa tanto "medonho" como "respeitável". O contexto dita o sentido.

No livro *Do amor*, Stendhal observou que "até as manchinhas faciais" de uma pessoa podem "tocar o coração" de um apaixonado. "A *feiura*", ele escreveu, "até passa a ser amada e priorizada, pois neste caso se tornou beleza." Mas há um momento em que a opinião fica em cima do muro, em que os defeitos são charmosos ou se endurecem em acusações.

Isso acontece tanto com nossos sentimentos sobre arte como com nossos sentimentos pelas pessoas. Se você adquire "amor" por, digamos, filmes de ficção científica, não mais os vê como vê outros filmes; fica difícil pensar neles para além de seu amor ao gênero na íntegra. Um amigo pergunta: "Você acha que eu devo ver esse filme de ficção científica?". Você responde: "Bom, se você gosta de ficção científica, vai gostar desse, se não...". Quando o amor é muito grande, o gosto nos cega. Em seu popular website, o designer Jason Kottke já descreveu um novo vídeo viral como "tão adequado ao estilo do kottke.org que nem sei dizer se é bom ou não".

A questão é que sua opinião sobre *algo* afeta seu sentimento por esse *algo*. Assim como nosso gosto por um aroma varia bastante se nos dizem que é de queijo de boa qualidade ou ruim, nossos juízos estéticos e apreciativos são influenciados pela categoria na qual se encaixa o alvo do juízo. Conforme observou o historiador da arte Kendall Walton, ao nos depararmos pela primeira vez com um quadro cubista ou uma canção chinesa (para quem não é chinês), é comum que os achemos "amorfos, incoerentes ou perturbadores",[132] porque, segundo ele, não entendemos as obras através dessas categorias. O que anima uma nova forma artística, ou qualquer tendência cultural nova, é a possibilidade de categorizá-la, de ter uma maneira de pensar sobre ela. Existe certo círculo causal nisso: embora saber encaixá-la em uma categoria possa nos ajudar a gostar de algo, pesquisas mostram que, quando gostamos de alguma coisa, *queremos* categorizá-la.[133]

Minha loja de discos predileta,[134] quando ainda existia, não separava os álbuns simplesmente em "rock" ou "jazz", e sim os organizava em categorias herméticas: "freakbeat", "acid folk", "soft psych". Provavelmente seriam indistinguíveis para as pessoas comuns, mas a diferença era gritante para a clientela da loja. Pensar em um disco obscuro como parte de algo maior sem dúvida aumentava meu apreço.

Quando não gostamos de algo,[135] por outro lado, nossa tendência é rejeitar logo, com alguma generalização arrebatadora: "Não gosto da culinária espanhola". Não é "não vejo muita graça naquele raro tipo de paella valenciana em que o arroz é refogado no óleo". Gostar requer graus mais refinados na escala hedônica do que não gostar,[136] como se, depois de resolver que não gosta de algo, a pessoa não precisasse de muitas formas de exprimir esse desgosto ou ele não valesse a energia mental.

Em um debate que praticamente prenuncia o Museum of Bad Art, Walton sugeriu que se pegássemos uma obra de arte "de péssima qualidade" e a examinássemos sob "uma série de categorias absurdas que alguém inventasse", talvez ela começasse a "parecer excelente, uma obra-prima". Uma "característica afrontosa" poderia se transformar em virtude, um clichê de uma categoria poderia ser revigorante em outra. Como argumenta o crítico musical Simon Frith, quando dizem que as canções disco dos anos 1970 parecem ser todas iguais, trata-se de um ponto negativo. Elas "seguem uma fórmula". Quando canções populares de uma época e local também parecem "ser todas iguais", trata-se de uma característica positiva (por exemplo, demonstram "raízes coletivas").[137] Algumas das obras do MOBA não levantariam sobrancelhas em uma exposição de "arte marginal", ou pelo menos seriam poucas as pessoas que se dignariam a chamá-las de "ruins". Frank me relatou que, de vez em quando, ligam para o MOBA e dizem que "tem um quadro que não devia estar aqui, é bom demais, eu gosto". Ao que ele retruca: "Eu gosto. Se não gostasse, não faria parte da minha coleção".

A noção de que alguém pode desfrutar do que é reconhecidamente ruim não é algo com que Hume (ou qualquer outro ilustre filósofo da estética) estava preparado para lidar. Podemos ter nosso próprio gosto, nosso juízo inicial pode ser toldado, mas uma hora ou outra os bons críticos chegariam à verdade sobre a qualidade de uma obra. Se arte "irregular" (poesia era o exemplo de Hume) agradava, fazia-o não pelas "transgressões de regras ou normas, mas apesar delas".[138]

As obras do MOBA se encaixam na curiosa categoria "camp". Temos de observá-las através de aspas, nas palavras de Susan Sontag, celebrar obras — às vezes kitsch, às vezes não — que tentam "fazer algo extraordinário", exibindo uma "seriedade que falha".[139] É rir *com* em vez de rir *de*. O camp, ela esclareceu, "não alega que o bom é ruim ou que o ruim é bom". Na verdade, oferece um conjunto novo de critérios: "É bom *porque* é horrível". Isso traz à tona a questão, de acordo com Hume, sobre a possibilidade de haver "bons críticos" de "arte ruim". O critério visceral de Frank no MOBA é que a obra seja interessante. Para desempoeirar uma velha categoria invocada por George Orwell (citando G. K. Chesterton), tem de ser um "ruim bom". É mais complicado do que você deve estar imaginando. Frank rejeita montes de obras que segundo ele tentam ser "bobas de forma consciente". Sontag avisou sobre obras "ruins a ponto de serem risíveis, mas não ruins a ponto de serem divertidas".

Algo como o camp, que só se tornou conhecido no século XX, poderia vicejar apenas em "sociedades abastadas", argumentou Sontag, em que nos entediamos com todo o bom gosto ostentado e buscamos um novo tipo de euforia, uma alforria da eterna preocupação com o que é bom. Conforme disse um curador sobre algumas das obras do cineasta cult Ed Wood (que dirigiu *Plano 9 do espaço sideral*, famoso pela ruindade), os filmes "são toscos, confusos e feios, e, se você conseguir aceitá-los dessa forma, bom ou ruim deixa de ser a questão".[140] É claro, assim como a "onividade cultural", a apreciação do camp também pode ser um novo jeito de provar sua autoridade cultural, por saber o que é um bom camp — o "bom gosto de mau gosto", diz Sontag.

O camp agora é só mais uma entre inúmeras formas complicadas que temos de interagir com objetos de gosto. Caso David Hume voltasse e rascunhasse um novo "Do padrão do gosto", certamente ficaria pasmo com a complexa taxonomia agora prevalecente na nossa "competição de sentimentos". Teria, por exemplo, de entender a diferença que pode existir entre sensibilidade camp e o consumo "irônico" de uma pintura ou um programa de tevê ruins. A ironia tem tudo a ver com distanciamento defensivo e escárnio; vemos programas "sérios" (mas ruins) para dar risada. O camp também pode ser "frívolo a respeito do que é sério", afirmou Sontag, mas é um modo de celebração da obra fracassada, de nos aproximarmos dela. A ironia é um beco sem saída emocional: é impossível amar ironicamente.[141]

Hume também teria de se entender com o conceito de "assistir com ódio", termo popularizado pela crítica de televisão Emily Nussbaum que se refere ao ato de ver um programa de tevê detestado: "Por que eu me daria ao trabalho de ver um programa que me dá raiva?". Ela deve, "de uma forma ou de outra", curti-lo, apesar de ser "espetacular de tão ruim". Assistir com ódio talvez seja o inverso do camp: não se ama uma obra porque ela tenta ser grandiosa e fracassa, mas se odeia a obra porque ela não dá o melhor de si e irrita, não de um jeito cativante, porque parece não ter consciência de que é ruim (ou, segundo Orwell, "bom ruim").[142] Ou, talvez, como sugeriu Stendhal, as coisas que antes pareciam abomináveis passem a transmitir amor.

Por fim, Hume poderia querer passar um tempo examinando o conceito de prazer culpado. É um termo que ele reconheceria, mas não no contexto atual. Samuel Johnson, no periódico *The Rambler*, em 1750, fala de um homem que "elabora com deleite um estratagema de fraude exitosa, uma noite de tumulto licencioso ou uma conspiração de prazer culpado".[143] Na época de Johnson, é claro, um prazer culpado *era* um prazer culpado. Não era comer mais uma fatia de bolo de chocolate: era visitar um bordel ou transgredir de fato o código moral estabelecido (o prazer desvaneceria, Johnson advertiu, mas a culpa não).

Somente nas últimas décadas, no entanto, revela uma pesquisa do Google Ngram, a expressão "prazer culpado" ganhou a aceitação geral. Usamos principalmente para falar de duas coisas (volta e meia implicando mulheres):[144] o consumo de cultura e comida — de novo a palavra "gosto" se mostra escorregadia — que sabemos "não nos fazer bem", mas de que gostamos mesmo assim. O compositor Nicholas McGegan compara seu amor pelas valsas de Strauss a uma sobremesa com alto teor de colesterol, coisa de que não *deveria* gostar: "Ouço escondido assim como quem come um monte de bolo de chocolate de portas fechadas".[145]

"Prazer culpado" é um conceito curioso. Há o problema da causalidade: o prazer gera a culpa ou será que é derivado dela? Será que prazeres culpados seriam prazerosos sem a culpa? Ou a culpa vem porque *não* sentimos nenhuma culpa por nos entregarmos ao prazer?

Aliás, se realmente sentíssemos remorso por ceder ao prazer culpado, não falaríamos dele. O gesto de falar em voz alta anuncia que somos meros turistas nessa sala de embarque temporária do mau gosto. Rotulando algo de prazer culpado, nos damos permissão para consumi-lo. Em um estudo, ofereceu-se aos voluntários uma fatia de bolo de chocolate (ao que parece, esse é o referencial do prazer culpado!).[146] Embora com uma enorme sensação de culpa antecipada, a maioria não ficou menos propensa a consumi-lo. As únicas pessoas demovidas de comer o bolo pela perspectiva da culpa foram aquelas que já não estavam com muita vontade de comê-lo. O mero desencadear da sensação de culpa,[147] especularam os pesquisadores, poderia forjar uma via mental para o prazer — como se fôssemos preparados para pensar que algo que nos traz culpa também nos dará uma sensação boa. É provável que isso aconteça, no final das contas, pelo menos *antes* do fato. Como observou Samuel Johnson, "na futuridade os acontecimentos e oportunidades ainda flutuam à solta, sem relação aparente com suas causas, portanto nos concedemos a liberdade de nos satisfazermos com escolhas agradáveis".[148]

Caso *realmente* nos sentíssemos mal a respeito de um livro que lemos e do qual gostamos — um tratado abominável, repugnante no sentido moral —, teríamos vergonha, não culpa. As duas palavras podem estar misturadas na sua cabeça, mas os psicólogos argumentam de forma convincente que são fenômenos distintos.

Uma diferença apresentada[149] é que a vergonha é um "estado puramente afetivo": nós a reconhecemos ao senti-la (ou a vê-la na expressão facial alheia). A culpa, por outro lado, é um "híbrido cognitivo-afetivo":[150] em geral a pessoa tem de pensar *por que* sente culpa. Já se alegou que a vergonha normalmente censura a pessoa, enquanto a culpa censura um ato específico. Uma lhe diz que você é uma má pessoa; a outra que você agiu mal. A culpa traz a promessa de reparação, portanto "confessamos" ter visto um reality show de péssima qualidade. O único castigo parte de nós mesmos. Para aliviar a culpa[151] quando "contrariamos" alguém, segundo o raciocínio comum, podemos tentar ser úteis ou podemos canalizar os sentimentos ruins contra a vítima (principalmente se for "de fora do grupo"). Creio que é isso o que fazemos com "prazeres culpados": consumimos um pouquinho de cultura que pensamos estar abaixo de nós e em seguida damos *a ela* o rótulo de lixo (não a nós mesmos!).[152]

O prazer culpado não é apenas uma "permissão de consumo", mas também um sinalizador: você e eu temos ciência de que isso está abaixo de nós, ou, talvez, consideremos indigno pensar que isso está abaixo de nós. Ao chamá-lo de prazer culpado, podemos nos certificar (e aos outros) de que essa é a verdade. Você só chamaria uma coisa de prazer culpado diante de alguém que também a considerasse um prazer culpado.[153] Para quem acha que comer em uma rede de fast-food é um luxo (como eu quando era novo), não podemos falar em prazer culpado. A ideia toda do prazer culpado é orientada, do ponto de vista cultural, para baixo. Se o cara que toda noite assiste a lutas de MMA comendo asinha de frango na cadeira reclinável La-Z-Boy (sendo ou não o modelo Thomas Kinkade) fica tentado a ocupar o camarote da Metropolitan Opera para a matinê de *Rigoletto*, é pouco provável que considere o espetáculo um prazer culpado.

Mas argumentar o contrário, que prazeres culpados não deveriam existir, tem laivos de arrogância, apesar de alardear inclusão democrática. Pois decretar o que *não* deveria ser visto como prazer culpado é um gesto tão avaliativo quanto decretar o que deveria ser. Dar um passo ainda maior e dizer que *nada* do que comemos, assistimos, ouvimos ou lemos deveria ser feito sem uma pontada de remorso por haver algo melhor lá fora é chauvinismo de quem sabe haver algo melhor e já esteve lá fora. De certo modo, essa onivoridade tolerante e isenta talvez seja o novo esnobismo. Dá quase para sentir a mistura de pena e desprezo quando alguém pergunta: "Ah, você se acha esquisito por gostar disso?". Ao mesmo tempo que a ideia de padrões dominantes é rejeitada, milhares de outras são inventadas, e agora já não tem tanta importância do que você gosta ou deveria gostar ou como gosta. Aquele terreno disputado entre você e aquilo de que você gosta, por um lado, e do que você (ou os outros) *deveria* gostar, por outro, tão inquietante para Hume, agora parece um campo minado cuja explosão é irremediável na zona desmilitarizada do gosto, essa coisa que tentamos não mencionar mas sobre a qual falamos bastante através do silêncio.

5. Por que (e como) os gostos mudam

Eu gostava de gostar das coisas antes que fossem consideradas legais antes que isso fosse legal.
Joss Whedon

Você vai continuar me amando amanhã?

Em 1882, no leilão da Christie's de Londres, foi estabelecido o recorde do maior preço já pago (6 mil libras esterlinas) pelo quadro de um artista vivo. A obra? *O mercado matrimonial da Babilônia*, de Edwin Longsden Long. Se os grilos estão cricrilando enquanto você revira a memória, não se preocupe: nem Long nem sua tela monumental são muito conhecidos hoje em dia.

Mas ambos eram em 1882, quando Thomas Holloway, o famoso vendedor inglês de remédios bastante duvidosos (dizem que a rainha Victoria consumiu seus comprimidos), pagou essa soma colossal. A pintura, um estudo enorme, dramático, incrivelmente detalhado de um mercado antigo em que mulheres sem dotes eram subsidiadas por meio da venda de noivas mais cobiçadas (como descreve um conto "inverossímil"[1] de Heródoto), era um sucesso de público e de crítica. Uma eminência do porte de John Ruskin a considerou uma "pintura de grande valor".[2]

Apesar do tema arcaico, era bem típica da época. A erotização da imagética orientalista e o comentário nada sutil sobre a natureza pecuniária do casamento na Londres contemporânea eram um chamariz vitoriano. Como sugeriu a revista da Royal Academy, a pintura tinha tudo: "opulência e arqueologia, dramaticidade e divertimento cênicos, muita beleza e um segundo plano grotesco, fatos antigos e insinuações modernas".[3] Até fazia alusões dissimuladas à predominância — algumas pessoas diziam ser inflacionada — do mercado de arte, agitado por homens endinheirados como Holloway.[4] Aliás, o leiloeiro retratado teria sido inspirado no da própria Christie's, e os aspirantes a compradores de noivas seriam representantes sutis dos marchands.[5]

Long, pintor prolífico e popular de sua época, terminou seu megassucesso em 1875. A data chama a atenção porque esse também foi o ano de outro leilão de arte digno de nota, apesar de bem diferente, na casa parisiense Drouot. Entre os artistas estavam Monet, Sisley e Renoir. Em vez de precisão histórica e pictórica e temas sociais de relevância, as obras abordavam assuntos mundanos ao estilo que um crítico francês — totalmente sintonizado com o gosto vigente — descreveu como aquilo que acontece quando um macaco "consegue uma caixa de tintas". Longe de angariar somas sem precedentes, os preços obtidos no leilão, como observa o ex-diretor da Christie's Philip Hook, "foram tão baixos que davam desânimo".[6]

Sabemos como a história terminou. Long, embora de modo geral ainda tenha o respeito da crítica como artista, aos poucos foi sumindo de vista, enquanto os impressionistas, alvo de muito escárnio, se tornaram equivalentes a estrelas do rock tocando em estádios com ingressos esgotados — aqueles tipos de artistas conhecidos de gente que não liga para arte. *O camarote*, de Renoir, que custou meros 220 francos no leilão de 1875, foi vendido por US$ 14,8 milhões em 2008.[7]

O que mudou? Não as pinturas, mas os gostos: a forma como os quadros eram vistos, o que pareciam dizer, as regras às quais aderiam (ou que infringiam). A pintura de Long, por mais que explorasse certo espírito da época vitoriana, não falou tanto às gerações seguintes, assim como seu estilo acadêmico meticuloso tampouco parece ter empolgado os críticos subsequentes. A fotografia se apossou do terreno do realismo. Já os impressionistas viram todos os seus defeitos se transformarem em virtudes. De acordo com Hook, "a cor berrante começou a ser estimulante; a falta de finalização foi cada vez mais percebida como uma liberdade arrebatadora das pinceladas; e a banalidade dos temas adquiriu a serenidade do cotidiano, uma confirmação da universalidade da experiência burguesa".[8]

Sempre existe a possibilidade, embora improvável, de que a história mude outra vez,[9] com Long e seus companheiros vitorianos alçados a uma nova estima, os impressionistas atirados a uma lixeira escura. Hume sabia muito bem da volatilidade do gosto, que muda como o mercado. "A credibilidade ou o preconceito podem gerar a popularidade temporária a um mau poeta ou orador, mas sua reputação jamais será duradoura ou generalizada", escreveu ele.[10] Ele tinha muita fé no teste do tempo: "Com o gênio verdadeiro ocorre o contrário: quanto mais sua obra perdura, e quanto mais é divulgada, mais sincera é a admiração que ganha". Mas isso não serve de garantia. Seriam os impressionistas melhores do que Long do ponto de vista qualitativo, como indica a mudança avaliativa, ou será que o gosto popular está em jogo? E pense em quantas "obras-primas perdidas" foram ressuscitadas. Se eram tão boas assim, como se perderam? Talvez isso só corrobore o que diz Hume: caíram no esquecimento por causa da "popularidade temporária", mas depois, redescobertas e defendidas por um crítico qualificado, ressurgem, boas como sempre foram, esperando a hora de retomar o lugar que lhes cabe no cânone.

A questão é que temos pouca garantia de que as coisas mais celebradas e valorizadas hoje serão celebradas e valorizadas amanhã. Mas por que os gostos, esteios tão fortes de nossos cotidianos, também são tão fugazes?

Se você me pedisse, quando eu tinha dez anos, para prever minha vida como adulto estabelecido, eu provavelmente teria projetado mais ou menos o seguinte: teria um Trans Am, um Corvette ou outro carro potente. Minha casa abrigaria uma coleção gigantesca de fliperamas. Tomaria drinques sofisticados (como licor Baileys), leria romances de Robert Ludlum e ouviria Van Halen em alto e bom som sentado de óculos escuros em uma poltrona, ao estilo do anúncio da Maxell. Agora que posso de fato levar a cabo *cada um* desses gostos vislumbrados com empolgação, não tenho o mínimo interesse em fazer isso (bom, talvez os fliperamas nos momentos de fraqueza).

Não é só porque eu aos dez anos não seria capaz de prever quem me tornaria, mas também porque não teria como imaginar que meus gostos passariam por mudanças tão substanciais. Como poderia saber o que iria querer se não sabia quem eu seria? O psicólogo George Loewenstein deu a isso o nome de "viés de projeção". "As pessoas se comportam como se suas preferências futuras fossem ser mais parecidas com as preferências atuais do que serão de fato", ele elucida, "como se projetassem as preferências atuais em suas personalidades futuras."[11]

Um problema, levantado nos capítulos anteriores no tocante a comida e música, é que em geral não prevemos o impacto de vivenciar as coisas. Podemos nos dar conta instintivamente de que vamos nos cansar da comida predileta se exagerarmos no consumo, mas podemos subestimar o tanto que gostaríamos mais de algo — se comêssemos com mais frequência. Outra questão, observa Loewenstein, é a "proeminência" psicológica, ou as coisas a que damos atenção. No momento em que compramos um bem de consumo com reembolso de impostos, a possibilidade de devolução é de uma proeminência enorme: pode até influenciar a compra. Quando chegamos em casa, a proeminência se dissipa: o reembolso perdeu a graça.[12] Quando eu tinha dez anos, o proeminente para mim, em um carro, era que fosse "vistoso" e veloz. O que *não* era proeminente eram os pagamentos mensais, a proteção contra batidas nas laterais, poder colocar um carrinho de bebê no banco de trás e a vontade de evitar a impressão de que estou em crise de meia-idade.

Até olhando para trás e vendo o quanto nossos gostos mudaram, a ideia de que vamos mudar na mesma medida no futuro parece nos confundir. É isso o que mantém as clínicas de remoção de tatuagens abertas.[13] O psicólogo Timothy Wilson e seus colegas chamaram isso de "ilusão do fim da história", a noção de que o presente é um "divisor de águas, o momento em que enfim a pessoa se torna quem ela será pelo resto da vida".[14]

Em um experimento, eles descobriram que as pessoas estavam dispostas a gastar mais dinheiro para ver sua banda predileta ao vivo dali a dez anos do que gastar para ver sua banda predileta de dez anos atrás tocar *naquele momento*. Algo parecido acontece no instante em que, folheando um álbum de fotos antigas, você vê uma foto de si e exclama algo como: "Meu Deus, que cabelo é esse!", ou "Essa calça de cotelê!". Assim como retratos nossos podem ser surpreendentes porque não é normal nos vermos como os outros nos veem, nossos gostos anteriores, vistos "de fora", da perspectiva do que parece bom agora, é uma surpresa. E no entanto seu corte de cabelo não devia ser nem ruim nem bom, e sim um reflexo do gosto contemporâneo. Dizemos, com ares de superioridade, "Nem acredito que as pessoas se vestiam desse jeito", sem perceber que estamos vivenciando o que será considerado mau gosto *no futuro*.

É bem possível que o público na sala de leilões de Londres em 1882, reunido perante o quadro de Long, imaginasse estar olhando o ápice da realização artística — e do desembolso financeiro —, que continuaria a significar algo para eles e seus sucessores, no decorrer dos anos. Um artista importante, popular, pintando em um estilo familiar, com uma obra épica que abordava obsessões correntes. Os impressionistas? Eram desajustados com ideias esquisitas e parcos talentos perceptíveis. Não chegariam a lugar nenhum.

Isso evoca o que chamo de Problema da Popularidade no Colégio. Todos nós conhecemos o radiante rei do baile de formatura, que se destaca em diversos esportes, um alfa cercado do séquito de amigos e pretendentes amorosas. Ele parece destinado a fazer coisas grandiosas, mas acaba se acomodando a uma vida de pouca relevância. Já o nerd extremamente tímido, sujeito a ser alvo de implicâncias ou ignorado de forma brutal, é um tipo aparentemente inábil que acaba mudando o mundo.

Existe aí uma questão de proeminência. As coisas a que a maioria presta atenção no colégio, as qualidades que instituem a popularidade (rixas forçadas, submissão cruel, uma plateia pequena e cativa), se revelam indicadores ineficientes do sucesso futuro. Alguém que pudesse enxergar além dessas vendas contextuais — as vendas que nos diziam que o colégio era um momento de "fim da história" — talvez visse os alunos que "se saem mal", muitas vezes assim denominados por não se encaixarem nos estreitos padrões normativos do colégio. Talvez notassem uma faísca incipiente, que simplesmente precisa do escoadouro e da plateia certas, assim como alguns marchands perspicazes viram algo, mesmo que fosse só ganho financeiro, nas obras dos impressionistas, algo que não sensibilizava um amplo público contemporâneo, mas *poderia* sensibilizar o público no futuro.

Um dos motivos de nem sempre conseguirmos prever nossas futuras predileções é, curiosamente, uma das coisas que faz com que elas mudem: a novidade. Na ciência do gosto e das preferências, a novidade é um fenômeno evasivo. Por um lado, desejamos novidade, o que basicamente define uma área como a da moda ("uma área cuja feiura é tão absolutamente insuportável", gracejou Oscar Wilde, "que temos de alterá-la a cada seis meses").[15] Como me disse Ronald Frasch, o garboso presidente da Saks Fifth Avenue, no piso de roupas femininas da loja, "a primeira coisa que o cliente pergunta quando entra é: 'Quais são as novidades?'. Eles não querem saber o que já foi: querem saber o que é". Que força tem tal impulso? "Sessenta por cento dos produtos que serão vendidos saem nas primeiras quatro semanas."

Além disso, como já vimos, adoramos o que nos é familiar. "Gostamos daquilo a que estamos habituados", escreveu Charlotte Perkins Gilman.[16] Porém, se isso fosse verdade, nada mudaria. O economista Joseph Schumpeter alega que o papel do capitalismo é ensinar as pessoas a gostarem de coisas novas (e as comprarem). Produtores norteiam a mudança econômica, ele escreveu, e consumidores "são instruídos a querer coisas novas, ou coisas que difiram sob algum aspecto daquelas que estão acostumadas a usar".[17]

Ou, nas palavras de Steve Jobs, "muitas vezes, as pessoas não sabem o que querem até você lhes mostrar".[18] E, mesmo assim, podem continuar não querendo. O malfadado palmtop Newton da Apple, por mais esquisito que pareça nessa época de smartphones como próteses humanas, talvez fosse novidade *demais* no momento em que foi lançado, prevendo necessidades e comportamentos que ainda não tinham se desenvolvido na íntegra. Segundo a descrição da revista *Wired*, era "uma categoria de aparelhos totalmente nova, que funcionava com uma arquitetura inédita abrigada em um fator de forma que representava uma linguagem de design absolutamente moderna e ousada".[19]

Então, novidade ou familiaridade? Como acontece quase sempre, a resposta está no meio-termo, ou no ponto central de uma curva ideal em forma de U que representa o inédito e o desconhecido. O célebre designer industrial Raymond Loewy percebeu esse ideal no que denominou "princípio MAYA", sigla que significa "mais avançado, porém aceitável". Trata-se do momento no ciclo do design de produto em que, segundo Loewy, "a resistência ao desconhecido atinge o limiar da zona de impacto e a resistência à compra se instala".[20] Gostamos da novidade contanto que nos lembre de alguma forma do antigo.

Prever o quanto nossos gostos vão mudar é difícil porque não conseguimos ver além dessa resistência inata. Ou o quanto *nós* vamos mudar quando isso acontecer e como cada mudança abrirá a porta para outra mudança. Esquecemos como mesmo a inovação mais chocante pode ser fugaz. Pense mais uma vez no debate sobre como passamos a gostar de certos alimentos que a princípio não nos agradavam. É pouco provável que, ao tomar o primeiro gole de cerveja (ou uísque), você tenha espalmado a mesa e exclamado: "Como é que eu não provei isso antes?". Você disse: "Tem gente que *gosta* disso?".

Passamos a gostar de cerveja, mas é errado chamar a cerveja de "gosto adquirido", como argumenta o filósofo Daniel Dennett, porque não é daquela primeira degustação que as pessoas gostam. "Se a cerveja ainda tivesse o mesmo gosto que senti da primeira vez", diz ele, "jamais teria continuado a tomar cerveja!"[21] Parte do problema é que o álcool provoca um choque no sistema: não parece com nada do que veio antes, ou pelo menos nada agradável. Música ou arte novas podem causar o mesmo efeito. Em um perfil da *New Yorker*, o produtor musical Rick Rubin relatou que da primeira vez que ouviu *Pretty Hate Machine*, álbum do Nine Inch Nails, não achou a menor graça. Mas em pouco tempo virou seu predileto. Diante de uma novidade discrepante, "nem sempre temos pontos de referência para absorvê-la e digeri-la", justificou Rubin. "É meio como aprender uma língua." O álbum, assim como a cerveja, não foi um gosto adquirido, pois ele não estava ouvindo o mesmo disco.

Olhando para trás, é difícil acreditar que não gostávamos de algo de que agora gostamos.[22] A popularidade atual é projetada de trás para a frente: esquecemos que uma canção agora onipresente, como "What I Like About You", dos Romantics, nunca foi um sucesso, ou que nomes de bebês "antigos" que viraram moda nos últimos tempos, como Isabella e Chloe, que parecem aludir a uma tradição outrora vicejante, nunca foram comuns (Mittie e Virgie estiveram entre os nomes mais apreciados no começo do século XX).[23]

Hoje, parece impossível acreditar que poucas décadas atrás a agora querida Sydney Opera House causou escândalo. O arquiteto dinamarquês Jørn Utzon foi praticamente expulso do país, seu nome nem sequer foi mencionado na inauguração, o clima de escândalo nacional em torno da monstruosidade à beira do porto era palpável. Não só o edifício não combinava com o formato tradicional de uma casa de ópera como não combinava com o formato tradicional de um *edifício*. Era muito avançado e *inaceitável*. Era tão estrangeiro quanto o arquiteto.

A verdade é que a maioria provavelmente não sabia o que pensar, e nossa tendência-padrão, ao nos depararmos com a incerteza do desconhecido, é não gostar. Frank Gehry, referindo-se a seu icônico, muito admirado Museu Guggenheim de Bilbao, admitiu que levou "alguns anos para começar a gostar dele, para falar a verdade".[24] O arquiteto Mark Wigley sugere que "talvez só aprendamos alguma coisa quando uma figura que achamos estranha nos provoca — e resistimos. Mas às vezes, muitas vezes, no meio dessa resistência, acabamos amando essa coisa que nos provocou"[25] — ainda que não seja mais a mesma "coisa" de quando nos provocou.

A fluência produz o gosto. Quando veem imagens de edifícios, arquitetos os classificam como "menos complexos"[26] do que os leigos; em outras palavras, eles os "leem" com mais fluência e os prédios lhes parecem menos "estrangeiros". O papel do arquiteto, declara Wigley, é não "dar ao cliente exatamente o que ele pediu" — ou seja, satisfazer o gosto atual —, mas "mudar a ideia do que ele pode pedir", ou projetar gostos futuros que ninguém sabia ter. Ninguém dizia que uma casa de ópera podia ter o visual da Sydney Opera House até Utzon, que tirou a ideia de uma laranja descascada, dizer que podia. O mundo se transformou em torno do edifício, reagindo a ele, e é por isso, nas palavras curiosas de um crítico de arquitetura, "que o edifício de Utzon, de tirar o fôlego, hoje está mais lindo que nunca".[27]

Daqui a algumas décadas, é inevitável que alguém olhe horrorizado para um novo edifício e diga: "A Sydney Opera House, aquilo sim é que é edifício. Por que será que a gente não consegue mais construir prédios como aquele?". Esse argumento — por exemplo: "Por que já não se faz música como antes?" — reflete o viés da seletividade histórica, descrito em cores vivas pelo designer Frank Chimero. "Vou lhe contar um segredinho", ele escreve. "Se você está ouvindo falar de alguma coisa antiga, é quase certo que seja boa. Por quê? Porque ninguém quer falar de velharia ruim, mas um monte de gente fala de coisas novas medonhas porque ainda está tentando descobrir se são péssimas ou não. O passado não era melhor, nós simplesmente esquecemos de todas as coisas horríveis."

A única garantia que temos no que tange ao gosto é de que ele mudará. Agora vamos averiguar exatamente como.

Distinção conformista: da vontade de ser
parecido de um jeito diferente

Em uma esquete de 2011 da série de tevê *Portlandia*, catálogo satírico dos hábitos sociais dos hipsters que moram na cidade de Oregon, um personagem que exagera na ostentação chamado Spyke — de barba só no queixo, alargadores nas orelhas e bicicleta sem freio — passa ao lado de um bar. Vê algumas pessoas lá dentro, igualmente paramentadas com os adornos dos descolados e faz um gesto de aprovação. Poucos dias depois, espia um cara de barba feita que usa calças cáqui e camisa social no bar. "Ah, o que é isso?", ele grita. "Um cara desses aqui? Que bar *caído!*" Só piora: ele vê sua nêmese montada em uma bicicleta sem freio, fazendo "arte com conchas" e usando barba só no queixo — tudo isso, ele exorta rudemente, está "caído". Passado um ano, vemos Spyke de barba feita, com roupas semiformais e em uma conversa banal, sentado no mesmo bar que desencadeou o ciclo todo. A nêmese? Perambula do lado de fora, decretando em tom de desprezo que o bar está "caído".

A esquete resume muito bem a ideia do gosto como espécie de máquina sempre em movimento. Essa máquina é conduzida em parte pelas oscilações de novidade e familiaridade, de fome e saciedade, daquele curioso cálculo psicofísico interno que nos faz cansar de comidas, músicas, da cor laranja. Mas também é em parte regida pelos movimentos sutis de pessoas tentando ser como outras e pessoas tentando ser diferentes das outras. Existe aí uma espécie de batalha, conhecida dos estrategistas da teoria dos jogos (em que os jogadores raramente agem de acordo com "informações perfeitas"), datada da época da Guerra Fria. Ou, aliás, para os leitores que conhecem os Sneetches do autor Dr. Seuss, as míticas criaturas amarelas enfeitadas com estrelas que de repente livram-se dos adornos ao descobrir que suas congêneres de barriga sem enfeites "têm estrelas também nas delas".

A ideia de que o gosto pode se transformar em uma espécie de ciclo de ouroboros conjecturado em *Portlandia* não é tão absurda assim. Um matemático francês chamado Jonathan Touboul identificou um "fenômeno coletivo emergente não coordenado de se ficar parecido ao tentar parecer diferente",[28] ou o que denominou "efeito hipster". Ao contrário de "sistemas cooperativos", em que todos estabelecem um acordo de modo harmônico sobre as decisões a tomar, o efeito hipster ocorre, segundo ele, quando as pessoas tentam tomar decisões contrárias às da maioria.

Como ninguém sabe muito bem o que os outros farão em seguida, e as informações podem ser ruidosas ou demoradas, também pode haver períodos de breve "sincronização", em que inconformistas não conseguem "se desajustar da maioria".[29] Spyke, na verdade, precisaria ver diversas pessoas fazendo arte com conchas — talvez até tenha surgido de repente em uma loja do shopping — antes de abandoná-la. E por haver hipsters em vários graus, uma pessoa pode optar por investir em uma tendência depois de outra, ser seguida por outra pessoa e assim por diante, até que, como um explorador astronômico perseguindo uma estrela morta, não exista mais nada ali.* Como outra análise de padrões explicou, "a busca por distinção também pode gerar conformidade".[30]

A esquete de *Portlandia* na verdade vai muito além do gosto e elucida duas correntes centrais, ainda que aparentemente contraditórias, do comportamento humano. A primeira é que desejamos ser como os outros. "O ser social, na medida em que é social, é essencialmente imitador", escreveu o negligenciado sociólogo francês Gabriel Tarde em seu livro de 1890, *Les lois de l'imitation* [As leis da imitação].[31] Imitar os outros, algo conhecido como "aprendizagem social", é uma estratégia de adaptação evolutiva; isto é, nos ajuda a sobreviver e até prosperar. Embora vista em outras espécies, não há aprendizes sociais melhores que os seres humanos, nenhum outro ser vivo que adquire o conhecimento e *continua* a desenvolvê-lo ao longo de gerações.

A soma dessa aprendizagem social — a cultura — é o que torna os seres humanos tão singulares e tão singularmente bem-sucedidos em sua dispersão pelo mundo. Conforme observa o antropólogo Joseph Henrich,[32] os seres humanos, apesar de mais parecidos geneticamente do que outros primatas, fizeram incursões ao Ártico, colheitas nos trópicos e pastorearam os de-

---

* Há também episódios totalmente aleatórios, como o do "hipster acidental", segundo o apelido criado por um amigo meu: o senhor no ponto de ônibus que usa roupas de brechó — para ele, uma necessidade econômica — que por acaso naquele momento são as mesmas transformadas em fetiche por hipsters à procura de singularidade.

sertos — variedade maior do que todos os outros primatas juntos. Não porque fosse nosso propósito, mas porque aprendemos a fazê-lo.

No livro *Not by Genes Alone* [Não só pelos genes], os antropólogos Robert Boyd e Peter Richerson usam o exemplo de uma planta amarga que acaba tendo valor medicinal. Nosso sistema sensorial interpretaria o amargor como um possível fator nocivo e classificaria a planta como não comestível. Por instinto, não há razão para *querermos* comê-la. Mas alguém come mesmo assim e vê um efeito curiosamente benéfico. Outra pessoa percebe e prova também. "Tomamos remédio apesar do sabor amargo", eles escrevem, "não porque nossa psicologia sensorial se desenvolveu para torná-lo menos amargo, mas porque a ideia de que tem valor terapêutico se difundiu entre a população."[33] É como o fundamental "primeiro gole de cerveja" para a cultura inteira.

As pessoas imitam e a cultura se torna adaptativa, sustentam os antropólogos, porque aprender com os outros é mais eficaz do que provar tudo sozinho através de tentativa e erro, o que seria custoso e demorado. Isso vale tanto para quem agora lê as avaliações da Netflix e do TripAdvisor como para os exploradores primitivos que tentavam descobrir quais alimentos eram venenosos e onde achar água. Quando há muitas opções, ou a resposta não é óbvia, parece melhor seguir o fluxo; afinal, talvez algo bom lhe passe despercebido.

Meu exemplo favorito disso vem de um estudo com chimpanzés da Uganda conduzido por um par de pesquisadores escoceses.[34] Um chimpanzé macho e adulto, chamado Tinka, estava com as mãos quase paralisadas depois de ficar preso na armadilha de um caçador. Também tinha um problema crônico de pele. Como não era um chimpanzé de alto nível, não podia contar com os outros para coçá-lo. Então Tinka improvisava: segurava uma parreira com o pé e a roçava nas costas como quem se enxuga com uma toalha.

Coisa de gênio. Ao que consta, alguns chimpanzés jovens também acharam: passaram a se coçar ao estilo Tinka, apesar de *não precisarem*. Um dos pesquisadores, Richard Byrne, me contou que levantaram a hipótese de que os chimpanzés estivessem zombando de Tinka, ideia que ele desconsiderou: "Isso implicaria muito mais teoria da mente do que estou disposto a conceder a chimpanzés". O mais provável era que agissem assim simplesmente para entender qual era o sentido daquilo, ver o que estavam perdendo. "Claro que não havia sentido", Byrne declarou, "então com o tempo pararam de se coçar desse jeito." O curioso é que até as condutas mais arbitrárias e menos funcionais podem se espalhar. Em 2010, em um abrigo de chimpanzés na Zâmbia,[35] pesquisadores do Instituto Max Planck repararam que uma chimpanzé chamada Julie estava enfiando uma folha no ouvido. Ao contrário do mecanismo de Tinka para se coçar, o ato parecia não ter motivação nem mesmo para Julie. E no entanto, pouco tempo depois, eles notaram que a maioria dos chimpanzés do grupo também andava com grama no ouvido.

Esse tipo de comportamento imitador em muitos casos foi visto como rude e meio servil, por isso a conotação negativa do verbo "macaquear". Mas nenhum macaco gosta mais de macaquear do que os seres humanos. Em um estudo fascinante, os pesquisadores Victoria Horner e Andrew Whiten pediram a um ser humano que demonstrasse aos chimpanzés a forma certa de abrir uma caixa contendo comida como recompensa. Em certas situações, a caixa era opaca; em outras, transparente. Alguns dos movimentos que o guia humano fez eram necessários para abrir a caixa, outros não. Quando a caixa transparente era usada primeiro e os chimpanzés tinham mais noção do que estava acontecendo, ignoravam os passos irrelevantes que o modelo humano lhes demonstrava. Agiram assim mesmo quando tentaram abrir a caixa opaca: transferiram o aprendizado.

Porém, quando um experimento similar foi feito com crianças em idade pré-escolar, as crianças "tendiam a recriar os atos observados sem parecer considerar a eficácia causal de suas condutas".[36] Não foi como se as crianças não conseguissem entender a causa e o efeito ou abrir a caixa fosse complexo demais (pois pareciam imitar à risca mesmo quando a tarefa era facilitada). Horner e Whiten cogitaram que as crianças focavam mais no *modelo* do que na tarefa, mesmo quando o modelo não lhes mostrava a forma mais fácil de abrir a caixa. Macaquear é ser humano.

Se você tem filho pequeno, como eu, imagino que não precise de um experimento para saber da propensão das crianças a imitar. Um dia, perguntei à minha filha por que as pernas da calça estavam um pouquinho levantadas. Porque as de sua amiga Madeline estavam assim, ela justificou. "Você achou bonito assim ou é porque você gosta da sua amiga?", indaguei. A pergunta a deixou confusa e percebi que ela queria responder "As duas coisas" sem conseguir desenredar as causas. Parecia valer a pena copiar, por algum motivo qualquer.

Ironicamente, as coisas que em geral são as *menos* funcionais — como variações pequenas na moda — são as que mais queremos copiar. Isso ocorre exatamente porque, como sugeriu o sociólogo Georg Simmel mais de um século atrás, "independem dos motivos vitais da ação humana".[37] Gradações menores da moda adquirem grande força pela falta de sentido, bem como pelo custo relativamente baixo das alterações. Como observou Adam Smith, "os hábitos relativos à mobília mudam em velocidade menor do que os relativos à vestimenta, já que a mobília via de regra é mais durável".[38]

Mas a imitação acontece por todos os lados. Lembre-se dos experimentos em pré-escolas do capítulo 1: as escolhas culinárias das crianças dependiam do que os outros comensais comiam. Os seres humanos parecem ser programados para aprender socialmente, como se diante da incerteza o instinto nos levasse a confiar no que os outros estão fazendo. Esse instinto é tão forte que não só olhamos os outros para ver o que fazer, mas escolhemos fazer as coisas que os outros estão *olhando*. Em um estudo conduzido por Henrich e outros pesquisadores da Universidade da Colúmbia Britânica, crianças assistiam a vídeos de "modelos" adultos comendo.[39] Certos modelos eram observados por transeuntes; em outros vídeos, os transeuntes desviavam o olhar. Mais tarde, quando lhes perguntaram qual comida preferiam, as crianças tendiam a escolher a do modelo que era observado. "Quando as dicas ambientais não são de alta qualidade", concluem Henrich e Robert Boyd, "os indivíduos imitam."[40]

Pense no famoso experimento do psicólogo Stanley Milgram, em que pediu aos voluntários que parassem em uma esquina de Nova York e olhassem para o alto de um prédio — para o nada. Quanto mais gente olhava para cima, mais gente parava para olhar. E por que não? Como não haveria algo importante no que tantas pessoas estavam fazendo?*

Mas se a aprendizagem social é tão fácil e eficaz, se toda essa imitação é uma ótima maneira de garantir a sobrevivência dos nossos genes, é preciso questionar por que alguém age de

---

* A aprendizagem social pode, é claro, ser disfuncional. Todo mundo "aprendeu" a fumar com alguém; certas pessoas até aprenderam a fumar a conselho de profissionais da saúde.

maneira diferente. Ou até por que alguém, como Spyke, abandona uma inovação. Trata-se de uma pergunta feita pela própria evolução: por que existe tanta coisa para a seleção natural peneirar? A sobrevivência dos mais aptos, segundo destacou o biólogo Hugo de Vries, não explica a "chegada do mais apto".[41] Jørn Utzon poderia ter entregado um projeto de casa de ópera mais tradicional; os impressionistas poderiam ter caído nas graças do gosto mercadológico da época. O artista ou inovador que sofre ataques dos contemporâneos parece um altruísta genético, sacrificando a conveniência imediata em nome da recompensa futura do coletivo.[42]

Boyd e Richerson sugerem que há um equilíbrio ideal entre aprendizagem social e individual em qualquer grupo. Se houver aprendizes sociais em excesso, a capacidade de inovar se perde: as pessoas sabem como pescar aquele peixe porque aprenderam com o ancião inteligente, mas o que acontece quando o peixe se extingue? Pouquíssimos aprendizes sociais, e a população pode ficar tão atarefada com a tentativa de aprender coisas por conta própria que a sociedade não prospera: enquanto as pessoas se ocupavam de inventar um arco e flecha melhor, alguém se esquecia de procurar comida.

Talvez um senso arraigado da utilidade evolutiva dessa diferenciação explique por que os seres humanos — em especial os "WEIRD"* — se sentem tão divididos entre a vontade de fazer parte de um grupo e a vontade de ser indivíduos singulares. Vamos dar a isso o nome de distinção conformista. As pessoas desejam a sensação de que seus gostos não são únicos, porém

---

* Sigla, difundida por Henrich, para os países "Western, Educated, Industrialized, Rich, and Democratic", isto é, ocidentais, instruídos, industrializados, ricos e democráticos.

sentem uma "angústia" quando lhes dizem que são exatamente como outra pessoa.[43] Pense no incômodo vertiginoso que você sente quando um colega de trabalho surge com a roupa parecida com a sua. A piadinha inevitável: "Vocês combinaram a roupa antes de sair de casa?". Buscamos um meio-termo feliz, como a pretendente a Miss América no filme *Bananas*, de Woody Allen, que responde a um repórter: "Opiniões diferentes devem ser respeitadas, mas não quando são diferentes demais".[44]

Segundo a teoria da distinção ótima,[45] as pessoas se filiam a grupos de maneiras que lhes permitam sentir que fazem parte dele, porém estão à parte (isso pode ser percebido em um ato simples como o pedido de pratos em um jantar em grupo). Se apenas nos conformássemos, não haveria gosto; tampouco haveria gosto se ninguém se conformasse. Nos conformamos localmente e nos diferenciamos globalmente. Os psicólogos Matthew Hornsey e Jolanda Jetten identificaram nossas formas de tentar fazer isso.[46] Uma delas é escolher um grupo de bom tamanho ou, caso o grupo seja numeroso demais, escolher um subgrupo. Ser não somente democrata, mas democrata centrista. Não apenas gostar dos Beatles, mas ser fã do John.

Outra estratégia de distinção conformista é conhecida como conformidade superior do self. Você pode demonstrar sua individualidade ao, paradoxalmente, mostrar como se conforma muito mais às normas do grupo do que outras pessoas: por exemplo, "Sou mais punk/country/republicano/vegano [insira aqui seu grupo] do que você". Em um estudo com pessoas com piercings no corpo,[47] quem se identificava mais com o grupo — os mais conformistas — era exatamente quem mais queria se distinguir da cultura predominante.

Quando se distinguir das correntes dominantes se torna muito exaustivo, pode-se macaquear uma versão perceptível das tendências atuais. Foi essa a proposta da tendência antimoda[48] "normcore",[49] em que pessoas antes empenhadas em seguir a moda diziam estar adotando uma vida simples, por mera fadiga, optando por enfadonhos tênis New Balance e jeans comuns. O normcore estava mais para um projeto de arte conceitual do que um estudo de caso mercadológico,[50] mas era um projeto cuja premissa — "a atitude mais diferente a se tomar é se recusar completamente a ser diferente", declarava o manifesto — parecia tão plausível que foi basicamente um desejo trazido à luz por uma mídia que se regala com novidades como Saturno com o filho. Por mais novo que parecesse o normcore, Georg Simmel já falava nele há um século: "Se a obediência à moda consiste em imitação de um exemplo, o desprezo consciente da moda representa imitação similar, mas sob o sinal inverso".[51]

Portanto, voltemos a Spyke. Quando viu seu ímpeto de individualidade (que partilhava com outros parecidos com ele) ser ameaçado por alguém de fora do grupo, ele seguiu em frente. Todas as coisas que considerava ameaçadas — a barba no queixo, a arte com conchas — e das quais estava disposto a abrir mão eram, é claro, não funcionais. Como destacam Jonah Berger e Chip Heath, demonstramos nossa identidade apenas em certos domínios: é pouco provável que Spyke troque de marca de papel higiênico ou escova de dentes só por ter descoberto que sua nêmese usa os mesmos produtos. Quando todo mundo ouvia discos de vinil, tratava-se de um material utilitário que possibilitava a audição de música; foi só quando quase se extinguiram como tecnologia que os vinis se transformaram num jeito de sinalização de identidade — e, enquanto escrevo isto, há indícios de um "ressurgimento da fita cassete".

Em um experimento revelador conduzido na Universidade Stanford, Berger e Heath venderam pulseiras Livestrong da

Lance Armstrong Foundation (numa época em que sua popularidade não parava de crescer) em um dormitório-alvo. Na semana seguinte, venderam-nas no dormitório cujos moradores eram nerds da informática. Uma semana depois, o número de usuários da pulseira no dormitório-alvo caiu 32%. Os residentes do dormitório-alvo não detestavam os nerds — ou pelo menos era o que diziam —, só achavam que não eram *como* eles. E assim a tira de borracha amarela, usada por uma boa causa, se tornou um instrumento de sinalização de identidade, de gosto. A única forma de o grupo-alvo evitar a ligação simbólica com os nerds era "abandonar" o gosto e seguir em frente. Tanto quanto a busca por novidades, novos gostos podem ser uma rejeição consciente ao que veio antes — e um distanciamento daqueles que agora desfrutam daquele gosto. "Eu gostava da banda antes de ela ficar famosa", declara o lugar-comum.

O antropólogo Richard Wilk observa que, como é mais fácil sinalizar os gostos do que as aversões em público, "isso talvez explique por que o consumo é muitas vezes ostensivo enquanto a rejeição e o tabu geralmente são mais discretos e reprimidos".[52] Ao ver uma pessoa saindo do açougue, Wilk exemplifica, você pode ter certeza de que ela gosta de carne. Se uma pessoa compra legumes, no entanto, ela não necessariamente demonstra não gostar de carne.

É comprovado que a aversão exerce uma força maior na formação de coesão social do que os gostos. Conforme notou o historiador John Mullan, uma das primeiras referências de "bom gosto" (não do gênero culinário) na Inglaterra, a peça teatral de William Congreve *The Double-Dealer* [O impostor], datada de 1693, "diz que alguém não o tem".[53] Aversões partilhadas pelo grupo tiveram enorme influência sobre a história da arte, como ressaltou E. H. Gombrich: "A maioria dos movimentos artísticos constrói um novo tabu, um princípio negativo", baseado no "princípio da exclusão".[54] Do impressionismo ao punk rock, artistas se contrapuseram a algum status quo artístico precedente. Os dadaístas simplesmente levaram essa atitude ao extremo, se declarando "contra tudo".

O que o gosto "diz sobre nós"[55] é sobretudo que queremos ser como outras pessoas das quais gostamos e que têm esses mesmos gostos — até certo ponto — e diferentes daqueles que têm outros gostos. É aí que a ideia de "transmissão conformista", de apenas aprender socialmente o que todo mundo faz, se complica. Às vezes aprendemos o que os outros estão fazendo e paramos de fazê-lo. Como os Sneetches do Dr. Seuss, nós "contraimitamos".[56]

E tem a questão de estarmos ou não *conscientes* de que assimilamos o comportamento alheio. Quando alguém sabe que está sofrendo influência de outra pessoa e essa outra pessoa também sabe disso, trata-se de persuasão; quando não tem ciência de que é influenciado, e o influenciador não percebe a influência que exerce, trata-se de contágio.[57] No tocante ao gosto, é raro supor que assimilamos coisas ao acaso. Por meio do "viés do prestígio", por exemplo, aprendemos com pessoas consideradas importantes socialmente. A explicação clássica da sociologia sempre foi de cima para baixo: a classe alta adotava alguma preferência e as classes mais baixas iam atrás, depois a classe alta rejeitava a preferência e adotava um gosto novo. "Naturalmente, as classes mais baixas observam e se esforçam rumo à alta classe", escreveu Simmel, como se citasse uma regra biológica.

Mas nem sempre funciona de forma tão clara. Penso no uso do "'tipo' entre aspas", a agora onipresente tendência a dizer algo do gênero "Eu falei, tipo, 'Não é possível'". A expressão conquistou a língua por meio de jovens de classe média (nem de longe a elite cultural de Bourdieu).[58] Na cultura, os onívoros, conforme vimos no capítulo 3, volta e meia "descem" na escuta. Uma comida como lagosta subiu e desceu inúmeras vezes ao longo da história, oscilando entre iguaria da classe alta cobiçada e sinal de "pobreza e decadência".[59] E há também um problema espinhoso que Bourdieu engavetou: mesmo entre classes sociais semelhantes, os gostos divergem. A que isso se deve?[60]

Os gostos mudam quando as pessoas almejam ser diferentes das outras; mudam quando tentam ser como as outras. Grupos "transmitem" gostos a outros grupos, mas os gostos podem por si *criar* grupos.[61] Diferenças pequenas, aparentemente banais — que tipo de café alguém bebe —, se tornam pontos "reais" de disputa cultural.[62] Quanto mais gente tem acesso ao que se diz ser o gosto correto, mais refinadas são as gradações. Observe as variedades de "distinção" disponíveis agora e que antes eram artigos homogêneos, como café e jeans azul; quem seria capaz de imaginar o que era "origem única" ou "ourela" poucas décadas atrás? Existe um fluxo e refluxo de conformidade e diferenciação e um ciclo quase paradoxal: um indivíduo, como Spyke, em Portland, quer ser diferente. Mas, querendo expressar essa diferença, procura outros que a partilham. Conforma--se ao grupo, porém os conformistas do grupo, por serem parecidos, fazem aumentar a sensação de que são diferentes de *outros* grupos, assim como os usuários de pulseiras Livestrong as tiraram ao ver que outro grupo as usava.[63] A adoção de gostos é guiada em certa medida por essa manobra social, essa aprendizagem e esquivamento. Mas esse não é o quadro na íntegra. Às vezes os gostos mudam simplesmente por causa de equívocos e contingências.

Famoso por acaso: da aleatoriedade e imprevisibilidade do gosto

Em uma clareira onde fios elétricos serpenteiam por uma floresta nas colinas de Berkshire, uma equipe de pesquisadores da Universidade de Massachusetts têm gravado, há várias décadas, as canções do canoro de asas castanhas, um passarinho americano de vistosa crista amarela. Os cantos, segundo o juízo do *Guide to North American Birds* [Guia dos pássaros norte-americanos], da Audubon, são "suntuosos e musicais, com um final enfático".[64] De modo geral, são dois os tipos de canções que os pássaros entoam: "tonal" ou "atonal" (o primeiro tem uma "sílaba final alta e distintiva", o segundo não). Cantos tonais são, via de regra, usados para atrair parceiras; aliás, os canoros machos, assim como maridos que "relaxam" na aparência após a conclusão do galanteio, quase sempre param de cantar depois que arrumam um par. Já os cantos atonais não raro são empregados em conflitos entre machos.

Ao examinar as gravações dos canoros, os pesquisadores perceberam que as canções atonais mais populares entre os passarinhos em 1988 tinham praticamente desaparecido em 1995, substituídas por um novo repertório. Assim como na lista das cem canções mais vendidas da *Billboard*, o canoro de asas castanhas em pouco tempo havia partido, musicalmente, para um novo conjunto de "gostos". O que estava acontecendo? Por que a novidade surgiria se a adaptação de uma espécie ou de um pássaro, a capacidade de transmitir genes à geração seguinte, quase sempre favorece a conformidade em termos de comunicação — a entoação das canções que todos conhecem, da forma que todos as conhecem? Será que os canoros machos travavam batalhas de improvisação musical como os DJs de hip-hop na Nova York dos anos 1980, tentando desbancar os rivais com seu virtuosismo, as variações argutas no fraseado musical?

Bruce Byers, biólogo da Universidade de Massachusetts e chefe da pesquisa, acha que existe um fator mais prosaico em jogo: os passarinhos simplesmente *erram* as canções. "Há variações entre os indivíduos de uma espécie quanto à precisão com que imitam", ele me disse. "Assim como acontece com as pessoas." E a imitação perfeita, ele observou, "supostamente tem seu preço. Você tem de manter a capacidade intelectual necessária para fazer imitações precisas. Então, a não ser que haja um grande benefício que compense o preço, é de esperar os descuidos, as pequenas discrepâncias na cópia em comparação com o modelo que os passarinhos imitam".

Os cantos tonais, que atraem pares, em contrapartida, pouco mudaram. Byers desconfia que sejam essas as canções cujo acerto vale a pena. As fêmeas, segundo descobriu, preferem o macho que, como um Marvin Gaye aviário, canta "de modo mais uniforme e em tom mais agudo". Quando os machos entoam a mesma canção, é mais fácil saber quem se sai melhor; se você é macho (e quer passar seus genes adiante), faz sentido gastar mais energia para *acertar em cheio* a canção.

No que diz respeito aos cantos atonais, sempre em evolução, não é que os passarinhos quisessem novidades ou que um canoro criativo tenha se disposto a inventar um estilo novo. Tampouco imitavam como se fossem submissos às novas variantes musicais de um canoro com prestígio. E não é que as canções tenham mudado da noite para o dia. Ao estilo do princípio "mais avançado, porém aceitável" de Raymond Loewy, é provável que cada série nova de canções fosse similar às anteriores, mas com pequenas distorções.[65] Visto que muitas das canções atonais são usadas com menos frequência, só saindo do baú perante os rivais, os passarinhos poderiam estar enferrujados na hora de entoá-las.

Os cantos que somem primeiro, como se pode imaginar, são aqueles que já eram raros.[66] O canto dos pássaros é como os adequadamente denominados tuítes do Twitter: memes que vicejam[67] entre as populações aviárias, assim como hashtags que se espalham no Twitter, precisam, como condição básica de sobrevivência, de amplo compartilhamento (isto é, mais "seguidores") e manifestação frequente (isto é, retuitadas). Caso contrário, estão suscetíveis à "extinção por acaso".

Portanto, o erro e a cópia fortuita traziam mudanças à cultura aviária (enquanto outros elementos permaneciam iguais). Com relação a seres humanos, podemos pensar nos cantos imutáveis, tonais, como crenças "básicas": religião, moralidade, a maneira como as pessoas se veem. Por serem importantes no sentido evolutivo de longo prazo, investimos mais tempo nelas. Os cantos atonais, por outro lado, são como a moda e as preferências, sujeitos a mudanças exatamente por não ser importante que se mantenham iguais, já que têm menos utilidade para o nosso êxito evolutivo (pense no baixo índice de sucesso dos sites de namoro, que se fiam bastante em combinações puramente estatísticas de informações facilmente transmissíveis como música predileta ou hobbies).

Um exemplo humano tangível do que está acontecendo com o canto dos passarinhos está nos verbos irregulares do inglês. Por que alguns deles foram convertidos, com o tempo, em verbos "regularizados"? E por que outros continuaram irregulares? Como observam os cientistas de dados Erez Aiden e Jean-Baptiste Michel, ao falar que alguém prosperou, não se usa mais "throve", e sim "thrived". Utilizando uma base de dados constituída de textos em inglês, eles descobriram que, quanto mais se empregava um verbo irregular, mais provável seria que continuasse assim. Por quê? Porque os verbos irregulares com que raramente lidamos são aqueles cujas formas irregulares somos menos propensos a lembrar; assim, os convertemos, por meio do erro, em verbos regulares. Segundo eles, trata-se de um processo de seleção cultural: "O verbo mais frequente é o mais apto a sobreviver".[68] Não houve conspiração para matar o "throve", e "thrived" não tem um carisma inato. "Thrived" vicejou porque as pessoas não conseguiam se lembrar da forma irregular, usada em raras ocasiões.[69] As pessoas cometiam erros, "thrived" era copiado, mais ou menos ao acaso, e, pronto, em poucos séculos o pretérito perfeito de "thrive" se transformou, assim como o cantarolar dos canoros.

Esse fato traz à tona a dúvida do quanto nossos gostos evoluem, no plano social mais amplo, devido a processos mais ou menos acidentais, fortuitos, "mutações" culturais não necessariamente melhores, apenas diferentes. A música é repleta de momentos em que equívocos viram inovações[70] (por exemplo, a ascensão do ruído de "arranhão" do hip-hop, o uso exagerado de Auto-Tune em "Believe", canção de Cher), inovações que acabaram mudando os gostos. O primeiro uso de distorções de guitarra em gravações é, como inúmeras histórias de criação artística, uma questão histórica em debate. Sem dúvida um guitarrista tinha um equipamento qualquer que funcionou mal — ou talvez tenha apenas aumentado demais o volume — e extraiu certo prazer da imperfeição resultante. Então outra pessoa gosta do que ouve e resolve imitar, dando seu próprio toque, levando o efeito além.

E assim, em poucas décadas,[71] passamos do leve (embora instigante na época) zunido em uma canção esquecida, pré-rock, como "Rock Awhile", de Goree Carter, lançada em 1949, ao rosnado vigoroso de The Kinks em "You Really Got Me" (feita com

Dave Davies arranhando o amplificador com uma lâmina de barbear) e o uivo a todo vapor de Jimi Hendrix (agora feito por engenharia eletrônica via pedal personalizado e enormes amplificadores Marshall). Nenhum guitarrista sabia que iria curtir até acontecer; caso contrário, teria mudado antes o jeito de tocar. Até o gesto de Pete Townshend, de quebrar a guitarra, começou como "mero acidente".[72] Nas palavras de Bourdieu, "descobrir que algo é do seu gosto é descobrir-se, descobrir o que... se tinha a dizer e não se sabia como expressar, e, consequentemente, não se sabia".[73]

A transformação do gosto é como a hipótese do mercado eficiente, ou a ideia de que o passado dá maus conselhos sobre o futuro. Esperamos mudanças espasmódicas nas paradas da música pop, mas pense nas cores mais comuns para os móveis de casa, as raças de cachorro mais populares, ou os nomes de bebês mais escolhidos. Em qualquer que seja o ano, haverá certa ordem. Mas é quase certeza de que será diferente de cinco anos antes, assim como será diferente cinco anos depois. Será que essa renovação pode ser explicada ou até mesmo *prevista*? Não falo no sentido de saber quais raças ou nomes ou cores estarão em alta ou em baixa (porque, segundo a hipótese do mercado eficiente, se soubéssemos o que será popular, o produto já seria popular). Mas o *ritmo* da mudança é previsível? É essa a promessa do que foi chamado de "modelo neutro" das mudanças culturais.

O conceito se origina de uma teoria genética, revolucionária quando apresentada em 1968, que "previa que a vasta maioria das transformações evolutivas no nível molecular são causadas não pela seleção, mas pelo desvio aleatório de mutações seletivamente neutras".[74] Em outras palavras, em geral as mudanças genéticas simplesmente *aconteciam*. Não eram geradas por pressão seletiva externa, funcional (por exemplo, um fato do meio ambiente local), mas sozinhas, como se guiadas pela lógica interna, cujas probabilidades poderiam ser estimadas.

Se aplicado à cultura, o "modelo neutro" diz que algo como a lista de raças populares mudará com regularidade. Certos cães ganharão popularidade de repente — não por uma raça ser melhor que outras ou as classes altas de súbito preferirem uma às outras. A bem da verdade, a popularidade muda através da "imitação aleatória", ou uma pessoa querer um cachorro por ter visto outra com um cachorro. Foi isso o que R. Alexander Bentley, antropólogo da Universidade de Durham, na Inglaterra, e seus parceiros de pesquisa descobriram depois de examinarem muitos anos de registros de raças.[75] Da perspectiva estatística, o índice de popularidade das raças caninas segue a lei da potência: cerca de uma dúzia de cães formam a maioria nos registros de cada ano. Mas *quais* são as raças é um indicador sujeito a mudanças, e as mudanças parecem não ter razão. Uma raça pode ser alçada da obscuridade à popularidade sem nenhuma campanha publicitária; também pode perder a popularidade sem motivo aparente.

Os cachorros que estão no auge não se tornam populares, por exemplo, porque algo faz com que sejam cachorros intrinsecamente *melhores*. Um estudo que avaliou as características positivas das raças (bom comportamento, vida reprodutiva, menos transtornos genéticos) e a popularidade não encontrou ligação entre as duas.[76] Às vezes, raças criadas para serem menos saudáveis chegam ao ápice da popularidade (chame isso de "seleção inatural"). É comum até os seres humanos optarem por cães que não se adaptam funcionalmente a *seres humanos*. Harold Herzog, coautor de Bentley e professor de psicologia da Western Carolina University, destaca que em uma década os rottweilers subiram do 25º para o primeiro lugar na preferência dos Estados Unidos.[77] Em seguida, de acordo com Herzog, houve um aumento exorbitante no número de pessoas mortas por rottweiler, e então, não é nenhuma surpresa, deu-se o declínio acentuado na quantidade de registros de cães da raça.

Sem dúvida, há casos de pressão seletiva no que tange à popularidade das raças de cachorros. Um dos mais fortes são os filmes infantis: depois de *Os 101 dálmatas* e *Soltando os cachorros*, da Disney, os registros de dálmatas e pastores ingleses cresceram. Quanto maior a bilheteria,[78] mais impulso ganhavam as raças (embora, em certos casos, o rabo tenha chegado antes do cachorro, visto que a raça já estava em ascensão e talvez por isso sua escolha para o filme). Filmes associados ao furor por certas raças, no entanto, observa Herzog, são "a exceção, não a regra", e vêm perdendo força. Ele ressalta que, após a famosa campanha publicitária da Taco Bell, estrelada por um chihuahua, registros de cães dessa raça *caíram vertiginosamente*; o que era bom para as vendas da Taco Bell, pelo menos a princípio, parecia ruim para a raça. E o que dizer de quem vence a Exposição de Cães de Westminster? Essa, afinal de contas, seria a explicação para o "aumento fabuloso na popularidade dos poodles"[79] na década de 1950. Se isso ocorria então, ao que consta não ocorre mais: os vencedores de Westminster não mexem mais a patinha, em termos de raça, nos anos que se seguem à vitória.

Assim como aconteceu com o *Mercado da Babilônia* de Edwin Long, quaisquer que sejam as raças mais cobiçadas do momento — e por mais que a gente goste de imaginar que estão nessa situação porque são melhores sob algum aspecto —, a única coisa passível de previsão em relação ao gosto futuro é que ele sofrerá mudanças. Uma vez, na sala de reuniões no último andar de uma faculdade de artes de Londres, testemunhei um encontro anual secretíssimo organizado pela Pantone, a empresa de cores, repleta de especialistas em cor. São pessoas que não enxergam apenas a cor preta, mas discutem afavelmente a "família dos pretos". O objetivo era tentar prever quais cores explodiriam no ano seguinte. Assim como produtores de cinema em busca do cachorro ideal — que vem surgindo nas margens, mas não está exposto demais —, os coloristas estavam antenados no que já ganhava força ou estava sendo empregado de novas formas (por exemplo, "um belo azul-marinho vai ocupar o papel que antes era do preto"). Depois de achar a faísca, os "prognosticadores" da empresa botavam gasolina no fogo.

Depois que a empresa previu o laranja como a cor do verão de 2011, por exemplo, eu soube por um executivo da Firmenich, empresa de sabores e fragrâncias, que "você pode olhar para o que está no mercado — o laranja avermelhado ou o laranja-fogo". Estava latente no novo Camaro, no computador Sony Vaio, na nova linha Orange de Hugo Boss. "Você vai ligando os pontos rastreáveis", explicou o executivo. Como surfistas, os prognosticadores navegavam a onda já em andamento, e como na física complexa que justifica "ondas monstruosas"[80] que "surgem do nada", o laranja, com certeza, foi atirado à areia pelo oceano de possibilidades coloridas. Como ondas bravias, a popularidade tende a não ser linear: depois que ganha volume, fica maior do que seria possível antever a partir de seu estado inicial (ondas bravias "roubam" a energia das ondas ao redor; cachorros populares "roubam" o ímpeto de outros cachorros).

O que torna o modelo neutro tão interessante, segundo Bentley, é o fato de suprir uma forma de reflexão, no "plano populacional" mais amplo, de por que coisas como predileções vão e vêm. Do ponto de vista estatístico, o índice de renovação, em indicadores bem distintos de popularidade — das cem músicas mais vendidas da *Billboard* aos nomes de bebês, passando pelas "palavras-chave" que aparecem nos trabalhos acadêmicos de determinado ano —, dá a impressão de ser sempre igual, como se houvesse uma lei natural de rotatividade.

Quanto aos nomes de bebês, Bentley alega que enquanto a população de um país cresce, novos nomes são criados (e outros somem) e alguns específicos ganham e perdem popularidade, porém a configuração estatística geral de sua popularidade pouco se altera devido ao modo aleatório como as pessoas copiam os nomes umas das outras. Lembre-se de que, desde que se originou na genética, o modelo neutro decreta que genes não podem ser selecionados. Não são escolhidos por motivos "adaptativos", sendo um "intrinsicamente" melhor que os outros. Seriam os nomes de bebês, conforme argumenta Bentley, verdadeiros "traços culturais de valor neutro, escolhidos proporcionalmente do conjunto de nomes existentes, criados pela 'mutação' e perdidos através da amostragem"?

Os nomes há muito fascinam pesquisadores que lidam com gostos. Como destacou Stanley Lieberson, sociólogo da Universidade Harvard, nomes, ao contrário de outras modas, geralmente são para a vida toda. Nenhum publicitário o convence a optar por um nome, e eles têm "valor neutro" em termos monetários. "Não custa mais dar à sua filha o nome *Lauren* ou *Elizabeth*", ele explica, "do que custaria chamá-la de *Crystal* ou *Tammy*."[81] Lieberson relembra que antigamente os nomes eram cheios de tradição e restrições sociais: adotava-se o nome de família ou um nome inspirado na religião — às vezes a ponto de as alternativas começarem a minguar. No modelo genético, os nomes enfrentavam uma seleção mais firme, em especial no caso de meninos (na Inglaterra do século XIX, por exemplo, era um surto constante de William, John e Henry). Mas, no final do século XIX, os nomes, assim como diversos aspectos da cultura, se baseavam cada vez mais na escolha pessoal: "se os pais gostavam ou não do nome".

Nomes deixaram de ser tradição para serem moda. E a moda, diz Lieberson, é guiada por duas forças grandes e distintas. A primeira são os fatores externos, um efeito dominó social, como a ascensão do nome Jacqueline nos Estados Unidos a partir de 1961 graças à notoriedade da famosa primeira-dama. Entretanto, essas correlações externas grandiosas nem sempre funcionam. Lieberson descobriu que o crescimento dos nomes bíblicos corresponde ao *declínio* das idas à igreja; além disso, as pessoas menos religiosas os usavam.

Ele sugere que mais importantes são os "mecanismos internos", norteadores das mudanças de gostos "na ausência de transformações externas". No que chama de "efeito catraca", alguma mudança nova, pequena, é introduzida (como a simples troca da letra em um nome, de Jenny para Jenna). Uma mutação, diria o modelo genético. A ela se soma outra discreta mudança de gosto, tipicamente na mesma direção. Assim, a barra da saia ou o cabelo fica um pouco mais comprido e depois um pouquinho mais, até que chegam a um ponto contraproducente — ou simplesmente ridículo. Sente-se o eco de Loewy: mais avançado, porém aceitável.

O afã talvez seja de associar a mudança de gosto, depois de ocorrida, a algum fator social (X se popularizou devido a Y). Mas geralmente é difícil escapar da sensação de pura casualidade e reprodução. Lieberson ressalta que os nomes masculinos terminados em *n* ganharam popularidade na segunda metade do século XX (talvez tenham atingido o auge em 1975, quando

Jason, pouquíssimo comum nas décadas anteriores, chegou a segundo lugar). Em seguida, entraram em declínio. O que houve? Não é como se o som do *n* tivesse um grande valor intrínseco ou se fôssemos programados biologicamente para preferir nomes com *n* — se fosse assim, por que sua ascensão teria estancado? Na verdade, é como se as pessoas, tal como os canoros, ouvissem um som, gostassem dele e o adotassem. A análise estatística de um século de nomes revelou que, mesmo levando em conta a popularidade desfrutada no passado, era mais provável que os nomes fossem usados quando um som contido nele havia sido popular no ano anterior.[82]

Depois que o som é introduzido no quadro da nomeação, ele abre as portas para os "erros", imitações ligeiramente equivocadas: Jennifer, muito comum na década de 1970, segundo Lieberson, "gera interesse" por vários nomes de sonoridade parecida (como Jessica). O acontecimento que impulsiona um som popular pode ser literalmente um acaso: um estudo sobre padrões de nomeação na sequência de furacões — cujos nomes são escolhidos a esmo de uma lista — revelou que aumentam os nomes com a mesma inicial do furacão.[83] Quanto maior o furacão, maior é o crescimento (até certo ponto), pelo simples fato de que o "fonema" foi jogado no ar. Não é muito diferente da maneira como um livro de "gênero" que chega à lista dos mais vendidos do *New York Times* faz explodir as vendas do mesmo gênero, como se, depois de ler um, as pessoas sofressem uma discreta influência que as levasse a ler outros.[84]

A esta altura, você deve estar reclamando da impressão de que somos todos parasitas maquinais marchando em fila, dando aos filhos nomes baseados em algo entreouvido na mercearia ou na previsão do tempo, fazendo coisas sem nenhuma consciência. De fato, os críticos do modelo neutro insistem que há quase *sempre* algum tipo de seleção parcial em jogo. A mais comum é a própria popularidade: o que é popular é reproduzido por ser popular.

Mas existe também uma força seletiva oposta: quando as pessoas começam a *não* fazer algo (escolher um nome, retuitar um tuíte) por perceberem que muita gente já está fazendo. Economistas chamam isso de "demanda não funcional", ou tudo o que impulsiona (ou reduz) a demanda e nada tem a ver com "as qualidades inerentes ao produto".[85]

Embora o desvio neutro declare que uma alternativa não é melhor que outra, não raro os nomes têm valores intrínsecos. Conforme demonstrou um estudo,[86] a probabilidade de que pessoas com nomes supostamente de cunho racial (Latonya e Tremayne, por exemplo) recebessem um retorno em entrevistas de emprego era mais baixa; outra análise revelou que ter nome alemão após a Primeira Guerra Mundial dificultava a obtenção de um assento na Bolsa de Valores de Nova York (e menos crianças foram batizadas Wilhelm e Otto).[87] Ou eles têm um valor intrínseco aparente, como um toque de classe.* Nomes distribuídos pela cultura de modo neutro talvez estejam sob uma espécie de pressão seletiva "fraca".[88] Talvez um pai ou uma mãe, depois de ler o romance *Precisamos falar sobre o Kevin*, a história de um filho violento através do olhar materno, resolva não dar esse nome ao filho (reduzindo assim a chance de que alguém copie a ideia) devido à conotação negativa de que poucos têm ciência.

Quando toquei no assunto com Bentley, ele insistiu que era justamente esse o mérito do modelo neutro: se a mudança

---

* No meu bairro do Brooklyn, volta e meia tenho a sensação de que os pais exibem os nomes dos filhos como se fossem merchandising em campanhas de marketing de seus estilos de vida.

cultural vista no nível amplo, que abarca toda a população, nos leva a imaginar que a cópia aleatória é a força motriz de tudo, o ruidoso tecido estatístico vira um pano de fundo mais fácil para a verificação do que quando as pressões seletivas realmente *estão* funcionando. Quando se olha uma estrada engarrafada de cima, na hora do rush, tem-se a sensação de que todos os motoristas basicamente copiam uns aos outros: a rodovia segue naturalmente. Mas olhe melhor e talvez você perceba que um motorista segue outro de perto, aplicando a "pressão seletiva" que influencia o motorista da frente. O gosto é como o tráfego — um sistema complexo com parâmetros e regras básicas, uma câmara de feedbacks barulhenta onde alguém age como os outros e vice-versa, de modo que se torna quase impossível prever algum fato além de que, no final das contas, certo número de carros passarão por um trecho da via, assim como certo número de canções novas farão parte das cem músicas mais vendidas.

Tudo isso leva a uma última questão. Se o gosto muda por meio da aprendizagem social imitativa, seja ou não aleatório, seja ou não "enviesado", o que acontece quando as pessoas — graças à internet — têm mais oportunidades de ver, em detalhes, o que os outros andam fazendo?

Durante a minha adolescência, na década de 1980, um dia sintonizei, por acidente, uma estação na pontinha esquerda do dial e descobri um programa que tocava punk rock e outros gêneros de música eletrônica. A sensação era de que tinha me embrenhado em uma conversa travada em outra língua: eram canções que eu nunca tinha escutado (meu gosto era bem convencional, admito) e nada parecidas com tudo o que eu já ouvira.

Em pouco tempo me tornei fã daquela cacofonia esquisita e percebi o tempo que gastava nessa busca: eram muitas horas procurando álbuns obscuros em lojas obscuras em cantos obscuros da cidade, indo de carro a shows com gente suada de todas as idades em salões que não atendiam as normas, conversando com outros garotos da escola que pelo menos sabiam do que eu estava falando, sem nunca ter noção de quantas pessoas de outras cidades gostavam da mesma música. O tempo inteiro eu cultivava a convicção de que, se mais gente ficasse sabendo daquelas músicas, elas ganhariam popularidade (deixando de lado a questão incômoda, conforme a distinção ótima, de que meu próprio gosto por elas diminuiria *porque* mais gente gostaria delas).

Agora a situação é bem diferente. A internet significa que um clique pode dar acesso à maioria das canções do mundo; por meio de salas de bate-papo e outros fóruns, fãs dos gêneros mais rarefeitos podem se encontrar: a tecnologia explodiu os gargalos de distribuição, tornando mais barato e mais fácil alguém colocar uma gravação no mundo. Como mostrou o Echo Nest, gêneros inteiros podem surgir da noite para o dia e achar seus fãs. Em tese, minhas esperanças adolescentes viraram realidade: são poucos os obstáculos físicos que impedem alguém de ouvir o que quiser. A música é *horizontal*: ouvir uma canção obscura não exige empenho maior do que ouvir algo popular. Talvez, conforme eu imaginara, o outrora menos popular se tornaria mais popular, à custa do que já era popular, cuja relevância decairia à medida que mais pessoas descobrissem músicas da "cauda longa" para ouvir. No mínimo, os sucessos do rádio, aqueles de que enjoamos logo porque ouvimos com frequência, cairiam mais rápido no esquecimento devido ao grande número de materiais novos.

Não foi exatamente assim que aconteceu, descobri ao conversar com Chris Molanphy, crítico de música e analista obsessivo das paradas da música pop. "Havia uma grande teoria de que toda essa democracia em ação, essa captura do gosto das pessoas, engendraria mais renovação, não menos", ele declarou. "O fato é que se você olhar a lista dos sucessos, acontece exatamente o contrário. Os que eram grandes ficaram maiores ainda." É verdade que a vendagem de música como um todo caiu no novo ambiente digital, mas foram os álbuns do final das paradas — do número duzentos ao oitocentos — que se saíram pior. Os sucessos, enquanto isso, devoraram uma porção ainda maior do mercado geral em comparação com o que acontecia antes da internet.[89] A cauda longa sinuosa, nas palavras dele, mais parece um ângulo reto.[90] "É como se, depois de o país decidir que todo mundo se interessa por 'Fancy', da Iggy Azalea, ou 'Happy', do Pharrell" — para mencionar dois hits pop de 2014 —, "*todos* nós as escutássemos."

Ele as chama de "sucessos bola de neve": ganham impulso e arrastam tudo que há pela frente. Com mais impulso vem mais capacidade de resistência. A canção "Radioactive", dos Imagine Dragons, ficou entre as cem mais vendidas, "o carro-chefe das paradas pop da *Billboard*", por dois anos. Em contrapartida, uma música como "Yesterday", dos Beatles — como nota Molanphy, "a canção com o maior número de regravações de todos os tempos" —, permaneceu meras onze semanas na lista.

Não é só que a popularidade é autorrealizável: é que *não* ser popular é ainda mais. No clássico livro de 1963, *Formal Theories of Mass Behavior* [Teorias formais do comportamento coletivo], o cientista social William McPhee apresentou uma teoria que denominou "duplo risco". Ele ficou impressionado, ao olhar dados como pesquisas sobre a atratividade das estrelas de cinema e a popularidade de programas de rádio, pois, quando um produto cultural era menos popular, não era apenas menos conhecido (e portanto menos propenso a ser escolhido), mas menos *escolhido* por quem os conhecia — por isso o duplo risco. Isso significa que as paradas pop funcionavam, que os melhores subiam ao topo? Não necessariamente. McPhee especulou que a "alternativa menos conhecida é conhecida das pessoas que sabem de inúmeras alternativas *competitivas*".[91] Os favoritos, por outro lado, "se tornam conhecidos de pessoas que, ao fazer escolhas, conhecem poucas *outras* opções das quais escolher". Em outras palavras, as pessoas que escutam músicas mais obscuras provavelmente gostam um pouco de *muitas* músicas, enquanto os ouvintes devotos do Top 10 tendem a concentrar seu amor. Por meio de pura distribuição estatística, McPhee sugere, o monopólio "natural" emerge.[92]

Se esse já era o caso décadas atrás, por que a situação se tornou bem mais desequilibrada, bem mais abafada? Talvez, como discuti no capítulo 3, ter toda a música do mundo no bolso seja avassalador, o campo de pesquisa em branco perguntando o que queremos ouvir em seguida seja apavorante, e portanto as pessoas se abriguem no que já é bastante familiar. Ou talvez quanto mais saibamos o que as pessoas estão ouvindo — através de novas rotas de mídia social —, mais escutemos também.

Foi isso o que o cientista de redes Duncan Watts e seus colegas descobriram em um famoso experimento de 2006. Grupos de pessoas tiveram a oportunidade de baixar canções de um website de graça após ouvi-las e classificá-las. Quando os participantes viam o que os outros tinham escolhido, eram mais propensos a seguir sua conduta — portanto, canções "populares" se tornavam mais populares, canções menos populares se tornavam ainda menos populares. Essas escolhas, que sofriam influências sociais, eram mais *imprevisíveis*: ficava mais difícil saber como uma canção se sairia em termos de popularidade levando-se

261

em consideração a qualidade que relatavam ter. Quando faziam escolhas por conta própria, elas eram menos desiguais e mais previsíveis: as pessoas tendiam a optar pelas canções que diziam ser as melhores. Saber como outros ouvintes tinham agido não bastava para reorganizar totalmente seu gosto musical.[93] Como Watts e seu coautor Matthew Salganik explicaram, "as 'melhores' músicas nunca se saem muito mal e as 'piores' nunca se saem bem demais". Mas quando as opções alheias eram visíveis, eram maiores as chances de que as piores se saíssem melhor e vice-versa. "Quando decisões individuais ficam sujeitas à influência social", concluem eles, "os mercados não agregam a preferência individual preexistente."[94] A parada pop, em outras palavras, assim como o gosto em si, não funciona no vácuo.

O caminho rumo ao topo das paradas em tese ficou mais democrático, menos top-down, mais imprevisível: foi preciso que um vídeo se tornasse viral para que, um ano depois, "Happy", de Pharrell, virasse sucesso. Mas a hierarquia de popularidade no topo, depois de firmada, é mais íngreme do que nunca. Em 2013, estima-se que os artistas no 1% superior levaram para casa 77% de *todo* o rendimento do mercado.[95]

Enquanto as gravadoras ainda tentam articular a popularidade, Molanphy argumenta que é "o público em geral se infectando que agora decide se uma canção vai fazer sucesso". Ele observa que a inescapável "Gangnam Style" foi basicamente *imposta* às rádios, onde assumiu a 12ª posição nos Estados Unidos (sem nem computar o YouTube, onde foi mais ouvida). "Não houve manipulação para que isso acontecesse: as pessoas se encantavam com o vídeo apatetado e falavam para as outras: 'Você tem que ver este vídeo.'" O efeito bola de neve, ele sugere, se refletiu no rádio. "Blurred Lines", a canção mais reproduzida nos Estados Unidos em 2013, tocou *duas* vezes mais que a mais tocada de 2003.

É uma diferença acentuada em relação à década de 1970, período no qual minha obsessão pelo Top 40 chegou ao auge, quando o lugar-comum na indústria era que, nas palavras do veterano consultor de rádio Sean Ross, após uma espera insuportável, aparentemente longuíssima, "você escutava sua música predileta e desligava o rádio — missão cumprida". Molanphy diz que se o rádio tivesse acesso a dados de vendagem e audições como ocorre agora, teria tocado essas canções preferidas com muito mais frequência, e uma canção como "Yesterday" teria passado mais tempo nas paradas.[96] O que os dados cada vez mais precisos, em tempo real, sobre a conduta auditiva das pessoas fazem é reforçar ainda mais o ciclo de realimentação. "Sempre soubemos que as pessoas gostam do que lhes é familiar", ele declara. "Agora sabemos exatamente quando mudam de estação e, uau, se elas não conhecem uma música, *realmente* trocam de estação." Há uma tentativa quase desesperada de converter, o mais rápido possível, o novo em algo familiar.

As canções pop sempre foram casos fugazes. E os nomes de bebês, que supostamente são mais orgânicos e duradouros? Nesse quesito, a popularidade alcançou *sim* uma distribuição mais uniforme. Como destacam os pesquisadores Todd Gureckis e Robert Goldstone, o nome Robert foi o "sucesso bola de neve" de 1880: cerca de um em cada dez meninos receberam o nome. Em contraposição, Jacob, o grande nome de 2007, só batizou 1,1% dos meninos. Os nomes mais populares, observam eles, perderam "fatia de mercado". Mas algo mais se transformou com o passar dos anos. Na virada do século XX, os nomes mais populares tiveram flutuações fortuitas, porque, pode-se imaginar, mais famílias com pais chamados Robert tiveram meninos nesse ano.

Nas últimas décadas, no entanto, emergiu um padrão estatístico no qual o rumo que o nome tomava em um ano servia para prever — em um nível que ultrapassava o do mero acaso — que direção tomaria no ano seguinte. Os nomes ganhavam *ímpeto*. Quando a nomeação perde a carga da tradição cultural, onde as pessoas se inspiram para tomar a decisão? Umas nas outras. Em 1880, ainda que a escolha dos nomes fosse livre, levaria um tempo para que a popularidade deles se espalhasse. Mas agora que os futuros pais visitam websites repletos de dados ou testam nomes no Facebook, eles parecem capazes de adivinhar misticamente em que direção o nome vai caminhar, de se agarrar a um nome em ascensão (contanto que a ascensão não seja muito veloz, pois tal fato seria considerado um sinal negativo de que a moda será passageira) e de evitar os que estão em queda. É como tentar comprar ações de longo prazo em meio ao barulho da volatilidade de curto prazo.

Algo similar vem acontecendo tanto na música pop quanto na nomeação. As coisas se tornaram ao mesmo tempo mais horizontais — há cada vez mais canções para ouvir, cada vez mais opções de nomes para escolher — e mais "suscetíveis", como se, diante de todas as alternativas, as pessoas se sentissem atraídas pelo que os outros estão fazendo. A aprendizagem social virou aprendizagem hipersocial. No famoso tratado de 1930, *A rebelião das massas*, o filósofo espanhol José Ortega y Gasset descreveu como "o mundo de repente se ampliou".[97] Graças à mídia moderna, ele declara, "cada indivíduo vive habitualmente a vida do mundo inteiro". O povo de Sevilha poderia acompanhar, conforme ele menciona, "o que acontecia aos poucos homens próximos ao polo Norte". Também temos acesso muito maior às coisas: "O leque de possibilidades apresentadas ao comprador dos dias atuais é praticamente infinito". Havia um "nivelamento" das classes sociais, que abriam "possibilidades vitais", mas também uma "mistura esquisita de poder e insegurança que havia encontrado moradia na alma do homem moderno". Ele afirmou que esse homem se sentia "perdido na própria abundância".

A esta altura, a visão de Ortega nos parece curiosa. Morar em uma cidade grande como Nova York já é conviver com um turbilhão de alternativas: dizem que o número de opções de produtos para comprar em Nova York é maior — em ordem e grandeza — do que o de espécies documentadas no planeta.[98] Nas palavras de Bentley, "de acordo com a minha contagem mais recente, temos 3500 laptops diferentes no mercado. Como é que alguém toma uma decisão que 'maximiza a utilidade'?". O custo de descobrir qual deles é de fato o melhor está além do indivíduo: talvez, na verdade, haja pouca diferença entre eles em termos de qualidade, assim qualquer escolha pode refletir simplesmente a cópia aleatória (de novo o "desvio neutro" entra em ação, segundo ele). É melhor dizer — aqui ele pega emprestada uma fala de *Harry e Sally: Feitos um para o outro* — "Quero a mesma coisa que ela".

E a gente sabe muito bem o que é isso! Se, para Ortega, missivas jornalísticas de exploradores pareciam atirar o leitor em um vertiginoso giro global, o que ele acharia da situação atual, em que uma onda de tuítes surge antes mesmo dos plantões de notícias, que então se transformam em cobertura completa, seguidas por editoriais nos jornais do dia seguinte? Ele precisaria levar em conta as mídias sociais, em que volta e meia temos a sensação de que vivemos "a vida do mundo inteiro": temos a consciência periférica, em tempo real, do paradeiro, das realizações, das atualizações de status de várias pessoas, através de inúmeras plataformas.

Ortega deu a isso o nome de "o aumento da vida", ainda que frequentemente ele pareça vir com o custo de tempo da própria vida, ou até da nossa felicidade (estudos sugerem que a mídia social pode fazer mal à autoestima).[99] Se a mídia (emissoras grandes que criam público) ajudou a definir a sociedade de massa de sua época, a mídia social (público criando cada vez mais público) ajuda a definir nossa época de individualismo de massa. A internet é a aprendizagem social acelerada: as formas que temos de descobrir o que os outros fazem são cada vez mais numerosas; quantas resenhas do Bellagio de Las Vegas, além das 13 mil já existentes, você precisa ler no TripAdvisor para tomar uma decisão? São muitas as maneiras de sabermos que aquilo que estamos fazendo não é bom o bastante ou já foi feito por alguém na semana passada, que aquilo de que gostamos ou até *de quem* gostamos também é apreciado por outras pessoas que desconhecemos. Trata-se de aprendizagem social por procuração. Ver pelo Instagram a foto perfeita de um doce artesanal em San Francisco engendra um "frenesi"[100] nos outros para que o consumam, algo parecido com a folha na orelha da chimpanzé Julie.

As pessoas sempre tiveram vontade de se cercar das outras e aprender com elas. As cidades há muito tempo são dínamos das possibilidades sociais, junções de arte, música e moda. Gírias, ou, caso prefira, "inovações lexicais",[101] sempre surgiram nas cidades — consequência de muitas pessoas diferentes espremidas e frequentemente expostas umas às outras. Elas se espalham para os lados,[102] assim como as doenças contagiosas, que tipicamente "decolam" em cidades. Se, como o célebre linguista Leonard Bloomfield defendia, o jeito de falar de uma pessoa é um "resultado composto do que já ouviu",[103] a inovação na linguagem aconteceria onde muitas pessoas são ouvidas e falam com muitas outras. As cidades norteiam as mudanças de gostos porque oferecem mais possibilidades de contato com outras pessoas, que, como seria de esperar, geralmente são do tipo criativo que as cidades atraem. A mídia, cada vez mais global, mais dominante, difunde a linguagem para mais gente de forma mais rápida (citando apenas um exemplo, o número de entradas em dicionários japoneses de "empréstimos linguísticos" — palavras "emprestadas" do inglês — mais que duplicou da década de 1970 a 2000).[104]

Com a internet, temos uma espécie de cidade da mente, um meio que não apenas consumimos mas *habitamos*, ainda que volta e meia ele pareça replicar e prolongar cidades existentes (os nova-iorquinos, que já têm contato físico com tanta gente, são os maiores usuários de Twitter).[105] Como Bentley alega, "vivendo e trabalhando on-line, talvez as pessoas nunca tenham se copiado de modo tão profuso (já que não custa nada, de forma geral), tão preciso e tão indiscriminado".[106] As coisas se espalham mais depressa e a baixo custo: mais gente pode copiar mais gente.

Mas como saber o que copiar e de quem? A velha época em que sabíamos do que deveríamos gostar — sob todos os aspectos, de programadores de estações de rádio a guias de restaurantes e críticos literários, passando por marcas — foi suplantada pelas "multiplicidades" de Ortega, que agem não em massa, mas como uma massa de indivíduos, conectados mas separados, unificados mas díspares. A quem seguir? O que escolher? Em quem confiar?

É por isso que as coisas se tornaram ao mesmo tempo mais achatadas e pontiagudas: num mundo infinito de opções, nossas escolhas muitas vezes parecem coligir espontaneamente para o que vemos os outros fazerem (ou *para longe* daquelas que percebemos que muitos escolhem). Seja qual for a direção,[107] trabalhos experimentais já demonstraram que quando "multidões sábias" entendem o que os outros participantes da multidão estão pensando, quando há "influência social" demais, as pessoas começam a pensar mais parecido (e não como os "juízes ideais" com os quais conversaremos no próximo capítulo). Levam menos informações em conta a fim de tomar decisões, porém têm *mais* confiança de que aquilo que pensam é a verdade[108] — porque mais gente pensa igual. Assim como no mercado de negociações de alta frequência, a imitação social ficou mais fácil, rápida e volátil: todas aquelas micromotivações para tentar ao mesmo tempo ser como os outros e diferentes podem se adensar em surtos explosivos de macrocomportamento. As ondas se agigantaram e sabemos que vão nos alcançar, mas é difícil prever de onde surgirão, na vasta e fortuita superfície do mar.

6. Cerveja, gatos e terra

Como os especialistas decidem o que é bom?

Na média: o que faz do ideal o ideal

Venho dizendo, ao longo de centenas de páginas, que nossos gostos são enganosos até para nós mesmos; que sua maleabilidade à influência social é inevitável; que nosso domínio sobre o que enfiamos na boca ou observamos é fugaz. Se tudo isso fosse mesmo uma enorme confusão, comecei a ponderar, valia a pena gastar um tempo com pessoas que têm de raciocinar sobre o tema e enunciar de modo convincente as razões para gostarem de coisas — ou, no mínimo, explicar por que certas coisas não só são boas (e eu argumentaria que geralmente não gostamos do que achamos ruim) como melhores que *outras*. Refiro-me a jurados de concursos. Sem dúvida eles seriam capazes de romper com seus olhares pétreos a névoa de tendenciosidade e dar uma neutralidade cristalina aos lamaçais do gosto. O que podemos aprender com eles a fim de esclarecer nossos gostos?

Vamos partir de uma questão simples, sobre algo com que a maioria tem pelo menos uma familiaridade mediana: o que torna um gato bom? Para descobrir, fui a Paris, onde, num pequeno centro de conferências no 12º arrondissement, o Salon International du Chat estava em andamento. Apesar do nome grandiloquente, o encontro me pareceu regional, uma sala de tamanho mediano cheia de ragdolls de olhos azuis e selkirk rexes de pelos encaracolados e birmaneses europeus de pelugem sedosa. Talvez percebendo que sairia impune, um cão-guia conduzia o dono pelos corredores, mas nem a presença do cachorro grande gerou comoção entre os imperturbáveis gatos de exposição.

Não fui lá porque se tratava de uma exposição de gatos importante, e exposições de gatos, devo admitir, são como os donos: mais comedidas que as de cachorros. A verdade é que estava ali porque um dos jurados, um holandês chamado Peter Moormann, não só julga felinos como é professor de psicologia da Universidade de Leiden, na Holanda. Para completar, ele investigou a psicologia dos jurados em competições.

Moormann, cujo cabelo grisalho solto, jogado para trás, e olhar simpático lhe conferem um ar confiável elegante e europeu, se interessou por gatos mais ou menos na mesma época em que se interessou por psicologia. Nascido na Indonésia colonial, de pais que sobreviveram à ferrovia da Birmânia e aos campos de prisioneiros de guerra do Japão, ele fugiu com a família para a Holanda. Ali, velhos amigos da Indonésia criavam gatos persas. Como ele parecia ter facilidade para lidar com os bichos, pediram que os acompanhasse a uma exposição. Sua ascensão nesse universo foi gradual: organizador, aprendiz de jurado, jurado. Enquanto isso, estudava psicologia e era campeão de patinação: primeiro de rodas, depois de gelo. ("Sempre tentei combinar as coisas na vida", ele declarou.) Sua dissertação foi a respeito da psicologia da atuação dos patinadores artísticos, nada mal para a Holanda, louca por patinação. Incluía um capítulo sobre "parcialidade involuntária no julgamento da atuação de patinadores artísticos", que ele supostamente tentou controlar nas diversas ocasiões em que serviu de jurado no programa de televisão *Sterren Dansen op het Ijs*, versão holandesa de *Dancing on Ice* [Dança no gelo].

Quando me sentei ao lado de Moormann à mesa dobrável da área do júri, uma procissão de donos sorridentes e esperançosos lhe apresentaram seus felinos. A primeira obviedade era que, assim que os gatos iam para as mesas, a dinâmica de quem seria julgado era posta em dúvida. Os bichanos sacavam um espantoso salto duplo de insolência casual: ao mesmo tempo que pareciam ser os donos do lugar, davam a impressão de se sentirem meio incomodados por terem sido colocados ali, na frente do jovial holandês que lhes abanava uma pluma. A pluma é uma tática comum dos jurados para fazer os gatos, basicamente, agirem como gatos. Conforme um dos jurados descreveu, "você pega o brinquedinho, quer ver a expressão deles, as orelhas eriçadas".

Hesitamos em atribuir características nacionais a pessoas ou animais, mas é difícil não perceber naqueles bichanos franceses um quê do famoso e gigantesco desprezo demonstrado por garçons franceses, que miram o cliente com um olhar quase compassivo enquanto ele espera o atendimento, como se assistissem ao desenrolar de um drama existencial sobre o qual não têm nenhum controle. Alguns gatos olham para a pluma de Moormann com a piedade cansada do mundo que o garçom exibe pelo freguês que tenta pedir a conta.

Moormann cutucou e espetou em busca de deformações cranianas, examinou "falhas no rabo" ou marcas desbotadas, investigou testículos inexistentes. Assim como acontece com carros usados, o aspecto pode enganar. Certas raças são rejeitadas por serem consideradas "uma mão de tinta", simplesmente disfarçadas com novas cores ou padrões de pelugem. Boa parte do julgamento é feita pelo tato: o tamanho do gato, o tônus muscular, ou se, como me disse um jurado, "tem uma cara estranha". À medida que examinava, Moormann volta e meia soltava palavras de incentivo como "bonne" ou "très expressif". "Todos os gatos", declarou, "têm alguma característica passível de penalização. Não existe gato perfeito." Mas tampouco o juiz é um robô. Quem está à sua frente é um dono humano que gastou dinheiro, parte do qual serviu para levar os jurados à exposição. "Você tem meio que uma vontade de fazer a pessoa se sentir..." Ele procurou a palavra certa. "Feliz."

Enquanto Moormann analisa os gatos, me concentro nos donos. A mulher com desenhos de patinhas nas unhas. A que se desculpou ao tentar conter seu bichano. "Uma vez um persa mordeu minha unha", Moormann contou, exausto. É impossível não pensar que há um fundo de verdade na máxima de que os donos vão ficando parecidos com os bichos. A mulher que segura um oriental de pelo curto, vista de perfil, tem um nariz longo, inclinado como o do gato. Quando Moormann acariciava o rabo de um persa, notei que a dona distraída passava a mão no próprio cabelo.

Para Moormann, há duas maneiras de julgar gatos. Existe o "estilo analítico", em que "o todo é a soma das partes". Cada raça de gato tem seu limite de "pontos", referentes a certos atributos: olhos, cor, rabo. O melhor felino tem a maioria dos pontos em todas essas categorias. Parece objetivo, mas o jurado, Moormann escreveu, "esquece que não há instrumento de mensuração objetiva disponível além de seu próprio cérebro".[1] No "estilo holístico", por outro lado, "o todo pode ser mais que a soma das partes". Nesse caso, o jurado começa pela "imagem mental idealizada do gato" e, quanto mais o felino se aproxima dessa imagem, mais os juízes gostam dele. "O todo deve ter algo especial, um carisma", ele diz. "Que passe uma sensação boa, que você não sabe explicar direito. Todas as partes caem bem juntas e criam algo mais que é lindo." O perigoso, avisa Moormann, é que o jurado pode não ver as árvores para ver a floresta e negligenciar defeitos por conta do "efeito auréola" da impressão do todo.

Cada vez que um bichano era tirado da mesa, Moormann rabiscava um número de estrelas ao lado do nome. Às vezes escrevia "MT", "melhor tipo". As estrelas constituem seu sistema de gradação, menos como um índice de qualidade ao estilo Michelin do que um simples jeito de distinguir e se recordar dos gatos após uma longa sucessão de pelos, garras e costas arqueadas. "Se vejo muitos gatos no mesmo dia, não consigo fazer isso: é interferência demais. Gatos são gatos." Julgá-los não é mais fácil que agrupá-los.

A memória talvez seja o talento mais importante para um jurado. O "olhar treinado" nos diz o que observar. Fazer um juízo de qualidade, no entanto, requer não somente a lembrança do que o juiz viu naquele dia, mas a comparação com todos os outros gatos ou patinadores artísticos que ele viu *na vida*. Lembramos do que gostamos, mas talvez seja mais correto dizer que *gostamos do que lembramos*.

Há diversas formas de um jurado ser imparcial numa competição. O avaliador da ginástica artística que fala a mesma língua do competidor pode acabar lhe concedendo uma nota maior (e é por isso que um jurado holandês participa da exposição de gatos francesa). O jurado de um programa ao estilo de *American Idol* que adora música pop talvez não se entusiasme com uma banda de heavy metal. Ou um jurado de personalidade forte pode influenciar a mesa. Um estudo belga[2] — e preciso enfatizar que há uma nítida parcialidade dos Países Baixos no que diz respeito a pesquisas sobre juízes especializados — examinou concursos de pular corda (sim, isso existe!). Os pesquisadores descobriram que, quando assistiam a vídeos de atuações cujas notas foram aumentadas artificialmente, os jurados davam notas mais altas. Quando as notas eram falsamente diminuídas, eles seguiam o exemplo. Os jurados, ao que parece, querem ser bem--vistos pelos companheiros de júri.

Uma das formas de tendenciosidade mais simples e inocente, no entanto, é a memória em si. Descobriu-se, por exemplo, que em diversos tipos de concursos os últimos a se apresentarem se saíam melhor. Você provavelmente imagina, ao enfrentar uma entrevista de emprego ou qualquer outro concurso com vários candidatos, que ser um dos últimos é uma desvantagem. Os julgadores, você raciocina, talvez estejam cansados. Na verdade, podem já ter tomado a decisão. Entretanto, em estudos que examinaram de tudo, de concursos de música clássica[3] a competições de nado sincronizado,[4] pesquisadores encontraram um padrão claro e irrefutável: quanto mais tarde os competidores se apresentavam, maiores suas notas.

A pesquisadora belga (!) Wändi Bruine de Bruin analisou décadas de votações do Festival da Canção Eurovision — tarefa indiscutivelmente mais palatável do que escutar todas as músicas. Primeiro investigou uma possível "vantagem por ser de casa". Não só os jurados alemães, por exemplo, gostam um pouco mais de artistas alemães, como também gostam um pouco mais dos que vêm de países que fazem *fronteira* com a Alemanha. Ela descobriu também outra correlação forte, linear: os últimos a se apresentarem recebiam notas mais altas. "Os jurados", ela concluiu, "podem basear a nota final de uma performance no quanto se lembram dela."[5]

Nos concursos em que os jurados assistem a todas as apresentações antes de enfim atribuir notas, parece lógico. Ecoa as descobertas do "efeito da primazia" e do "efeito da recência" na chamada memória de lista: lembramos do primeiro e do último concorrentes em qualquer tipo de lista ou série. Isso ocorre porque colocamos esses itens nas memórias de longo prazo e de curto prazo ou porque a primeira e a última são especiais: nada veio antes ou depois.[6] Existe um motivo para o "primeiro" de uma coisa (um carro, um bicho de estimação etc.) ser usado como indução nas perguntas de segurança na computação: ele se destaca mais na memória do que o terceiro. Poetas e compositores não se lamentam pelo quarto amor.

O que acontece quando jurados fazem suas avaliações logo após o concorrente se apresentar, quando a atuação ainda está fresca na memória? Curiosamente, o efeito "quanto mais tarde melhor" também dá as caras. Ao examinar os dados dos Campeonatos Europeu e Mundial de Patinação Artística, julgados na base do "passo a passo", de novo Bruine de Bruin encontrou um padrão ascendente e linear mesmo quando a ordem de apresentação dos competidores era sorteada. O que acontecia? Bruine de Bruin sugere que os jurados talvez considerem a primeira apresentação como algo à parte, distinto. A cada performance que se segue, no entanto, eles começam a procurar o que é *melhor* ou *diferente* do que a atuação anterior.

A isso se deu o nome, em homenagem ao trabalho do psicólogo Amos Tversky, de "efeito do direcionamento comparativo".[7] Performances mais tardias são comparadas apenas às primeiras; as primeiras, enquanto acontecem, não podem ser comparadas às que virão depois. Portanto, as notas tendem a seguir uma única direção, com uma ressalva importante à qual retornarei em breve: os jurados precisam buscar exemplos de diferença *positiva*.[8]

Outra dinâmica importuna competições com júris sérios; chamemos de "efeito o melhor ainda está por vir". As notas tendem a ficar mais extremas ao se aproximarem do fim. Os jurados podem não ter certeza de como são bons ou ruins os primeiros concorrentes e dar votos conservadores, reservando as avaliações mais fortes aos últimos participantes. Por sua vez, os últimos já viram a que estão sendo comparados e talvez se motivem a atuar em alto nível. Não raros são os comentários parecidos com os do ginasta inglês Louis Smith: "Se meu principal rival... faz sua apresentação e ganha uma nota alta, tenho a oportunidade de pensar, 'O.k., talvez eu precise tentar minha série mais difícil'".[9] Atletas podem intuir que um movimento vistoso, bem diferente do que o principal rival fez, lhes trará uma nota maior. Aliás, uma análise dos dados da ginástica, se aproveitando das notas diferentes atribuídas a "dificuldade" e "execução" (sistema criado após o notório fiasco da arbitragem nas Olimpíadas de 2004, em Atenas), revela o que denomina "viés da dificuldade".[10] Apesar de as duas medidas serem supostamente independentes, a análise mostrou que quando os participantes tentam movimentos mais difíceis, a pontuação de execução é "artificialmente inflada".

Mas uma nova série de experimentos feita pelos pesquisadores alemães Thomas Mussweiler e Lysann Damisch demonstra por que o viés de julgamento, e não o simples fato de os atletas se mostrarem à altura das expectativas, pode estar por trás da inflação das notas. Eles começam observando que as notas dos atletas tendiam a ser maiores "se o ginasta precedente tivesse tido um desempenho bom em vez de falho".[11] Poderia ser um simples ajuste dos atletas: um ginasta que se apresenta na esteira de um péssimo desempenho pode decidir "não se arriscar" e obter uma nota alta e respeitável em vez de "ir fundo".

Mussweiler e Damisch, no entanto, alegam que algo mais acontece. Quando fazemos juízos comparativos, nosso instinto é procurar similaridades entre as coisas, ou diferenças. O típico é favorecermos a similaridade — "um dos elementos básicos da cognição humana",[12] sugere Mussweiler —, pois a percepção da similaridade não só é extremamente útil como rápida e fácil (não se pede às crianças, afinal de contas, que, em jogos, "achem as semelhanças"). Ao conhecer uma pessoa, logo pensamos em como ele ou ela nos lembra alguém, e não todas as maneiras que *diferem* de alguém que conhecemos. Até a busca por diferenças tende a acontecer depois dessa determinação inicial das similitudes. Mas essa decisão inicial, muitas vezes subconsciente (se as coisas parecem mais similares ou diferentes), depois influencia de forma profunda nossos sentimentos por essas coisas. Quando percebemos as coisas como similares, tendemos à "assimilação" — o que em geral nos faz gostar mais de algo: um bom vinho é exaltado quando vem após um grande vinho. Mas se enfatizarmos diferenças entre as coisas a serem julgadas, o resultado será o "contraste". Em essência, jurados procuram aspectos do que *não* gostar.[13]

Em outra experiência, Mussweiler e Damisch reuniram um grupo de experientes árbitros alemães de ginástica artística e lhes mostraram vídeos de duas séries de saltos. Os jurados foram divididos em dois grupos: um viu uma série de alta qualidade e o outro uma série de baixa qualidade. Em seguida, todos viram uma série "moderada" — bastante boa. Os grupos foram separados de outra maneira: a um deles, os ginastas das duas séries foram apresentados como "australianos". Mas outro conjunto de árbitros viram ginastas "australianos" seguidos de ginastas "canadenses" (na verdade, eram os mesmos ginastas em ambos os vídeos). Os pesquisadores notaram um resultado curioso:

quando ambos os ginastas eram "australianos", o ginasta seguinte era beneficiado, em termos de avaliação, caso se apresentasse depois de um bom desempenho, mas quando vinha em seguida a um desempenho "ruim", sua nota caía. Ser australiano o ligava, na cabeça dos jurados, ao participante anterior — bom ou ruim. Mas quando acreditavam que o segundo ginasta era "canadense", perceberam o padrão inverso: agora o ginasta "canadense"[14] obtinha uma nota *mais baixa* quando fazia sua série depois de uma nota boa "australiana" — e melhor quando ia depois de uma ruim. Em outras palavras, a mesma performance era julgada de forma diferente dependendo do que vinha antes — e da conexão que os árbitros faziam entre elas. Tanto quanto pela solidez de suas séries, os ginastas eram sutilmente comparados pela nacionalidade, e ou sofriam ou se beneficiavam da comparação.

Os árbitros de ginástica alemães julgavam antes mesmo de julgar ao decidir qual era a similaridade existente entre os dois ginastas. Ainda que o fato de notar as nacionalidades "diferentes" dos ginastas não tivesse como objetivo o julgamento qualitativo, apenas fazer essa observação parece ter influenciado o que os jurados achavam da apresentação.[15]

Os seres humanos parecem atuar sob o "viés da similaridade", uma espécie de desejo presumível de que as pessoas que conhecemos sejam mais parecidas conosco. Quando pensamos que as coisas são semelhantes, elas literalmente se assemelham. No que é conhecido como "efeito líder de torcida",[16] uma pessoa encarregada de classificar a atratividade de indivíduos lhes dá uma nota maior quando reunidos do que quando sozinhos. Quaisquer idiossincrasias que isoladas poderiam desencadear a antipatia do avaliador parecem, quando agrupadas, se tornar mais uniformizadas ou menos perceptíveis. Por motivos parecidos, as pessoas são consideradas mais atraentes quando vistas em vídeo, e não em imagens estáticas — porque o juízo não é tecido com base em uma imagem crucial.[17]

Esses efeitos não se manifestam apenas em competições. Fazemos comparações o tempo inteiro, e isso influencia nosso sentimento acerca das coisas, até de nós mesmos. Parecemos fazer comparações mesmo quando não temos consciência de que as fazemos. Em outro estudo de Mussweiler, ele pediu a estudantes que durante um minuto "refletissem sobre suas competências atléticas". Enquanto isso, imagens foram subliminarmente exibidas na tela do computador por cerca de quinze milissegundos. Embora os estudantes não se lembrassem de ter visto as imagens de Michael Jordan, Bill Clinton e outras, as respostas que deram sobre a própria habilidade atlética pareciam ter sofrido influência direta pela personalidade com quem se comparavam sem perceber. Quanto mais "extrema" a comparação — isto é, com Jordan —, pior se saíam. Mas um vislumbre subconsciente de alguém como Bill Clinton os tornava atletas melhores. "Os participantes se compararam a padrões em potencial", escreveu Mussweiler, "ainda que não tivessem consciência disso."[18]

A que comparamos as coisas interessa. Em um estudo de Tversky, os voluntários foram solicitados a escolher entre seis dólares ou uma "elegante caneta Cross" (ele não menciona o valor, mas suponha que seja maior do que seis dólares). Quase um terço dos participantes optou pela caneta, e o restante quis o dinheiro. Um segundo grupo poderia escolher entre a caneta Cross, o dinheiro ou uma segunda caneta "visivelmente menos cativante". Apenas 2% dos voluntários quiseram a caneta mais barata. De repente, no entanto, mais gente reivindicava a caneta Cross. A presença da caneta menos convidativa fez com que a caneta mais convidativa se tornasse ainda mais convidativa. O inverso também pode acontecer. Pesquisas sobre encontros rápidos demonstraram que os pretendentes (homens, ao que consta) perdiam um pouco do interesse em ficar com uma mulher, por mais que fosse atraente, quando ela vinha depois de uma mulher mais atraente na rodada de encontros.[19]

A *forma* como tecemos comparações também é relevante. Como já mencionei, quando as pessoas procuram fatores bons que distingam cada uma das alternativas de uma lista de opções, os últimos itens obtêm mais êxito. Mas quando fazem comparações baseadas nos aspectos singularmente *ruins* de cada opção, de súbito a primeira alternativa parece a melhor.

Um estudo entregava aos participantes uma lista de atributos das pessoas com quem poderiam ter encontros às cegas.[20] Quando a segunda opção apresentada tinha características positivas não partilhadas com o primeiro candidato, os participantes preferiam o último. Mas quando a segunda opção tinha características *negativas* diferentes da primeira, davam preferência à primeira. Conforme descreveram os autores do estudo, características partilhadas pelos candidatos são basicamente relembradas com igual clareza e, portanto, se anulam. O que é *diferente* no segundo candidato de repente sobressai na memória. Portanto, o que é bom especificamente no segundo candidato parece melhor do que aquilo que é bom especificamente no primeiro; ao mesmo tempo, as características negativas do segundo candidato parecem piores do que as do primeiro, portanto revertemos nossa preferência.

Como ressaltam os autores de um estudo feito pela Carnegie Mellon University, "julgar uma experiência pode influenciar excessivamente nosso juízo sobre acontecimentos subsequentes e assim 'colorir' a sequência inteira de experiências".[21] O que consideramos predileções razoavelmente inabaláveis muitas vezes passam por manipulações sutis e apressadas, como num jogo de "escolher a própria aventura".

Pense na "brincadeira da 11ª pessoa". É um exercício mental "confessadamente objetificante" inventado pelo designer de interação Chris Noessel. Da próxima vez que estiver em um ambiente público, aponte para uma porta qualquer e peça a um amigo que escolha uma das próximas dez pessoas a atravessarem como possível par romântico. Há duas regras: você não pode voltar para nenhuma das pessoas que rejeitou, e, se a décima pessoa cruzar a porta e ninguém tiver passado pelo crivo, a 11ª se torna a escolhida de fato.

Trata-se, você deve ter percebido, de uma competição com julgamento em série: o fato de não poder "voltar atrás" a diferencia da maioria dos concursos. Na verdade, como revela o trabalho sobre a psicologia dos programas competitivos com jurados, costuma ser difícil os árbitros "voltarem atrás" e reavaliar francamente os primeiros candidatos ante os últimos. A situação se complica ainda mais quando a lista cresce e cada nova apresentação "reinicializa" os critérios de comparação.

Noessel reparou que no começo da brincadeira da 11ª pessoa, os jogadores demonstram propensão a ser veementes nas rejeições. Mas, com o tempo, à medida que se aproxima da décima primeira pessoa e as opções minguam, quem está brincando deixa de procurar defeitos nos candidatos e passa a buscar "o que tem de *certo* na pessoa". O sorriso meio desajeitado se torna cativante. O conjunto de preferências da pessoa e a estratégia de busca são reorganizadas de repente pela estrutura da escolha.[22] *Os critérios mudam.*

Em Paris, Moormann tinha plena consciência das possíveis arapucas representadas pela comparação de gatos, principalmente em se tratando de um bando de concorrentes que, ao olhar dos leigos, são quase indistinguíveis. A primeira missão é arrumá-los por níveis: bom, muito bom, excelente. É um exercício natural de "agrupamento", que serve à memória e à diferenciação. Mas apenas o agrupamento pode torná-los mais semelhantes do que são de fato. Como observa Tversky, "a similaridade serve de base para a classificação de objetos, mas também é influenciada pela classificação adotada".[23] Isto é, o melhor gato "bom" pode não estar muito longe, do ponto de vista qualitativo, do pior gato "excelente", mas é possível que sejam puxados "para cima" ou "para baixo" ao serem colocados em um grupo.

E se houver um bom número de gatos muito bons e bem parecidos? "Não é lá muito fácil", declarou Moormann, suspirando. Os felinos ganham pontos por diversas características. As "subdimensões" de um gato, escreve ele, "são ao mesmo tempo comparadas a todas as subdimensões de todos os outros do grupo de gatos".[24] É um "gigantesco esforço mental". Exposições de gatos acontecem na vida real, com gatos que se mexem, donos que reclamam, espectadores que olham embasbacados, com todo o tumulto da apresentação zumbindo no fundo. Quando se inspeciona gato após gato, "parece provável que o jurado médio não aguente mais de três dimensões concomitantes". Ele deduz que alguns jurados tomem decisões "só por conta do tipo de cabeça".

O padrão paira sobre tudo isso. É a descrição por escrito que esquematiza, em minúcias formidáveis, qual deve ser a aparência de cada raça. Conforme diz Moormann, os jurados buscam qualidades universais — "se o gato é simpático, se os contornos são bons" —, mas cada raça tem atributos específicos. No decorrer da tarde, folheei o livro de padrões das raças ao lado de Moormann. O documento é curioso. Há preceitos estéticos tão precisos que chegam a doer: o chausie pode ter "algumas pintas ou salpicos pequenos" que "podem ocorrer na barriga", mas, adverte, "não a ponto de serem manchas". No birmanês, exorta o guia, "não deve haver indícios de obesidade, barriga protuberante, fraqueza ou apatia". "Rabos longos, flexíveis" são bons em alguns felinos, ruins em outros.

Quanto mais folheava o livro, mais perguntas me vinham à cabeça. "O bombaim ideal", destaca o guia, "tem um aspecto inequívoco."[25] Mas não é assim que deveriam ser todas as raças em uma exposição de gatos? Caso contrário, para que se importar com raças? Como é que alguém julga uma "expressão dócil"?

"Não acredite em tudo o que está escrito aí", Moormann avisou. "No mundo dos felinos, tem-se amor pela fantasia: eles amam histórias."[26] Moormann me conta que o "mundo dos pássaros" — sim, esse aparente polímata também já julgou pássaros — é "muito mais científico". No mundo dos felinos, ele disse, "as pessoas adoram frufrus e penas". E, de qualquer modo, ele concluiu duramente, "o padrão não faz o gato". Mas o que estabelece o padrão?

Um fato singelo a respeito de gatos, ainda que nem sempre óbvio, é que são uma criação da preferência humana.

Assim que os seres humanos começaram a se assentar no Crescente Fértil, há cerca de 10 mil anos, camundongos e outras pestes deram as caras. Linces apareceram logo depois, pois, onde havia gente, havia camundongos e ratos. Mas os seres humanos queriam felinos que não fossem grandes demais (isto é, perigosos). Foi nosso primeiro "gosto" de pressão seletiva.

Como ressaltou a escritora Sue Hubbell, os ratos cresciam na companhia dos homens, mas os gatos encolhiam.[27]

Talvez, especulam alguns, gostássemos da aparência: os olhos arredondados, as testas grandes. Mas, ao contrário dos cachorros, criados para cumprir diversas tarefas, os gatos já faziam o que os homens queriam — caçar camundongos — com grande eficiência (e, sejamos francos, provavelmente não tinham muita vocação para assumir outros serviços).[28] Portanto, a única seleção além do tamanho era estética, explica Leslie Lyons, professora de medicina veterinária. Como se olhássemos uma versão natural de um catálogo de loja, nos angustiávamos por conta da cor e do tamanho da pelugem desejadas.

Curiosamente, apesar de um punhado de tipos diferentes de gatos terem sido descritos há muito tempo, as raças só ganharam destaque com a ascensão dos bichos "especiais" no século XIX, na Inglaterra vitoriana. A palavra indicava que as pessoas criavam animais não para que cumprissem uma função, mas pelo gosto. Desde a primeira exposição de gatos, em 1871, ambientada no Crystal Palace, surgiu um enorme esforço para criar e definir raças de gatos ideais. Como Harrison William Weir, o artista, avicultor e "pai da criação de gatos especiais", dentre outros talentos, escreveu em seu livro de 1889, *Our Cats and All About Them* [Nossos gatos e tudo sobre eles]: "Agora que [o gato] está se tornando um animal 'especial', não há como profetizar quais formatos, cores, marcas ou outras variações serão criadas por quem entende o que pode ser feito através do cruzamento criterioso, bem ponderado, e da seleção habilidosa".[29]

Mas o que gerava um bom gato? O que era um cruzamento criterioso, bem ponderado, e quem resolvia, quando não a própria natureza, qual seleção era habilidosa? Criadores como Weir, soando vez por outra como decoradores de casas, traçaram princípios estéticos. Para o "gato branco de pelo curto", por exemplo, ele declarou: "Os olhos devem ser azuis; verdes seria um grande defeito; amarelos é admissível... O laranja causa uma aparência pesada, mas o amarelo é harmônico e combina com o branco-acinzentado". Esses "pontos", conforme os chamava, transmitiam "toda a credibilidade de uma revelação", segundo ironizou o naturalista Walker Van Riper.[30]

Com a forma basicamente emancipada da função, criadores tinham uma tábula rasa com rabo.[31] O animal com pedigree, que outrora passava mais ou menos despercebido, era um novo acessório que exibia as tendências desejosas dos vitorianos, com a sociedade em processo de mudança, de traçar distinções de classe granulosas; a criação de animais era um corolário sobre quatro patas do "acasalamento judicioso"[32] dos seres humanos apregoado por Francis Galton e outros eugenistas (com a impressão de que às vezes os cães cumpriam as duas funções, pois serviam às teorias sobre a raça humana).[33] O cachorro podia fazer o homem, mas o homem também podia fazer o cachorro, com os cães "bem cruzados" se tornando companheiros adequados à classe. Pense no buldogue.[34] Longe de ser um amigo da nobreza, observa a historiadora Harriet Ritvo, era considerado um cachorro de briga, "isca de touros" com "sede de sangue", "dotado de menos sagacidade" do que os cães de caça. Essa raça, antes suspeita, podia ser transformada geneticamente, por meio do cruzamento criterioso — mesmo que à custa das características antes funcionais —, em um membro respeitável da refinada sociedade humana e canina, a marca distintiva do cavalheiro inglês.

Então, assim como agora, os criadores discutiam não somente o que tornava certo animal um bom exemplo da raça X como também o que a raça X era de verdade. No caso do buldogue do final do século XIX, escreve Ritvo, "praticamente qualquer característica do animal estava aberta a debates". Alguns consideravam o "Dudley", de focinho cor de pele, o auge do buldogue. Para outros, era uma abominação nada buldogueana.

Os argumentos tinham muito a ver com o gosto humano e nada a ver com o buldogue. Donde o problema de tentar estabelecer, por escrito, a aparência ou a essência de um bicho. As organizações julgadoras tinham plena consciência dos problemas dos critérios, seus guias repletos de recomendações de cautela. Como avisa o prefácio do livreto da Associação de Criadores de Gatos, "o padrão não descreve o gato vivo. É um ideal artístico nunca alcançado na íntegra".[35]

Pense no gato persa, um dos exemplos mais impressionantes do que acontece quando as prerrogativas cambiantes do gosto humano são misturadas aos necessários caprichos dos padrões de raça. O persa é o primeiro animal do universo das raças especiais. Foi ele quem levou a principal honraria no Crystal Palace, em 1871, na primeira exposição de gatos. A própria rainha Victoria tinha um casal de persas. Um persa famoso, um chinchila chamado Silver Lambkin, teve seu obituário publicado no *New York Times* ("em todos os países onde gatos são criados, sua progenitura ocupa o primeiro plano").[36] Seus restos estão até hoje guardados no British Museum.

Mas tais persas seriam irreconhecíveis em Paris. Olhar um persa do século passado e um de hoje é mal se dar conta de que se trata do mesmo bicho. Como Moormann me disse, o gato inteiro se tornou "mais robusto", expressão que o universo felino usa para se referir a bichanos atarracados. A cara é achatada, o focinho encurtado, as feições todas aglomeradas em um espaço pequeno, como nas corujas. Não é o tipo de imagem que traçaríamos se nos pedissem para desenhar um gato.[37] Os piores são os gatos denominados braquicéfalos: segundo a advertência do *Journal of Feline Medicine and Surgery*, são um "abastardamento de tudo que torna os gatos especiais".[38] O interessante é que não se trata de defeitos congênitos ou aberrações, mas de atributos cuidadosamente selecionados ao longo de gerações de gatos. E apesar de o persa ter "sofrido mudanças extraordinárias", conforme escreveu Moormann, o *"padrão escrito não se alterou muito no decorrer do tempo"*.

Então, o que aconteceu? Como foi que o gato de verdade mudou muito mais que o gato no papel? Os jurados sofrem para explicar. "São mudanças sutis", me disse Vickie Fisher, presidente da Associação Internacional de Gatos. "Está sempre em debate se os criadores encabeçam a mudança ou se são as escolhas dos jurados que provocam a mudança." Quando ela criava Maine coons, "surgiram uns gatos de orelhas bem compridas. O padrão diz que o Maine coon deve ter orelha grande". O que é grande? Orelhas não são medidas milimetricamente. Portanto, aos poucos, o que era grande ficava maior ainda. Os jurados chamam isso de "sublinhar" — levar certas características da raça ao extremo em detrimento do gato como um todo. Os criadores estão sujeitos a "cegueira gateira": ficam tão encantados com os próprios felinos que não percebem que foram muito além do padrão.

Mas se não eram os padrões que incentivavam os persas com o novo visual, o que era? Era a fofura infantil, "lorenziana"?[39] Talvez o "efeito catraca" de Lieberson em ação — uma mutação acidental ganhando vida na forma da mudança de gosto. Talvez fosse a novidade. Louise Engberg, criadora dinamarquesa de "persas tradicionais", deduz que quando esses gatos surgiram

287

com força total nos salões de exposição, na década de 1980, "de repente todo mundo queria um". O fato de ganharem prêmios, ela declara, dá a entender que os "jurados devem ter dado um salto radical na maneira de julgar os gatos".

Mas as raças podem mudar drasticamente em poucas gerações. Por que mudanças tão radicais em algumas décadas, após um século de relativa estagnação? Pode ter sido o influxo contínuo de novas raças aparecendo nos salões de exposição: quanto maior o número de raças, Engberg explicou, "mais as pessoas dizem que precisamos distinguir nossas raças das outras". Conforme Vickie Fisher afirma, o movimento das pessoas rumo aos persas de focinho curto não foi "nada proposital, para fazer mal ao gato. Eles simplesmente seguiram em frente. Não pisaram no freio".

Na linguagem de Tversky, a âncora se afastou. O gato de cara amassada aos poucos vira a "referência" para o julgamento dos outros felinos. O primeiro persa de focinho pequeno chama a atenção do jurado e é premiado; outro criador seleciona um focinho um pouco menor. Quanto mais os jurados veem o novo persa, mais se acostumam, menos parece ser um novo persa.

Ironicamente, a popularidade dos persas caiu muito nos últimos anos, como se toda aquela tipificação extremada fosse uma tendência de moda bastante passageira. "Há alguns anos, nas exposições, 70% dos gatos eram persas", Moormann comentou em Paris. "Agora são, talvez, uns 30%." Por quê? "É o espírito da época, o que está na cabeça das pessoas. Elas não queriam mais essa coisa artificial: queriam gatos que parecessem mais naturais." Os persas, com seus métodos de asseio, dentre outras coisas, "não são para os covardes", nas palavras de Fisher. Uma exceção a essa moda de gatos mais naturais, Moormann destacou, está na Rússia. "Na Rússia, adoram gatos ousados, com orelhas esquisitas ou pernas curtas. Gatos bem excêntricos, não medianos. Porque na época soviética todos eram normais."

Quando lhe sugeri que alguns dos gatos, ao menos segundo os meus olhos, pareciam ter se afastado irremediavelmente daqueles primeiros caçadores de ratos dos celeiros — muito além dos preceitos da seleção natural —, ele deu de ombros e disse: "Mas o que você acha das modelos do universo da moda? Os espaços entre as pernas, as coxas tão finas quanto as canelas. Parecem naturais?".

Os problemas dos padrões não são restritos às arenas animadas e barulhentas da criação de animais. Pense, por exemplo, no mundo aparentemente soporífero da avaliação de solos. Admita, você provavelmente nem sabia da existência de um "mundo da avaliação de solos". Mas a avaliação de solos é um exercício comum e importante, sendo usada para definir as características e a qualidade do solo sempre que este é utilizado em grande dimensão: determinar se o leito de uma estrada é forte o bastante ou se um terreno agrícola é melhor para trigo ou cevada. No nível acadêmico, há equipes, treinadores e até campeonatos nacionais de avaliação de solos; as universidades Virginia Tech e Kansas Tech são potências há muito tempo. É lamentável, penso eu, que a competição não seja conhecida como Dirt Bowl.

Segundo me contou James Shanteau, professor aposentado de psicologia da Kansas State University que estudou avaliadores de solo, dentre outros tipos de especialistas, enviar amostras das terras a um laboratório nacional para serem analisadas por máquinas é algo caro e demorado. Assim, um avaliador de solos é levado ao local. O mais comum é que o avaliador empregue o que, na linguagem coloquial, é conhecido como "método do toque" — revirar a terra, dar batidinhas nela sobre a palma da mão, molhá-la para que se espalhe. O avaliador tenta achá-la no assim chamado triângulo textural, uma categorização de doze tipos de solo. Certos avaliadores, levando o conceito de *terroir* ao limite, chegam a enfiá-la na boca. "Não para sentir o gosto", Shanteau me disse, "mas para senti-la com a língua e os dentes, ver se tem argila ou areia."

Você já deve ter visto o jurado examinar um animal em uma feira agrícola e ter se perguntado o que ele estava olhando. A resposta: muita coisa. Estudos anteriores de especialistas observam que as decisões têm como base de uma a seis "dimensões" de informações. A pesquisa de Shanteau revela que avaliadores de leitoas, ou porcas fêmeas, costumam usar *onze* dimensões de dados sobre porcos, de "densidade da coxa" a "liberdade no modo de andar". Ao contrário dos novatos, sabem de uma coisa crucial: quais informações deixar *de fora*. E tudo isso em um cercado lodoso de porcos agitados. A tentativa de criar um modelo computacional imitando o que os jurados faziam foi frustrada porque, nas palavras dele, "aqueles chatos dos porcos não paravam quietos".

Não que os jurados não sejam propensos a imparcialidades ou dados irrelevantes. Shanteau ouviu de um avaliador de animais que outros profissionais davam a impressão de gostar de rabos espiralados nos porcos. "O rabo enrolado importa?", ele questionou. "O homem retrucou: 'É que ele tem o visual que algumas pessoas imaginam que deva ser o visual de um porco'." Certos avaliadores, ele observou, admitiram ver "fofura" em alguns porcos. Isso me fez lembrar da argumentação de Edmund Burke, no ensaio "Of the Sublime" [Do sublime], de que a mera "adequação" é insuficiente para a beleza. "Sob esse princípio", ele escreveu, "o focinho em forma de cunha de um suíno, com a cartilagem dura na ponta, os olhinhos encovados e o formato da cabeça, tão bem adaptado às suas funções de escavar e fossar a terra, seriam de uma beleza extrema."[40]

Embora a avaliação de animais, ao contrário da criação, em tese não seja suscetível a mudanças de gosto — estamos falando de comida, não de moda —, o padrão de porco ideal se alterou com o passar dos anos em consequência das preferências humanas. Hoje, dá-se preferência a porcos mais magros (para comer). Os presuntos mais gordos vistos no estudo feito por Shanteau na década de 1970 estão, nas palavras dele, "antiquados", assim como certos conceitos de corpos humanos desejáveis, retratados nas revistas, caíram em desgraça com o tempo.[41]

Quais as características de um bom avaliador? Para começar, a segurança. Um especialista, na visão de Shanteau, é alguém com o poder de convencer os outros de que é um especialista. Bons avaliadores podem até cometer errinhos, mas "de modo geral evitam grandes erros". Ao se deparar com exceções, especialistas são bons em fazer "desvios isolados nos critérios decisórios". Já os novatos costumam teimar em seguir as regras, mesmo quando inadequadas.

O talento mais importante em um bom avaliador, Shanteau disse, é o de extrair informações. Em vez de uma capacidade dominada pelos sábios, é esse o segredo da avaliação. Shanteau descobriu que quando avaliadores novatos recebiam informações detalhadas sobre o animal, suas avaliações eram quase tão boas quanto a de especialistas. "A diferença era que os avaliadores experimentados viam padrões de informação que os novatos não viam."

Um exemplo simples: lembro do assombro que senti da primeira vez que um designer gráfico me apontou o "vetor", a seta, do logotipo do FedEx (entre o E e o x). Nunca tinha reparado nele; agora sempre reparo. Será que esteve sempre ali, no meu subconsciente, me levando a pensar na rapidez do FedEx? Se um designer experiente analisasse o logotipo, sem dúvida falaria de vários aspectos de seu design, cada qual na categoria que lhes cabe: a interletragem (o espaçamento entre as letras), a espessura, os traços.

Categorizamos as coisas para dar forma ao mundo, mas essas categorias também dão forma a todos nós: especialistas julgam segundo critérios, mas especialistas também podem ser julgados *segundo* critérios. Quanto mais sabemos, mais categorizamos as coisas; quanto mais categorizamos as coisas, mais sabemos. O especialista é diferente de você e de mim porque enxerga e organiza o mundo — ao menos sua área de especialidade — de outra maneira.

A maioria de nós funciona, grosso modo, no limiar fundamental da abstração que os psicólogos chamam de "nível básico". Percebendo algo, tendemos a usar as categorias de nível básico: *O gato daquela loja é um amor. Você viu como aquele carro estava rápido? Você prefere vinho tinto ou branco?* Mas quando você mostra o retrato de um pássaro a uma pessoa qualquer e depois a um entusiástico observador de pássaros e pede que o identifiquem, o mais provável é que obtenha duas respostas diferentes: "um pássaro" e "um chapim-de-cabeça-preta". O observador foi a um "nível subordinado" de classificação. Um avaliador iria ainda mais longe, examinando a qualidade de diversos atributos.

É impressionante o quanto esse jeito de ver o mundo é arraigado. Como demonstraram os psicólogos James Tanaka e Marjorie Taylor, os peritos, em suas áreas de especialização, não perdem muito tempo com o nível básico.[42] O acesso a conhecimentos subordinados é *tão rápido* quanto a categorias básicas. Observadores veteranos, por exemplo, sabem tantas coisas que distinguem corvos de tordos quanto as que separam pássaros de cães, e seriam mais rápidos em dizer que um retrato é de um tordo e não de um pardal do que em afirmar que não é de um *cachorro*. Ver o mundo formata o conhecimento que têm (e vice-versa). Mas não basta. Precisam falar dele.

Quer dizer que você quer ser degustador profissional?
Sobre saber o que está na ponta da sua língua

Diga rápido: qual é o sabor da cenoura?

Admita, você achou complicado descrever. Talvez tenha dito que o sabor é "claro", apesar de a clareza em si não ser uma sensação gustativa. "Crocante" pode ter lhe passado pela cabeça, mas diz respeito à textura. Talvez você tenha lembrado da cor laranja. De novo, nada a ver com o sabor (e, claro, algumas cenouras não são laranja). Pode-se dizer "legume", o que também serve para descrever dezenas de outros... *legumes*.

No final das contas, talvez você declare apenas que o sabor "é de cenoura" (e só para reiterar as lições do capítulo 1, o *sabor* é de cenoura, não o gosto — que é uma simples mistura de doce, salgado etc.). Mas não é preciso se envergonhar. Pois, ao examinar os resultados de inúmeros estudos em que especialistas, treinados para avaliar cenouras sensorialmente, foram incumbidos de identificar as características do sabor desse legume, uma das respostas principais foi *de cenoura*.

Claro, eles se aprimoraram um pouco, acrescentando descrições como "pinígero" ou "terroso" ou "bulboso". Mas até especialistas treinados não conseguem fugir da ideia de que a cenoura tem gosto de cenoura.[43]

Temos dificuldade em falar de sabores. Muito antes de o tema passar pela cabeça de quem trabalha na indústria alimentícia, já fustigava filósofos como John Locke. Em *Ensaio sobre o entendimento humano*, um de seus primeiros escritos, depois de observar que muitos cheiros "requerem nomes", ele ressalta, "tampouco os diferentes sabores, dos quais obtemos noções por meio do paladar, são muito bem providos de nomes. Doce, amargo, azedo, áspero e salgado são quase todos os epítetos que temos para denominar essa incontável variedade de sabores".[44]

Pelo menos uma parte dessa escassez, alega o historiador da ciência Steven Shapin, se deve ao pouco-caso que se fez dos sabores, historicamente. O sabor era menos um caminho para o entendimento apurado dos prazeres comestíveis do que um mecanismo para assegurar que a comida era palatável e inofensiva.

Sempre houve gourmands e produtores de alimentos com uma compreensão mais refinada de certos sabores, mas no século XX ela surgiu como ciência aplicada. À medida que a comida virava um artigo global, industrializado, padronizado, com o acúmulo atordoante de produtos e sabores novos, e os consumidores ficavam cada vez mais cientes de conceitos como *terroir* e procedência, foram desenvolvidos métodos para estabelecer um entendimento sensorial unificado sobre os alimentos. Assim, quando uma empresa vendesse um "mingau de maçã com canela", haveria um consenso do que era "maçã". Para não falar que o sabor seria igual de costa a costa, de ano para ano.

Apesar de todos os sentidos serem acionados na análise sensorial, o produto final para comunicá-las é, obviamente, a linguagem. A língua domina o sabor, não apenas por meio dos botões gustativos. É impossível saborear ou cheirar exatamente o que outra pessoa saboreia ou cheira, mas dá para exprimi-lo pela fala. Uma das técnicas mais populares é conhecida como "análise descritiva", definida por um livro acadêmico como "uma metodologia sensória que proporciona descrições quantitativas de produtos, baseada nas percepções de um grupo de voluntários qualificados".[45] Ou, em suma, grupos de pessoas que ficam tentando descobrir qual é o sabor das coisas.

O resultado disso são várias "rodas" e léxicos sensoriais, de uísque a queijo cheddar. Coisas que parecem inteiras, como calda de bordo, agora têm rodas sensoriais próprias. Até a carbonação tem um léxico específico, com escalas para "bocada, ardência e entorpecimento".[46] Como um cultivador de amêndoa observou em seu relatório, com um tom quase invejoso, "apesar de as características sensórias dos amendoins serem bem documentadas, até a presente data não houve nenhuma tentativa de quantificar o aspecto, o aroma, o sabor e as características da textura das amêndoas".[47] A essência aromática das amêndoas, ao que consta, vai de "madeira recém-serrada" a "nozes", uma descrição para lá de frustrada.

A busca contínua pela invenção da linguagem sensorial remonta a outro conceito filosófico que incomodava John Locke: a saber, como falar do abacaxi. A "nobre" fruta das Índias Ocidentais tinha um status quase mítico na Inglaterra, seu sabor e aparência uma novidade encantadora no final do século XVII (uma famosa água-forte retrata o jardineiro real John Rose oferecendo ao rei Charles II, com pompas, o primeiro abacaxi cultivado no país). Não só ninguém havia provado nada parecido como nunca havia descrito nada parecido. O que espantava o epistemólogo Locke era a incapacidade das palavras de transmitir o verdadeiro sabor das comidas. Era necessária a própria coisa. O degustador poderia comparar o abacaxi a outras coisas que já tinha comido sem se aproximar de sua essência. "Não nos dá a ideia através da definição", Locke escreveu, "mas nos estimula outras ideias simples por meio de seus nomes conhecidos, que ainda assim serão bem diferentes do verdadeiro sabor da fruta em si."[48] Aliás, talvez Locke se sentisse vingado ao saber que, séculos depois, "abacaxi fresco" aparece no léxico do *queijo cheddar*.

Há poucas instâncias no mundo em que a questão sobre qual o sabor das coisas, e com o que se parecem, se impõe tanto quanto na gigante dos aromatizantes McCormick. Um dia, peguei o carro para ir da minha casa no Brooklyn ao subúrbio de Baltimore a fim de visitar a sede da empresa e observar o trabalho de um grupo de pessoas que basicamente ganha para degustar.

Ao parar o carro, senti a lufada de uma especiaria cujo nome eu não saberia dizer (John Locke, entendo sua aflição). Ao conhecer Marianne Gillette, a vice-presidente de pesquisa aplicada, ela contou que muitos moradores antigos de Baltimore, da época em que a sede da empresa ficava na zona portuária, "associavam o cheiro de Baltimore à McCormick".

Talvez não seja surpresa que todo mundo se "lembre da canela", visto que este não só é o condimento mais vendido como, segundo pesquisa interna da empresa sobre alimentos e emoções, "o mais terno". Trata-se de um caminho na memória virtual — para muitos, um dos aromas mais fortes da primeira infância (me recordo da canela McCormick no frasco branco e retangular, mas não me lembro tão bem assim do orégano da marca). Embora muitos de nós associemos o nome McCormick a latas e frascos de especiarias, hoje boa parte dos negócios da marca vem da oferta de "soluções aromatizantes sob encomenda" destinadas a produtos que ocupam posições mais altas na cadeia alimentar. "Estamos em todos os corredores dos supermercados", declarou Gillette, e em vários dos "restaurantes de fast-food".

Visitar os laboratórios da empresa é ver onde os caprichos humanos quanto aos sabores esbarram nas certezas das ciências naturais. Quando eu estava espiando os tubos de ensaio sobre a bancada, Silvia King, a cientista-chefe de jaleco branco da McCormick, me convidou a cheirar um frasco. Parecia tomate ou, para ser mais exato, o cheiro que permanece nos dedos depois que tocamos em folhas de tomate. "Recebemos um cliente que tinha um produto de tomate processado", ela explicou, "ao qual faltava o perfil de tomate fresco — de quando você o arranca da raiz." E assim, querendo acrescentar uma "nota de saída" — a primeira que sentimos —, os pesquisadores da McCormick têm à disposição milhares de moléculas, todas derivadas de elementos naturais, para criar o sabor de tomate fresco. Essas moléculas são adicionadas em quantidades ínfimas. "Esse tiazol aqui", disse, apontando para um tubo de ensaio, "só uma gotinha dele em uma piscina olímpica já deixaria a água com cheiro de plantação de tomate."

A fim de identificar o que dá ao tomate o sabor de tomate, o laboratório tem vários instrumentos à disposição. King apontou para uma tela de computador, na qual se agitavam linhas denteadas. "É uma cromatografia gasosa: uma espécie de receita. Cada um desses picos representa um componente." Assim, mistura-se tiazol com dimetilsulfureto (que tem aroma de creme de milho) ou álcool fenetílico (que cheira a "rosas ou cerveja", diz King) ou ácidos isovaléricos (chocolate e queijo). "Depois de misturar", ela disse, "dá para criar uma nota de saída maravilhosa", exatamente o que costuma desaparecer quando o tomate é cozido ou envelhece. Na imensa base de dados da empresa existem "digitais moleculares que diferenciam o orégano mexicano do israelense".

O único problema desse conhecimento maquinal acerca dos sabores é que seres humanos não são máquinas. Não provamos uma coisa e fornecemos, assim como faria um refratômetro, um grau Brix (o teor de açúcar por porcentagem de peso em solução líquida). Os seres humanos trazem às coisas os próprios mecanismos sensorial e interpretativo.[49] Alterações de sabor aparentemente pequenas causam vários tipos de efeito dominó nas pessoas, que as máquinas não sentiriam. Ponha uma dose pequena de extrato de baunilha em um leite com baixo teor de gordura e ele parecerá, à degustação humana, não somente mais doce como mais cremoso e denso — apesar de o extrato de baunilha não mudar de fato a doçura, o teor de gordura ou a viscosidade.[50]

Definir com exatidão o que um sabor significa para nós dá trabalho. O cliente vai à sede da McCormick precisando, segundo King, do sabor do abacate. "Eles falam: 'Nem sei como começar a desenvolver esse sabor de abacate. Não sei se o que eu quero é do estilo guacamole ou da fruta recém-descascada.'" A equipe produz o leque inteiro. Gillette diz que, no nível do consumidor, a situação é ainda mais confusa. "Quando o consumidor diz, 'Quero abacate ou guacamole', ele tem em mente um conceito bem nítido — que pode nem ser de abacate. É mais provável que seja a nota de milho ou de lima-da-pérsia que tem no guacamole." Ou um guacamole "âncora" que comem todo fim de semana no restaurante mexicano preferido.

Em busca de clareza, McCormick recorre ao que Gillette denomina jocosamente "cromatógrafos humanos": analistas sensoriais treinados. Acompanhei Jason Ridgway e Tess Aldredge, dois dos mais antigos analistas da McCormick, em uma saleta contígua a uma sala de iluminação vermelha com mesa redonda, separadas por um vidro que de um lado é transparente e do outro, indevassável. Em torno da mesa, várias pessoas beliscavam pretzels em copos de papel. "Eles provam debaixo da luz vermelha", Gillette justificou, "porque se provamos dois molhos

298

e um é mais escuro que o outro, os sentidos nos dizem que um é mais saboroso e denso do que o outro." A ausência de luz e cor dificulta o trabalho dos degustadores, Aldredge explicou. "Você não se depara com aquela distorção: 'é vermelho, o sabor vai ser de morango'. Tem que ponderar. É um esforço psicológico."

Ridgway mexeu num interruptor e o áudio da sala ao lado foi ouvido como se fosse uma transmissão de uma espaçonave distante. O diretor do painel lhes perguntava sobre a "persistência da crocância", que Ridgway me disse ser o "tempo de alteração na qualidade total durante a mastigação". Os participantes receberam uma escala de "persistência da crocância" que ia de flocos de milho a batatas Pringles. Ele indagou: "Alguém mais comeu os pedaços queimados?".

Em seguida, alguém enunciou a palavra "bolorento", que me chamou a atenção. O que o bolor tem a ver com pretzel, e será que alguém iria querer um pretzel bolorento? "Uma coisa que é preciso ter em mente quando ouvimos termos como bolorento ou queimado", Ridgway justificou, "é que eles estão descrevendo o produto. Não é ruim uma nota bolorenta ou queimada." Aldredge acrescentou, "o bolor aparece em diversos produtos. Volta e meia eles descrevem amostrinhas de água" — ela apontou para um dos copos de papel que servem para limpar o palato — "como um pouquinho bolorentas". "O normal é que saibam dizer quando a gente precisa mudar o filtro do encanamento." observou Ridgway. Embora o bolor venha de algum composto químico — terpineol —, Ridgway declara que um termo como "bolorento" — ou "de cachorro molhado" ou "chulé" — é para ser mais "fácil de usar". Ele avisou que "todo mundo tem uma interpretação um pouco diferente do que é bolorento; ouve-se de tudo: de porão molhado a livro velho". Aldredge contribuiu: "Para mim, é água de mangueira".

As palavras devem ser bem escolhidas:[51] a mera presença de um descritivo sensorial ("abacaxi fresco") pode bastar para sugerir sua presença no alimento (queijo cheddar), levando os participantes a procurar atributos "fantasmas", inexistentes, conduzindo os degustadores por caminhos fajutos — ou os consumidores por uma via que não desejam tomar. "Já fizemos coisas e alguém falava, 'Gostei do queijo', e a gente repassa tudo e descreve, usando todos os descritivos, e de repente a pessoa se dá conta: 'Ei, na verdade tem cheiro de vômito de bebê'. Talvez nem comprem mais o queijo." Todas as comidas são transformadas. Cebola tem "uma nota de borracha". A manga exala enxofre. "Um papaia bom de verdade", diz Gillette, "tem um aroma marcante de lixo." (Lembrar: se forçado a comer lixo, pensar em mamão papaia.)

Talvez não cause surpresa, dada a linguagem à disposição, que uma das perguntas que jamais será ouvida em um painel sensorial seja aquela que faríamos primeiro ao provar algo: gostou? Um dos problemas é que exprimir o gosto ou aversão pode mudar a forma como analistas sensoriais vivenciam o produto. Além disso, degustadores profissionais tendem a não *gostar* das mesmas coisas que os degustadores leigos (isto é, os consumidores). O título de um estudo publicado no *Australian Journal of Dairy Technology* diz tudo: "Avaliação de queijos versus aceitabilidade por parte dos consumidores: uma discrepância inevitável".

Inserir preferência é inserir ruído. Nas palavras do influente cientista alimentar Harry Lawless, "você não perguntaria a uma cromatografia gasosa ou a um medidor de pH se eles gostaram do produto, então por que perguntar ao painel de analistas descritivos?". Se você pede aos participantes que verifiquem se é o produto A ou o B que tem mais sal e depois qual eles preferem, o que fazer quando chutam errado no teste do sal?[52] O juízo hedônico deles ainda é válido? Há também o problema de que nem todo mundo gosta das mesmas coisas ou gosta pelas mesmas razões. Uma primeira versão do léxico de especiarias da McCormick tinha uma categoria para notas "esquisitas", inclusive o "sabão" para o coentro. Mas jogar uma luz pejorativa sobre o sabão é ignorar a ideia de que o gosto ensaboado é da *natureza* do coentro. Léxicos sensoriais podem ter sentidos diferentes para pessoas diferentes. Boa parte do "papo sobre vinho" estereotipado — expressões como "equilibrado" ou "pesado" — não existe no léxico sensorial dos profissionais do vinho.[53]

Outra questão é a avaliação sensorial não acontecer em ambientes onde as comidas são realmente ingeridas. Algo que pareça bastante bom no laboratório, em amostragens pequenas, pode não ser muito convidativo na mesa de jantar. Pode-se analisar o perfil sensorial de um refrigerante no laboratório, como me disse Nancy Farace, a gerente de entendimento alimentar da McCormick, mas solto no meio da selva, nas mãos dos consumidores, ele talvez se torne outra coisa totalmente diferente. "Como é que o consumidor vai beber? Vai derramar em cima do gelo? A zero grau? Em copo de plástico, copo de vidro, na lata, tirar a tampa e usar um canudo? O que vai comer antes? Depois? Não basta saber do que ele gosta, é preciso saber também como e quando vai consumir." Simplesmente perguntar às pessoas se gostam de algo, como ressalta o pesquisador de alimentos holandês E. P. Köster, faz com que entrem em estado de alerta: elas "degustam com mais atenção e é provável que julguem sob critérios diferentes dos que usam quando comem por comer".[54] Por outro lado, pedir a consumidores comuns que sejam mais analíticos pode influenciar suas sensações implícitas.

Em suma, pelo menos na indústria alimentícia, o normal é que não se queira saber *do que* gostam os especialistas (pois a maioria dos consumidores não vai gostar) e não se queira apro-fundar no *por que* os consumidores gostam de algo (pois não saberão explicar em termos proveitosos). Pense em café. O amargor é essencial no gosto das pessoas por café *como atributo sensorial*, conforme me disse Moskowitz, mas jamais se teria vontade de usar a palavra para vendê-lo. Porém, se o grande objetivo for vender coisas que a maioria aprecia, para que se importar com essa avaliação sensorial rarefeita da parte de analistas cujos discernimentos estão tão acima do normal? Segundo a descrição de Gillette, um motivo é calibrar os elementos sensoriais de acordo com o gosto dos consumidores. Em vez de fazer um painel com cinquenta baunilhas e tentar descobrir de quais os consumidores vão gostar, pode-se analisar o perfil do sabor do que eles realmente gostam e usá-lo como ponto de partida para a criação de novos produtos.

Gillette me alertou que os especialistas sensoriais eram gente "com quem você não gostaria de almoçar". E no entanto estavam ali, no refeitório da McCormick, comendo yakisoba de porco com orégano, dentre outras iguarias de sabor ousado. O degustador profissional, ela explicou, "é muito sensível à idade e ao óleo. O óleo fica ruim em pouco tempo: o consumidor não vê problema em comer algo que nós consideraríamos estragado, e nem sequer perceberia". Aldredge me contou que volta e meia interrompe a refeição no meio. "Os amigos perguntam: 'O que houve que você parou de comer?'. Você responde: 'Não quero falar do assunto'. E aí eles ficam loucos de interesse."

O gourmet com uma língua de ouro, ou o "nariz" da indústria de aromatizantes, com poderes sobrenaturais de adivinhar dezenas de componentes à espreita em coisas que para nós parecem uma massa indistinta, há muito tempo é um personagem cultural fascinante. Brillat-Savarin, em *A fisiologia do gosto*, fala dos "gourmands de Roma"[55] que "eram capazes de dizer pelo sabor se o peixe nadava entre as pontes da cidade ou rio abaixo". Em *Dom Quixote*, Sancho Pança — dotado de "excelente instinto natural para avaliar vinhos", praticamente um traço hereditário em sua família — conta a história de dois parentes seus, desafiados por aldeões a descrever as características de um barril de vinho: "O primeiro provou com a ponta da língua, o segundo apenas cheirou; o primeiro declarou que o vinho tinha gosto de ferro; o segundo disse que na verdade tinha gosto de couro de cabra". O vinicultor afirmou que o barril estava vazio. Quando abriram o barril, caiu de dentro dele uma chavezinha presa a uma correia de couro.

Mas é preciso desconfiar de quem recita descrições floreadas de vinhos ou cafés: nossa capacidade de identificar corretamente odores específicos em uma mistura complexa, híbrida, por exemplo, começa a atingir um "teto" no terceiro aroma.[56] Passando disso, testes revelam que as pessoas têm poucas possibilidades de decifrar as fragrâncias certas.

Quanto ao "excelente instinto natural" de Sancho Pança, basta conversar com especialistas sensoriais que eles desmentem a noção do talento inato. Como disse um aspirante ao título de Mestre em Vinhos no documentário *Somm*, de 2013, "um ótimo espadeiro samurai é quem teve professor. Pensamos nisso em relação ao vinho e imaginamos que alguém deva ter o talento natural. Mas nunca achamos que alguém tinha talento natural para fazer espadas". Aldredge confessou: "Sinceramente, não acho que poderia degustar melhor. Eu sei muito bem o que estou degustando e sei descrever". Sem dúvida, há diferenças individuais no tocante à sensibilidade, que muitas vezes entram em ação durante os painéis. Os degustadores também precisam de níveis básicos de aptidão, como passar no "teste do triângulo": qual dessas três coisas não é como as outras duas? Mas o quesito principal para virar um degustador profissional não é nascer com uma língua superdotada.

O segredo — e não é segredo nenhum — é aquelas coisas que já discutimos com os outros especialistas. Primeiro, a prática: os avaliadores da McCormick completam cerca de 150 horas de treinamento antes de participarem de um painel. Uma pergunta que lhes fazem antes de serem aceitos é: "Você está disposto a provar comidas seguras mas desagradáveis?". A relevância da prática, em contraposição ao talento congênito e inabalável, foi demonstrada em diversos estudos nos quais os especialistas, treinados para uma série de estímulos, recebem uma nova série,[57] não se saindo tão bem assim na identificação e combinação de sabores novos. Ou simplesmente transferindo termos que conhecem da outra série, ainda que sejam inadequados.

Em segundo lugar, a memória: para saber que o pretzel tem a "persistência da crocância" similar à de um biscoito Ritz, é necessário se lembrar da crocância do Ritz. Dizer que a cenoura tem aroma de feno é lembrar do cheiro do feno. Estudos comparativos de degustadores de vinhos especialistas e novatos revelam que, de modo geral, os especialistas não são melhores na *detecção absoluta* dos odores do vinho, mas no *reconhecimento* dos odores.[58] Quando os odores são desconhecidos, especialistas e novatos obtêm quase o mesmo grau de êxito em sua detecção.

Talvez o mais importante seja a linguagem. Retomando John Locke, não se pode usar palavras para entender direito qual é o sabor do abacaxi caso nunca se tenha provado a fruta. Depois de provar o abacaxi, no entanto, a linguagem pode ajudá-lo a desvendar o que foi saboreado. Às vezes os degustadores falam de um ciclo de realimentação em que, quanto mais se prova, mais palavras são criadas, o que por sua vez libera mais sabores. Que parcela do sabor de menta vem da palavra "menta"?

A linguagem e a memória estão inexoravelmente entrelaçadas no que tange à competência do paladar. Um estudo australiano testou especialistas e novatos em vinhos quanto à aptidão para se lembrar de listas de palavras relacionadas ao assunto que "ofereciam uma descrição coerente de um tipo de vinho". Eles receberam maços de cartas com os termos típicos da descrição sensorial de vinhos (infelizmente, não lhes ofereceram os vinhos). O Riesling, por exemplo, tinha sabor de "mineral e lima", aroma "crocante com flores". Em seguida, os voluntários ganharam maços embaralhados de palavras sensoriais que agora pareciam não descrever vinho nenhum. Depois de misturadas, os especialistas conseguiram se recordar de *menos* termos relativos ao vinho do que os novatos, assim como a imensa memória de um enxadrista para posições no tabuleiro parece evaporar quando as peças são misturadas — e não obedecem às configurações familiares vistas em milhares de partidas.[59]

Especialistas e sommeliers[60] internalizam certo modo de falar de vinhos, grosso modo baseado em um "formulário de degustação" que lista as qualidades do vinho de uma forma bastante singular — não muito diferente das estratégias conhecidas pelos mestres do xadrez. A *ordenação* dessas palavras se torna tão dominante na memória que os termos em si, quando vistos fora da combinação normal, são menos inesquecíveis. Em todo caso, as palavras são tão importantes quanto a degustação.

Podemos pensar em um painel de degustação de vinhos como um grupo de pessoas sentadas, cheirando e aspirando bebidas, tentando evocar os segredos enigmáticos que guardam por meio de um linguajar floreado. Em geral, acontece exatamente o contrário. Primeiro, os especialistas em vinho pensam em sua categoria (por exemplo, sauvignon blanc neozelandês), evocam um protótipo desse vinho e então procuram nele características compatíveis com as lembranças do protótipo.[61] É bem mais fácil reconhecer, digamos, o aroma do vinho quando se sabe o que se procura. Conforme a psicóloga Sylvie Chollet e seus colegas observam, a estratégia do "pense e cheire"[62] é a melhor para identificar corretamente os odores do que "cheire e pense".

Os especialistas em vinho têm um pensamento *tão* prototípico, aliás, que, quando o vinho passa por mexidas curiosas, o tiro pode sair pela culatra.[63] Quando a cientista sensorial Rose Marie Pangborn misturou corante de comida vermelho, sem sabor, a um vinho branco, foram os especialistas em vinho — e não os novatos — que de repente afirmaram que ele estava mais doce. "É possível", disse Pangborn, "que isso tenha acontecido por causa da familiaridade que têm com vinhos rosé adocicados."[64] O conhecimento dos especialistas matizou a degustação, assim como a substância matizou o vinho.[65]

Talvez queiramos atribuir talento natural aos degustadores profissionais devido à dificuldade que temos, ao provar os mesmos produtos, de "enxergar" o que eles enxergam. Como ressalta o professor de filosofia Barry Smith, a discrepância acarreta um dilema: "Ou os aromas e os sabores do vinho estão lá para que todos os sintam ou existem sabores e aromas acessíveis somente a quem desfruta de sensações gustativas peculiares, a quem tem um aparelho sensorial especial, por assim dizer".[66] A esta altura, já deve estar bem claro que a resposta é predominantemente a primeira. O sabor é menos uma dádiva do que uma consequência. Deve-se menos ao que você tem do que ao modo como utiliza o que tem.[67]

A maioria não utiliza muito. Em geral, passamos raspando pela superfície do mundo sensorial, e o paladar não é diferente. O "ecologista acústico" Murray Schafer destacou que, para escutar de verdade, é preciso reeducar o cérebro a processar os sons.[68] Ele sugeriu exercícios tais como fechar os olhos para evitar distrações e tentar criar uma palavra "onomatopeica" para um som (temos aqui um eco do uso da linguagem na tentativa de descrever sabores). Mas o normal é comermos e bebermos em meio a várias distrações, com pouca ou nenhuma linguagem para o que ocorre na nossa boca. Grande parte do que aprendemos e lembramos sobre as comidas é "incidental", sob a consciência.

Samuel Renshaw, psicólogo da Universidade Estadual de Ohio, ficou famoso pela criação de um sistema de treinamento que ajudava os soldados americanos da Segunda Guerra Mundial a reconhecer rapidamente aeronaves e navios inimigos. Mas também colaborou com uma destilaria a fim de aprimorar a competência dos degustadores para a detecção de variações em seus produtos. Renshaw alegava que a maioria consegue, no dia a dia, algo "da ordem dos 20% de utilização das modalidades sensoriais".[69] Será que temos uma reserva oculta de capacidades discriminatórias aguardando para agir sob o treinamento ou as circunstâncias corretas?

Em um fascinante estudo holandês,[70] os voluntários foram incumbidos de achar o leite com 1,4% de gordura que costumavam tomar em meio a cinco amostras de leite com diversos teores de gordura. Poucos tiveram certeza de qual era: todas as opções pareciam similares ao leite "deles". Mas quando um outro grupo recebeu o mesmo leite e a tarefa de identificar o autêntico leite "holandês" dentre outros que lhes disseram ser importados, mais baratos, de baixa qualidade, os membros do painel de repente melhoraram bastante na escolha do leite com 1,4%. De supetão, os participantes se viram *motivados* a detectar as diferenças (*Como você tem a audácia de trocar o meu leite por um importado barato!*). A reação emotiva "destravou" preferências implícitas que já estavam ali.[71] A conclusão do experimento é de que nossas próprias predileções muitas vezes nos são um mistério (*Desconhecemos nosso próprio gosto*) e que o simples ato de nos perguntar do que gostamos pode não surtir muito efeito.

Enquanto conversava sobre as características sensoriais dos pretzels com os especialistas da McCormick, minha atenção se desviou para uma lata de Dr. Pepper, uma das diversas bebidas à disposição em uma mesa. Assim como Locke com o abacaxi, me dei conta de que não sabia muito bem qual era o sabor do refrigerante e tampouco, admito, havia parado para pensar no assunto. Meu pensamento foi de que o sabor era "de Dr. Pepper". Como poderia descrever seus vários atributos a quem nunca tinha provado o refrigerante? É nítido que a empresa usa essa escuridão epistemológica a seu favor, enfatizando seus "23 sabores" na lata. Tal fato evoca um enigma apetitoso: quais seriam esses sabores? Sem dúvida, 23 é melhor do que onze!

Tal enigma permeia a tradição da marca. Na década de 1960, a percepção do Dr. Pepper, observa Joseph Plummer, era repleta de ideias falsas: era medicinal ou feito de suco de ameixa. Mas a empresa conseguiu transformar em pontos fortes as excentricidades dessa bebida marrom sem gosto de cola. Já no começo dos anos 1970, era o quarto refrigerante mais popular dos Estados Unidos.[72] A dificuldade de identificar o sabor exato pode ser uma vantagem. Como Howard Moskowitz sugeriu, uma parte da popularidade da coca-cola em comparação com, digamos, um refrigerante de laranja é sua mistura complexa de sabores. Os consumidores levam mais tempo para se cansar dela do que de um refrigerante de laranja, cujo perfil é mais simples, mais reconhecível (e possivelmente "mais fácil de gostar" à primeira prova). Quanto mais reconhecemos um sabor, Moskowitz explicou, mais ele se fixa na memória e mais fácil é lembrar-se dele.

A bem da verdade, sou agnóstico de Dr. Pepper. Não é um produto que eu procure, tampouco que evite automaticamente. Seja qual for meu nível de apreço, trata-se de um sentimento pela coisa *como um todo*, e não uma distribuição analítica de vários atributos sensoriais e trigeminais. Talvez uma parcela dos meus sentimentos sejam moldados pela exposição. O Dr. Pepper tem um caráter sulista, e, como não fui criado no Sul, não tive tantas oportunidades assim de consumi-lo. Mas poderia ser também a falta de apreço? Se eu soubesse mais sobre o Dr. Pepper, gostaria mais?

Uma ideia passou pela minha cabeça: que momento melhor para fazer um teste de degustação do que quando se está rodeado de especialistas sensoriais? "Vamos educar o Tom sobre as essências aromáticas do Dr. Pepper", anunciou Gillette. Levei o copo ao nariz. "Que cheiro você acha que tem?", Ridgway indagou. "Se não der para descrever, me diga: o que ele o faz lembrar?" Havia algo, mas me escapava. Dava quase para *sentir* a sinapse frustrada que ligaria meu maquinário sensorial à memória aguardando a detonação. Gillette, percebendo meu esforço, aproximou o nariz do copo. "Sinto cheiro de uma coisa que não é bebida. É uma coisa que como de sobremesa." Uma imagem surgiu lá no fundo da minha mente. "É difícil quando você não sabe primeiro o linguajar", Ridgway me consolou. Gillette me perguntou se poderia ajudar. "Lembra sorvete de cereja. A vanilina, a nota cremosa, as cerejas pretas."

Foi como se uma porta se abrisse. Cheirei de novo e lá estava, como uma placa a um palmo do meu nariz; como foi que não percebi? Era óbvio que eu conhecia o aroma; não era um abacaxi lockiano. Será que já tinha alguma lembrança do que eu imaginava ser e precisava da terminologia para trazer a lembrança à tona? O odor é famoso como um potente mecanismo desencadeador de lembranças (em especial quando o cheiro é desagradável).[73] Mas o que aciona a memória dos odores?

A ciência se divide entre as ideias de que as palavras (isto é, a "mediação semântica") são essenciais no desencadeamento de memórias olfativas ou de que a lembrança olfativa funciona basicamente sozinha.[74] Não obstante, me pareceu curioso que eu pudesse ter aquela sensação nítida, ao cheirar o Dr. Pepper, de saber que não era coca-cola ou 7UP, mas não saber o que era. Até que ponto a vida é feita desse sonambulismo sensorial, dessas percepções subconscientes? Até que ponto essa sensação é diferente daquela de ouvir um trecho de uma canção de gênero irreconhecível ou de não ser capaz de entender bem algo que se vê à distância?

Prestar atenção demais pode nos levar à loucura, ponderei enquanto comparávamos observações gustativas. "Achei que parecia ameixa", disse Aldredge. Alguém contestou: "Não pensei em comida, pensei em jardinagem: manta de terra". "Nossa!", exclamou Gillette, sobrancelhas erguidas. "Tem umas notas terrosas", Aldredge declarou. "É lenhoso." Meio sem graça, sugeri: "Talvez cravo?". "Talvez", Ridgway respondeu sem alterar o tom de voz. De qualquer modo, ninguém na sala conseguiria acertar todos os 23 sabores: lembre-se da descoberta de que as pessoas começam a definhar após identificar três componentes. Falávamos de sabor, usando a linguagem para revelar nossos sentidos, forjando novas lembranças — e assim gostos futuros — durante o processo. Como Gillette me disse: "Você nunca mais vai beber Dr. Pepper do mesmo jeito".[75]

Qual é a sua cerveja predileta?
Sobre saber do que gostar

Fiquei intrigado com as avaliações voltadas para a estética, objetivas do ponto de vista teórico, que foram emitidas na exposição de gatos e, em contraposição, com a análise sensorial rigorosa, desapaixonada, sobre os "instrumentos humanos" na McCormick. Tive a impressão de que representavam dois lados do cérebro humano. Fiquei me perguntando o que acontece quando combinamos essas duas atividades de modo eficaz; isto é, quando tentamos fazer uma avaliação qualitativa de algo que colocamos na boca.

E então fui a Denver, Colorado, onde, nas salas de conferência de um hotel grandioso, aconteciam as avaliações do Great American Beer Festival (GABF) — o grande campeonato das cervejas artesanais. Ali, no imenso "ponto de encontro", encontrei o diretor do festival, Chris Swersey, parado no meio de um mar de cervejas pretas e *saisons*, todas as garrafas geladas a exatamente três graus, à espera de serem servidas, embaralhadas e entregues a comitês nas salas vizinhas. A rapidez era essencial. "Em vinte minutos, essas provas terão um sabor completamente diferente", ele justificou enquanto examinava o salão com o olhar.

Conforme descreveu Swersey — um sujeito de meia-idade, cavanhaque e, como muitas das pessoas ligadas à cerveja que encontrei, muitíssimo afável e empenhado —, a avaliação do GABF é meio "ambígua". "Não somos nem 100% subjetivos nem 100% objetivos", ele disse. Uma avaliação puramente objetiva se conformaria estritamente aos padrões, com medidas precisas de IBUs (a escala internacional do amargor das cervejas) e "gravidade final". Parece uma experiência digna de astronautas, mas no mundo da cerveja o termo se refere à densidade do líquido após a fermentação, medida em "graus Plato". Como já tinha me dito Garrett Oliver, o cervejeiro da Brooklyn Brewery, o pessoal da cerveja costuma falar como cientista — "o nosso EBV é este, o nosso IBU é tal, nossa gravidade final" —, enquanto o "cara do vinho fala de colinas".

No caso da avaliação totalmente subjetiva, por outro lado, os jurados percorreriam uma lista de dezenas de cervejas e expressariam seu gosto. "Você pode amar porque adora damasco", diz Swersey, "ou detestar porque não gosta de damasco." Alguns estilos de avaliação são baseados mais no prazer. Em certas competições de cervejas da Inglaterra, por exemplo, os jurados têm de responder questões como: "Você faria um esforço especial para beber esta cerveja?".*

A avaliação em Denver foi feita sob o habitual sigilo rigoroso. Jurados com celulares foram convidados a se retirar. Swersey, desobedecendo ao protocolo de praxe do GABF, me permitiu entrar e observar por um tempinho — mas não registrar ou tomar notas sobre — o julgamento da cerveja preta ao estilo americano. A primeira informação que ele me deu foi de que os jurados de cerveja não cospem. Não por faltar força de vontade aos zitólogos. "Há botões gustativos abaixo do pomo de adão bastante suscetíveis aos componentes do lúpulo", Swersey me disse. "As pesquisas comprovam: você tem de engolir para captar todo o perfil da cerveja." Engolir é só uma partezinha do processo todo. O aroma, para Swersey, é o primeiro passo. "Aromas são muito

---

* Essa pergunta, para mim, requer mais um dado: o que seria "um esforço especial"?

etéreos, tendem a sumir, depois vem todo um outro conjunto aromático. Você tem de tomar a cerveja logo e apreender o que está cheirando."

Quando nos sentamos com o comitê da cerveja preta e comecei a escutar os comentários, tive a sensação de que era uma versão mais jocosa e opiniática do painel sensorial da McCormick. A linguagem descritiva é similar: "leite condensado", "um quê de solvente", "legume queimado" ou, minha predileta, "não é nenhuma manta para cavalo". Observando os membros, me lembro de algo que James Shanteau, o psicólogo dos especialistas, dera a entender: os especialistas são pessoas com opiniões iguais às de outros especialistas. Os comitês ali, Swersey declarou, não são de tiranos do gosto impondo sua vontade, mas sim de achar um consenso muito bem ponderado sobre quais cervejas representam melhor as diretrizes particulares do estilo. "Não gosto de conversas do tipo: 'Bom, estive na Bélgica no mês passado e provei não sei quantas cervejas, e o sabor dessa aqui não se parece com o de nenhuma delas."

Embora uma competição de cervejas possa parecer algo bem distante de uma exposição de gatos em Paris, as mesmas questões estão em jogo. Existe o fenômeno dos parâmetros mutáveis. Pense na IPA, a India pale ale. As cervejas claras, que são das mais fortes, de modo geral são apreciadas pelo alto teor de lúpulo (isto é, pelo amargor). São um marco da perícia cervejeira. Em um estudo interessante, os cientistas computacionais Julian McAuley e Jure Leskovec, da Universidade de Stanford, examinaram as resenhas do popular website RateBeer.com. O que distingue resenhistas novatos de resenhistas experientes, descobriram eles, é que as opiniões dos especialistas, conforme já mencionei, tendem à concordância. Em certos gêneros de cervejas, no entanto, críticas de novatos e peritos divergem quase *totalmente*. De acordo com os pesquisadores, "novatos deram notas mais altas a quase todas as cervejas lager e especialistas deram notas mais altas a quase todas as cervejas ale". E, apesar de ninguém gostar muito de Bud Light no site, os especialistas a odeiam *de verdade*. Ales fortes, além de serem um "gosto adquirido", indicam como está sua relação com as cervejas, assim como o Velvet Underground se tornou um marco totêmico do gosto musical das pessoas.

Pode parecer que a questão do que é uma India pale ale está encerrada. "Quando estava no auge", Oliver, da Brooklyn, me contou, "a IPA devia ser a coisa mais específica que já haviam criado: foi feita para sobreviver a uma viagem marítima da Inglaterra à Índia. Sempre foi seca, sempre amarga, sempre clara." Mas o tempo, além do mercado, avança: para o desgosto de Oliver, hoje existem cervejas como a aparentemente paradoxal IPA preta. No salão de Denver, Swersey me serviu um copo de Mojo IPA, da empresa Boulder Beer, do Colorado. "É uma India pale ale cheia de lúpulo", esclarece. "Tem lúpulo Amarillo, que tem um sabor bem forte de toranja." Também contém notas de abeto. "Muitos dos componentes do óleo de lúpulo são idênticos aos de abeto." Todos esses fatores parecem seguir o padrão GABF de India pale ale ao estilo americano: "Tem alto teor de aroma de lúpulo, revelando características do lúpulo americano: floral, frutado, cítrico, pinígero, resinoso ou similar ao enxofre".

Mas de repente ele foi tomado por um ar confuso. "Eles a apresentaram como uma ale clara e forte", ele afirma, se referindo a outra categoria do GABF, com teor alcoólico mais baixo. "Apresentaram numa categoria inferior." Era como botar um pugilista peso-pesado na divisão dos pesos-médios. Talvez, refletiu Swersey, a Mojo IPA estivesse na categoria das ales americanas claras e fortes (apesar de ter sido rotulada como IPA). O mais provável é que todo o cenário da IPA tenha mudado: muito lúpulo, mais amargor. O que antes era uma IPA digna de respeito de repente parece, em comparação com as outras cervejas da categoria, uma imitação empalidecida. "Essa cerveja tem uns sete ou oito anos", ele disse. "Outras IPAs cresceram com ela, a ultrapassaram."

Assim como os gatos persas, o produto aos poucos vai se tornando mais extremo, ainda que o mesmo parâmetro escrito continue sendo aplicável. Pense em uma das IPAs americanas seminais, a Sierra Nevada Pale Ale, fabricada pela primeira vez no início da década de 1980 e agora uma das cervejas artesanais mais populares dos Estados Unidos. "Antigamente", disse Swersey, "era uma cerveja inovadora. Ninguém neste mundo estava fazendo algo parecido. Ela desafiava as pessoas." Embora ele declare que a Sierra continua sendo a cerveja que ele e outros cervejeiros "sempre têm na geladeira", ela "ficou para trás" se comparada à Mojo; ou seja, é uma cerveja clara que engatinha. Em termos de amargor, a mudança já é drástica: a Sierra Nevada tem 38 IBUs e a Mojo, setenta.

As categorias preparam o palco para o gosto. Até cervejas conhecidas, populares, como Budweiser e Pabst Blue Ribbon, de sabores menos intensos, mais industrializados, contra os quais o movimento artesanal se define, têm uma categoria própria no GABF: lager ao estilo americano ("sabor de lúpulo inexistente ou muito baixo"; "trigo, arroz ou outros grãos ou componentes do açúcar são muito utilizados"). Achei a informação esquisita, como se o Festival de Cinema de Sundance tivesse a categoria "grande filme de ação a ser lançado por Hollywood". Mas o fato só reforça o poder das categorias. Antes de decidir se algo é bom, é preciso definir: bom em qual *função*?

Muita gente não consideraria uma Budweiser cerveja "de verdade". Muito mais gente bebe Budweiser. Os professores de administração David Choi e Martin Stack alegam que o mercado de cerveja dos Estados Unidos ficou "preso a um equilíbrio abaixo do ideal, em que a maioria dos consumidores desconhece o que a cerveja é e pode ser".[76] Por quê? Para começar, devido à Lei Seca. As pessoas simplesmente se *esqueceram* do sabor que a cerveja tinha. As lagers pós-Lei Seca, talvez por influência dos refrigerantes, eram muito gaseificadas e feitas de quantidades cada vez menores de malte e lúpulo. Literalmente perderam o sabor. O segundo fator foi a mudança pós-Lei Seca do chope para as garrafas e latas, além da consequente teimosia em servir cerveja "geladíssima" (o que "mata" o sabor). Com o tempo, "os consumidores passaram a associar 'cerveja' com uma gama cada vez menor de características do produto". Por que se dar ao trabalho de trocar de cerveja se a cerveja que você bebe é boa o bastante, se ela *é* cerveja? O GABF, por meio do simples gesto de incluir uma categoria para esse tipo de cerveja, poderia se esquivar desse problema confuso.

No universo da cerveja (bem como no dos gatos), me deparei com um círculo vicioso. *O que é cerveja boa? Cerveja boa é aquela que representa melhor o padrão. O que estabelece o padrão? As características que as pessoas acham que torna uma cerveja boa. Repete. E algo mais: cerveja boa é aquela que representa melhor o padrão. Então por que o padrão muda? Porque a concepção que as pessoas têm do que é uma cerveja boa muda. Isso quer dizer que a cerveja que antes era considerada boa não é mais uma boa cerveja?*

Poderia haver uma cerveja universalmente boa — ou um gato? O filósofo Immanuel Kant, em *Crítica da faculdade do juízo*, sugere que nosso gosto por coisas apenas "agradáveis", como vinho (ou cerveja, ou gatos), é irremediavelmente subjetivo:

A cor violeta para um é suave e adorável, para outro insípida e desbotada. Um homem gosta do tom dos instrumentos de sopro, outro prefere o das cordas. Debater tais pontos com a ideia de condenar a opinião alheia, declarando-a incorreta quando divergente da nossa, como se a oposição entre dois juízos fosse lógica, seria insensatez. Com o agradável, consequentemente, o axioma também é válido: cada um tem seu gosto (aquele dos sentidos).[77]

O juízo de gosto, disse Kant, só pode ser "puro somente na medida em que seu fundamento não é maculado pelo mero deleite empírico". Portanto, embora os jurados da exposição de gatos e do festival de cerveja estivessem, em certo sentido, agindo ao estilo do "desinteresse" kantiano, suspendendo suas predileções pelo bem de uma série de critérios mais abrangente, o simples fato de que haviam estabelecido critérios para as coisas que julgavam, para Kant, tornava suspeitas suas opiniões. Consertar as "regras" — "como todas as regras empíricas, apenas gerais, não universais" — sobre a beleza de um ser humano, um edifício ou um cavalo, argumentou o filósofo, é "pressupor um conceito do fim que determina o que a coisa deve ser, donde um conceito de sua perfeição, e é portanto beleza simplesmente aderente". Nas palavras do filósofo Matt Lawrence, parafraseando o que Kant *poderia* ter dito sobre cerveja, "existe alguma coisa nas cervejas em si que as torna ótimas".[78] Não pelas razões que alguém decreta que são ótimas.

O que Kant tentava fazer no texto que ganhou fama de espinhoso e "proibitivo", observa o acadêmico Christian Wenzel, especialista no filósofo, era resolver o dilema que notei surgir da noção de padrões estéticos mutáveis: *o gosto é subjetivo ou objetivo?* "Por outro lado", observa Wenzel, "a satisfação que cerca o juízo de gosto não pode ser totalmente subjetiva. Caso contrário, a alegação de que todo mundo deve concordar jamais se justificaria; tal alegação não poderia sequer ser levantada e não haveria nenhuma discussão acerca do gosto."[79]

Portanto, as pessoas não podem simplesmente descrever um gato e uma cerveja como bons, pois qual seria o significado disso, e como saberíamos qual é o melhor? Mas "as bases do prazer na contemplação estética tampouco podem ser totalmente objetivas", afirma Wenzel, "porque então os debates sobre gosto seriam resolvidos ao modo científico (como na física)". Uma máquina seria capaz de lhe dizer qual cerveja é melhor. O Gosto — gosto com G maiúsculo, do tipo que exprime uma opinião sobre o que você prova — parece ocupar um meio-termo nebuloso. O que o aparato da avaliação faz é oferecer às pessoas um modo de falar de gosto sem realmente falar de gosto, ou pelo menos do gosto *individual*.

Então, o que é cerveja boa? Fiz a pergunta a um grupo pequeno de jurados no final do primeiro dia de festival, depois de resistirem a diversas rodadas de degustação. O conveniente — ou talvez curioso — é que a conversa se deu em meio a cervejas, canecos da Left Hand Brewing. "Para julgar, é preciso muita concentração", declarou Jamie Floyd, um sujeito tatuado, de cabelo espetado, sempre cheio de energia, que é dono da Ninkasi Brewing, sediada em Eugene, Oregon. "É bom tomar um bom caneco de cerveja."

Em primeiro lugar, os jurados queriam que eu soubesse que, por mais que tentassem ser analíticos, no final das contas são humanos, com predileções humanas. "Nós começamos com a tentativa de atingir a objetividade total, julgando a partir dos critérios do estilo de cerveja", disse Brad Kraus, o esguio *maestro cervecero* de chapéu de caubói da cervejaria panamenha La Rana Dorada. "Mas você tem que ser um pouco subjetivo, senão uma máquina faria o trabalho." Uma cerveja pode acertar em todas as diretrizes do estilo, mas ela é boa mesmo? "Nossa cervejeira tem um laboratório analítico e um laboratório sensorial", acrescentou Floyd. "Tem os dois — porque equipamentos de laboratório não bebem cerveja."

Apesar de Shanteau ter afirmado que uma das marcas dos especialistas é convencer os outros de que são especialistas, percebi que os jurados eram surpreendentemente francos sobre as próprias inseguranças. Eu tivera a impressão de que a organização do comitê de cerveja preta era um jogo de pôquer: pessoas reunidas em torno da mesa redonda, tentando transparecer a maior frieza possível ao analisar as bebidas diante de seus olhos (as cervejas são embaralhadas para que as expressões faciais não entreguem "a mão").

Fal Allen, cervejeiro da Anderson Valley Brewing Company, um barbudo com ares de acadêmico, disse que em geral os jurados começam apontando os defeitos. Talvez porque os defeitos sejam detectados primeiro pelo aparato sensorial humano. Mas também existe a ideia de que talvez seja mais fácil apontar os defeitos do que defender qualidades vagamente positivas. "Hoje eu falei: '*Gostei* desta cerveja'. Alguém falou: 'Ah, agora eu vou ter que me explicar na frente dos especialistas — será que eu vou dizer uma idiotice?'. Às vezes é mais fácil destacar as coisas ruins."

Se há inúmeras maneiras de se ser persuadido em uma mesa de julgadores — pela cerveja que se tomou antes, pela temperatura da sala ou da bebida, pelo que cada jurado fala —, no mundo real a questão de por que gostamos de uma cerveja em determinado momento é de uma complexidade infinita. Na verdade, talvez tenha pouco a ver com a cerveja em si. Os jurados bebem de um jeito que ninguém bebe: sob anonimato, em doses relativamente pequenas, prestando atenção apenas ao que se está consumindo, não por prazer mas com uma finalidade. Jurados comem um pedaço de chocolate ou cheiram os braços para "limpar" o paladar entre uma cerveja e outra; quem faz isso num bar? "Quando você está num bar cheio de gente, a cerveja pode passar despercebida", comentou Floyd. "Tem música, tem gente que o atrai, tem cheiros, tem karaokê ruim. Você pode tomar a cerveja três ou quatro vezes e ter uma impressão bem chocha. Mas quando se está numa situação em que você foca, você pensa: 'Mas o que foi que eu vi nessa cerveja?'."

Conto aos jurados que na semana anterior eu tinha tomado uma lata de Pabst Blue Ribbon em um restaurante barato do Brooklyn. Era bem provável que não tivesse tomado uma Pabst desde a época da faculdade e nem sentido vontade. Mas desde a primeira década do século XXI, por obra do acaso, a Pabst lograva um crescimento espetacular[80] — em 2009, suas vendas tiveram um aumento de 25,9% —, a ponto de poucos anos depois seu preço nos bares locais *subir*. Sua popularidade, conforme narrou o escritor Rob Walker, parece ter sido induzida por uma mistura peculiar, subversiva, da lei da oferta e demanda, constituída de preço baixo, relativa escassez e campanha de marketing discreta que tentava se aproveitar da aparente "autenticidade" da cerveja sem alienar os consumidores de longa data que lhe conferiam autenticidade. Seu verdadeiro sabor, pelo menos segundo a opinião de milhares de pessoas que a avaliaram no RateBeer.com, é descrito em termos relutantes, quase contritos: "uma cerveja decente para aparar o gramado"; boa "para ficar no meio da multidão num show"; a "cerveja perfeita para universitários tomarem enquanto estão parindo um texto". Para constar, a Pabst já foi vencedora da categoria Lager Leve Americana do GABF, mas um jurado me disse, abafando o riso: "Como é que ela não iria ganhar?".

Mas tomar a Pabst me fez pensar: o que significa beber uma cerveja mais fraca se existem tantas outras? Consegui curti-la "do jeito que ela é" por ter ajustado minhas expectativas top-down? E como essa situação difere da experiência do consumidor que tem o hábito de tomar Pabst e de repente prova uma cerveja artesanal, um gênero que desconhecia? O prazer sensorial só é vivenciado se conjugado ao conhecimento ou pode brotar por conta própria? A resposta mais ingênua seria imaginar que o consumidor não acostumado à artesanal imediatamente se veria arrebatado por um sabor intrinsecamente superior e pensaria: "Meu Deus, por que foi que passei a vida inteira tomando aquele troço?".

De vez em quando nos deparamos com a noção de que certa cerveja serve de "porta de entrada" para o mundo da artesanal. É a cerveja que o levou a "entrar" nesse universo, um ponto de partida: nada muito radical, talvez uma versão mais robusta (com ingredientes melhores) de algo que já havia bebido. Antigamente, podia ser Heineken; hoje, talvez seja Sam Adams. É pouco provável, no entanto, que o mero ato de beber uma cerveja que sirva de porta de entrada faça alguém tomar o rumo da perícia.

Uma vez que o poder do condicionamento top-down o levaria a adotar certas expectativas, o consumidor poderia ficar simplesmente incapaz de curtir uma cerveja nova ou desconhecida *como* cerveja. Nossos sentidos não reagem bem à ruptura de expectativas. "Se você apresenta a Guinness a uma pessoa", diz Fal Allen, "ela não está preparada para o que está por vir. Ela prova e diz: 'Uau, o que é isso?'. Você tem de falar: 'Não é como a cerveja que você toma. Tem um quê achocolatado, e presta atenção na nota de expresso'. Quando prova, a pessoa está mais aberta a gostar." A apresentação, acrescentou Floyd, não deve ser "isto aqui vai mudar a sua vida". Segundo ele, não se deve enfiar uma cerveja trapista na mão de uma pessoa e declarar: "*Depois dessa aqui, eu espero nunca mais entrar na sua casa e ver uma latinha de Coors!*". Não vai dar muito certo.

Mas o que acontece quando o consumidor atravessa a porta de entrada? Em uma discussão sobre o conceito de *qualia* — "como as coisas nos parecem" —, o filósofo Daniel Dennett fala de dois hipotéticos degustadores de café trabalhando na Maxwell House. Após seis anos de trabalho, eles confidenciam um ao outro que não gostam mais do café da empresa. Mas discordam dos *motivos*. Um diz que seu parâmetro mudou e que sabe avaliar melhor um café. Não gosta mais do sabor de Maxwell House. O outro acha que algo em seu sistema perceptivo mudou: o "café não tem mais o sabor que tinha antes".[81] Se tivesse, ele continuaria a gostar. Dennett conclui que "talvez não tenhamos capacidade de solucionar definitivamente a questão", e talvez, assim como ocorre com a ideia de "objeto de sabor", as duas explicações tenham seus acertos: uma "imagem cerebral interna" do café interage, em inúmeras redes neurais, com os receptores sensoriais do corpo. Como os parâmetros não mudariam se os sentidos mudam (percebem "mais" o café), e como a mudança de parâmetros não mudaria os sentidos (para buscar algo "mais")?

Não sabemos direito o que houve com os degustadores de café, mas algo mudou. O que suscita a questão, de acordo com a noção de determinada cerveja como porta de entrada, do que acontece quando "voltamos atrás". Quando bebi a Pabst, eu curti? Caso sim, foi pelo seu sabor atual? Ou era por saber o dinheiro que economizava, a aura de hipster curioso que tinha, ou talvez até me sentindo temporariamente livre do *trabalho* e do peso do conhecimento, por me entregar a sabores mais simples?

O cervejeiro Garrett Oliver, gourmand dedicado, me disse durante nossa conversa que se alguém entrasse ali com um saco de cheeseburger do White Castle, "eu seria capaz de devorar uns dez. Não acho o cheeseburger da White Castle grande coisa, mas isso não muda o fato de que, quando eu era criança, era uma das melhores comidas do mundo". Porém ele nunca será tão gostoso quanto nas lembranças que guarda. Conforme declara Dennett, ao revisitarmos lugares da infância (nosso quarto, nosso quintal), eles nos parecem bem menores. A memória frustra nosso parâmetro atual do que é grande e o que é pequeno. Não se pode beber uma Pabst como antigamente, assim como não se pode viver no quarto da infância com o corpo e a mente da criança que já fomos um dia.

Mas depois de cruzar a porta de entrada, as pessoas se veem diante de uma série infinita, ao estilo Escher, de portas de entrada? Tornam-se mais felizes porque conseguem experimentar mais tipos de cerveja, mais tipos de prazeres, ou correm o risco de uma ressaca hedônica? "No Oregon, 38% dos chopes são de cerveja artesanal", observou Floyd. "Tem muita informação por lá. Tem também um monte de amantes de cerveja infelizes. Eles não têm mais nada de bom a dizer. A única reflexão que fazem a respeito das cervejas, a esta altura, é sobre os pontos em que elas não atingem mais a perfeição. Acho que isso pode acontecer de vez em quando: eles têm uma perspectiva tão enviesada do que é certo que perdem de vista o que os empolgou no começo."

Ainda está aberta ao debate a questão de quem é mais feliz: a pessoa que só bebe uma cerveja (mesmo que a considere apenas boa) e mal sabe das cervejas que está deixando de tomar ou o especialista inquieto que já provou quase todas e tem consciência de que a cerveja que está tomando no momento não é das melhores. Brad Kraus sugeriu uma estratégia pragmática, um meio-termo, que me parece, com sua modéstia, uma tática magnífica para se ter uma vida feliz: "As pessoas volta e meia me perguntam: 'Qual é a sua cerveja predileta?'. Eu não tenho uma cerveja predileta. Em geral, digo que é a que estou bebendo. Tenho a impressão de que soa bem".

Conclusão

Notas de degustação: como gostar

A imagem que pintei do gosto não é nada reconfortante. De modo geral, não sabemos do que gostamos ou por que gostamos do que gostamos. Nossas preferências são crivadas de propensões inconscientes, facilmente questionadas pelas influências contextuais e sociais. São menores do que imaginamos as chances de que amanhã gostaremos das mesmas coisas que nos agradam hoje e menores ainda as de nos recordarmos do que nos levou a nossos gostos anteriores. Até os especialistas, como acabamos de ver, estão longe de ser guias infalíveis para sabermos o que é de fato bom, para sabermos quais foram suas impressões. Nada é mais essencial à identidade do que a bússola interna de nossas predileções — em termos de culinária, de música, de artes, da marca de iogurte —, e, no entanto, em meio à sua atividade quase constante, ela passa ao largo da reflexão. No curso de nossas investigações, contudo, temas menores surgiram, pequenas sinalizações pontilhando um caminho confuso, difícil, dando incentivo e um pouco de clareza. É com essas mensagens que encerro — uma espécie de "guia prático do gosto" em um mundo de variedade infinita.

325

VOCÊ SABERÁ DO QUE GOSTA OU NÃO GOSTA ANTES DE SABER O PORQUÊ. Nossa capacidade de exprimir um "juízo afetivo" acerca de algo acontece num intervalo de milissegundos. Trata-se de um grande dom para um mundo complexo, um mecanismo de filtragem para navegar com eficiência o bazar apinhado da vida. Mas os atalhos podem custar caro: coisas que preferiríamos podem nos passar despercebidas, podemos fazer pouco de algo que mais tarde amaremos, podemos nos enganar sobre o motivo do nosso gosto.

VÁ ALÉM DE "GOSTAR" E "DESGOSTAR". No mundo da avaliação sensorial, as palavras "gostar" e "desgostar" são desaconselháveis. Por quê? Porque podem embaçar a opinião dos membros avaliadores. Gostar e desgostar são conceitos top-down que volta e meia atrapalham nossa verdadeira experiência. Perguntar se alguém gosta ou não de uma coisa muitas vezes põe um ponto final prematuro a uma conversa que seria interessantíssima.

VOCÊ SABE POR QUE GOSTA DO QUE GOSTA? Lembra-se dos voluntários da feira agrícola que decidiram de qual de dois tipos de ketchup aparentemente idênticos eles gostavam mais? A preferência era inconsciente, enraizada nas memórias da infância. Queremos considerar nossas predileções autênticas, mas talvez elas sofram uma influência secreta do contexto (aquela garrafa de vinho italiano que você levou para casa porque nunca tinha provado nada igual) ou sejam transformadas pela expectativa (as pessoas gostam mais do vinho de Napa Valley do que o de Nova Jersey, independentemente de onde o *vinho veio de fato*).[1] As preferências individuais podem refletir apenas uma "moldura" cultural mais abrangente que se cristalizou em hábito: como observa o pesquisador Evgeny Yakovlev,[2] os russos passaram décadas com um gosto avassalador por vodca (que era relativamente barata e abundante). Depois de revogadas as restrições de mercado, no entanto, o consumo de cerveja disparou — *entre consumidores jovens*. Os velhos consumidores de vodca? De modo geral, ainda bebem vodca.

FALE DE SUAS RAZÕES PARA GOSTAR DE ALGO. A linguagem é capaz de destravar o gosto. Quando temos uma experiência sensorial, imaginamos que basta deixar os sentidos cumprirem suas funções. "Não tenho nem palavras para descrever" é um bordão comum em resenhas da internet. Mas se gostamos do que conhecemos, só conhecemos o que lembramos, e é mais provável que lembremos de vivências hedônicas caso as verbalizemos. Cuidado: às vezes gostamos de algo menos pelo que é e mais pela facilidade de falar dos motivos do nosso apreço, deixando de lado algo que preferimos mas cujas qualidades são mais fugidias.

GOSTAMOS MAIS DAS COISAS QUANDO PODEM SER CATEGORIZADAS. Nossos cérebros alinhadores de padrões são feitos para categorizar o mundo, e gostamos mais das coisas quando elas têm a aparência que imaginamos que devam ter. Estudos revelaram que, quando se pede a voluntários[3] para olhar fotografias de pessoas miscigenadas e então julgar a atratividade dos fotografados, a resposta depende das *categorias* utilizadas: um homem sino-americano pode ser considerado mais atraente do que os homens em geral, porém *menos* atraente do que homens chineses. Coisas "difíceis de categorizar" são difíceis de gostar — até inventarmos novas categorias. Gostamos mais das coisas quando as categorizamos, e categorias podem nos ajudar a gostar mais das coisas, até mesmo daquelas que não são tão boas quanto gostaríamos.

NÃO CONFIE NO GOSTO FÁCIL. Como almejamos fluência e perícia, temos reações favoráveis imediatas a coisas "fáceis de entender" — uma frase musical simples, mas contagiante, uma obra de arte cujo sentido ou estilo é compreendido à primeira vista, um coquetel doce. Mas essa mesma fluência pode permanecer menos tempo na memória e podemos nos cansar rápido do "estímulo" simples. O que a princípio parece mais difícil de apreciar — porque exige mais capacidade mental — pode propiciar mais retorno hedônico de longo prazo. Há poucos artistas históricos ainda relevantes hoje que caíram nas graças de um público amplo sem gerar controvérsia na época em que estavam trabalhando.

VOCÊ PODE GOSTAR DO QUE VÊ, MAS TAMBÉM VÊ O QUE GOSTA. Além de interpretar o mundo por meio dos sentidos, preparamos os sentidos para interpretar o mundo que achamos que deveria existir.

GOSTAR É APRENDER. São poucos os gostos inatos. O que vemos como predileção "natural" em geral é a cultura embrulhada nas roupas da biologia.

GOSTAMOS DO QUE ESPERAMOS GOSTAR; GOSTAMOS DO QUE NOS LEMBRAMOS. O romancista Julian Barnes, canalizando Flaubert, declarou a expectativa "a forma mais confiável de prazer", pois não pode ser arruinada antes de se realizar. A memória é um porto seguro semelhante: raramente revisamos os prazeres de que nos lembramos. Gostar "no momento" é duvidoso, um surto de atividade neural que pode ir para um lado ou outro.

NOVIDADE VERSUS FAMILIARIDADE, CONFORMIDADE VERSUS DISTINÇÃO, SIMPLICIDADE VERSUS COMPLEXIDADE. Essas três oposições, além da tensão existente no interior de cada par, têm grande serventia para explicar nossos apreços, para dar conta de nossos gostos.

AS AVERSÕES SÃO MENOS PERCEPTÍVEIS, PORÉM MAIS FORTES. Vivemos em um mundo positivo. *O poder do pensamento negativo* não é um sucesso de vendas. O Facebook não permite que os usuários *não* gostem das publicações. Não buscamos "feedback negativo". Apesar da nossa procura por experiências positivas, entretanto, são nossas aversões que deixam uma marca mais forte. Os músculos faciais se esforçam mais[4] para indicar nossa aversão por comida, existem mais palavras para sentimentos negativos do que positivos, uma resenha ruim no meio de muitas críticas positivas tem mais peso do que uma positiva no meio de várias negativas. As aversões podem revelar mais a seu respeito do que os gostos.

SOBRE A EXPLICAÇÃO DOS GOSTOS. Tentar explicar, ou entender, os gostos de alguém — inclusive o nosso — sempre será uma tarefa irritantemente evasiva e idiossincrática. Mas a *maneira* como passamos a ter os gostos que temos pode ser entendida por meio de uma série de dinâmicas psicológicas e sociais que funcionam basicamente da mesma forma, no mercado ou no museu. A pergunta mais interessante não é *do que* gostamos, mas *por que* gostamos.

Notas

INTRODUÇÃO: QUAL É SUA COR PREFERIDA (E POR QUE VOCÊ NEM
SEQUER TEM UMA)? [pp. 9-27]

1. Ver Meghan R. Busse et al., "Projection Bias in the Car and Housing
Markets", Working Paper 18212. Washington, D.C.: National Bureau of
Economic Research, jul. 2012.

2. Já que as marionetes não "viam" qual comida os bebês tinham escolhido, especularam os pesquisadores, os bebês preferiam as marionetes que
pareciam de fato "ter" essas preferências, não as que meramente as "expressavam" a fim de serem aceitas de alguma forma. Ver Neha Mehajan e Karen
Wynn, "Origins of 'Us' Versus 'Them': Prelinguistic Infants Prefer Similar
Others", Cognition 124 (2012), pp. 227-33. Em outro estudo, essa consequência sumiu quando as marionetes em questão eram apresentadas como
"antissociais". Ver J. Kiley Hamlin e Karen Wynn, "Who Knows What's Good
to Eat? Infants Fail to Match the Food Preferences of Antisocial Others",
Cognitive Development 27 (2012), pp. 227-39.

3. Conforme observa Paul Rozin, "surpreendentemente, os pais, que
partilham genes com os filhos e controlam grande parte do ambiente deles
durante os primeiros anos de vida, não transmitem muito bem suas preferências alimentícias e outras aos filhos. A correlação pais-filhos fica na faixa de

0 a 0,30 para preferências alimentícias e musicais". Ver Rozin, "From Trying to Understand Food Choice to Conditioned Taste Aversion and Back". Disponível em: <w.american.edu/cas/psychology/cta/highlights/rozin_highlight. pdf>. Acesso em: 29 set. 2016.

4. Edmund Burke, *A Philosophical Enquiry into the Sublime and Beautiful*. Nova York: Penguin, 2004, p. 63.

5. Gary Becker, *Accounting for Tastes*. Cambridge, Massachusetts: Harvard University Press, p. 49.

6. Ver Bryan Caplan, "Stigler-Becker versus Myers-Briggs: Why Preference-Based Explanations Are Scientifically Meaningful and Empirically Important". Disponível em: <ideas.repec.org/a/eee/jeborg/v50y2003i4p391-405. html#biblio>.

7. Ver Paul Albanese, "Introduction to the Symposium on Preference Formation", *Journal of Behavioral Economics* 17, n. 1 (1988), pp. 1-5. Ernst Fehr e Karla Hoff também observam que a visão tradicional dos economistas — descrever as preferências dos indivíduos e a sociedade que eles vão criar, e "que as preferências permanecem as mesmas apesar da sociedade que emerge" — é comprovadamente errada. Ver Fehr e Hoff, *Economic Journal* 121 (nov. 2011): f396-f412.

8. É claro que Elster não se refere apenas ao gosto por uvas. Ele declara: "A ideia das uvas verdes me parece tão relevante para a compreensão da conduta individual quanto para a avaliação de projetos de justiça social". A questão implícita ao longo do livro diz respeito a quando as pessoas fazem o que realmente querem e quando fazem apenas o que parece possível nas atuais circunstâncias da vida delas. Ver Elster, *Sour Grapes: Studies in the Subversion of Rationality*. Cambridge, Reino Unido: Cambridge University Press, 1983. O cientista político Michael Locke McLendon, numa crítica valiosa a Elster, sugere que este descaracterizou a reação da raposa ao não conseguir as uvas: "[Elster] alega que a raposa readapta sua atitude em relação às uvas. Para ser exato, ela reajusta o mundo para que ele se adeque às suas preferências malogradas. Incapaz de consumir as únicas uvas à disposição, ela lhes atribui

características que não têm, isto é, ser verdes". Ver McLendon, "The Politics of Sour Grapes: Sartre, Elster, and Tocqueville on Emotions and Politics". Disponível em: <ssrn.com/abstract=1460905> e em <dx.doi.org/10.2139/ssrn.1460905>.

9. Como observam Dan Ariely e Michael Norton, podemos imaginar que escolhemos algo por ser o melhor, mas talvez estejamos nos baseando em lembranças de escolhas anteriores, que agora parecem ter sido feitas de modo consciente mas podem não ter sido de fato: "Propomos que, em vez de compelido pela utilidade hedonista, o comportamento se baseie em parte na observação de atos passados, atos influenciados por fatores situacionais essencialmente fortuitos — como o clima —, mas que as pessoas interpretam como reflexos de suas preferências estáveis". Ariely e Norton, "How Actions Create — Not Just Reveal — Preferences", *Trends in Cognitive Sciences* 12, n. 1 (jan. 2008), p. 16.

10. Inúmeros estudos tentaram destrinchar essas dinâmicas, muitas vezes pedindo aos voluntários que ordenassem uma lista de itens, escolhessem o favorito e depois reordenassem a lista. Em tese, isso poderia indicar que as pessoas gostavam *mais* de um item após escolhê-lo (e *desgostavam* mais do que não haviam escolhido); em outras palavras, a escolha determinava a preferência. Porém, em um estudo, pesquisadores argumentaram que, em uma experiência de "livre escolha", a classificação se espalha naturalmente, ainda que as atitudes continuem "perfeitamente estáveis". Eles escreveram: "Embora possa parecer que os participantes se afeiçoavam mais ao item classificado na posição mais alta após escolhê-lo, na verdade os participantes também eram 'mais afeiçoados' ao item na posição mais alta antes de escolhê-lo (portanto, acabavam por escolhê-lo). Assim, a dispersão vista aqui, que normalmente seria confundida com prova de mudança de atitude induzida pela escolha, é mais bem interpretada como prova da importância da informação sobre as escolhas". Ver M. Keith Chen e Jane L. Risen, "How Choice Affects and Reflects Preferences: Revisiting the Free-Choice Paradigm", *Journal of Personal Social Psychology* 99, n. 4 (out. 2010), pp. 573-94.

11. Stephen Bayley, *Taste: The Secret Meaning of Things*. Nova York: Pantheon, 1991, p. xviii.

12. Ver William E. Simon e Louis H. Primavera, "Investigation of the 'Blue Seven Phenomenon' in Elementary and Junior High School Children", *Psychological Reports* 31 (1972), pp. 128-30. A descoberta foi replicada em vários outros estudos; ver, por exemplo, Julian Paciak e Robert Williams, "Note on the 'Blue-Seven Phenomenon' Among Male Senior High Students", *Psychological Reports* 35 (1974), p. 394.

13. Louis Jacobs, "The Numbered Sequence as a Literary Device in the Babylonian Talmud", *Hebrew Annual Review* 7 (1983), p. 143.

14. A pesquisa seminal aqui é a de George Miller, "The Magical Number Seven, Plus or Minus Two: Some Limits on Our Capacity for Processing Information", *Psychological Review* 63, n. 2 (1956), pp. 81-7.

15. Ver, por exemplo, Dave Munger, "Is 17 the 'Most Random' Number?", *Cognitive Daily* (blog), 5 fev. 2007. Disponível em: <scienceblogs.com/cognitivedaily/2007/02/05/is-17-the-most-random-number>.

16. Há teorias que dizem que expressar preferências e saber como podem diferir das preferências dos outros são passos fundamentais no desenvolvimento infantil, o que os psicólogos chamam de "teoria da mente", da qual faz parte a empatia.

17. Carol Zaremba et al., "The Survey Form of the Leyton Obsessional Inventory-Child Version: Norms from an Epidemiological Study", *Journal of the American Academy of Child and Adolescent Psychiatry* 27, n. 6 (nov. 1988), pp. 759-63.

18. Ver Nicholas Christenfeld, "Choices from Identical Options", *Psychological Science* 6, n. 1 (jan. 1995). Ironicamente, essa preferência pela cabine do meio faz com que sejam as *menos* limpas, pelo menos segundo um microbiólogo, o dr. Charles Gerba, da Universidade do Arizona, conhecido como Dr. Germe. Ver, por exemplo, Elizabeth Landau, "Conquering the 'Ewww' Factor of the Public Potty", CNN, 9 dez. 2008. Disponível em: <www.cnn.com/2008/HEALTH/10/03/bathroom.hygiene/index.html?eref=rss_latest>.

19. Ver, por exemplo, "Ending the Over-Under Debate on Toilet Paper", NPR. Disponível em: <www.npr.org/2015/03/19/393982199/ending-the--over-under-debate-on-toilet-paper>.

20. Ver Rick Kogan, *America's Mom: The Life, Lessons, and Legacy of Ann Landers*. Nova York: William Morrow, 2005, p. 163.

21. Conforme destaca um relatório, "a pesquisa tipológica sugere que iniciais com grandes ascendentes sonoras (ex.: blif) são preferíveis a iniciais com ascendentes menores (ex.: bnif), que, por sua vez, são preferíveis a iniciais com platôs sonoros (ex.: bdif); os platôs, por sua vez, são preferíveis a iniciais com descendência sonora (ex.: lbif)". Isso apesar "de a estrutura do léxico inglês oferecer a falantes de inglês poucas evidências da hierarquia de sonoridade". Ver Iris Berent et al., "What We Know About What We Have Never Heard: Evidence from Perceptual Illusions", *Cognition* 104 (2007), pp. 590-631.

22. Essa disparidade ocorre em quase todas as profissões criativas. Uma hipótese é a de que especialistas e leigos discordem do que é bom devido aos critérios utilizados. Na arquitetura, por exemplo, um estudo verificou que "arquitetos e leigos concordaram que um edifício relevante é um edifício bom da perspectiva estética... mas os dois grupos não usaram nenhuma sugestão material em comum como base para decidir quais edifícios são mais (ou menos) relevantes". Os autores do estudo sugeriram uma "campanha de reconciliação cognitiva" para elucidar essa diferença. Ver Robert Gifford et al., "Why Architects and Laypersons Judge Buildings Differently: Cognitive Properties and Physical Bases", *Journal of Architectural and Planning Research* 19, n. 2 (verão de 2002), pp. 131-48.

23. Ver Stephen Palmer e William Griscom, "Accounting for Taste: Individual Differences in Preference for Harmony", *Psychonomic Bulletin Review* 20, n. 3 (2013), pp. 453-61.

24. Teresa Farroni, Enrica Menon e Mark H. Johnson, "Factors Influencing Newborns' Preference for Faces with Eye Contact", *Journal of Experimental Child Psychology* 95, n. 4 (2006), pp. 298-308.

25. Jastrow de fato descobriu por meio da pesquisa que as mulheres preferiam o vermelho. Ver Joseph Jastrow, "The Popular Esthetics of Color", *Popular Science Monthly*, jan. 1897. Jastrow advertiu que apenas certo leque de cores foi apresentado e que as escolhas das pessoas podem ter sido influenciadas pela disposição das cores na folha. Porém, inúmeros estudos chegaram a amplo consenso em torno do azul (e da baixa preferência pelo amarelo-escuro). Um excelente levantamento a respeito das pesquisas feitas sobre preferências humanas por cores foi elaborado por A. Hurlbert e Y. Ling, "Understanding Colour Perception and Preference", publicado em Janet Best (org.), *Colour Design: Theories and Applications*. Oxford: Woodhead, 2012, pp. 129-57. Eles avisam: "Apesar da simpatia do senso comum a tais argumentos, é importante enfatizar que nem a alegação evolucionária nem a ontogenética foram provadas, e em que proporção as preferências são pré-programadas versus maleáveis individualmente ainda é uma questão pendente".

26. Chloe Taylor et al., "Color Preferences in Infants and Adults Are Different", *Psychonomic Bulletin and Review* 20, n. 1 (fev. 2013).

27. Ver Nathan Heller, "The Cranky Wisdom of Peter Kaplan", *New Republic*, 14 set. 2012.

28. Karen Schloss, Rosa Poggesi e Stephen Palmer, "Effects of University Affiliation and 'School Spirit' on Color Preferences: Berkeley Versus Stanford", *Psychonomic Bulletin Review* 18 (2011), pp. 498-504.

29. Karen Schloss e Stephen Palmer, "The Politics of Color: Preferences for Republican Red Versus Democratic Blue", *Psychonomic Bulletin Review* 21, n. 2 (abr. 2014). Conforme observam, o efeito não ocorre em outros dias que não de eleições. O motivo talvez seja o fato de as pessoas geralmente relacionarem republicanos ao *azul* e democratas ao *vermelho*. A utilização pela imprensa da América Vermelha e Azul é recente. "Quando o republicano Reagan arrebatou as eleições presidenciais de 1984", dizem eles, "o mapa eleitoral mostrou as vitórias de Reagan em azul e disseram se tratar de uma 'piscina suburbana'".

30. O principal defensor dessa linha de pensamento é Itamar Simonson. Ele aventa que a construção de preferências é uma espécie de artefato laboratorial e argumenta: "A literatura sobre construção de preferências tem se restringido em grande medida a decisões locais e é menos pertinente quanto a preferências mais duradouras". Novas invenções, como o Nintendo Wii, ele declara, se aproveitam de preferências preexistentes, inatas. O fato de as pessoas passarem a gostar de algo de que no início não gostavam, diz ele, é um "indicador a posteriori de preferências inatas". Simonson, "Will I Like a 'Medium' Pillow? Another Look at Constructed and Inherent Preferences", *Journal of Consumer Psychology* 18 (2008), pp. 155-69. Críticos retorquiram, no entanto, que Simonson havia estabelecido uma condição "não falseável", já que é impossível sabermos se alguém que passou a gostar de algo de que antes não gostava simplesmente se adaptou ou sempre gostou daquilo (e apenas não sabia). Ver James Battman et al., "Preference Construction and Preference Stability: Putting the Pillow to Rest", *Journal of Consumer Psychology* 18 (2008), pp. 170-4.

31. Para uma exposição minuciosa, ver Jo Paoletti, *Pink and Blue: Telling the Boys from the Girls in America*. Bloomington: Indiana University Press, 2013.

32. Ver Saeideh Bakshi, David A. Shamma e Eric Gilbert, "Faces Engage Us: Photos with Faces Attract More Likes and Comments on Instagram". *ACM: Proceedings of the SIGCHI Conference on Human Factors in Computing Systems* (2014), pp. 965-74.

33. O filósofo Karl Duncker destaca que "é improvável a coexistência do aborrecimento de uma dor de dente e o deleite de uma bela paisagem — não tanto porque os dois tons hedonistas têm sinais opostos, mas porque as posturas ou experiências subjacentes são incomparáveis". Ver Duncker, "On Pleasure, Emotion, and Striving", *Philosophy and Phenomenological Research* 1, n. 4 (jun. 1941), pp. 391-430.

34. C. Geroldi et al., "Pop Music and Frontotemporal Dementia", *Neurology* 55 (2000), pp. 1935-6. Em outro caso, no qual a transformação estética

seguiu o caminho oposto, um grupo de neurocientistas relatou que o gosto de um paciente por hard rock de repente mudou — após a lobectomia temporal esquerda — para uma "predileção por cantos polifônicos celtas ou corsos". O paciente, eles declararam, "ficou surpreso com a própria mudança de gosto, não a considerou mero resultado da maturação, e reclamou dela". François Sellal et al., "Dramatic Changes in Artistic Preference After Left Temporal Lobectomy", *Epilepsy and Behavior* 4 (2003), pp. 449-51.

35. Ver, por exemplo, Daniel J. Graham, Simone Stockinger e Helmut Leder, "An Island of Stability: Art Images and Natural Scenes—but Not Natural Faces—Show Consistent Esthetic Response in Alzheimer's-Retaled Dementia", *Frontiers in Psychology* 4 (mar. 2013), artigo 107. Curiosamente, o estudo revela que a lembrança que as pessoas têm de fotografias de rostos é bem menos estável do que a predileção por paisagens e outras pinturas. Os autores sugerem que pacientes com Alzheimer, ao ver rostos, talvez estejam sofrendo "interferência cognitiva" — por exemplo, a sensação incômoda de já terem visto a fotografia antes; por outro lado, as pinturas podem "ser avaliadas com mais facilidade quanto a bases estéticas fundamentais, com menos inter-ferência da detecção facial e dos sistemas de reconhecimento".

36. R. Haller et al., "The Influence of Early Experience with Vanillin on Food Preference Later in Life", *Chemical Senses* 24, n. 4 (1999), pp. 465-7. Os autores levantam a interessante ideia de que, como "a alimentação por meio de mamadeira termina bem antes de as crianças falarem", a experiência suscita a noção de que a "memória olfativa" existe fora da "memória verbal". Lembramos dos cheiros que sentimos antes de nem sequer sabermos *do que* são.

37. Kevin Melchionne tem um argumento interessante, de que por "ser difícil imaginar que coloquemos em dúvida nossas reações imediatas, senso-riais, à comida" — ainda que não sejamos capazes de explicar muito bem as razões —, transpomos essa confiança no nosso juízo para áreas como a arte, em que certamente sabemos do que gostamos. Ver Melchionne, "On the Old Saw 'I Know Nothing About Art but I Know What I Like'", *Journal of Aesthe-tics and Art Criticism* 68, n. 2 (primavera de 2010), pp. 131-40.

38. Ver Claudia Fritz et al., "Player Preferences Among New and Old Violins", *PNAS* 109, n. 3 (2012), pp. 760-3. No estudo de Fritz, a maioria dos músicos não foi capaz de distinguir instrumentos antigos dos novos. A pesquisa foi criticada porque os testes foram realizados num quarto de hotel. No entanto, em um estudo complementar, cujas locações foram salas de ensaio e uma sala de concertos, a maioria dos músicos preferiu os instrumentos novos. Como adverte Fritz, "não há como saber até que ponto nossos instrumentos de testagem (antigo e novo) são representativos de suas classes" — o que também pode ser dito dos músicos —, "assim, os resultados não podem ser estendidos a uma gama mais ampla de belos violinos". Mas sem sombra de dúvida tem-se a impressão de que o violino italiano antigo é amado por *ser* um violino italiano antigo, e não por suas virtudes sônicas intrínsecas. Fritz et al., "Soloist Evaluations of Six Old Italian and Six New Violins", *PNAS* 111, n. 20 (2014), pp. 7224-9.

39. Ver Timothy Wilson, "Self-Knowledge and the Adaptive Unconscious", em *Neuroscience and the Human Person: New Perspectives on Human Activities*, Pontifícia Academia de Ciências, Scripta Varia 121. Cidade do Vaticano, 2013.

40. Um designer criou um livro equipado com software de reconhecimento facial que só se abria quando a expressão do possível leitor estava totalmente neutra, isto é, quando ele não estava tecendo nenhum juízo prévio. Ver Alison Flood, "The Book That Judges You by the Cover", Books (blog), *Guardian*, 2 fev. 2015. Disponível em: <www.theguardian.com/global/booksblog/2015/feb/02/book-judges-you-by-your-cover-moore-thijs-biersteker>.

41. Pierre Bourdieu, *Distinction: A Social Critique of the Judgment of Taste*. Londres: Routledge, 1986, p. 79.

1. O QUE VOCÊ VAI QUERER? [pp. 29-79]

1. Ver Paul Rozin, "Preadaptation and the Puzzles and Properties of Pleasure", em Daniel Kahneman, Edward Diener e Norbert Schwartz (orgs.),

Well-Being: Foundations of Hedonic Psychology. Nova York: Russell Sage Foundation, 1999, p. 114.

2. Curt P. Richter, "Experimentally Produced Reactions to Food Poisoning in Wild and Domesticated Rats", *Annals of the New York Academy of Science* 56 (1953), pp. 225-39. É preciso observar que provavelmente ninguém fez mais pela compreensão do comportamento de camundongos do que Richter. Conforme um relato destaca, "de 1919 a 1977, Richter conduziu uma torrente contínua de projetos de pesquisa sobre os fenômenos psicobiológicos dos ratos, dentre os quais suas atividades espontâneas, relógios biológicos, efeitos fisiológicos da adrenalectomia, seleção autônoma de nutrientes, intoxicação, estresse e domesticação". Ver Mark A. Suckow, Steven H. Weisbroth e Craig L. Franklin (orgs.), *The Laboratory Rat*. Nova York: Academic Press, 2005, p. 14.

3. Como o notável psicólogo Wilhelm Wundt descreveu mais de um século atrás, "aos poucos substitua uma sensação doce por uma azeda ou amarga, mantendo constante a intensidade" e "será observado que, em intensidades iguais, o azedo e sobretudo o amargor produzem uma sensação muito mais forte que o doce". Ver Wilhelm Max Wundt, *Outlines of Psychology*. Disponível em: <psychclassics.yorku.ca/Wundt/Outlines/sec7.htm>. Acesso em: 14 out. 2013.

4. Ver, por exemplo, Gillian Harris, "Development of Taste and Food Preferences in Children", *Current Opinion in Clinical Nutrition and Metabolic Care* 3, n. 3 (maio 2008), pp. 315-9.

5. B. J. Cowart, G. K. Beauchamp e J. A. Mennella, "Development of Taste and Smell in the Neonate", em R. A. Polin, W. W. Fox e S. H. Abman (orgs.), *Fetal and Neonatal Physiology*, 3. ed., v. 2. Filadélfia: W. B. Saunders, 2004, pp. 1819-27.

6. Esse detalhe vem de Robert P. Erickson, "A Study of the Science of Taste: On the Origins and Influence of the Core Ideas", *Behavioral and Brain Sciences* 31 (2008), pp. 59-105.

7. J. E. Steiner, "The Gustofacial Response: Observation on Normal and Anencephalic Newborn Infants", em *Symposium on Oral Sensation and Perception—IV (Development in the Fetus and Infant)* (org. J. F. Bosma). Bethesda, Maryland: NIH-DHEW, 1973, pp. 254-78.

8. Outro sinal interessante do quanto apreciamos os doces é que parece, pelo menos de acordo com um estudo, que nos lembramos com mais precisão da doçura de uma refeição do que, digamos, de sua textura. Ver Léri Morin-Audebrand et al., "Different Sensory Aspects of a Food Are Not Remembered with Equal Acuity", *Food Quality and Preference* 20 (2009), pp. 92-9.

9. Nicholas Eriksson et al., "A Genetic Variant near Olfactory Receptor Genes Influences Cilantro Preference", *Flavour* 1, n. 22 (2012). Disponível em: <www.flavourjournal.com/content/pdf/2044-7248-1-22.pdf>. Acesso em: 1º nov. 2013.

10. Ver JinLiang Xue e Gary D. Dial, "Raising Intact Male Pigs for Meat: Detecting and Preventing Boar Taint", *Swine Health and Production* 5, n. 4 (1997), pp. 151-8. Os autores observam que, como prova das diversas experiências sensoriais que os seres humanos podem ter, o odor de macho inteiro foi comparado a um grande número de aromas, tanto bons quanto ruins: "A descrição do cheiro e/ou sabor da carne com odor de macho inteiro variou entre cheiro 'ruim' ou de 'macho inteiro'; parecido com o de cebola, o de suor e o de urina; similar ao de perfume, madeira, almíscar e sabonete da marca Ivory; doce, frutado, parecido com o de amônia e o de bicho; e fecal e amargo".

11. Conforme Jane Wardle e Lucy Cooke discorrem sobre a famosa aversão dos "superdegustadores" ao composto químico conhecido como PROP, "apesar da atratividade da ideia de que variações nas sensibilidades gustativas poderiam estar por trás das aversões alimentares, os indícios pendem para o lado de que sentir o sabor do PROP exerce influência apenas moderada sobre as preferências alimentares na vida cotidiana". Ver Wardle e Cooke, "Genetic and Environmental Determinants of Children's Food Preferences", suplemento do *British Journal of Nutrition* 99, n. S1 (2000), pp. S15-S21.

12. Martin Yeomans, "Development of Human Learned Flavor Likes and Dislikes", em Laurette Dubé et al. (orgs.), *Obesity Prevention: The Role of Brain and Society on Individual Behavior*. Nova York: Academic Press, 2010, p. 164.

13. Ver Peter H. Gleick, *Bottled and Sold: The Story Behind Our Obsession with Bottled Water*. Nova York: Island Press, 1010, p. 81.

14. Ver "Plant Guide", Departamento de Agricultura dos EUA. Disponível em: <plants.usda.gov/plantguide/pdf/pg_some.pdf>. Acesso em: 1º nov. 2013.

15. E felizmente, conforme observa um pesquisador, parece difícil que os tomates, batatas e outros do gênero *Solanum* nos matem: "Fatalidades da intoxicação por solanina não são bem documentadas na literatura médica moderna". Donald G. Barceloux, "Potatoes, Tomatoes, and Solanine Toxicity (*Solanum tuberosum L.*, *Solanum lycopersicum L.*)", *Disease-a-Month* 55, n. 6 (jun. 2009), pp. 391-402.

16. No romance *O amor nos tempos do cólera*, de Gabriel García Márquez, vemos que a protagonista Fermina Daza "desprezava berinjela desde pequena, antes até de prová-la, porque sempre teve a impressão de que eram da cor de veneno". García Márquez, *Love in the Time of Cholera*. Nova York: Vintage, 2007, p. 208. E, aliás, Fermina acaba gostando de berinjela.

17. *Japan Today*, 4 set. 2001. Disponível em: <www.japantoday.com/category/food/view/eggplant-most-hated-vegetable-among-kids>. Acesso em: 14 out. 2013.

18. Citação de Harry T. Lawless, *Sensory Evaluation of Food*. Nova York: Springer, 2010, p. 260.

19. Brian Wansink e Jeffery Sobal, "Mindless Eating: The 200 Daily Food Decisions We Overlook", *Environment and Behavior* 39, n. 1 (2007), pp. 106-23.

20. Brian Wansink et al., "Dining in the Dark: How Uncertainty Influences Food Acceptance in the Absence of Light", *Food Quality and Preference* 24, n. 1 (2012), pp. 209-12.

21. Massimiliano Zampini e Charles Spence, "The Role of Auditory Cues in Modulating the Perceived Crispness and Staleness of Potato Chips", *Journal of Sensory Studies* 19, n. 5 (out. 2004), pp. 347-63.

22. Nos círculos de "reologia" alimentar, a palavra "crocante" é algo bem específico, diferente dos sons de tom baixo e demorados da "quebrância". Um estudo observa: "Alimentos crocantes geram sons agudos com frequências acima de 5 kHz, os alimentos quebradiços produzem sons graves com o pico característico cuja frequência fica entre 1,25 e 2 kHz". Ver Mayyawade Saeleaw e Gerhard Schleining, "A Review: Crispness in Dry Foods and Quality Measurements Based on Acoustic-Mechanical Destructive Techniques", *Journal of Food Engineering* 105, n. 3 (2011), pp. 387-99.

23. Há muitos estudos com esse objetivo, mas veja, por exemplo, Cynthia DuBose et al., "Effects of Colorants and Flavorants on Identification, Perceived Flavor Intensity, and Hedonic Quality of Fruit-Flavored Beverages and Cake", *Journal of Food Science* 45 (1980), pp. 1393-9.

24. Ver Lance G. Philips et al., "The Influence of Nonfat Dry Milk on the Sensory Properties, Viscosity, and Color of Lowfat Milks", *Journal of Dairy Science* 78, n. 10 (out. 1995), pp. 2113-8.

25. Essa história é narrada em Herbert Mieselman e Halliday McFie, *Food Acceptance and Consumption*. Nova York: Springer, 1996, p. 13. A pesquisa à qual se remete é a de J. Wheatley, "Putting Color into Marketing", *Marketing*, 23-9 out. 1973, p. 67.

26. Carolyn Korsmeyer, *Making Sense of Taste: Food and Philosophy*. Ithaca, NY: Cornell University Press, 2014, p. 51.

27. Curiosamente, os pesquisadores descobriram que a impressão das pessoas não mudava a respeito de vagens, um dos alimentos à disposição, apesar da apresentação. Numa linha compreensível para os pais mundo afora, eles elaboram: "Deve haver algo especial nos legumes que dificulta a mudança de opinião das pessoas sobre eles". Debra Zellner et al., "It Tastes as Good as It Looks! The Effect of Food Presentation on Liking for the Flavor of Food", *Appetite* 77 (jun. 2014), pp. 31-5.

28. Rozin, "Preadaptation and the Puzzles and Properties of Pleasure", p. 16.

29. Paul Rozin, J. Haidt e C. R. McCauley, "Disgust", em M. Lewis e J. M. Haviland-Jones (orgs.), *Handbook of Emotions*. Nova York: Guilford Press, 2000, p. 638.

30. Ver H. A. Chapman et al., "In Bad Taste: Evidence for the Oral Origins of Moral Disgust", *Science* 323, n. 5918 (2009), pp. 1222-6.

31. Tsuyoshi Horio, "EMG Activities of Facial and Chewing Muscles in Human Adults in Response to Taste Stimuli", *Perceptual and Motor Skills* 97 (2003), pp. 289-98.

32. Ibid., p. 644.

33. W. M. Gorman, "Tastes, Habits, and Choice", *International Economic Review* 8, n. 2 (jun. 1967), p. 218.

34. Ver Sam Sifton, "Always Be Crisping", *New York Times*, 13 set. 2012.

35. John S. Allen, *The Omnivorous Mind: Our Evolving Relationship with Food*. Cambridge, Massachusetts: Harvard University Press, 2012, p. 36.

36. Ver Esther K. Papies, "Tempting Food Words Activate Eating Simulations", *Frontiers in Psychology* 4 (2013), doi: 10.3389/fpsyg.2013.00838.

37. Tyler Cowen, *An Economist Gets Lunch: New Rules for Everyday Foodies*. Nova York: Penguin, 2012, p. 71.

38. Ver D. Bernstein, M. Ottenfeld e C. L. Witte, "A Study of Consumer Attitudes Regarding Variability of Menu Offerings in the Contexto of an Upscale Seafood Restaurant", *Journal of Foodservice Business Research* 11, n. 4 (2008), pp. 398-411.

39. Lauren A. Leotti e Mauricio R. Delgado, "The Inherent Reward of Choice", *Psychological Science* 22, n. 10 (2011), pp. 1310-8.

40. Daniel T. Gilbert e Timothy Wilson, "Prospection: Experiencing the Future", *Science*, 7 set. 2007, pp. 1351-4. Conforme eles destacam, "o estímulo mental é o meio pelo qual o cérebro descobre o que já sabe. Quando este se depara com decisões sobre acontecimentos futuros, o córtex gera simulações, iludindo brevemente os sistemas abaixo do córtex a acreditarem que esses

acontecimentos estão se desdobrando no presente e em seguida observando as sensações que esses sistemas produzem". É como se ensaiássemos no presente o prazer (ou desprazer) futuro.

41. Blaise Pascal, *The Thoughts, Letters, and Opuscules of Blaise Pascal.* Nova York: Hurd and Houghton, 1869, p. 194.

42. Daniel Kahneman e Jackie Snell, "Predicting a Changing Taste: Do People Know What They Will Like?", *Journal of Behavioral Decision Making* 5, n. 3 (set. 1992), pp. 187-200.

43. Debra A. Zellner et al., "Conditioned Enhancement of Humans' Liking for Flavor by Pairing with Sweetness", *Learning and Motivation* 14 (1983), pp. 338-50.

44. Isso tem sido chamado de "viés da diversificação". Daniel Read e George Loewenstein teorizaram diversas razões por que podemos tender a mais variedade do que realmente desejamos ao tomar decisões, algumas que incluem "viés", outras não. Neste último caso, observam, "as pessoas buscam variedade porque são avessas ao risco e não têm certeza das próprias preferências. Escolher a variedade diminui a probabilidade de comermos repetidas vezes algo indesejável". A variedade também serve para descobrirmos novas preferências. Mas dentre as explicações "enviesadas" há a noção de que as pessoas "reduzem subjetivamente o intervalo entre consumos" ao se decidirem; por exemplo, quando lhes dão a oportunidade de ingerir o sorvete predileto todos os dias, durante uma semana, a ideia pode soar como se a ingestão de sorvete fosse muita. Mas um dia dura bastante tempo (e sorvete é gostoso, afinal de contas). "Porém a saciedade é fugaz e as nossas preferências via de regra voltam ao patamar pré-consumo em pouco tempo." Read e Loewenstein, "Diversification Bias: Explaining the Discrepancy in Variety Seeking Between Combined and Separated Choices", *Journal of Experimental Psychology: Applied* 1, n. 1 (1995), pp. 34-9.

45. Ver E. Robinson, J. Blissett e S. Higgs, "Changing Memory of Food Enjoyment to Increase Food Liking, Choice, and Intake", *British Journal of Nutrition* 108, n. 8 (2012), pp. 1505-10.

46. Ver Yan Zhang, "Buyer's Remorse: When Evaluation Is Addect-Based Before You Choose but Deliberation-Based Afterwards". Tese de Doutorado, Universidade de Chicago, Booth School of Business, 2009.

47. Matthew D. Lieberman et al., "Do Amnesics Exhibit Cognitive Dissonance Reduction? The Role of Explicit Memory and Attention in Attitude Change", Psychological Science 12, n. 2 (mar. 2001), pp. 135-40.

48. Ver Geraldine Coppin et al., "I'm No Longer Torn After Choice: How Explicit Choices Implicitly Shape Preference of Odors", Psychological Science 21 (2010), pp. 489-93. Como declaram os autores, "demonstramos a existência de mudanças de preferência pós-escolha não somente quando as escolhas eram lembradas como também, de modo fundamental, quando eram esquecidas".

49. Tali Sharot et al., "How Choice Reveals and Shapes Expected Hedonic Outcome", Journal of Neuroscience, 25 mar. 2009, pp. 3760-5. Os pesquisadores observam que os participantes podiam até ter alguma preferência quanto ao destino das férias antes de tomar a decisão, mas "quiçá tais divergências não tenham sido pré-escolhas relevantes a ponto de serem captadas de forma comportamental usando avaliações padronizadas". Porém, ressaltam, "as diferênças posteriores à escolha quanto às preferências se tornaram relevantes o bastante para serem observadas usando-se a mesma escala de avaliação. O ponto crítico da descoberta é que, após a tomada de decisão, a diferença de atividade do núcleo caudado relacionada à opção selecionada, em contraste com a rejeitada, aumentou ainda mais". Caso queira ver outro estudo, que aborda o aumento da preferência por um CD após sua escolha (associada a uma atividade cerebral específica), ver Jungang Qin et al., "How Choice Modifies Preference: Neural Correlates of Choice Justification", NeuroImage 55 (2011), pp. 240-6.

50. Os autores ressaltam que o objetivo do estudo era contra-atacar uma crítica metodológica feita contra a defesa de que a preferência poderia vir depois da escolha: "O argumento principal aqui é de que as preferências das pessoas não podem ser medidas à perfeição e estão sujeitas ao ruído avaliativo.

Quando adquirem experiência com a escala de classificação, os participantes fazem avaliações mais precisas, de modo que mudanças classificatórias após a escolha refletem simplesmente o desmascaramento das preferências iniciais dos voluntários (que podem ser previstas através de suas escolhas), em vez de refletirem quaisquer mudanças na preferência induzidas pela escolha". Nessa pesquisa, entretanto, as preferências foram de fato totalmente desassociadas do processo decisório. Ver Tali Sharot et al., "Do Decisions Shape Preference? Evidence from Blind Choice", *Psychological Science* 9 (2010), pp. 1231-5.

51. Ver Carlos Alós-Ferrer et al., "Choices and Preferences: Evidence from Implicit Choices and Response Times", *Journal of Experimental Social Psychology* 48, n. 6 (nov. 2012), pp. 1336-42.

52. Ver Debra Z. Zellner et al., "Protection for the Good: Subcategorization Reduces Hedonic Contrast", *Appetite* 38 (2002), pp. 175-80. Zellner observa: "Note-se que os participantes tinham bastante espaço na escala de avaliação para indicar que o estímulo do teste era pior que o estímulo (bom) do contexto sem indicar que não gostavam deles".

53. Ver Martin Yeomans, "Palatability and the Microstructure of Feeding in Humans: The Appetizer Effect", *Appetite* 27 (1996), pp. 119-33. Em outra pesquisa, observou-se que a mera *visão* de um prato palatável (em contraste com um prato menos palatável) bastava para aumentar o "índice do desejo de comer" dos voluntários. Ver Andrew J. Hill et al., "Hunger and Palatability: Tracking Ratings of Subjective Experience Before, During, and After the Consumption of Preferred and Less Preferred Food", *Appetite* 5 (1984), pp. 361-71.

54. "Dentre todas as variáveis sensoriais medidas e dentre todos os alimentos ingeridos, a maior queda de agrado ocorreu pela comida ingerida dois minutos após o consumo." Ver Marion Heterington, Barbara J. Rolls e Victoria J. Burley, "The Time Course of Sensory-Specific Satiety", *Appetite* 12 (1989), pp. 57-68.

55. Barbara J. Rolls et al., "How Sensory Properties of Foods Affect Human Feeding Behavior", *Physiological Behavior* 29 (1982), pp. 409-17.

56. A queda foi muito menor para comidas não ingeridas, mesmo após a saciedade. Hugo D. Critchley e Edmund T. Rolls, "Hunger and Satiety Modify the Olfactory and Visual Neurons in the Primate Orbitofrontal Cortex", *Journal of Neurophysiology* 75, n. 4 (abr. 1996), pp. 1673-86.

57. Ver, por exemplo, Edmund T. Rolls, "Multisensory Neuronal Convergence of Taste, Somatosensory, Visual, Olfactory, and Auditory Inputs", em Gemma Calvert, Charles Spence e Barry E. Stein (orgs.), *The Handbook of Multisensory Processes*. Cambridge, Massachusetts: MIT Press, 2004, p. 319.

58. Ver Clara M. Davis, "Results of the Self-Selection of Diets by Young Children", *Canadian Medical Association Journal*, set. 1939, pp. 257-61. Para um excelente relato do contexto e impacto do trabalho de Davis, ver Stephen Strauss, "Clara M. Davis and the Wisdom of Letting Children Choose Their Own Diets", *Canadian Medical Association Journal*, 7 nov. 2006, pp. 1199--201. Strauss observa que Davis havia planejado um experimento complementar que mediria o que aconteceria caso bebês pudessem escolher entre comidas processadas, menos saudáveis: "Porém, não era para ser: 'a depressão obliterou essa esperança', ela comentou laconicamente depois que a falta de financiamento obrigou o experimento inicial a ser encerrado no final de 1931".

59. F. Zampollo et al., "Food Plating Preferences of Children: The Importance of Presentation on Desire for Diversity", *Acta Paediatrica* 101 (2012), pp. 61-6. Esse estudo também revelou que as crianças pareciam desejar o número máximo — sete — de cores e produtos alimentícios.

60. Barbara J. Rolls, Edward A. Rowe e Edmund T. Rolls, "How Sensory Properties of Foods Affect Human Feeding Behavior", *Physiological Behavior* 29 (1982), pp. 409-17. O interessante é que os pesquisadores também conduziram um experimento para verificar se o "formato" da comida influiria na saciedade sensorial específica. Para isso, usaram massa ("gravatinha", "argola" e "espaguete"). Descobriram que "havia uma queda maior no agrado causado pelo sabor do formato da massa ingerida [...] do que pelos outros formatos de massa não consumida".

61. Andrea Maier, Zata Vickers e J. Jeffrey Inman, "Sensory-Specific Satiety, Its Crossovers, and Subsequent Choice of Potato Chip Flavors", *Appetite* 49 (2007), pp. 419-28.

62. Robert J. Hyde e Steven A. Witherly, "Dynamic Contrast: A Sensory Contribution to Palatability", *Appetite* 21 (1993), pp. 1-16.

63. Conforme observa Elizabeth Capaldi, "nosso hábito de comer sobremesa no fim da refeição aumentará a preferência pelo sabor doce da sobremesa porque as consequências pós-ingestão da refeição são mais associadas ao sabor da sobremesa do que ao sabor da refeição". Ver Capaldi, "Conditioned Food Preferences", em Douglas Medin (org.), *Psychology of Learning and Motivation*. San Diego: Academic Press, 1992, p. 9.

64. Elizabeth Rode, Paul Rozin e Paula Durlach, "Experience and Remembered Pleasure for Meals: Duration Neglect but Minimal Peak, End (Recency) or Primary Effects", *Appetite* 49 (2007), pp. 18-29.

65. Ibid.

66. William C. Davis, *A Taste for War: The Culinary History of the Blue and the Gray*. Mechanicsburg, Pensilvânia: Stackpole Books, 2003, p. 22.

67. O efeito talvez funcione somente quando as experiências intrínsecas se alinham à informação extrínseca. Em um estudo fascinante, os participantes receberam provas de vinho e lhes explicaram que ele era azedo porque era de uma safra ruim (outros não receberam nenhuma informação sobre essa possível característica). Alguns participantes simplesmente receberam o vinho; outros ganharam o vinho batizado com uma dose de "sinsépalo", uma frutinha que transforma o azedo em doce. Quem provou o vinho sem a frutinha milagrosa (mas informado sobre o "acidez") gostou menos do que quem simplesmente o tomou sem saber nada a respeito do sabor. Os que provaram a versão com a frutinha e sabiam que o vinho estaria azedo gostaram mais do que aqueles que não sabiam o que esperar. Os autores declaram: "Diante da expectativa de saborear elementos possivelmente azedos, mas tendo essa expectativa frustrada, o vinho foi considerado melhor do que quando inexistiu tal contraste com o sinal gustativo extrínseco". Em outras palavras, as pessoas

não foram simplesmente influenciadas cegamente pela informação de que o vinho seria azedo quando na verdade ele *poderia não ser*. Ver Ab Litt e Baba Shiv, "Manipulating Basic Taste Perception to Explore How Product Information Affects Experience", *Journal of Consumer Psychology* 22, n. 1 (jan. 2012), pp. 55-66.

68. Ver Issidoros Sarinopoulos et al., "Brain Mechanisms of Expectation Associated with Insula and Amygdala Response to Aversive Taste: Implications for Placebo", *Brain, Behavior, and Immunity* 20, n. 2 (mar. 2006), pp. 120-32.

69. Ver Gerard J. Connors et al., "Extension of the Taste-Test Analogue as an Unobtrusive Measure of Preference for Alcohol", *Behavioral Research and Therapy* 16 (1978), pp. 289-91. Os autores observam: "Quando pediu-se aos participantes que estimassem a quantidade de álcool que haviam consumido durante as duas degustações, o cálculo médio foi de 93,8 gramas; os valores individuais variam de 28 a 183 gramas".

70. Ver Joel Wolfson e Naomi S. Oshinsky, "Food Names and Acceptability", *The Journal of Advertising Research* 6 (1961), pp. 21-3.

71. Martin R. Yeomans et al., "The Role of Expectancy in Sensory and Hedonic Evaluation: The Case of Smoked Salmon Ice-Cream", *Food Quality and Preference* 19, n. 6 (set. 2008), pp. 565-73.

72. Melissa Clark, "The Best in the Box", *New York Times*, 5 fev. 2003.

73. Armand Cardello et al., "Role of Consumer Expectancies in the Acceptance of Novel Foods", *Journal of Food Science* 50 (1985), pp. 1707-14.

74. Ver Wei Xiao, "The Competitive and Welfare Effects of New Product Introduction: The Case of Crystal Pepsi" (Food Marketing Policy Center, Research Report n. 112, Universidade de Connecticut, nov. 2008).

75. Larry Brown, "A New Generation: Pepsi Offers Clear Choices", *Seattle Times*, 13 jan. 1993.

76. David Novak, "It Tasted Great in the Lab", *Conference Board Review*. Disponível em: <tcbreview.com/tcbr-quick-insights/it-tasted-great-in-the--lab.html>.

77. Lawrence Garber, Eva Hyatt e Richard Starr, "The Effects of Food Color on Perceived Flavor", *Journal of Marketing Theory and Practice* 8 (2003), pp. 59-72.

78. Para ler um bom histórico das pesquisas alimentícias em Natick e das organizações que o precederam, ver Herbert L. Meiselman e Howard G. Schutz, "History of Food Acceptance Research in the U.S. Army", *Appetite* 40 (2003), pp. 199-216.

79. Ver, por exemplo, Warren D. Smith, "Rating Scale Research to Scale Voting". Disponível em: <www.rangevoting.org/RateScaleResearch.html>. A fonte original é D. R. Peryam e F. J. Pilgrim, "Hedonic Scale Method of Measuring Food Preferences", *Food Technology*, set. 1957, pp. 9-14.

80. G. J. Pickering, "Optimizing the Sensory Characteristics and Acceptance of Canned Cat Food: Use of a Human Taste Panel", *Journal of Animal Physiology and Animal Nutrition* 93, n. 1 (2009), pp. 52-60.

81. Ver Meiselman e Schutz, "History of Food Acceptance Research in the U.S. Army".

82. Esse é um problema que outros métodos, mais complexos, como "escalas de estimativa de magnitude", tentaram levar em conta.

83. Timothy Wilson et al., "Introspecting About Reasons Can Reduce Post-choice Satisfaction", *Personal Social Psychology Bulletin* 18, n. 3 (jun. 1993), pp. 331-9.

84. Ver Richard Popper e Daniel R. Kroll, "Just-About-Right Scales in Consumer Research", *Chemosense* 7, n. 3 (jun. 2005). Conforme observam os autores, outras escalas, como as que medem "intensidade" de certo atributo, em geral são menos tendenciosas, apesar de os atributos medidos serem os mesmos. "A diferença entre os dois tipos de escala é que, ao responder às questões do ideal, os entrevistados têm de pensar em como os produtos fogem ao ideal, o que pode levá-los a focar nos motivos pelos quais gostam ou não de um produto, algo que as escalas de intensidade talvez não façam."

85. É como se, Cardello escreveu, "nossas preferências declaradas por certas comidas refletissem a quintessência ou idealização residual de uma

imagem ou lembrança do alimento, e os pratos verdadeiros dessa comida nunca fossem tão bons ou tão ruins quanto essa imagem mental". Ver A. V. Cardello e O. Maller, "Relationship Between Food Preferences and Food Acceptance Ratings", *Journal of Food Science* 47 (1982), pp. 1553-7.

86. Lyle V. Jones, David B. Peryam e L. L. Thurstone, "Development of a Scale for Measuring Soldiers' Food Preferences" (pesquisa apresentada no Fourteenth Annual Meeting of the Institute of Food Technologists, Los Angeles, 29 jun. 1954).

87. Ver, por exemplo, Seo-Jin Chung e Zata Vickers, "Influence of Sweetness on the Sensory-Specific Satiety and Long-Term Acceptability of Tea", *Food Quality and Preference* 18 (2007), pp. 256-64. Nesse estudo, os autores descobriram que a visão dos participantes acerca da doçura ideal do chá mudou com o tempo. "As avaliações apreciativas do chá pouco adoçado melhoraram ao longo dos dezenove dias de testes, se igualando ao do chá com o nível mais desejável de adoçamento na segunda metade do estudo." Em outra pesquisa, Vickers e seus colegas perceberam que, embora um iogurte bem adocicado recebesse as melhores notas no teste, o iogurte muito doce foi menos ingerido. Nossos gostos nem sempre são o caminho mais seguro, ou o único, para nossas preferências. Ver Z. Vickers, E. Holton e J. Wang, "Effect of Ideal-Relative Sweetness on Yogurt Consumption", *Food Quality and Preference* 12 (2001), pp. 521-6.

88. Ver Rebecca K. Ratner, Barbara E. Kahn e Daniel Kahneman, "Choosing Less-Preferred Experiences for the Sake of Variety", *Journal of Consumer Research* 26, n. 1 (jun. 1999), pp. 1-15.

89. Ver Tyler Cowen, "But We Just Had Indian Food Yesterday!", *Marginal Revolution*, 16 out. 2013. Disponível em: <marginalrevolution.com/marginalrevolution/2013/10/but-we-just-had-indian-food-yesterday.html>.

90. Ver Jeff Galak e Joseph P. Redden, "Variety Amnesia: Recalling Past Variety Can Accelerate Recovery from Satiation", *Journal of Consumer Research* 36 (dez. 2009). Disponível em: <papers.ssrn.com/sol3/papers.cfm?abstractid=1344541>. Acesso em: 1º nov. 2013. De acordo com o dile-

ma de Cowen, eles sugerem, "é provável que as descobertas atuais ofereçam informações mais práticas a consumidores que lutam contra a saciedade. A recomendação é cristalina: se os consumidores desejam continuar aproveitando suas experiências favoritas, só precisam pensar em todas as outras experiências afins que tiveram recentemente. Por exemplo, da próxima vez que se deparar com a situação comuníssima de não querer comer a mesma coisa no almoço, tente se lembrar de todas as outras comidas ingeridas desde o almoço da véspera. Nossas descobertas sugerem que isso tornará o sabor do seu almoço um pouquinho melhor".

91. Meiselman e Schutz, "History of Food Acceptance Research in the U.S. Army".

92. E. P. Köster, "The Psychology of Food Choice: Some Often Encountered Fallacies", *Food Quality and Preference* 14 (2003), pp. 359-73. Por meio de correspondência, Köster elaborou: "Meu palpite era de que no começo do dia nossa principal preocupação não ia além da satisfação de nossas necessidades. O planejamento do dia e a organização são mais importantes". Existe também o caso, ele ressaltou, de pessoas que basicamente se contentam em comer a mesma coisa dia após dia, o que antes ele imaginava ser improvável. "Essa impressão foi rompida por duas experiências excepcionais. A primeira se deu em um vilarejo indígena no Suriname, onde a população comia mandioca todos os dias devido à escassez de outros alimentos e parecia muito satisfeita com isso. No entanto, as pessoas adotavam a variedade quando possível. O que me deixou ainda mais perplexo foi minha experiência no Nepal, onde se comia um prato de arroz chamado *Bat* todos os dias. A única variação era comerem-no com pepino no verão e com couve-flor no inverno. O *Bat* é um prato delicioso, bem temperado e com uma complexidade sensorial primorosa. Passei umas duas semanas morando com uma família e, para a minha surpresa, continuei adorando. É óbvio que eles também, porque, quando os convidei para comer em um restaurante de Katmandu, eles escolheram um que servia exatamente o mesmo prato que comíamos em casa. Esse fato me ensinou que buscar a variedade pode ser desnecessário quando existe complexidade e variedade suficiente em um prato".

93. Massimiliano Zampini e Charles Spence defendem essa ideia em "Assessing the Role of Visual and Auditory Cues in Multisensory Perception of Flavor" (em M. M. Murray e M. T. Wallace [orgs.], *The Neural Bases of Multisensory Processes*. Boca Raton, Flórida: CRC Press, 2012). Disponível em: <www.ncbi.nlm.nih.gov/books/NBK92852/#ch37r118>. Acesso em: 28 out. 2013.

94. Paul Rozin, "'Taste- Smell Confusions' and the Duality of the Olfactory Sense", *Perception and Psychophysics* 31 (1983), pp. 397-401.

95. A citação de Woolf vem por meio de Katerina Koutsantoni, *Virginia Woolf's Common Reader*. Londres: Ashgate, 2013, p. 71.

96. Como demonstrou um estudo famoso, a predileção das pessoas por coca-cola em detrimento de pepsi em um teste de degustação foi influenciada pelo acesso a informações sobre a marca. Samuel McClure et al., "Neural Correlates of Behavioral Preference for Culturally Familiar Drinks", *Neuron* 44 (2004), pp. 379-87.

97. Ver Astrid Poelman et al., "The Influence of Information About Organic Production and Fair Trade on Preferences for and Perception of Pineapple", *Food Quality and Preference* 19, n. 1 (jan. 2008), pp. 114-21. Os autores notaram um efeito curioso. "Quando os participantes são vistos como um grupo uniforme, as diferenças individuais que indicariam resultados diferentes dos processos cognitivos subjacentes são ocultadas." Contudo, "quando os participantes foram agrupados segundo a atitude afetiva em relação a produtos orgânicos ou com selo de comércio justo, a percepção diferiu em consequência da informação suprida. Os voluntários com uma visão positiva acerca de produtos orgânicos ou de comércio justo notaram que os produtos causavam um impacto sensorial maior havendo tal informação do que quando ela inexistia. Paralelamente, os participantes com posturas negativas a respeito de produtos orgânicos ou de comércio justo acharam que os produtos causavam um impacto sensorial mais fraco quando essa informação era dada do que quando inexistia".

98. Ver, por exemplo, Kevin P. Myers e Margaret C. Whitney, "Rats' Learned Preferences for Flavors Encountered Early or Late in a Meal Paired with the Postingestive Effects of Glucose", *Physiology and Behavior* 102, n. 5 (mar. 2011), pp. 466-74.

99. Ver M. L. Pelchat e G. M. Carfagno, "GI Glucose Enhances 'Mere' Exposure in Humans", *Appetite* 54 (2010), p. 669.

100. Graciela V. Andresen, Leann L. Birch e Patricia A. Johnson, "The Scapegoat Effect on Food Aversions After Chemotherapy", *Cancer* 66, n. 7 (1990), pp. 1649-53.

101. R. B. Zajonc, "Attitudinal Effects of Mere Exposure", *Journal of Personality and Social Psychology* 9, n. 2, pt. 2 (jun. 1968), pp. 1-27.

102. Leann L. Birch e Diane Wolfe Marlin, "I Don't Like It; I Never Tried It: Effects of Exposure on Two-Year-Old Children's Food Preferences", *Appetite* 3, n. 4 (dez. 1982), pp. 353-60.

103. Ou, nas palavras do crítico gastronômico Jeffrey Steingarten, "depois de degustar repetidas vezes dez dos sessenta tipos de kimchi, o picles típico da Coreia, o kimchi também se tornou meu picles típico". Steingarten, *The Man Who Ate Everything*. Nova York: Alfred A. Knopf, 1997, p. 4.

104. Ver B. R. Carruth, P. J. Ziegler e S. I. Barr, "Prevalence of Picky Eaters Among Infants and Toddlers and Their Caregivers' Decisions About Offering a New Food", *Journal of the American Dietetic Association* 104 (2004), pp. 57-64.

105. A. Bingham, R. Hurling e J. Stocks, "Acquisition of Liking for Spinach Products", *Food Quality and Preference* 16, n. 5 (jul. 2005), pp. 461-9.

106. Mas e os que não gostavam de espinafre? Será que a mera exposição é uma forma de apreço ou será que reflete apenas "leve desapreço"? O psicólogo Christian Crandall se dispôs a responder a questão fazendo uma experiência inovadora em uma fábrica de conservas de salmão no Alasca. Em vez de apresentar algo desconhecido, ele apresentou, em um ambiente bastante controlado, algo já benquisto, mas inédito na fábrica: rosquinhas. Quanto mais tempo as rosquinhas ficavam na sala de descanso da fábrica, mais as pessoas as comiam.

Pensando em outras explicações, Crandall sugere que o simples tédio pode ter levado os operários a comerem mais doces, embora a ingestão de outras sobremesas não tenha aumentado durante o período. Seria bom saber, no entanto, se havia alguma outra novidade no trabalho e se o consumo de rosquinhas teria se estabilizado ou até diminuído com o tempo. Ou talvez haja algum aspecto intrinsecamente agradável — até mesmo viciante — nas rosquinhas. Ver Crandall, "The Liking of Foods as a Result of Exposure: Eating Doughnuts in Alaska", *Journal of Social Psychology* 125, n. 2 (1995), pp. 187-94.

107. Lisa Methven, Elodie Langreney e John Prescott, "Changes in Liking for a No Added Salt Soup as a Function of Exposure", *Food Quality and Preference* 26, n. 2 (dez. 2012), pp. 135-40.

108. Ver D. G. Liem, N. Toraman Aydin e E. H. Zandstra, "Effects of Health Labels on Expected and Actual Taste Perception of Soup", *Food Quality and Preference* 25, n. 2 (set. 2012), pp. 192-7. Embora, como observaram Fredrik Fernquist e Lena Ekelund, o tipo de comida pareça determinar se os dados nutricionais causam algum impacto no gosto hedônico. Estudos anteriores incluem casos em que os dados nutricionais não afetam o gosto, dando a entender que a comida já considerada saudável não é influenciada por dados como, por exemplo, o teor de gordura. Fernquist e Ekelund, "Credence and the Effect on Consumer Liking of Food — a Review", *Food Quality and Preference*, no prelo, manuscrito acessado on-line em 1º nov. 2013.

109. Richard J. Stevenson e Martin R. Yeomans, "Does Exposure Enhance Liking for the Chilli Burn?", *Appetite* 24, n. 2 (1995), pp. 107-20. Os autores ressaltam que "nenhum participante se referiu especificamente a gostos ou preferências ao descrever o objetivo do experimento. Entretanto, alguns imaginaram que era relativo a algum gênero de adaptação sensorial à ardência da pimenta". É de ponderar se só esse fato já deixaria as pessoas predispostas a "gostar" mais da pimenta à medida que ficava mais picante a fim de agradar os pesquisadores ou mostrar a própria valentia. Mas, antes e depois do teste, os participantes tomaram suco de tomate com capsaicina e não relataram o aumento do apreço pela bebida.

110. George Orwell, *As I Please: 1944-1945*. Boston: David R. Godine, 2000, p. 42.

111. Julie A. Mennella, Coren P. Jagnow e Gary K. Beauchamp, "Prenatal and Postnatal Flavor Learning by Human Infants", *Pediatrics* 107, n. 6 (jun. 2001). Disponível em: <www.ncbi.nlm.nih.gov/pmc/articles/PMC1351272>. Acesso em: 1º nov. 2013. Os autores comentam: "O sabor da comida abarca, dentre outros estímulos sensoriais, a sensação bucal de sabor e a sensação retronasal de aroma. Já se alegou que, no tocante ao sabor, em que o tom e o apreço hedônicos são mais pré-programados, o agrado causado pelos elementos olfativos do sabor são em grande parte definidos pela experiência individual".

112. Ver J. A. Mennella, A. Johnson e G. K. Beauchamp, "Garlic Ingestion by Pregnant Women Alters the Odor of Amniotic Fluid", *Chemical Senses* 20 (1995), pp. 207-99.

113. Como adultos, nossas reações não são tão relevantes, mas ainda são tão significativas que, em um experimento, o software de leitura de expressões faciais foi capaz de reconhecer quando os participantes estavam bebendo o suco de laranja de que diziam não gostar. O programa teve menos sorte com os sucos de que gostamos. Ver Lukas Danner et al., "Make a Face! Implicit and Explicit Measurement of Facial Expressions Elicited by Orange Juices Using Face Reading Technology", *Food Quality and Preference* 32, pt. B (mar. 2014), pp. 167-72. Disponível em: <dx.doi.org/10.1016/j.foodqual.2013.01.004>.

114. Um estudo revelou que o mero desagrado com a comida provocava "microexpressões de emoções negativas", em especial no primeiro contato. Ver René A. De Wijk, "Autonomic Nervous System Responses on and Facial Expressions to the Sight, Smell, and Taste of Liked and Disliked Foods", *Food Quality and Preference* 26, n. 2 (2012), pp. 196-203.

115. Principalmente se a comida em questão for considerada saudável. Em uma pesquisa feita por Morgan Poor, os voluntários deram notas mais altas à imagem do chocolate e mais baixas às de alguém comendo o chocolate; com maçãs, aconteceu o inverso. Morgan Poor, Adam Duhachek e H. Shanker Krishnan, "How Images of Other Consumers Influence Subsequent Taste Perceptions", *Journal of Marketing* 77, n. 6 (nov. 2013), pp. 124-39.

116. Sibylle K. Escalona, "Feeding Distur bances in Very Young Children", *American Journal of Orthopsychiatry* 15, n. 1 (jan. 1945), pp. 76-80.

117. L. L. Birch, "Effect of Peer Models' Food Choices and Eating Behaviors on Preschoolers' Food Preferences", *Child Development* 51 (1980), pp. 489-96.

118. Ver Gillian Tett, "The Science Interview: Jared Diamond", *Financial Times Magazine*, 11 out. 2013.

119. Ver o excelente ensaio assinado por Kari Weil, "They Eat Horses, Don't They? Hippophagy and Frenchness", *Gastronomica* 7, n. 2 (primavera de 2007).

120. John Prescott, *Taste Matters*. Londres: Reaktion Books, 2012, p. 31.

121. Como observa Small, "quando um odor é acompanhado de sabor, mais tarde se aproxima mais do sabor com que foi experimentado". O bronzeador praticamente se tornou a praia de Malibu. Ver Dana Small e Barry Green, "A Proposed Model of a Flavor Modality", em Murray e Wallace, *Neural Bases of Multisensory Processes*.

122. Ver ibid.

123. Ivan E. de Araújo et al., "Metabolic Regulation of Brain Response to Food Cues", *Current Biology* 23, n. 10 (maio 2013), pp. 878-83.

124. Mike J. F. Robinson e Kent Berridge, "Instant Transformation of Learned Repulsion", *Current Biology* 23, n. 4 (2013), pp. 282-9. Os autores ressaltam que, em trabalhos anteriores, "não ficou claro se a transformação instantânea é potente o bastante para reverter a repulsa intensa adquirida pelo aprendizado (como o estímulo condicionado a concentrações de sal do mar Morto a 9% de cloreto de sódio) em um desejo intenso instantâneo. Nossos resultados demonstram que ambas ocorrem: um estímulo concentrado instantaneamente potente o bastante é capaz de transformar o valor da deixa de algo intensamente negativo para intensamente positivo".

125. Kent Berridge, "Wanting and Liking: Observations from the Neuroscience and Psychology Laboratory", *Inquiry* (Oslo) 52, n. 4 (2009), p. 378.

126. Conforme explicou um neurocientista, "na literatura humana, não há uma única área envolvida no prazer que não esteja envolvida também no processamento aversivo". A citação é de Siri Leknes, em Morten L. Kringelbach e Kent C. Berridge, *Pleasures of the Brain*. Nova York: Oxford University Press, 2010, p. 15.

2. A CULPA NÃO É DAS ESTRELAS, É NOSSA [pp. 80-121]

1. Caso queira ler uma boa discussão acerca do trabalho envolvido no prêmio de otimização da Netflix e a evolução de seus sistemas avaliativos, ver Clive Thompson, "If You Liked This, You're Sure to Love This", *New York Times Magazine*, 23 nov. 2008.

2. Ver Raymond Fisman e Edward Miguel, *Economic Gangsters: Corruption, Violence, and the Poverty of Nations*. Princeton, N.J.: Princeton University Press, 2008.

3. Por exemplo, John Riedl, que chefiou o GroupLens da Universidade de Minnesota e criou um sistema preliminar para auxiliar as pessoas a filtrarem a torrente cada vez maior de artigos do Usenet, com base nas avaliações, disse à *New Yorker*: "O que você nos diz sobre aquilo de que gosta é mais profético a respeito daquilo de que vai gostar no futuro do que qualquer outra coisa que tenhamos tentado... Parece uma besteira, mas às vezes você diz isso para os marqueteiros e eles ficam pasmos". O próprio Riedl percebeu algumas das limitações dos sistemas baseados em avaliações, inclusive a maneira de incitar as pessoas a avaliarem as coisas. "Alguns pesquisadores propuseram sistemas de compensação que retribuíssem os usuários que fizessem avaliações. Embora as consequências econômicas dessa solução sejam interessantes, nos perguntamos se a compensação seria necessária caso as avaliações pudessem ser apreendidas sem nenhum esforço por parte do usuário. Acreditamos que a solução ideal é aprimorar a interface do usuário para que obtenha avaliações implícitas através da observação do comportamento do consumidor. Avaliações implícitas abrangem medidas de interesse como, por exemplo, saber se o usuário leu o artigo e, se leu, quanto tempo dedicou à leitura. Nossos estudos

preliminares revelam que podemos obter avaliações em números substancialmente maiores utilizando avaliações implícitas e que previsões fundamentadas no tempo gasto lendo são quase tão precisas quanto as previsões baseadas em avaliações numéricas explícitas." Ver Joseph A. Konstan et al., "Grouplens: Applying Collaborative Filtering to Usenet News", *Communications of the ACM* 40 (1997), pp. 77-87.

4. Erving Goffman, *The Presentation of Self in Everyday Life*. Nova York: Anchor, 1959, p. 37.

5. Descobri a citação de Horvath em Hartmut Rosa, *Social Acceleration: A New Theory of Modernity*. Nova York: Columbia University Press, 2013, p. 24.

6. Robert Trivers e William von Hippel, "The Evolution and Psychology of Self-Deception". *Behavioral and Brain Sciences* 34, n. 1 (2011), pp. 1-56.

7. Que podem ou não ser as coisas de que você gosta. Em um artigo que escreveu antes de ser funcionário da Netflix, Amatriain ressaltou que "a configuração das preferências dos usuários segundo o retorno implícito sofre uma limitação crucial: a suposição latente de que o tempo que os usuários passam acessando certo conteúdo é diretamente proporcional ao quanto ele os agradou". Xavier Amatriain et al., "I Like It... I Like It Not: Evaluating User Noise in Recommender Systems", *UMAP: Proceedings of the 17th International Conference on User Modeling, Adaptation, and Personalization* (2009), pp. 247-58.

8. Ver E. C. Poulton, *Bias in Quantifying Judgments*. Londres: Taylor and Francis, 1989, p. 172.

9. Ver, por exemplo, "A Better Way to Rate Films", Bad Films Are Bad (blog). Disponível em: <goodfil.ms/blog/posts/2011/10/07/a-better-way--to-rate-films>.

10. Francis Newman, "Short Stories of 1925", *New York Times*, 7 fev. 1926.

11. As resenhas cinematográficas dos chineses, por exemplo, parecem ser mais benevolentes e bem distribuídas do que os equivalentes americanos, tal-

vez, como já se insinuou, devido à busca pelo consenso na sociedade chinesa e à manifestação discreta quanto a gostos e aversões. Ver Nooi Sian Koh, Nan Hu e Eric K. Clemons, "Do Online Reviews Reflect a Product's True Perceived Quality? An Investigation of Online Movie Reviews Across Cultures", *Electronic Commerce Research and Applications* 9, n. 5 (set.-out. 2010), pp. 374-84. Os autores observam: "Enquanto as resenhas ocidentais têm muito mais propensão a se extremarem com o tempo, as resenhas chinesas tendem a uma distribuição em formato de sino, e o mais provável é que os novos comentários se aproximem da média em vez de serem radicais".

12. Ver Yedua Koren, "Collaborative Filtering with Temporal Dynamics", *Communications of the ACM* 53, n. 4 (abr. 2010), pp. 89-97.

13. Dan Cosley et al., "Is Seeing Believing? How Recommender System Interfaces Affect Users' Opinions", *Proceedings of the SIGCHI Conference on Human Factors in Computing Systems*. Nova York: ACM, 2003, pp. 585-92.

14. Ver "Statistics Can Find You a Movie, Part 2", artigo do website da AT&T Labs. Disponível em: <www.research.att.com/articles/featuredstories /201005/201005netflix2article.html?fbid=IH3z2Gar6-b>.

15. O ruído nunca cessa. Os engenheiros da Netflix, por exemplo, também precisam esquadrinhar sinais conflitantes de preferências vindas do mesmo usuário. O problema inicial, a conta "familiar" em que o gosto de todo mundo — de filmes infantis a comédias românticas, passando por filmes de ação — ficava misturado, foi resolvido facilmente por meio da separação de "perfis" para membros da família. Mas e quando a conta de uma única pessoa parece se espraiar para todos os lados? A Netflix dá a isso o nome de "estado de espírito". "Você pode estar com vontade de ver um filme de terror porque recebeu a visita do primo e ele adora terror", Yellin explicou. Trata-se de um sinal "genuíno"? Quanto tempo esse sinal deveria durar?

16. O debate acerca de Harvey Sacks vem do curioso estudo feito por Camilla Vásquez sobre a natureza das reclamações, "Complaints Online: The Case of TripAdvisor", *Journal of Pragmatics* 43 (2011), pp. 1707-17. Ela observa: "Não há dúvida de que as reclamações avançam de outra maneira em

fóruns on-line, onde as pessoas não 'conhecem' umas às outras assim como em interações face a face. Conforme demonstrado, as diferenças na estrutura participativa permitem que as reclamações on-line sejam simultaneamente diretas e indiretas. No tocante a outras características das reclamações, Heinemann e Traverso (2009) também alegam que, em interações face a face, as queixas exigem delicadeza e tato porque deixam o querelante vulnerável, e que, portanto, 'mecanismos de reclamação' explícitos, como hipérboles extremas, expressões idiomáticas e observações negativas, 'afloram apenas em situações extraordinárias'".

17. Ver George Akerlof, *An Economic Theorist's Book of Tales*. Nova York: Cambridge University Press, 1984, p. 22.

18. George Akerlof, "The Market for 'Lemons': Quality Uncertainty and the Market Mechanism", *Quarterly Journal of Economics* 84, n. 5 (dez. 1963), pp. 941-73.

19. Judith Chevalier e Austan Goolsbee, "Measuring Prices and Price Competition Online: Amazon.com and BarnesandNoble.com", *Quantitative Market and Economics* 1 (2003), pp. 203-22. Apesar de a Amazon não ser muito aberta em relação a seus dados — ela recusou meu pedido de entrevista —, os autores foram capazes de extrapolar os dados usando as diferenças de resenhas e classificação dos websites da Amazon e da Barnes & Noble. "Obviamente, a limitação dos dados força nossa análise a diferir em certa medida do experimento ideal, como discutiremos mais adiante. No entanto, observamos os mesmos livros, as resenhas de usuários e o reflexo na fatia do mercado que cada livro obtém em ambos os sites."

20. Pádraig Cunningham et al., "Does TripAdvisor Make Hotels Better?", *Technical Report UCD-CSI-2010-06*, dez. 2010.

21. Essa descrição da hipótese do mercado eficiente foi extraída de Burton G. Malkiel, "The Efficient Market Hypothesis and Its Critics" (CEPS, trabalho em andamento 91, abr. 2003).

22. Suzanne Moore, "What Does the TripAdvisor Furore Teach Us About Critics?", *Guardian*, 12 fev. 2012.

23. José Ortega y Gasset, *The Revolt of the Masses*. Nova York: W. W. Norton, 1994, p. 13.

24. A citação de Reichl foi tirada de: Russ Parsons, "Ruth Reichl on Conde Nast, Gourmet Live, and Online Reviews", *Los Angeles Times*, 11 fev. 2013. Disponível em: <articles.latimes.com/2013/feb/11/news/la-dd-ruth-reichl--conde-nast-gourmet-live-online-reviews-20130211>.

25. Ver Balázs Kovács, Glenn R. Carroll e David W. Lehman, "Authenticity and Consumer Value Ratings: Empirical Tests from the Restaurant Domain", *Organization Science* 25, n. 2 (2014), pp. 458-78. Os autores criaram um catálogo das palavras-chave pelas quais tentaram quantificar (em uma escala de 1 a 100) o conceito de "autenticidade" — com a própria palavra "autêntico(a)" gerando 95 pontos, "fraude" obtendo 4 e "decente", como seria de esperar de uma palavra tão mediana, com 51 pontos.

26. Ver Judith Donath, "Signals, Cues, and Meaning" (artigo não publicado). Disponível em: <smg.media.mit.edu/papers/Donath/SignalsTruthDesign/SignalsCuesAndMeaning.pdf>.

27. Depois de filtrar as críticas por diversos motivos, inclusive as que geram suspeitas de serem fraudulentas (o que parece excluir também várias resenhas acompanhadas de cinco estrelas que são genuínas, mas excessivamente entusiásticas).

28. Para uma discussão interessante sobre o TripAdvisor e as noções de credibilidade e superioridade, ver Ingrid Jeacle e Chris Carter, "In TripAdvisor We Trust: Rankings, Calculative Regimes, and Abstract Systems", *Accounting, Organizations, and Society* 36, n. 4-5 (2011), pp. 293-309.

29. Ver John W. Byers, Michael Mitzenmacher e Georgios Zervas, "The Groupon Effect on Yelp Ratings: A Root Cause Analysis", *Proceedings of the 13th ACM Conference on Electronic Commerce*. Nova York: ACM, 2012, pp. 248-65.

30. Paul Myerscough, "Short Cuts", *London Review of Books*, 3 jan. 2013.

31. Susan Seligson, "Yelp Reviews: Can You Trust Them?", *BU Today*, 4 nov. 2013.

32. Ver "Finding Deceptive Opinion Spam by Any Stretch of the Imagination", *Proceedings of the 49th Annual Meeting of the Association for Computational Linguistics* (2011), pp. 309-19.

33. Como ressaltam Matthew L. Newman e seus colegas, "quando as pessoas tentam elaborar uma história falsa, argumentamos que seja mais fácil enfileirar atos simples e concretos do que avaliações falsas. Dados ainda não publicados obtidos em nossos laboratórios mostram a relação negativa entre a complexidade cognitiva e a utilização de verbos de movimento (por exemplo, andar, mexer-se, ir). Assim, se comunicações enganosas são menos complexas da perspectiva cognitiva, mentirosos usam mais verbos de movimento e menos vocábulos de exclusão". Ver Newman et al., "Lying Words: Predicting Deception from Linguistic Styles", *Personal and Social Psychology Bulletin* 29, n. 5 (maio 2003), pp. 665-75.

34. Myle Ott, Claire Cardie e Jeffrey T. Hancock, "Negative Deceptive Opinion Spam", *Proceedings of the 2013 Conference of the North American Chapter of the Association for Computational Linguistics: Human Language Technologies* (Atlanta, 9-14 jun. 2013), pp. 497-501.

35. No entanto, assinalou meu uso de "lugar", uma palavra bastante vaga.

36. Ver Jessica Love, "Good Customers, Bad Reviews", KelloggInsight, 5 ago. 2013. Disponível em: <insight.kellogg.northwestern.edu/article/good_customersbadreviews>.

37. Ver Christopher S. Leberknight, Soumay Sem e Mung Chiang, "On the Volatility of Online Ratings: An Empirical Study". 10th Workshop on E-business, Xangai, 2011.

38. Byers, Mitzenmacher e Zervas, "Groupon Effect on Yelp Ratings".

39. Ver Georgios Zervas, Davide Proserpio e John Byers, "A First Look at Online Reputation on Airbnb, Where Every Stay Is Above Average" (28 jan. 2015). Disponível em: <ssrn.com/abstract=2554500>.

40. Ver Judith A. Chevalier e Dina Mayzlin, "The Effect of Word of Mouth on Online Book Sales". NBER, trabalho em andamento 10148, National Bureau of Economic Research. Cambridge, Massachusetts: dez. 2003.

41. Geoffrey Fowler, "On the Internet, Everyone's a Critic but They're Not Very Critical", *Wall Street Journal*, 5 out. 2009.

42. "Five Stars Dominate Ratings", blog do YouTube. Disponível em: <youtube-global.blogspot.com/2009/09/five-stars-dominate-ratings.html>.

43. Ver Pei-yu Chen, Samita Dhanasobhon e Michael D. Smith, "All Reviews Are Not Created Equal: The Disaggregate Impact of Reviews and Reviewers at Amazon.com", maio 2008. Disponível em: <papers.ssrn.com/sol3/papers.cfm?abstractid =918083>.

44. Ibid.

45. Cientistas da computação tentaram demonstrar o chamado problema da ovação. Um modelo postula uma fórmula bem simples: "Cada membro da plateia usa a regra heurística da maioria — se a maioria das pessoas que vê está de pé, ele fica de pé; se não, ele fica sentado". Há um número de variáveis a serem consideradas, no entanto: a plateia é formada basicamente de grupos de amigos? Que parte da plateia ele consegue enxergar? Existe um intervalo em que diversos membros da plateia decidem se levantar? A ovação — e seu extremo oposto, a cacofonia de vaias — é a expressão do gosto em massa e acontece em tempo real, mas aparentemente está exposta à submissão ou ao efeito da aprendizagem social. Ver John H. Miller e Scott E. Page, "The Standing Ovation Problem", *Complexity* 9, n. 5 (maio-jun. 2004), pp. 8-16.

46. Sinan Aral, "The Problem with Online Ratings", *MIT Sloan Management Review*, 19 dez. 2013.

47. David Godes e José Silva, "Sequential and Temporal Dynamics of Online Opinion", *Marketing Science* 31, n. 3 (2012), pp. 448-73.

48. Fang Wu e Bernardo Huberman, "Opinion Formation Under Costly Expression", *ACM Transactions on Intelligent Systems and Technology* 1, n. 1, artigo 5 (out. 2010), pp. 1-13.

49. Ver Nan Hu, Noi Sian Koh e Karempudi Srinivas Reddy, "Ratings Lead You to the Product, Reviews Help You Clinch It? The Mediating Role of Online Review Sentiments on Product Sales", *Decision Support Systems* 57 (2014), pp. 42-53. Conforme observam os autores, as resenhas avalia-

das como mais úteis, ou as que são apenas mais recentes, criam um impacto sobre as vendas "muito maior que o impacto médio de todas as resenhas". A Amazon, é claro, estrutura a interface do usuário a fim de mostrar essas duas variáveis, o que sem dúvida gera partes, se não a íntegra, do resultado; o consumidor não pode buscar, por exemplo, as "resenhas menos úteis".

50. Os autores afirmam que mesmo "se os consumidores corrijissem os dados em função do viés de avaliação, ainda observaríamos curvas monótonas ascendentes ou descendentes (porque as primeiras avaliações ainda seriam enviesadas), mas o padrão de insuficiência nas notas jamais surgiria porque os consumidores não cometeriam erros ao comprar". *Information Systems Research* 19, n. 4 (2008), pp. 456-74.

51. Ver Ye Hu e Xinxin Li, "Context-Dependent Product Evaluations: An Empirical Analysis of Internet Book Reviews", *Journal of Interactive Marketing* 25 (2011), pp. 123-33.

52. "Quando a qualidade do livro se mantém constante", como os pesquisadores Ye Hu e Xinxin Li descobriram em um estudo sobre a Amazon, "resenhas recém-publicadas tendem a discordar das resenhas existentes. Isso acontece mais com produtos de cauda longa (o resenhista pode causar impacto maior); quando as resenhas anteriores são mais similares (um mar calmo onde criar ondas); quando o número de resenhas anteriores cresce (mais contexto ao qual reagir); e quando as resenhas mencionam resenhas anteriores. Para demonstrar que não se trata de mero artefato estatístico, Hu e Li selecionaram as resenhas ao acaso e perceberam que a tendência negativa não se aplicava mais. "A ordem em que as resenhas são de fato escritas", concluíram, "é mesmo relevante." Ver Hu e Li, "Context-Dependent Product Evaluations: An Empirical Analysis of Internet Book Reviews", *Journal of Interactive Marketing* 25, n. 3 (2010), pp. 123-33.

53. Bourdieu, *Distinction*, p. 49.

54. Balázs Kovács e Amanda J. Sharkey, "The Paradox of Publicity: How Awards Can Negatively Affect the Evaluation of Quality", *Administrative Science Quarterly* 59, n. 1 (2014).

55. Os autores enfatizam que isso também exclui a explicação da simples regressão à média.

56. Citação de Steve Albini tirada de Neil McDonald, "Fire Fighting: Steve Albini Interviewed", *The Quietus*, 2 set. 2013.

57. Cristian Danescu-Niculescu-Mizil et al., "How Opinions Are Received by Online Communities: A Case Study on Amazon.com Helpfulness Votes", ACM: *Proceedings of the 18th International Conference on World Wide Web* (2009), pp. 141-50.

58. Conforme ressaltam Shahana Sen e Dawn Lerman, "o consumidor em busca de um produto hedônico estará mais comprometido e mais apto a refutar informações negativas do que aquele que procura um produto utilitário". Sen e Lerman, "Why Are You Telling Me This? An Examination into Negative Consumer Reviews on the Web", *Journal of Interactive Marketing* 21, n. 4 (outono de 2007).

59. Bayley, *Taste*, p. 5.

60. Sheenya Iyengar, *The Art of Choosing*. Nova York: Twelve, 2010, p. 103.

61. Segundo Bourdieu, "os gostos são, antes de tudo, *aversão*, feita de horror ou de intolerância visceral ('dá ânsia de vomitar'), aos outros gostos, aos gostos dos outros". Bourdieu, *Distinction*, p. 49.

62. Sen e Lerman declaram, "Quando os consumidores falam mal de bens utilitários", os outros consumidores parecem "crer que seja mais provável que esses comentários sejam baseados nas experiências verdadeiras do resenhista", mas, no tocante a bens hedônicos, "a tendência é de que os consumidores sintam que motivações não relacionadas à qualidade do produto influenciaram o resenhista, e que tenham sido guiadas por razões internas ou pessoais." Por que essas sensações deveriam ser menos autênticas quando se referem a um livro ou a um aspirador de pó é uma questão interessante, mas parece que simplesmente não confiamos nas experiências alheias de gosto na mesma medida em que confiamos em suas experiências com outros tipos de produtos. Sen e Lerman, "Why Are You Telling Me This?"

63. Ver Stephen Spiller e Helen Belogolova, "Discrepant Beliefs About Quality and Taste" (4 fev. 2014). Disponível em: <public-prod-acquia.gsb. stanford.edu/sites/default/files/documents/mktg0314Spiller.pdf>.

64. Ver Anidia Chakravarty, Yong Liu e Tribid Mazumdar, "The Differential Effects of Online World-of-Mouth and Critics' Reviews on Pre-release Movie Evaluation", *Journal of Interactive Marketing* 24, n. 3 (2010), pp. 185-97. O estudo revelou um fato interessante: os "espectadores frequentes" são mais influenciados pelas resenhas dos críticos, enquanto os "espectadores infrequentes" sofrem mais influência do boca a boca.

65. Hannah Johnson, "One-Star Ratings for Book on Amazon Without Kindle Version", *Wall Street Journal*, 18 jan. 2010. O curioso é que, no momento em que escrevo estas linhas, uma versão para Kindle já estava disponível, e o número substancial de avaliações acompanhadas de uma estrela deu lugar a protestos de teor mais político.

3. EM QUE MEDIDA NOSSO GOSTO É PREVISÍVEL? [pp. 122-66]

1. A citação foi extraída de MathBabe.org. Disponível em: <mathbabe. org/2012/10/18/columbia-data-science-course-week-7-hunch-com-recommendation-engines-svd-alternating-least-squares-convexity-filter-bubbles>.

2. Devin Leonard, "What You Want: Flickr Creator Spins Addictive New Web Service", *Wired*, ago. 2010.

3. Georg Simmel, "Fashion", *International Quarterly* 10 (out. 1904), pp. 130-55. Republicado no *American Journal of Sociology* 62, n. 6 (maio 1957), pp. 541-58.

4. Ver Jennifer Tsien, *The Bad Taste of Others*. Filadélfia: University of Pennsylvania Press, 2012, p. 3. Tsien argumenta que, sobretudo na França, o gosto servia como uma espécie de estratégia de construção nacional: "A ambição de consolidar a França como nova líder mundial em matéria de cultura subjaz muitos dos clamores à derrubada de exemplos de mau gosto em seu meio. A fim de atingir o objetivo, os críticos do século XVIII precisavam não

somente estabelecer o padrão de bom gosto, mas também assumir a autoridade de tecer juízos".

5. Conforme observa o sociólogo Omar Lizardo, na "revolução do consumo" do século XVIII, "a mobilidade ascendente das classes mercantis e os aspirantes à classe média desenvolveram um apetite aparentemente insaciável por bens de consumo, que resultou na estetização de objetos antes 'funcionais' entre a classe média ascendente e o crescimento de um gosto incipiente por produções culturais inovadoras e objetos culturais". Ver Lizardo, "The Question of Culture Consumption and Stratification Revisited", *Sociologica* 2 (2008), pp. 1-31.

6. Ver Charles Harvey, Jon Press e Mairi Maclean, "William Morris, Cultural Leadership, and the Dynamics of Taste", *Business History Review* 85, n. 2 (verão de 2011).

7. *Punch*, 23 dez. 1925. Disponível em: <www.middlebrow-network. com>.

8. Ver Keijo Rahkonen, "Bourdieu and Nietzsche: Taste as a Struggle", em Susen e Turner, *Legacy of Pierre Bourdieu*, p. 126.

9. Bourdieu, *Distinction*, p. 6.

10. O escritor Ben Lerner faz uma piada maravilhosa com isso em seu excelente romance *Estação Atocha*.

11. Bourdieu, *Distinction*, p. 6.

12. Ibid., pp. 13-4.

13. Em um artigo, Liu analisou os perfis de usuários do MySpace, espaço em que "representações de gosto" sutis, bem ao estilo de Bourdieu, eram exibidas. Ver Hugo Liu, "Social Network Profiles as Taste Performances", *Journal of Computer-Mediated Communication* 13 (2008), pp. 252-75. Por acaso, Matthew Ogle, ex-engenheiro da Last.fm, me disse: "O MySpace é onde você finge gostar de uma coisa, mas na Last.fm a gente sabia o que você ouvia mesmo". Entrevista em 17 de abril de 2014. E, para um relato de como o fato de as pessoas exibirem publicamente suas "representações de gosto" pode com efeito mudar suas preferências internas, ver Benjamin K. Johnson

e Brandon Van Der Heide, "Can Sharing Affect Liking? Online Taste Performances, Feedback, and Subsequent Media Preferences", *Computers in Human Behavior* 46 (2015), pp. 181-90.

14. Ver, por exemplo, Peter Jackson, *Food Words: Essays in Culinary Culture*. Londres: Bloomsbury, 2013, p. 220.

15. Charlene Elliott observa duas tendências curiosas na cultura contemporânea. "Uma é a inscrição do status de 'connoisseur' em objetos que antes não pertenciam ao âmbito dos especialistas; a segunda é a 'democratização' de objetos antes totalmente restritos ao âmbito dos especialistas." Em outras palavras, ao mesmo tempo que gostos outrora rarefeitos se tornam mais acessíveis ao consumo cotidiano, as atividades cotidianas se sujeitam a análises mais rarefeitas. Ver Elliott, "Considering the Connoisseur: Probing the Language of Taste", *Canadian Review of American Studies* 36, n. 2 (2006), pp. 229-36.

16. Para uma excelente discussão sobre as dinâmicas da sinalização contrária, ver Nick Feltovich, Richmond Harbaugh e Ted To, "Too Cool for School? Signaling and Countersignaling", *RAND Journal of Economics* 33, n. 4 (inverno de 2002), pp. 630-49.

17. Uma tentativa geralmente fracassada, segundo um estudo, que revelou que quem "se gaba com humildade" é menos benquisto do que quem se vangloria, pois estes são considerados mais sinceros. Ver Ovul Sezer, Francesca Gina e Michael I. Norton, "Humblebragging: A Distinct — and Ineffective — Self-Presentation Strategy". Harvard Business School, trabalho em andamento 15-080.

18. O exemplo foi tirado de Harris Wittels, *Humblebrag: The Art of False Modesty*. Nova York: Grand Central, 2012.

19. Caroline McCarthy, "Hunch Homes In on Who You Are", *CNET*, 29 mar. 2010.

20. "Carl Wilson, *Let's Talk About Love*. Nova York: Bloomsbury, 2014, p. 78.

21. Uma questão relativa à presença de toda essa informação on-line é que séries de dados aparentemente gigantescas, anônimas, podem ser associa-

das, sem muitos problemas, à conduta das pessoas no nível pessoal. Embora seja uma falha de segurança, também é um lembrete da nossa previsibilidade. Ver Joseph A. Calandrino et al., "'You Might Also Like': Privacy Risks of Collaborative Filtering", *2011 IEEE Symposium on Security and Privacy*, 22-5 maio 2011, pp. 231-46. Os autores, por acaso, incluíram o Hunch.com (dentre outros, como Last.fm e Amazon.com) na análise, observando que "quando otimizado para ser preciso, nosso algoritmo deduz um terço das respostas secretas dos usuários às perguntas do Hunch sem cometer erros". E quando pesquisadores do Reino Unido analisaram "níveis relativamente básicos do comportamento humano" — por exemplo, "curtidas" do Facebook cujo acesso era aberto ao público —, conseguiram detectar, a índices bem mais altos que ao mero acaso, se eram do sexo masculino ou feminino, gays ou heterossexuais, cristãos ou muçulmanos. As razões por trás de algumas correlações observadas, eles admitiram, eram tortuosas: "Não existe nenhuma conexão óbvia entre Curly Fries e inteligência excepcional". Michal Kosinski, David Stillwell e Thore Graepel, "Private Traits and Attributes Are Predictable from Digital Records of Human Behavior", *PNAS* 110, n. 15 (2013), pp. 5802-5.

22. Bourdieu, *Distinction*, p. 18.

23. Ver Peter J. Rentfrow e Samuel D. Gosling, "Message in a Ballad: The Role of Preferences in Interpersonal Perception", *Psychological Science* 17, n. 3 (2006), pp. 236-42.

24. Essa ideia vem de Richard R. Wilk, "A Critique of Desire: Distaste and Dislike in Consumer Behavior". Disponível em: <www.indiana.edu/~wanthro/disgust.htm>. Escreve Wilk: "Os diferentes sinais sociais enviados pelo consumo e não consumo também ajudam a explicar por que, na sociedade de consumo de massas, aversões são a chave para estabelecer limites explícitos entre o indivíduo e os outros, para criar uma sensação de identidade própria. Nossas antipatias e aversões são conhecidas pelos amigos e parentes, mas nossas preferências são declaradas publicamente por meio de nossas escolhas ostensivas em matéria de roupas, carros, casas e outros bens. Os gostos, portanto, podem muitas vezes assumir formas conformistas,

categóricas, que simbolizam pertencimento e consenso, enquanto aversões impõem limites e constroem identidades internas pessoais diferenciadoras". No mundo da internet, os gostos são o que você divulga na sua página do Facebook; aversões podem ser transmitidas via Snapchat.

25. Roger Scruton, "Judging Architecture", em Mo Dodson e Jerry Palmer (orgs.), *Design and Aesthetics: A Reader*. Londres: Routledge, 2003, p. 13.

26. Escreveu Bourdieu: "De fato, as escolhas estéticas explícitas constituem-se, muitas vezes, por oposição às escolhas dos grupos mais próximos no espaço social, com quem a concorrência é mais direta e imediata". Bourdieu, *Distinction*, p. 53.

27. Ver Mike Savage e Modesto Gayo-Cal, "Against the Omnivore: Assemblages of Contemporary Musical Taste in the United Kingdom" (CRESC, trabalho em andamento 72, Universidade de Manchester, nov. 2009).

28. Bourdieu, *Distinction*, p. 62.

29. Ver Kevin Lewis, Marco Gonzalez e Jason Kaufman, "Social Selection and Peer Influence in an Online Social Network", *PNAS* 109, n. 1 (2012), pp. 68-72. Conforme dizem os autores, "nossas descobertas sugerem que amigos tendem a compartilhar certos gostos não porque exercem influência uns sobre os outros, mas porque essa similaridade foi parte da razão para terem se tornado e continuado amigos". O único gênero musical que eles perceberam que "se espalhava" entre amigos de Facebook é o clássico/jazz, menos, conjecturaram, devido a algum carisma viral inerente ao gênero do que por seu "valor singular como símbolo cultural de grande prestígio".

30. Isto é, 250 milissegundos. Ver Robert O. Gjerdingen e David Perrot, "Scanning the Dial: The Rapid Recognition of Music Genres", *Journal of New Music Research* 37, n. 2 (2008), pp. 93-100.

31. Ver o excelente livro de Simon Frith, *Performing Rites: On the Value of Popular Music*. Cambridge, Massachusetts: Harvard University Press, 1996, em especial o capítulo "Genre Rules".

32. O relato de Lucinda Williams foi tirado da entrevista feita por Madeleine Schwartz em *The Believer*, republicada em Vendela Vida e Ross Simonini (orgs.), *Confidence, or the Appearance of Confidence: The Best of "Believer" Music Interviews*. San Francisco: Believer Books, 2014, p. 472.

33. E mesmo o fato de tocarem Carpenter em estações de rádio country foi meio que uma confusão classificatória. Como me disse o consultor de rádio Sean Ross, "ela foi promovida nas rádios country porque não havia espaços para cantoras mulheres que compunham. Se tivesse surgido quatro anos depois, quando Shawn Colvin e Sheryl Crow faziam sucesso, ela seria uma artista pop".

34. Suas posições políticas foram examinadas a partir de "curtidas" no Facebook.

35. A citação foi tirada do excelente livro de Evan Eisenberg, *The Recording Angel: Music, Records, and Culture from Aristotle to Zappa*. New Haven, Connecticut: Yale University Press, 2005, p. 45.

36. Richard A. Peterson, "Problems in Comparative Research: The Example of Omnivorousness", *Poetics* 33, n. 5-6 (2005), pp. 257-82.

37. Nitsuh Abebe, "The Palmer Problem", Pitchfork.com, 25 mar. 2011.

38. Essa ideia vem do sociólogo Omar Lizardo, que argumenta que "é provável que a onivoridade seja exprimida com menos ambiguidade como meio de traçar divisas horizontais que diferenciam os culturalmente privilegiados de outras parcelas próximas mas de classes distintas". Ver Lizardo, "Reconceptualizing and Theorizing 'Omnivorousness': Genetic and Relational Mechanisms", *Sociological Theory* 30, n. 4 (2012), pp. 263-82.

39. Bourdieu, *Distinction*, p. 279.

40. Em um estudo sobre anúncios pessoais da *New York Review of Books*, o sociólogo Roger Kern observa que os anúncios não fazem menção a algo muito importante nas obras de Bourdieu sobre "exclusão simbólica": as aversões. "Talvez o uso insistente de negativas na autodescrição", ele cogita, "seja percebido pelos autores dos anúncios como um ato esnobe, adverso e/ou hostil." Ele também notou a ênfase em atividades culturais variadas, que

respaldam "a conceituação do domínio de um amplo leque de formas culturais como recurso pessoal valioso indicativo de alto status social". Kern, "Boundaries in Use: The Deployment of Personal Resources by the Upper Middle Class", *Poetics* 25, n. 2-3 (1997), pp. 177-93.

41. Sobre o fenômeno a que chama "nobrow", John Seabrook declara: "No velho mundo dos eruditos, a pessoa ganhava status pela coerência de suas preferências culturais, mas no mundo dos nobrows se ganha pontos por escolhas que transcendem categorias: é praticante de snowboard e ouve música clássica, bebe coca e adora Quentin Tarantino; estuda em uma escola cara e gosta de rap; é um fã de filmes B sobre artes marciais que prefere Frusen Glädjè a Häagen-Dazs, ou um fã da Copa do Mundo que usa roupas do hip-hop e curte ópera". Extraído de "Nobrow Culture: Why It's Become So Hard to Know What You Like", *New Yorker*, 20 set. 1999.

42. Noah Mark, "Birds of a Feather Sing Together", *Social Forces* 77, n. 2 (dez. 1998), pp. 453-85.

43. Ver "The Death of the Long Tail", Music Industry Blog, 4 mar. 2014. Disponível em: ‹musicindustryblog.wordpress.com/2014/03/04/the-death-of-the-long-tail›. O autor do relatório argumenta que a mera variedade de músicas digitais só serviu para reforçar o efeito tudo-aos-vencedores: "Na verdade, os serviços de música digitais intensificaram a concentração nas estrelas, e não o contrário. O 1% do topo é responsável por 75% dos lucros com a venda de CDs e 79% da renda obtida com assinaturas. Essa tendência inesperada é gerada por dois fatores-chave: 1) possibilidade menor de exposição em serviços digitais — em especial em aparelhos celulares; e 2) os consumidores são desarmados pela Tirania da Escolha, em que o excesso de opções acaba dificultando as descobertas".

44. Segundo Douglas Holt, essa talvez seja uma das formas mais comuns de distinção. "A consciência das diferenças de classe em matéria de gosto no nível mais rasteiro das preferências e aversões por objetos e práticas culturais não precisa assumir a forma de deferência por parte da classe mais baixa nem de desdém por parte da classe mais alta", ele observa. "Na verdade, é *mais*

típico que as pessoas com menos recursos em termos de capital cultural sejam desdenhosas, ou hostis, ante objetos e práticas daqueles com mais fontes de capital cultural" (itálicos meus). Ver Holt, "Distinction in America? Recovering Bourdieu's Theory of Taste from Its Critics", *Poetics* 25, n. 2-3 (1997), pp. 93-120.

45. Bourdieu, *Distinction*, p. 473.

46. Kent Russell, "American Juggalo", *n+1*, n. 12 (outono de 2011), pp. 29-55.

47. Ver Theodor Geiger, "A Radio Test of Musical Taste", *Public Opinion Quarterly* 14, n. 3 (outono de 1950), pp. 453-60.

48. De que modo a forma como a música é representada — por gênero ou de outra maneira — influencia nossos sentimentos por ela? Quantas vezes não mencionamos a um sociólogo, quando ele nos aparece com uma pesquisa, do que gostamos em vez de lhe dizer simplesmente o que conhecemos? No ensaio "O filósofo e o sociólogo", Jacques Rancière acusou Bourdieu de "transformar o teste do gosto musical em teste de conhecimento". O sociólogo "julga gosto musical sem pedir a ninguém que ouça música". Os entrevistados, imaginando qual seria a natureza do questionário, responderiam de acordo. Rancière, *The Philosopher and His Poor*. Durham, Carolina do Norte: Duke University Press, 2004, p. 187.

49. De um experimento descrito por Paul Randolph Farnsworth em seu livro *Musical Taste*. Stanford, Califórnia: Stanford University Press, 1950, p. 64.

50. Ver M. G. Rigg, "Favorable Versus Unfavorable Propaganda in the Enjoyment of Music", *Journal of Experimental Psychology* 38, n. 1 (1948), pp. 78-81.

51. Paul Rozin, Linda Millman e Carol Nemeroff, "Operation of the Laws of Sympathetic Magic in Disgust and Other Domains", *Journal of Personality and Social Psychology* 50, n. 4 (1986), pp. 703-12.

52. Em uma meta-análise de estudos sobre exposição, Robert Bornstein descobriu que a "relação exposição-afeto é robusta e confiável". Bornstein,

"Exposure and Affect: Overview and Meta-analysis of Research, 1968-1987", *Psychological Bulletin* 106, n. 2 (1989), pp. 265-89.

53. Não é necessário que a exposição seja repetida para o efeito da fluência funcionar: as pessoas consideram mais verdadeiras as declarações apresentadas em cores fáceis de ler, por exemplo. Ver Rolf Reber e Norbert Schwarz, "Effects of Perceptual Fluency on Judgments of Truth", *Consciousness and Cognition* 8, n. 3 (1999), pp. 338-42. Os autores cogitaram: "Pode gerar preocupação, no entanto, a possibilidade de que participantes, diante de declarações moderadamente visíveis, tenham considerado 'falsas' certas afirmações por não conseguirem lê-las". Testes-piloto, porém, revelaram que não era o caso.

54. Elizabeth Hellmuth Margulis, "One More Time", *Aeon Magazine*, 7 mar. 2014. Disponível em: <aeon.co/magazine/culture/why-we-love-repetition-in-music>.

55. Ver Piotr Winkielman et al., "Prototypes Are Attractive Because They Are Easy on the Mind", *Psychological Science* 17, n. 9 (2006), pp. 799--806. Em outro estudo, Winkielman e seus colegas examinaram uma aparente contradição: "Por um lado, estímulos compostos (médias) devem ser de fácil processamento porque são um bom resumo da experiência prévia do perceptor (isto é, um protótipo da categoria). Por outro lado, estímulos compostos podem ser difíceis de processar porque são ambíguos ao extremo no que tange aos rostos que os constituem". Eles perceberam um exemplo disso em imagens de rostos mestiços, que alguns estudos descobriram ser os mais atraentes, embora outros experimentos tenham revelado o efeito oposto. Os pesquisadores sugerem que a discrepância pode ser explicada pelo critério utilizado para julgar tais imagens; por exemplo, o rosto de um homem sino-americano será considerado menos atraente do que o de outros "chineses", mas talvez mais atraente do que rostos masculinos em geral. "Ou seja, indivíduos mestiços provavelmente despertam mais sentimentos positivos quando a raça é menos proeminente, e, de maneira irônica, é possível que a atenção à origem racial, através da disfluência que engendra, reduza

os sentimentos positivos que se tem por eles." Os pesquisadores também enfatizam que "fatores motivacionais" — por exemplo, o que a pessoa pensa sobre raça — poderiam ter um papel nas descobertas. Ver Winkielman et al., "Easy on the Eyes, or Hard to Categorize: Classification Difficulty Decreases the Appeal of Facial Blends", *Journal of Experimental Social Psychology* 50 (jan. 2014), pp. 175-83.

56. J. B. Halberstadt e G. Rhodes, "It's Not Just Average Faces That Are Attractive: Computer-Manipulated Averageness Makes Birds, Fish, and Automobiles Attractive", *Psychonomic Bulletin and Review* 10 (2003), pp. 149--56.

57. Mario Pandelaere et al., "Madonna or Don McLean: The Effect of Order of Exposure on Relative Liking", *Journal of Consumer Psychology* 10, n. 4 (2010), pp. 442-51. Um efeito similar, de "o primeiro é o mais forte", foi descoberto em estudos de imagiologia do cérebro em que voluntários foram expostos a um odor e um objeto: a associação gerou mais atividade cerebral do que em um teste posterior, quando o odor foi combinado a outro objeto. O primeiro cheiro é aquele de que nos recordamos. Ver Andreas Keller, "Odor Memories: The First Sniff Counts", *Current Biology* 19, n. 21 (2009), pp. 988-9.

58. Robert Zajonc, "Mere Exposure: A Gateway to the Subliminal", *Current Directions in Psychological Science* 10, n. 6 (dez. 2001), pp. 224-8.

59. A história do acid house foi tirada do interessante artigo assinado por Tim Lawrence, "Acid — Can You Jack?", obtido no website DJHistory.com; e também do excelente histórico sobre a música pop de Bob Stanley, *Yeah! Yeah! Yeah! The Story of Pop Music from Bill Haley to Beyoncé*. Nova York: W. W. Norton, 2014, p. 466.

60. Como ressalta o artigo publicado em um periódico, "embora em ampla medida o mero efeito da exposição provoque mais apreço em caso de estímulos novos e neutros em termos de conotação, a pesquisa sugere que, quando a atitude inicial é de desaprovação, a exposição repetida pode fortalecer as reações afetivas negativas". Ver Richard J. Crisp, Russell R. C. Hutter

e Bryony Young, "When Mere Exposure Leads to Less Liking", *British Journal of Psychology* 100 (2009), pp. 133-49.

61. Ver, por exemplo, Daniel Berlyne, "Novelty, Complexity, and Hedonic Value", *Perception and Psychophysics* 8 (1970), pp. 279-86.

62. Adrian North e David Hargreaves, *The Social and Applied Psychology of Music*. Nova York: Oxford University Press, 2008, p. 83.

63. Howard R. Moskowitz, "Engineering Out Food Boredom: A Product Development Approach That Combines Home Use Tests and Time-Preference Analysis", *Food Quality and Preference* 11, n. 6 (nov. 2000), pp. 445-56.

64. De uma conversa que tive com o autor, mas ver também Moskowitz, "Engineering Out Food Boredom".

65. Em testes de degustação às cegas, as pessoas geralmente preferiam pepsi. Um estudo revela que quando os consumidores tomam as duas bebidas às cegas e depois lhes pedem que analisem por que gostaram de cada uma delas, eles se valem de heurísticas consagradas para coisas como refrigerante, dentre as quais a crença de que "quanto mais doce, melhor". Segundo argumentam, "a facilidade maior dos participantes para expressar razões positivas em favor da pepsi em vez da coca indica que o primeiro refrigerante tem características que oferecem bases mais plausíveis para o apreço experimentado". Basicamente, é mais fácil explicar o gosto por pepsi do que a preferência por coca. Em tese, essa fluência de processamento, e não a bebida em si, pode explicar nosso gosto. Ver Ayumi Yamada et al., "The Effect of an Analytical Appreciation of Colas on Consumer Beverage Choice", *Food Quality and Preference* 34 (jun. 2014), pp. 1-4.

66. P. A. Bush e K. G. Pease, "Pop Records and Connotative Satiation: Test of Jakobovits' Theory", *Psychological Reports* 23 (1968), pp. 871-5. O estudo em que a palavra "saciedade" foi empregada é o de Leon Jakobovits, "Studies of Fads: I. The 'Hit Parade'", *Psychological Reports* 18 (1966), p. 443--50. Bush e Pease argumentam que o padrão observado por Jakobovits era mais complicado do que sua apresentação dera a entender e que poderia se tratar de um artefato estatístico: "Aventamos que a utilização de alterações

nos índices médios apresentados seja irreal. A consideração de alterações na distribuição estatística e mudanças nas notas dadas por indivíduos pode ser necessária para traçar um quadro dos efeitos da reprodução repetida de gravações 'pop' que não seja enganosa". Jakobovits, por sua vez, ressaltou que o desagrado engendrado pelo excesso de exposição podia ser corrigido com o tempo. "Portanto, é de esperar que uma canção que contou com grande popularidade e recebeu muita exposição possa ser 'revivida' após um tempo e que essa segunda popularidade seja maior que a de outra canção que não tenha sido extremamente popular durante sua primeira vida útil." Há inúmeros exemplos disso; um deles é o uso de "Don't Stop Believin'", da banda Journey, em *Família Soprano*, *Glee* e *The X-Factor*, entre outros programas de tevê, que ressuscitou sua popularidade: no Reino Unido, a canção obteve mais êxito nas paradas de sucesso em 2010 do que na época de seu lançamento, em 1981.

67. Michael Pollan, *The Omnivore's Dilemma*. Nova York: Penguin, 2006, p. 4.

68. A relação causal entre o agrado e a familiaridade pode ser intricada. Segundo conclui um experimento a respeito de familiaridade e escolhas musicais, "os resultados também confirmam que o gosto não norteia a forte ligação entre familiaridade e preferência. Na verdade, a familiaridade prediz mais a escolha do que o gosto, exerce um impacto direto mais forte sobre as escolhas do que sobre o gosto e em certos testes tem ainda mais poder explicativo do que o gosto". Ver Morgan K. Ward, Joseph K. Goodman e Julie R. Irwin, "The Same Old Song: The Power of Familiarity in Music Choice", *Marketing Letters* 25 (maio 2013), pp. 1-11.

69. O crítico musical Alex Ross, se perguntando por que o público moderno parece resistir mais à música clássica moderna — embora tenha adotado inovações em outras áreas —, faz alusão ao efeito da exposição e familiaridade quando escreve: "Na verdade, compositores modernos foram vítimas da indiferença há muito tempo latente, intimamente ligada à relação de idolatria da música clássica com o passado. Mesmo antes de 1900, o público comparecia a concertos na expectativa de ser massageado pelos sons adoráveis de outrora.

("Novas obras não fazem sucesso em Leipzig', um crítico afirmou na estreia do Concerto para Piano nº 1 de Brahms em 1859)". O bom da música clássica é o que já é familiar — há alguns séculos. Ross, "Why Do We Hate Modern Classical Music?", *Guardian*, 28 nov. 2010.

70. Mas isso levanta uma questão. Será que Holbrook e Schindler, assim como Rancière havia acusado Bourdieu, estavam simplesmente lançando uma espécie de teste de recall musical, inquirindo as pessoas mais acerca do que conheciam do que daquilo de que gostavam? Com exposição suficiente a "Sledgehammer", uma pessoa de mais idade não passaria a preferi-la a "Smoke Rings"? Como os mais jovens poderiam preferir a canção dos Mills Brothers quando são poucas as chances de que já a tenham escutado?

71. Ver, por exemplo, Karsten Steinhauer, Erin J. White e John E. Drury, "Temporal Dynamics of Late Second Language Acquisition: Evidence from Event-Related Brain Potentials", *Second Language Research* 25, n. 1 (2009), p. 13-41. Ver também Stefanie Nickels, Bertram Opitz e Karsten Steinhauer, "ERPs Show That Classroom-Instructed Late Second Language Learners Rely on the Same Prosodic Cues in Syntactic Parsing as Native Speakers", *Neuroscience Letters* 557, pt. B (17 dez. 2013), pp. 107-11.

72. A expressão é uma cortesia de Brian Whitman, do Echo Nest.

73. Howard Schuman e Jacqueline Scott, "Generations and Collective Memories", *American Sociological Review* 54, n. 3 (1989), pp. 359-81.

74. Mike Watt, da banda Minutemen, no documentário *We Jam Econo*, resumiu bem a ideia de determinismo geracional: "Não dá para mudar seu local de nascimento e aquilo que o agrada. Algumas pessoas nasceram antes, outras depois, outras durante". As pessoas aceitam como ponto pacífico que o "durante" foi sua passagem para a maioridade musical.

75. "A noção de que todas as músicas são iguais e merecem direitos iguais é uma ideia fundamentalmente democrática, assim como a ideia correspondente de que o público, e não um grupinho de especialistas, é o melhor árbitro da qualidade musical", Zapruder publicou em seu blog. "Mas o fato de que certas músicas não só atraem mais ouvintes como também são mais signifi-

cativas para um número maior de pessoas no decorrer de um longo período indica que também existe na música algo fundamentalmente desigual." Play Listen Repeat (blog), *Pandora*, 25 fev. 2009. Disponível em: <blog.pandora.com/2009/02/25/imaginethatyo>.

4. COMO SABER DO QUE GOSTAMOS? [pp. 167-222]

1. W. H. Auden, *Collected Poems*. Nova York: Vintage Books, 1991, p. 177. Caso se interesse por um ensaio fascinante sobre os acontecimentos contemporâneos que inspiraram os comentários de Auden sobre o quadro do século XVI, ver Alexander Nemerov, "The Flight of Form: Auden, Bruegel, and the Turn to Abstraction in the 1940s", *Critical Inquiry* 31, n. 4 (verão de 2005), pp. 780-810.

2. Ver Andrew Parker, "Revealing Rembrandt", *Frontiers in Neuroscience*, 21 abr. 2014, doi:10.3389/fnins.2014.00076.

3. Peter Schjeldahl, "The Trouble with Nauman", em Robert C. Morgan (org.), *Bruce Nauman*. Baltimore: Johns Hopkins University Press, 2002, p. 100.

4. Immanuel Kant, *The Critique of Judgment*, em *Basic Writings of Kant*. Nova York: Modern Library, 2001, p. 295.

5. Clement Greenberg, "The State of Art Criticism", em James Thompson (org.), *Twentieth Century Theories of Art*. Ottawa: Carleton University Press, 1990, p. 102.

6. Para uma boa discussão sobre o tema, ver Eric Anderson, Erika H. Siegel e Lisa Feldman Barrett, "What You Feel Influences What You See: The Role of Affective Feelings in Resolving Binocular Rivalry", *Journal of Experimental Social Psychology* 47, n. 4 (2011), pp. 856-60.

7. Ver Eric Kandel, *The Age of Insight*. Nova York: Alfred A. Knopf, 2012, p. 284.

8. A referência foi tirada de Alan Musgrave, *Common Sense, Science, and Scepticism*. Cambridge, Reino Unido: Cambridge University Press, 1993, p. 62.

9. Em um experimento, Zajonc expôs os voluntários a lampejos de um milissegundo de "polígonos aleatórios", depois lhes perguntou se gostavam dos desenhos e se os reconheciam. Quando viam os polígonos mais de uma vez, os participantes gostavam deles, embora de modo geral fossem incapazes de lembrar, em um patamar acima da casualidade, quais tinham visto. Ver W. R. Kunst-Wilson e R. B. Zajonc, "Affective Discrimination of Stimuli That Cannot Be Recognized", *Science* 207, n. 4430 (1980), pp. 557-80.

10. Ver Rémi Radel e Corentin Clément-Guillotin, "Evidence of Motivational Influences in Early Visual Perception: Hunger Modulates Conscious Access", *Psychological Science* 23, n. 3 (mar. 2013), pp. 232-4.

11. Edwin Denby, *Dance Writings and Poetry*. New Haven, Connecticut: Yale University Press, 1998, p. 259.

12. A expressão é de William Hazlitt, "Picture-Galleries in England", em *The Collected Works of William Hazlitt*. Londres: J. M. Dent, 1903, p. 7.

13. Ver Svetlana Alpers, "The Museum as a Way of Seeing", em Ivan Karp e Steven D. Lavine (orgs.), *Exhibiting Cultures*. Washington, D.C.: Smithsonian Institution Press, 1991, p. 26.

14. Ver, por exemplo, Karen Archey, "Christopher Williams's 'For Example: Dix-Huit Leçons sur la Société Industrielle (Revision 19)'", *Art Agenda*, 11 dez. 2014. Disponível em: <www.art-agenda.com/reviews/christopher--williams%E2%80%99s-%E2%80%9Cfor-example-dix-huit-lecons-sur-la--societe-industrielle-revision-19%E2%80%9D>.

15. John Dewey. *Art as Experience*. Nova York: Perigee, 2005, p. 54.

16. Thomas Jefferson, *The Papers of Thomas Jefferson* (org. J. P. Boyd). Princeton, N.J.: Princeton University Press, 1955, 11:187.

17. Richard Wollheim, *Painting as an Art*. Princeton, N.J.: Princeton University Press, 1987, p. 8.

18. Ladislav Kesner afirma que, embora possamos saber empiricamente se as pessoas estão apenas num "encontro fugaz com um objeto de museu", é "impossível articular o contrário — definir de modo abrangente, quanto mais em medidas empíricas, a atividade perceptiva satisfatória vis-à-vis um objeto

de museu". Kesner, "The Role of Cognitive Competence in the Art Museum Experience", *Museum Management and Curatorship* 21, n. 1 (2006), pp. 4-19.

19. Edward S. Robinson, "The Behavior of the Museum Visitor", *Publications of the American Association of Museums*, não especificado, 5 (1928).

20. Jeffrey K. Smith e Lisa F. Wolf, "Museum Visitor Preferences and Intentions in Constructing Aesthetic Experience", *Poetics* 24, n. 2-4 (1996), p. 222.

21. Philip Hensher, "We Know What We Like, and It's Not Modern Art", *Daily Mail*, 12 mar. 2011. Disponível em: <www.dailymail.co.uk/news/article-1365672/Modern-art-How-gallery-visitors-viewed-work-Damien-Hirst-Tracy-Emin-5-seconds.html>.

22. Benjamin Ives Gilman, "Museum Fatigue", *Scientific Monthly*, jan. 1916, pp. 62-74.

23. Ver Alessandro Bollo et al., "Analysis of Visitor Behavior Inside the Museum: An Empirical Study". Disponível em: <neumann.hec.ca/aimac2005/PDFText/BolloADalPozzoloL.pdf>.

24. A expressão vem de Philip Fisher, via John Walsh, "Paintings, Tears, Lights, and Seats", *Antioch Review* 61, n. 4 (outono de 2003), pp. 767-82.

25. Ver James M. Bradburne, "Charm and Chairs: The Future of Museums", *Journal of Museum Education* 26, n. 3 (outono de 2001), pp. 3-9.

26. Robinson, "Behavior of the Museum Visitor".

27. O museólogo pesquisador Stephen Bitgood alega que os visitantes são guiados pelo "índice de valor, tendo como objetivo colher o máximo de benefício ou satisfação de acordo com o investimento de tempo e dinheiro". Ver Bitgood, "An Analysis of Visitor Circulation: Movement Patterns and the General Value Principle", *Curator* 49, n. 4 (2006), pp. 463-75. Ver também Bitgood, "An Overview of the Attention-Value Model", em *Attention and Value: Keys to Understanding Museum Visitors*. Walnut Creek, Califórnia: Left Coast Press, 2013.

28. Para uma análise fascinante, milimétrica, de como as pessoas ficam diante dos quadros em museus, ver Dirk Vom Lehn, "Configuring Stand-

points: Aligning Perspectives in Art Exhibitions", *Bulletin Suisse de Linguistique Appliquée*, n. 96 (2012), pp. 69-90.

29. A museóloga pesquisadora Beverly Serrell, investigando diversos museus, inclusive o American Museum of Natural History, descobriu que aquele com menor "taxa de rapidez" — metros quadrados divididos pelo tempo empregado pelos visitantes — era um museu pequeno no Alasca. Uma das razões foi a autosseleção: quem ia até Homer, Alasca, realmente queria ver a exposição. Ver Serrell, "Paying More Attention to Paying Attention", *Informal Science*, 15 mar. 2010. Disponível em: <informalscience.org/perspectives/blog/paying-more-attention-to-paying-attention>.

30. Ver Martin Tröndle et al., "The Effects of Curatorial Arrangements", *Museum Management and Curatorship* 29, n. 2 (2014), pp. 140-73.

31. Ver Jeffrey Smith, *The Museum Effect: How Museums, Libraries, and Cultural Institutions Educate and Civilize Society*. Lanham, Maryland: Rowman & Littlefield, 2014, p. 34.

32. Ver ibid., p. 22. Smith denomina esse comportamento "visitar juntos, olhar sozinhos".

33. Ver Martin Tröndle et al., "A Museum for the Twenty-First Century: The Influence of 'Sociality' on Art Reception in Museum Space", *Museum Management and Curatorship* 27, n. 5 (2012), pp. 461-86.

34. Ver Jay Rounds, "Strategies for the Curiosity-Driven Museum Visitor", *Curator* 47, n. 4 (out. 2007), p. 404.

35. Ver, por exemplo, Paolo Viviani e Christelle Aymoz, "Colour, Form, and Movement Are Not Perceived Simultaneously", *Vision Research* 41, n. 22 (out. 2001), pp. 2909-18. Semir Zeki levanta a interessante ideia de que a primazia da cor no processamento visual pode afetar nossa avaliação estética: "É plausível, e curioso, supor que as combinações que satisfazem uma configuração substancial mais primitiva, e já se revelaram mais agradáveis da perspectiva estética, sejam processadas mais depressa do que aquelas que, sem se aproximar tanto do cumprimento de configuração significativa, se mostram menos satisfatórias esteticamente". Ver Semir Zeki e Tomohiro Ishizu, "The

'Visual Shock' of Francis Bacon: An Essay in Neuroesthetics", *Frontiers in Human Neuroscience* 7 (dez. 2013), p. 9.

36. Para uma explicação interessante de como os retratados em pinturas, como a moça de Vermeer, começaram a olhar "para nós", ver Olivier Morin, "How Portraits Turned Their Eyes upon Us: Visual Preferences and Demographic Change in Cultural Evolution", *Evolution in Human Behavior* 34, n. 3 (2013), pp. 222-9. Em certas culturas, ele ressalta, o olhar direto é desaconselhável, mas "em tradições onde o foco do olhar pode variar livremente, e portanto há retratos tanto com o olhar desviado como direto, este último estilo obtém mais sucesso e, com o tempo, se torna a opção comum".

37. Ver Davide Massaro et al., "When Art Moves the Eyes: A Behavioral and Eye-Tracking Study", *PLoS ONE* 7, n. 5 (2012), pp. 1-12. Nosso modo de olhar rostos individuais também é uma mistura interessante de top-down e bottom-up. Ao contemplarmos rostos famosos, por exemplo, olhamos menos os olhos e a parte de cima do rosto — em geral tão importantes para a identificação —, provavelmente porque já reconhecemos a pessoa e olhamos para outros cantos a fim de confirmar nossa hipótese. Ver Jason J. S. Barton et al., "Information Processing During Face Recognition: The Effects of Familiarity, Inversion, and Morphing on Scanning Fixations", *Perception* 35, n. 8 (2006), pp. 1089-105.

38. Ver Paul Locher, "The Structural Framework of Pictorial Balance", *Perception* 25, n. 12 (1996), pp. 1419-36.

39. É melhor assim; ele observou que a moldura, "em vez de chamar a atenção para si", se limita "a concentrar a atenção e derramá-la pela pintura". Nem quadro nem parede, e sim uma barreira hermética entre ambos, sua função é ser invisível, exceto quando não encerra dentro de si uma pintura. Ver José Ortega y Gasset, "Meditations on the Frame", *Perspecta* 26 (1990), pp. 185-90.

40. Ver, entre outros, C. F. Nodine, P. J. Locher e E. A. Krupinski, "The Role of Formal Art Training on the Perception and Aesthetic Judgment of Art Compositions", *Leonardo* 26, n. 3 (1993), pp. 219-27.

41. H. J. Eysenck, "The Experimental Study of the 'Good Gestalt' — a New Approach", *Psychological Review* 49, n. 4 (jul. 1942), p. 351. Agradeço a Paul Locher pela citação.

42. Paul J. Locher, "The Aesthetic Experience with Visual Art 'at First Glance'", em Peer F. Bundgaard e Frederik Stjernfelt (orgs.), *Investigations into the Phenomenology and the Ontology of the Work of Art: What Are Artworks and How Do We Experience Them?* Nova York: Springer, 2015.

43. Ver Abigail Housen, "Eye of the Beholder: Research, Theory, and Practice", artigo apresentado na conferência "Aesthetic and Art Education: A Transdisciplinary Approach", 27-9 set. 1999, Lisboa, Portugal.

44. Ver "Aesthetic Development", *Visual Thinking Strategies*. Disponível em: <www.vtshome.org/research/aesthetic-development>.

45. Kenneth C. Lindsay e Bernard Huppe observam, por exemplo: "Temos de examinar um amontoado de detalhes para encontrar um centro iconográfico". Lindsay e Huppe, "Meaning and Method in Brueghel's Painting", *Journal of Aesthetics and Art Criticism* 14, n. 3 (mar. 1956), pp. 376-86.

46. Robert Zajonc, "Feeling and Thinking: Closing the Debate over the Independence of Affect", em Joseph P. Forgas (org.), *Feeling and Thinking: The Role of Affect in Social Cognition*. Nova York: Cambridge University Press, 2000.

47. Ver Andrew P. Bayliss et al., "Affective Evaluations of Objects Are Influenced by Observed Gaze Direction and Emotional Expression", *Cognition* 104, n. 3 (set. 2007), pp. 644-53. Outro estudo em que pinturas foram usadas como estímulo é o de Clementine Bry et al., "Eye'm Lovin' It! The Role of Gazing Awareness in Mimetic Desires", *Journal of Experimental Social Psychology* 47, n. 5 (set. 2011), pp. 987-93.

48. Ver Carole Henry, "How Visitors Relate to Museum Experiences: An Analysis of Positive and Negative Emotions", *Journal of Aesthetic Education* 34, n. 2 (verão de 2000), pp. 99-106. Em um estudo, ela narra a conversa incômoda travada entre um visitante e o segurança: "A experiência do estudante no museu não estava mais voltada para a arte: tornou-se um reflexo do incidente constrangedor".

49. Zajonc, "Feeling and Thinking", p. 157.

50. A citação foi tirada de Thierry de Duve, *Clement Greenberg Between the Lines*. Chicago: University of Chicago Press, 2010, p. 19.

51. Ver George Plimpton, "The Art of the Matter", *New Yorker*, 10 jun. 2012.

52. Conforme um curador disse ao professor de psicologia Mihaly Csikszentmihalyi, "os quadros dão a ilusão de que podem ser vistos em um segundo". Ou menos! A aparente tranquilidade de nossa contemplação — a pintura está ali esticada à nossa frente e nada nos diz o que não estamos entendendo —, combinada com sensações fugazes e instintivas de afeto, ajuda a explicar por que não é raro encontrar, nas pesquisas feitas com visitantes, o sentimento dominante de que as pessoas estão "esperando": esperando que o quadro as espante, esperando "captar a mensagem" da obra. Mihaly Csikszentmihalyi e Rick E. Robinson, *The Art of Seeing: An Interpretation of the Aesthetic Encounter*. Malibu, Califórnia: J. Paul Getty Museum and the Getty Center for Education in the Arts, 1990, p. 147.

53. Kenneth Clark, *Looking at Pictures*. Londres: John Murray, 1960, p. 16.

54. Ver "Interpretation at the Minneapolis Institute of Arts: Policy and Practice". Disponível em: <www.museum-ed.org/wp-content/uploads/2010/08/miainterpretationmuseum-ed.pdf>.

55. Em um famoso estudo, o psicólogo Alfred Yarbus fez com que espectadores — paramentados com um aparelho de rastreamento ocular primitivo — olhassem para uma pintura (*Retorno inesperado*, de Ilya Efimovich Repin, que retrata um soldado voltando do exílio na Sibéria) e depois lhes fez perguntas como: quanto tempo ele passou longe? Qual é a situação socioeconômica da família? O olhar dos participantes se movia de modos diferentes de acordo com a pergunta feita. Não é difícil traçar uma comparação com as informações que as legendas apresentam e o direcionamento que podem impor aos observadores. Ver Yarbus, *Eye Movements and Vision*, tradução de Basil Haigh. Nova York: Plenum Press, 1967. Além disso, para um bom resu-

mo da pesquisa de Yarbus, ver Sasha Archibald, "Ways of Seeing", *Cabinet*, n. 30 (verão de 2008). Disponível em: <www.cabinetmagazine.org/issues/30/archibald.php>.

56. Hensher, "We Know What We Like, and It's Not Modern Art".

57. O exemplo me foi oferecido por Pablo Tinio, em seu artigo "From Artistic Creation to Aesthetic Reception: The Mirror Model of Art", *Psychology of Aesthetics, Creativity, and the Arts*, 7, n. 3 (2013), pp. 265-75.

58. Ver David Brieber et al., "Art in Time and Space: Context Modulates the Relation Between Art Experience and Viewing Time", *PloS ONE* 9, n. 6 (jun. 2014), pp. 1-8.

59. Ver Mary Tompkins Lewis, "The Power, and Art, of Painting", *Wall Street Journal*, 25 set. 2009.

60. Michael Baxandall, *Painting and Experience in Fifteenth Century Italy*. Oxford: Oxford University Press, 1988, p. 11.

61. Ver Jeffrey K. Smith e Pablo P. L. Tinio, "Audibly Engaged: Talking the Walk", em Loïc Tallon e Kevin Walker (orgs.), *Digital Technologies and the Museum Experience: Handheld Guides and Other Media*. Nova York: AltaMira Press, 2008, p. 75.

62. Ludwig Wittgenstein, *Lectures and Conversations on Aesthetics, Psychology, and Religious Belief*. Berkeley: University of California Press, 2007, p. 3.

63. Alain de Botton, *Art as Therapy*. Londres: Phaidon Press, 2013, p. 170.

64. Ayumi Yamada, "Appreciating Art Verbally: Verbalization Can Make a Work of Art Be Both Undeservedly Loved and Unjustly Maligned", *Journal of Experimental Social Psychology* 45, n. 5 (2009), pp. 1140-3.

65. A curadora Ingrid Schaffner observa que as legendas grudadas à parede na arte contemporânea podem "dizer o que o museu pequeno não fala", isto é, "tudo bem se você não achar esta obra agradável, não é para isso que ela serve". Ver Schaffner, "Wall Labels", em Paula Marincola (org.), *What Makes a Great Exhibition?* Londres: Reaktion Books, 2007, pp. 154-69.

66. Harlow Gale, "On the Psychology of Advertising", *Psychological Studies*, jul. 1900, pp. 39-69.

67. *Art-Journal* 11 (1872), p. 37.

68. *New York Times*, 12 nov. 1871.

69. Ver Erika Michael, *Hans Holbein the Younger: A Guide to Research*. Nova York: Routledge, 2013, p. 327.

70. Fechner reuniu os resultados do estudo no documento *Bericht über das auf der Dresdner Holbein-Ausstellung ausgelegte Album*. Leipzig: Breitkopf und Härtel, 1872. Agradeço a Sophie Duvernoy por me auxiliar com a tradução.

71. Ver, por exemplo, Jay Hetrick, "Aisthesis in Radical Empiricism: Gustav Fechner's Psychophysics and Experimental Aesthetics", *Proceedings of the European Society for Aesthetics* 3 (2011), pp. 139-53.

72. A citação de Fechner foi extraída de J. E. V. Temme, "Fechner's Primary School Revisited: Towards a Social Psychology of Taste", *Poetics* 21, n. 6 (1993), pp. 463-79.

73. Estudos subsequentes revelaram diversas formas de viés estatístico; por exemplo, embora possa haver uma leve preferência "da população como um todo" por certo retângulo, quando se vai a fundo, no nível pessoal, as pessoas têm predileções bastante veementes — e bastante variadas. Ver I. C. McManus, "Beauty Is Instinctive Feeling: Experimenting on Aesthetics and Art", em Elisabeth Schellekens e Peter Goldie (orgs.), *The Aesthetic Mind: Philosophy and Psychology*. Oxford: Oxford University Press, 2011, p. 179. McManus declara: "Algumas pessoas gostam de retângulos, mas o retângulo áureo não tem nenhum prestígio especial".

74. O questionamento partiu de Richard Padovan: "A preferência geral por figuras que têm de um quadrado e meio a um quadrado e três quartos pode se dever igualmente ao simples fato de que os participantes estão habituados a ver figuras similares em situações cotidianas, como jogar cartas, vidraças de janelas, livros e pinturas". Ver Padovan, *Proportion: Science, Philosophy, Architecture*. Londres: Taylor and Francis, 1999, p. 312.

75. O filósofo Rudolf Arnheim, por exemplo, disparou que, ao fazer disso uma questão de "preferência", os praticantes da estética experimental "omitiam tudo que distinguia o prazer gerado pela obra de arte do prazer gerado por uma taça de sorvete". O estudo que Fechner faz sobre retângulos, apesar de parecer revelar certas preferências, demonstrou do que as pessoas gostavam, mas não o porquê. De modo geral, os estudos, acusou Arnheim, "são lastimáveis na escassez de informações sobre o que as pessoas enxergam quando olham um objeto estético, o que querem dizer quando afirmam ter gostado ou não e por que preferem os objetos que preferem". Ver Arnheim, "The Other Gustav Theodor Fechner, em *New Essays on the Psychology of Art*. Berkeley: University of California Press, 1986, p. 45. Até um dos grandes defensores da área, o psicólogo Daniel Berlyne, que tomou para si a tocha da estética experimental no começo dos anos 1970, observou que "a estética experimental tem uma longa história, mas não particularmente ilustre". Berlyne, *Studies in the New Experimental Aesthetics*. Washington, D.C.: Hemisphere Publishing, 1974, p. 5.

76. Assim como ocorreu com Fechner, há suposições de que a neuroestética tenta reduzir a complexidade da arte a simples questão de métrica, como "beleza", cuja relevância na arte contemporânea é duvidosa. Por exemplo, um estudo interessante com visitantes de galerias que foram conectados a um aparelho que media correntes elétricas na pele, batimentos cardíacos e outros índices fisiológicos enquanto observavam quadros revelou que uma obra como as latas de sopa Campbell's de Andy Warhol, embora recebesse nota baixa pelo "valor estético", gerava reações físicas acima da média. "Imaginamos que a razão seja a enorme popularidade da obra e o fato de que o encontro com a obra 'original' pode causar um forte impacto." Ver Martin Tröndle e Wolfgang Tschacher, "The Physiology of Phenomenology: The Effects of Artworks", *Empirical Studies of the Arts* 30, n. 1 (2012), pp. 79-117. Outra crítica é que as descobertas da neuroestética são óbvias demais. O crítico de arte Blake Gopnik, por exemplo, escreveu: "Descobrir que a arte cinética é uma arte em movimento, e que aciona sensores de movimentação

no córtex visual, ou que os fauvistas eram coloristas, e (imagine só) faziam arte que aciona sobretudo sensores de cores [...] acrescenta quase nada ao que já era óbvio a respeito desses movimentos". Citado em Arthur P. Shimamura e Stephen E. Palmer (orgs.), *Aesthetic Science: Connecting Minds, Brains, and Experience*. Nova York: Oxford University Press, 2013, p. 145. A neuroestética, argumentam outros, "pode matar sua alma". Philip Ball, "Neuroaesthetics Is Killing Your Soul", *Nature*, 22 mar. 2003.

77. Ver George Walden, "Beware the Fausts of Neuroscience", *Standpoint*, abr. 2012. Disponível em: <www.standpointmag.co.uk/node/4367/full>.

78. Declara Zeki: "Quando vemos uma das pinturas abstratas de Mondrian, em que a ênfase recai nas linhas... um grande número de células nas áreas visuais do cérebro é ativado e reage com vigor, contanto que uma linha com certa orientação recaia na parte da área para a qual uma célula com preferência por tal direção 'olhe'". Ver Semir Zeki, *Inner Vision: An Exploration of Art and the Brain*. Oxford: Oxford University Press, 1999, p. 114. O curioso é que, para provocar o impacto correto, talvez não tenha importância a maneira como se olha um quadro de Mondrian. Um estudo revelou que sua obra *Composição* era mais apreciada em três outras posições do que da maneira como era apresentada originalmente (embora os participantes se saíssem muito melhor ao fazer palpites sobre a posição correta de outras pinturas modernas). Ver George Mather, "Aesthetic Judgment of Orientation in Modern Art", *i-Perception* 3, n. 1 (2012), pp. 18-24. Outra pesquisa pegou vários quadros de Mondrian e os apresentou como se as linhas fossem oblíquas em vez de horizontais e verticais (usando molduras em forma de "losango" para evitar a influência corruptora de seu posicionamento). Nesse caso, os participantes preferiram fortemente as pinturas originais (embora, como sempre, houvesse o efeito da familiaridade — as pessoas sabem como deve ser um Mondrian). Ver Richard Latto, "Do We Like What We See?", em Grant Malcolm (org.), *Multidisciplinary Approaches to Visual Representations and Interpretations*. Amsterdã: Elsevier, 2004, pp. 343-56.

79. Ver Zaira Cattaneo et al., "The World Can Look Better: Enhancing Beauty Experience with Brain Stimulation", *Social Cognitive and Affective Neuroscience* 9, n. 11 (2014), pp. 1713-21. O interessante é que efeitos similares foram descobertos em relação à comida. Em um teste, uma "colher equipada com eletrodo", paramentada também com luzes, foi utilizada para "aumentar a intensidade que se percebia no sabor". Ver Aviva Rutkin, "Food Bland? Electric Spoon Zaps Taste into Every Bite", *New Scientist*, 31 out. 2014.

80. Ver Joel S. Winston et al., "Brain Systems for Assessing Facial Attractiveness", *Neuropsychologia* 45 (2007), pp. 195-206. Como observam os pesquisadores, "de fato, parece que dar atenção à atratividade facial diminui a atividade em pelo menos certas áreas relacionadas às recompensas. Uma possível interpretação desses resultados é a de que o valor da recompensa (ou talvez o valor estético) de um estímulo visual é reduzido quando se tenta avaliá-lo. Está claro que são necessárias mais pesquisas comportamentais e de neuroimagem para esclarecer esse efeito aparentemente paradoxal".

81. Ver Dahlia Zaidel, *Neuropsychology of Art: Neurological, Cognitive and Evolutionary Perspectives*. Nova York: Psychology Press, 2013, p. 167.

82. Ver Zeki e Ishizu, "'Visual Shock' of Francis Bacon".

83. Michael Peppiatt, *Francis Bacon: Anatomy of an Enigma*. Londres: Weidenfeld & Nicolson, 1996, p. 153.

84. Para saber mais detalhes, ver Dahlia Zaidel e Marjan Hessamian, "Asymmetry and Symmetry in the Beauty of Human Faces", *Symmetry* 2, n. 1 (2010), pp. 136-49.

85. Ver, por exemplo, H. A. Sackeim e R. C. Gur, "Lateral Asymmetry in Intensity of Emotional Expression", *Neuropsychologia* 16 (1978), pp. 473-82.

86. Ver I. C. McManus, "Turning the Left Cheek", em Nicholas Humphrey (org.), *Consciousness Regained: Chapters in the Development of Mind*. Oxford: Oxford University Press, 1983, pp. 138-42. James Schirillo questionou a natureza inata dessa preferência. "Na sociedade moderna", escreve ele, "o lado direito do rosto feminino em geral é considerado, por homens e mu-

lheres, o mais bonito". Portanto, na época de pintores como Rembrandt, talvez as pessoas realmente preferissem retratos da face direita, mas atendessem às normas sociais (a face direita, ele sugere, expressaria "destreza, domínio e status", o que poderia ser visto como algo ameaçador em retratos femininos). Ver Schirillo, "Hemispheric Asymmetries and Gender Influence Rembrandt's Portrait Orientations", *Neuropsychologia* 38, n. 12 (out. 2000, pp. 1593-606.

87. Zeki dá explicações mais detalhadas em "The Woodhull Lecture: Visual Art and the Visual Brain", reproduzido em P. Day (org.), *Exploring the Universe: Essays on Science and Technology*. Londres: Oxford University Press, 1997, p. 37.

88. Ver Richard P. Taylor et al., "Perceptual and Physiological Responses to Jackson Pollock's Fractals", *Frontiers in Human Neuroscience*, 22 jun. 2011, p. 11. Os autores sugerem que talvez consideremos a obra fractal de Pollock tão fascinante porque nossos olhos basicamente tentam achar fractais mais familiares ou resolver um quebra-cabeça. Talvez o próprio Pollock tenha conhecido os fractais tão a fundo que começou a procurar formas mais complexas (e, à medida que nos familiarizamos com Pollock, agimos da mesma maneira).

89. Ver Connon Diemand-Yauman, Daniel M. Oppenheimer e Erikka B. Vaughan, "Fortune Favors the Bold (and the Italicized): Effects of Disfluency on Educational Outcomes", *Cognition* 118, n. 1 (jan. 2011), pp. 111-5. Os autores observam: "É importante ressaltar que a disfluência pode funcionar como uma pista de que não se tem domínio sobre o material". Na arte, essa tentativa de "domínio" pode ser o que o leva a não parar de refletir sobre uma obra, a voltar a ela outras vezes.

90. Ver Hans Richter, *Dada: Art and Anti-art*. Londres: Thames and Hudson, 1965, pp. 207-8.

91. Arthur Danto, *The Abuse of Beauty*. Nova York: Open Court, 2003, p. 17.

92. Ver Lea Höfel e Thomas Jacobsen, "Electrophysiological Indices of Processing Aesthetics: Spontaneous or Intentional Processes?", *International Journal of Psychophysiology* 65, n. 1 (jul. 2007), pp. 20-31. Declaram os au-

tores: "O efeito inicial do PER frontocentral, que se supõe refletir a formação de impressões de conteúdo estético para a avaliação de padrões não belos, não foi obtido no presente estudo. Portanto, a intenção parece ser necessária para aferir o valor estético dos estímulos, bem como para que se faça um juízo estético. Nem olhar nem contemplar o material estimulante suscitou um sinal de PER que indicasse processos de diferenciação entre padrões belos e não belos". Tal fato gera uma ideia interessante: só "sabemos" qual é a nossa sensação acerca de algo, do ponto de vista estético, quando somos obrigados a pensar na questão. O estudo, vale ressaltar, usou figuras abstratas, não obras de arte. Conforme observam Helmut Leder e Pablo Tinio, "se as estruturas corticais que reagem a obras de arte são as mesmas que reagem aos objetos do dia a dia, ainda não sabemos e precisamos investigar". Ver Tinio e Leder, "The Means to Art's End: Styles, Creative Devices, and the Challenge of Art", em Oshin Vartanian, Adam S. Bristol e James C. Kaufman (orgs.), *Neuroscience of Creativity*. Cambridge, Massachusetts: MIT Press, 2013, pp. 273-98.

93. Citação via Victor Bockris, *Warhol: The Biography*. Nova York: Da Capo Press, 2009, p. 148.

94. Arthur Danto, *Journal of Philosophy* 61, n. 19 (1964), pp. 571-84. A ideia do que faz uma peça de arte conceitual ser arte é onde, escreveu Danto, "entramos no domínio do questionamento conceitual, em que falantes nativos não servem de guias: eles mesmos se perdem".

95. Em um envolvente estudo feito no St. Gallen Fine Arts Museum, na Suíça, uma intervenção "criada para o local" — uma série de comentários escritos com marcador de texto foram grudados às paredes impecáveis do museu — pelo artista Nedko Solakov serviu de "estímulo" para descobrir se os visitantes achavam que aquela arte era, em essência, arte. Mesmo após diversas manipulações experimentais que explicavam o contexto da exposição, o raciocínio existente por trás dela etc., somente uma ligeira maioria considerou a obra um exemplo de "arte". Ver Martin Tröndle, Volker Kirchberg e Wolfgang Tschacher, "Is This Art? An Experimental Study on Visitors' Judgement of Contemporary Art", *Cultural Sociology*, 7 abr. 2014. Disponível

em: <cus.sagepub.com/content/early/2014/04/07/1749975513507243. full.pdf>. Por outro lado, uma pesquisa com neuroimagiologia revelou que quando os participantes viam imagens que lhes diziam ser de museus prestigiados e outros objetos que lhes diziam ser gerados por computação, atividades cerebrais diferentes (e notas mais altas para a estética) foram observadas para as pinturas "de museu" e para as outras. Ver Ulrich Kirk et al., "Modulation of Aesthetic Value by Semantic Context: An fMRI Study", *NeuroImage* 44 (2009), pp. 1125-32.

96. Edward Vessel, Irving Biederman e Mark Cohen, "How Opiate Activity May Determine Spontaneous Visual Selection", artigo apresentado no encontro Third Annual Vision Sciences Society, Sarasota, Flórida, 2003.

97. No complicado universo da arte, é claro, talvez as pessoas prefiram a imagem de um estacionamento feita por Ed Ruscha à pintura de uma paisagem.

98. Ver Hannah Brinkmann et al., "Abstract Art as a Universal Language?", *Leonardo* 47, n. 3 (jun. 2014), pp. 256-7.

99. Os participantes de um estudo viram obras abstratas, e seu apreço aumentou quando eram acompanhadas de um título que parecesse semanticamente correlato (o apreço decaía quando o título não parecia corresponder ao quadro). Ver Benno Belke et al., "Cognitive Fluency: High-Level Processing Dynamics in Art Appreciation", *Psychology of Aesthetics, Creativity, and the Arts* 4, n. 4 (nov. 2010), pp. 214-22. Ver também Helmut Leder et al., "Entitling Art: Influence of Title Information on Understanding and Appreciation of Paintings", *Acta Psychologia* 121, n. 2 (2006), pp. 176-98.

100. A. S. Cowen, M. M. Chun e B. A. Kuhl, "Neural Portraits of Perception: Reconstructing Face Images from Evoked Brain Activity", *NeuroImage*, 1º jul. 2014, pp. 12-22. Ver também Kerri Smith, "Brain Decoding: Reading Minds", *Nature*, 23 out. 2013; e Larry Greenemeier, "Decoding the Brain", *Scientific American*, nov.-dez. 2014.

101. Dewey, *Art as Experience*.

102. Ver James E. Cutting, "Gustave Caillebotte, French Impressionism, and Mere Exposure", *Psychonomic Bulletin and Review* 10, n. 2 (2003), pp. 319-43.

103. Ver ibid.

104. Segundo um historiador da arte, "é quase como se tivéssemos que esperar um século para entender direito os mistérios da monotonia registrada por Caillebotte". Morton Shackleford, *Gustave Caillebotte: The Painter's Eye*. Chicago: University of Chicago Press, 2015, p. 19.

105. Aaron Meskin et al., "Mere Exposure to Bad Art", *British Journal of Aesthetics* 53, n. 2 (2013), pp. 139-64.

106. Ver Robert McCrum, "The 100 Best Novels: An Introduction", *Guardian*, 22 set. 2013. Disponível em: <www.theguardian.com/books/2013/sep/22/100-best-novels-robert-mccrum>.

107. Alexis Boylan, em Alexis Boylan (org.), *Thomas Kinkade: The Artist in the Mall*. Durham, Carolina do Norte: Duke University Press, 2011, p. 13.

108. Kinkade disse certa vez: "Eu pinto janelas reluzentes porque janelas reluzentes, para mim, significam um lar". E, de acordo com a tese de Kundera, também devem significar um lar para você e para o resto do mundo. A citação foi extraída de Michael Clapper, "Thomas Kinkade's Romantic Landscape", *American Art* 20, n. 2 (verão de 2006), pp. 76-99.

109. Clark, *Looking at Pictures*, p. 15.

110. Para um excelente estudo do período, ver Jeremy Black, *Culture in Eighteenth-Century England: A Subject for Taste*. Londres: Bloomsbury, 2006.

111. Conforme observa David Marshall, "à medida que os critérios de avaliação de obras de arte mudaram da conformidade às regras clássicas para o poder da arte de moldar a experiência subjetiva de leitores e observadores, exigências sem precedentes foram impostas à vivência da arte". Ver Marshall, *The Frame of Art: Fictions of Aesthetic Experience, 1750-1815*. Baltimore: Johns Hopkins University Press, 2005, p. 6.

112. A caracterização não é incomum, mas essa, especificamente, partiu de George Dickie.

113. Zeki, por exemplo, fez uma experiência para determinar se as pessoas achavam certas equações matemáticas mais belas que outras. Mas como achar alguém que nunca tenha visto uma fórmula matemática? Ver Semir Zeki et al., "The Experience of Mathematical Beauty and Its Neural Correlates", *Frontiers in Human Neuroscience*, 13 fev. 2014, pp. 1-12. Disponível em: <journal.frontiersin.org/Journal/10.3389/fnhum.2014.00068/full>. Zeki levanta o ponto interessante de que, mesmo se as pessoas não entenderem a equação em si, ainda podem achá-la bonita (mais que outras): "Isso leva à questão fundamental: a beleza, mesmo em uma área tão abstrata quanto a matemática, é um indicador do que é genuíno na natureza, tanto na nossa natureza quanto no mundo no qual nos desenvolvemos". Poderíamos imaginar um experimento, por exemplo, em que leigos recebessem equações matemáticas verdadeiras e falsas; se aquelas consideradas mais bonitas fossem as verdadeiras, poderia existir algo na ideia de beleza e verdade. Matemáticos exímios, é claro, já saberiam dizer se eram verdadeiras ou falsas, o que atrapalharia o juízo estético.

114. Ver Denis Dutton, "The Experience of Art Is Paradise Regained: Kant on Free and Dependent Beauty", *British Journal of Aesthetics* 34, n. 3 (1994), pp. 226-39.

115. Na visão de Kant, poderíamos olhar a imagem de um conjunto de objetos no espaço nunca-visto-antes, não ter nenhuma noção preconcebida dele, nada a que remetê-lo — e achar beleza nele. No mundo real, astrônomos melhoram as imagens com "cores falsas" e outras técnicas para que se assemelhem mais ao nosso conceito imaginário de belos objetos no espaço. Ver Lisa K. Smith et al., "Aesthetics and Astronomy: Studying the Public's Perception and Understanding of Imagery from Space", *Science Communication* 33, n. 2 (jun. 2011), pp. 201-38. Ver também Anya Ventura, "Pretty Pictures: The Use of False Color in Images of Deep Space", em *Invisible Culture*, ed. 19, 29 out. 2013. Disponível em: <ivc.lib.rochester.edu/portfolio/pretty-pictures-the-use-of-false-color-in-images- of-deep-space>. Conforme diz o autor, "apesar de o público ser instigado a interpretar essas imagens como paisagens — men-

sagens fotográficas do espaço sideral –, não temos referências para julgar a autenticidade dessas topografias, não temos o espelho da compreensão".

116. Immanuel Kant, *Critique of Judgment*, em Joseph J. Tanke e Colin McQuilian (orgs.), *The Bloomsbury Anthology of Aesthetics*. Londres: A. C. Black, 2012, p. 256.

117. Ver Peter Jones, "Hume's Aesthetics Reassessed", *Philosophical Quarterly* 26, n. 102 (1976), p. 56.

118. Por exemplo, "a avaliação [que Hume fazia] de poetas e dramaturgos era notoriamente ruim". Ver Timothy M. Costelloe, "Hume's Aesthetics: The Literature and Directions for Research", *Hume Studies* 30, n. 1 (abr. 2004), p. 88.

119. Ver David Hume, "Of the Standard of Taste", em Stephen Copley e Andrew Edgar (orgs.), *Selected Essays*. Oxford: Oxford University Press, 2008, p. 133.

120. Conforme declara com bastante desesperança a autora de um estudo, "a literatura acerca de preferências nas artes visuais é muitas vezes contraditória e confusa... as descobertas de um estudo volta e meia contradizem outro, e ninguém se propôs a revelar por que duas crianças aparentemente afins (idade, sexo, situação socioeconômica) reagem de formas diferentes à mesma obra de arte". Pauline J. Ahmad, "Visual Art Preference Studies: A Review of Contradictions", *Visual Arts Research* 11, n. 2 (outono de 1985), p. 104.

121. De certo modo, ainda não eram separados: o próprio Hume, como membro do setor de comércio, supervisionou a avaliação de um "discurso sobre o Gosto" com direito não só "às belas letras e às ciências", mas também a "porteiros" e "cervejas fortes". Ver Ernest Campbell Mossner, *The Life of David Hume*. Oxford: Oxford University Press, 2001, p. 283. O vencedor da competição foi o ensaio de Alexander Gerard, "Essay on Taste".

122. Hume, "Of the Standard of Taste", p. 144.

123. Conforme diz o filósofo Peter Kivy, a questão de algo ser ou não um bom objeto de arte agora foi substituída pela questão de alguém ser ou não um bom crítico, e quem poderia solucioná-la? Como você poderia saber

se tem talento suficiente para a apreciação, e, caso não tivesse, como saberia quem tem? Ver Kivy, "Hume's Standard of Taste: Breaking the Circle", *British Journal of Aesthetics* 7, n. 1 (1967), pp. 57-66. Existe também o problema da metacognição. Observa George Dickie: "O problema da visão de Hume é que a pessoa desprovida de gosto refinado não tem facilidade para saber se outra pessoa o tem". Ver Dickie, *The Century of Taste*. Oxford: Oxford University Press, 1996, p. 134.

124. Ver Michelle Mason, "Moral Prejudice and Aesthetic Deformity: Rereading Hume's 'Of the Standard of Taste'", *Journal of Aesthetics and Art Criticism* 59, n. 1 (inverno de 2001), p. 60. Ela traz à baila um problema maior, ao qual dá o nome de "dilema do preconceito moral". Se uma obra de arte — criada pelo regime nazista, por exemplo — vai contra as convicções morais do crítico, ele pode menosprezar suas objeções morais (ela declara que Hume chama isso de "perversão de sentimentos"), ou, se adota uma postura moral contrária à obra de arte, corre o risco de não atender ao padrão "livre de preconceitos" do crítico ideal. Mason alega que Hume toma o partido dos moralistas, no final das contas. E o que dizer do "refinamento do gosto" do crítico — seu aparato sensorial tinha um alcance ideal? Os chamados super-degustadores, com seus elevados poderes discriminatórios, parecem críticos idealíssimos. Porém, costumam desgostar de comidas de que a maioria gosta. Isso os torna bons ou maus avaliadores? Frances Raven traz a questão à tona em um interessante ensaio, "Are Supertasters Good Candidates for Being Humean Ideal Critics?", *Contemporary Aesthetics*. Disponível em: <www.contempaesthetics.org/newvolume/pages/article.php?articleID=282>. Mais provocador ainda é o questionamento de Jerrold Levinson, que se pergunta por que deveríamos seguir a avaliação estética dos críticos ideais: "Por que alguém se comoveria com o fato de que tais e tais coisas são as preferidas dos críticos ideais, se não forem as suas?". Se você se encanta esteticamente com, digamos, Thomas Kinkade, que relevância tem se os críticos dizem que ele não é um grande artista? Claro, você pode se dispor a descobrir todos os grandes pintores que existem no mundo, passar um bom tempo levando

a sério o aprendizado estético, aprendendo a (espera-se) gostar do que os críticos ideais gostam. "Óbvio", acrescenta Levinson, "que isso daria à pessoa a chance de absorver as qualidades e se alegrar com obras a que antes estava cega e não a comoviam." Mas será que *vale* a pena — o tempo, a energia, para não falar dos "prazeres passados que já foram apreciados" —, visto que seria mais simples continuar com o que já se conhece e gosta? Ver Jerrold Levinson, "Hume's Standard of Taste: The Real Problem", *Journal of Aesthetics and Art Criticism* 60, n. 3 (verão de 2002), pp. 227-37.

125. De *Critical Review* 3 (1757), p. 213, citado em Kivy, "Hume's Standard of Taste", p. 65.

126. James Shelley, "Hume's Double Standard of Taste", *Journal of Aesthetics and Art Criticism* 52, n. 4 (outono de 1994), pp. 437-45.

127. Ver Boylan, *Thomas Kinkade*, p. 1.

128. Ver, por exemplo, "Maxfield Parrish: The Gertrude Vanderbilt Whitney Murals". Disponível em: <www.tylermuseum.org/MaxfieldParrish.aspx>.

129. O interessante é que o debate crítico sobre Maxfield Parrish ainda está em andamento; ver, por exemplo, Edward J. Sozanski, "Taking Maxfield Parrish Serious ly", Philly.com, 9 jun. 1999. Disponível em: <articles.philly.com/1999-06-09/entertainment/254988431maxfield-parrish-fine-arts--currier-gallery>.

130. Ver Plimpton, "Art of the Matter". Ou, nas palavras de outro curador do MOBA, "se alguém fala, 'Vira pra lá e olha aquilo', você não sabe se é bom ou ruim — de qualquer modo, as pessoas querem compartilhar". A citação foi extraída do vídeo de apresentação do MOBA. Disponível em: <vimeo.com/11917386>.

131. Semir Zeki e John Paul Romaya, "Neural Correlates of Hate", *PLoS ONE* 3, n. 10 (out. 2008), p. 4.

132. Kendall Walton, "Categories of Art", *Philosophical Review* 79, n. 3 (1970), pp. 334-67. Agradeço a Jonathan Neufeld por me recomendar esse artigo.

133. Ver Rachel Smallman e Neal J. Roese, "Preference Invites Categorization", *Psychological Science* 19, n. 12 (2008), pp. 1228-32.

134. No efeito sugestivamente denominado "mera categorização", o simples fato de haver categorias, "ainda que essas categorias não deem muitas informações sobre as opções existentes", faz com que os consumidores se sintam melhor quanto às coisas que escolhem. C. Mogilner, T. Rudnick e S. S. Iyengar, "The Mere Categorization Effect: How the Presence of Categories Increases Choosers' Perceptions of Assortment Variety and Outcome Satisfaction", *Journal of Consumer Research* 35, n. 2 (2008), pp. 202-15.

135. Um estudo que investigou as diferenças entre as predileções dos arquitetos e as dos leigos revelou: "À medida que os consumidores se tornam peritos, levam em conta novos atributos para avaliar o produto, mudando assim suas preferências gerais; um conhecedor de vinhos, por exemplo, detecta e dá importância a características de um vinho que não são perceptíveis aos leigos. Esse modelo dá a entender que leigos adotam um padrão de escolha mais simples, como 'telhado com resina = bom, telhado liso = ruim'. O *pouco tempo* que os usuários levam para terminar a pesquisa de preferências visuais fundamentam essa ideia" (itálicos meus). Ver William Fawcett, Ian Ellingham e Stephen Platt, "Reconciling the Architectural Preferences of Architects and the Public: The Ordered Preference Model", *Environment and Behavior* 40, n. 5 (2008), pp. 599-618.

136. Ver Rachel Smallman, Brittney Becker e Neal J. Roese, "Preferences for Expressing Preferences: People Prefer Finer Evaluative Distinctions for Liked Than Disliked Objects", *Journal of Experimental Social Psychology* 52 (maio 2014), pp. 25-31.

137. Do excelente ensaio de Simon Frith, "What Is Bad Music?", em Christopher Washburne e Maiken Derno (orgs.), *Bad Music: The Music We Love to Hate*. Nova York: Psychology Press, 2004, p. 17.

138. O fato de gostarmos de coisas ruins frustra o argumento, bem como as inúmeras teorias tradicionais da apreciação hedônica. O modelo de exposição tradicional, segundo o estudo de Kinkade, é de que, com

exposições repetidas, passaremos a gostar mais do bom e menos do que é pior. O que acontece, no entanto, quando passamos dias e dias com as obras do Museum of Bad Art, estimadas pela ruindade? Se você começa a gostar de alguma delas, gosta mais como uma obra ruim? Ou cometeu, devido ao entusiasmo inicial, um erro de avaliação, segundo Hume — talvez o que tenha considerado ruim fosse na verdade bom ou, o que é mais confuso ainda, não muito ruim? E se começar, com o tempo, a gostar *menos* dela pela ruindade, isso significará que ela está começando a ser *boa*, pelo menos na sua opinião?

139. Susan Sontag, *Against Interpretation, and Other Essays*. Nova York: Picador, 2001, p. 283.

140. Ver Erik Piepenburg, "Wild Rides to Inner Space", *New York Times*, 28 ago. 2014.

141. Embora obviamente exista a possibilidade de que você acabe amando o que começou a assistir com irônico desdém, como é o caso, por exemplo, de inúmeros homens fanáticos pelo colorido desenho *My Little Pony* [*Meu pequeno pônei*]. Conforme observou um participante, "a gente ia fazer piada, mas todo mundo acabou viciado". Ver Una LaMarche, "Pony Up Haters: How 4chan Gave Birth to the Haters", *Observer*, 3 ago. 2011. Disponível em: <betabeat.com/2011/08/pony-up-haters-how-4chan-gave-birth-to-the--bronies/#ixzz3MGiPbXdS>.

142. Segundo a opinião emitida pelo crítico de design Stephen Bayley, "o ruim, ao que consta, pode ser melhor do que o bom e é sempre melhor do que o bom ruim, mas o ruim bom talvez seja o que há de melhor (sem dúvida, é o mais divertido)". Stephen Bayley, "Books We Hate to Love", *Los Angeles Times*, 3 mar. 2006.

143. Samuel Johnson, *The Works of Samuel Johnson*. Londres: Talboys and Wheeler/W. Pickering, 1825, p. 50.

144. No século XVIII, romances, lidos principalmente por mulheres, eram vistos com o mesmo desdém que se tem hoje pelos reality shows. Ver Ana Vogrincic, "The Novel-Reading Panic in 18th Century in England:

An Outline of an Early Moral Media Panic", *Medijska istraživanja* 14, n. 2 (2008), pp. 103-23.

145. Citação obtida via "Guilty Pleasures: Nicholas McGegan's Symphonic Sweet Tooth", NPR, 16 mar. 2011. Disponível em: <www.npr.org/blogs/deceptivecadence/2011/03/14/134543756/guilty-pleasures-nicholas-mcgegans-symphonic-sweet-tooth>.

146. HaeEun Chun, Vanessa M. Patrick e Deborah J. MacInnis, "Making Prudent vs. Impulsive Choices: The Role of Anticipated Shame and Guilt on Consumer Self-Control", *Advances in Consumer Research* 34 (jan. 2007), pp. 715-9.

147. Ver Vanessa M. Patrick, HaeEun Helen Chun e Deborah MacInnis, "Affective Forecasting and Self-Control: Why Anticipating Pride Wins over Anticipating Shame in a Self-Regulation Context", *Journal of Consumer Psychology* 19, n. 3 (2009), pp. 537-45.

148. Samuel Johnson, em Samuel Johnson e Arthur Murphy (orgs.), *The Works of Samuel Johnson*. Londres: H. C. Carey and I. Lea, 1825, p. 310.

149. Para um relato minucioso sobre as diferenças entre vergonha e culpa, ver Jeff Elison, "Shame and Guilt: A Hundred Years of Apples and Oranges", *New Ideas in Psychology* 23, n. 1 (2005), pp. 5-32.

150. Ibid.

151. Para uma boa discussão sobre a dinâmica da culpa, ver Roy F. Baumeister, Arlene M. Stillwell e Todd F. Heatherton, "Guilt: An Interpersonal Approach", *Psychological Bulletin* 115, n. 2 (1994), pp. 243-67.

152. Segundo Charles Allan McCoy e Roscoe C. Scarborough, em uma excelente discussão sobre o consumo voltado para o prazer culpado, quem vê programas de tevê ruins como prazer culpado precisa ao mesmo tempo "consumir" e "condenar": "não resolvem totalmente a contradição normativa, e sim sofrem o tempo todo". Para neutralizar o problema, se desculpam "pelos hábitos que têm como telespectadores chamando-os de bobos, inofensivos, uma diversão que acham irresistível". Ver McCoy e Scarborough, "Watching 'Bad' Television: Ironic Consumption, Camp, and Guilty Pleasures", *Poetics* 47 (dez. 2014). Disponível em: <dx.doi.org/10.1016/j.poetic.2014.10.003>.

153. Existem argumentos "contra" o conceito de prazeres culpados, e, quando as pessoas começam a dizer coisas como "coquetéis que são um prazer culpado", eu entendo. Mas via de regra são argumentos "que partem de cima", das torres de marfim do capital cultural, onde a expressão é mais utilizada e mais carregada de sentido.

5. POR QUE (E COMO) OS GOSTOS MUDAM [pp. 223-68]

1. Ver Michael Seymour, *Babylon: Legend, History, and the Ancient City*. Nova York: I. B. Tauris, 2014, p. 178.

2. Ver John Ruskin, *The Complete Works of John Ruskin*. Filadélfia: Reuwee, Wattley & Walsh, 1891, 25:181.

3. A citação foi tirada do excelente ensaio de Sophie Gilmartin, "For Sale in London, Paris, and Babylon: Edwin Long's The Babylonian Marriage Market" (2008). Disponível em: ‹pure.rhul.ac.uk/portal/en/publications/ for-sale-in-london-paris-and-babylon-edwin-longs-the-babylonian-marriage-market(a2ceb0df-8eee-475f-bd1c-e9fa133cb49b).html›.

4. O *Art Journal*, no obituário de Holloway, faz a seguinte observação: "Quem teve a sorte de mandar para leilões os retratos que lhe agradavam sem dúvida se beneficiou de seu modo principesco de proceder... e aqueles cujas produções ele adquiriu talvez se arrependam dos preços inflacionados que aceitaram naquele momento". A citação foi obtida via Geraldine Norman, "Victorian Values, Modern Taste", *Independent*, 14 nov. 1993.

5. Ver Shireen Huda, *Pedigree and Panache: A History of the Art Auction in Australia*. Canberra: ANU E Press, 2008, p. 19.

6. Philip Hook, *The Ultimate Trophy: How the Impressionist Painting Conquered the World*. Munique: Prestel, 2012, p. 36.

7. Philip Hook, "The Lure of Impressionism for the Newly Rich", *Financial Times*, 30 jan. 2009.

8. Hook, *Ultimate Trophy*, p. 53.

9. De fato, como notou Ken Johnson em 2009, ao resenhar uma exposição de quadros vitorianos, dentre eles *O mercado matrimonial da Babilônia*,

que raramente viaja: "Desdenhada, ridicularizada e rejeitada por críticos de arte modernistas, de Roger Fry a Clement Greenberg, a pintura vitoriana ressurgiu das cinzas na era pós-moderna. A narrativa romanceada, o simbolismo exuberante e elegante, a técnica acadêmica conquistaram amantes da arte entediados pela pura abstração e conceitualismo abstruso das décadas de 1960 e 1970". Ver Johnson, "Social Commentary on Canvas: Dickensian Take on the Real World", *New York Times*, 18 jun. 2009.

10. David Hume, "Of the Standard of Taste", em *The Philosophical Works of David Hume*, v. 3. Nova York: Little, Brown, 1854, p. 255.

11. Ver George Loewenstein e Erik Angner, "Predicting and Indulging Changing Preferences", em George Loewenstein, Daniel Read e Roy F. Baumeister (orgs.), *Time and Decision: Economic and Psychological Perspectives of Intertemporal Choice*. Nova York: Russell Sage Foundation, 2003, p. 372.

12. Reembolsos de impostos também não são reivindicados porque as empresas geralmente dificultam esse processo. Ver Katy McLaughlin, "Claiming That Holiday Rebate: Is It Really Worth the Headache?", *Wall Street Journal*, 3 dez. 2002. Disponível em: <www.wsj.com/articles/SB1038857494436020153>.

13. É claro que algumas pessoas bolaram estratégias para se reconciliar com a perenidade das tatuagens. Como escreveram Eric Madfis e Tammi Arford, "alguns tatuados passam a ter consciência de que quase todas as tatuagens são sujeitas a infinitas interpretações e erros de interpretação por parte de quem vê a imagem. Até esses sentidos diversos associados à imagem escolhida são propensos a alterações, assim como os valores e desejos de quem as fez. Ao mesmo tempo, certas pessoas são capazes de transcender esses dilemas dando valor à beleza estética em vez do simbolismo e, sempre que possível, entendendo as tatuagens como marcas do passado em vez de indicadores de identidade estável". Ver Madfis e Arford, "The Dilemmas of Embodied Symbolic Representation: Regret in Contemporary American Tattoo Narratives", *Social Science Journal* 50, n. 4 (dez. 2013), pp. 547-56.

14. Ver Jordi Quoidbach, Daniel T. Gilbert e Timothy Wilson, "The End of History Illusion", *Science*, 4 jan. 2003, pp. 96-8.

15. Oscar Wilde, "The Philosophy of Dress", *New-York Tribune*, 19 abr. 1885, p. 9. Agradeço ao website <www.oscarwirican.com> pela referência.

16. Citado em Sara Ahmed, *The Promise of Happiness*. Durham, Carolina do Norte: Duke University Press, 2010, p. 79.

17. Citado em Nathan Rosenberg, *Exploring the Black Box: Technology, Economics, and History*. Nova York: Cambridge University Press, 1994, p. 57.

18. Chunka Mui, "Five Dangerous Lessons to Learn from Steve Jobs", *Forbes*, 17 out. 2011. Disponível em: <www.forbes.com/sites/chunka-mui/2011/10/17/five-dangerous-lessons-to-learn-from-steve-jobs>.

19. Mat Honan, "Remembering the Apple Newton's Prophetic Failure and Lasting Impact", *Wired*, 5 ago. 2013.

20. Raymond Loewy, *Never Leave Well Enough Alone*. Baltimore: Johns Hopkins University Press, 2002, p. 277.

21. Ver Daniel C. Dennett, "Quining Qualia", em A. J. Marcel e E. Bisiach (orgs.), *Consciousness in Contemporary Science*. Oxford University Press, 1988, reeditado em William G. Lycan (org.), *Mind and Cognition: A Reader*. Cambridge, Massachusetts: MIT Press, 1990, p. 60.

22. Pense no caso arquetípico de Nick Drake, o cantor folk inglês que morreu de overdose em 1974, após uma carreira breve, brilhante e cosmicamente fracassada (e que mais tarde se tornou bem mais popular). Volta e meia alguém sugere que ele estava "à frente do seu tempo". Mas Joe Boyd, seu produtor e ferrenho defensor, argumenta que a música de Drake era adequada à época: foi gravada então, tem certas influências contemporâneas. Ele imagina que tenha acontecido outra coisa: "De certo modo, seu fracasso na época faz parte do sucesso de agora". Em vez de se desatrelar musicalmente da época em que foi produzida, Boyd alega, ela é "desatrelada culturalmente". Não aparecia em infinitas trilhas sonoras, não era ouvida inúmeras vezes pelos pais dos futuros fãs, não era executada nas estações de rádio "clássicas". "Ela

está livre para ser adaptada e adotada por gente de outras gerações e gente que acabou de descobri-la", afirma Boyd. "Ela não diz: 'Sou dos anos 1960'. Só diz: 'Sou Nick Drake'." Não é nova, mas é uma novidade.

23. Ver BabyNameWizard.com, <www.babynamewizard.com/archives/2011/6/the-antique-name-illusion-in-search-of-the-next-ava-and-isabella>.

24. Ver Matt Tyrnauer, "Architecture in the Age of Gehry", *Vanity Fair*, ago. 2010. Disponível em: <www.vanityfair.com/culture/2010/08/architecture-survey-201008>.

25. A citação de Wigley foi tirada de Joachim Bessing, "Mark Wigley", *032c* (verão de 2007), p. 55.

26. Ver Kimberly Devlin e Jack L. Nasar, "The Beauty and the Beast: Some Preliminary Comparisons of 'High' Versus 'Popular' Residential Architecture and Public Versus Architect Judgments of Same", *Journal of Environmental Psychology* 9, n. 4 (dez. 1989), pp. 333-44.

27. Jonathan Glancey, "Sydney Opera House: 'An Architectural Marvel'", BBC.com, 11 jul. 2013. Disponível em: <www.bbc.com/culture/story/20130711-design-classic-down-under>.

28. Ver Jonathan Touboul, "The Hipster Effect: When Anticonformists All Look the Same", *arXiv*, 29 out. 2014.

29. Ver Jeff Guo, "The Mathematician Who Proved Why Hipsters All Look Alike", *Washington Post*, 11 nov. 2014.

30. Ver Paul Smaldino e Joshua Epstein, "Social Conformity Despite Individual Preferences for Distinctiveness", *Royal Society Open Science* 2 (2015), p. 14 037. Disponível em: <dx.doi.org/10.1098/rsos.140437>.

31. Gabriel Tarde, *The Laws of Imitation*. Nova York: Henry Holt, 1903, p. 12. Elihu Katz conjectura que uma das razões para Tarde ser subestimado hoje é que palavras como "imitação" saíram de moda. "Soa muito mecânico e impensado, embora seja bastante possível que [Tarde] estivesse pensando em 'influência' — uma palavra melhor." Ver Katz, "Rediscovering Gabriel Tarde", *Political Communication* 23, n. 3 (2006), pp. 263-70.

32. Ver Joseph Henrich, "A Cultural Species: Why a Theory of Culture Is Required to Build a Science of Human Behavior". Disponível em: <www2. psych.ubc.ca/~henrich/Website/Papers/HenrichCultureFinal.pdf>.

33. Peter J. Richerson e Robert Boyd, *Not by Genes Alone: How Culture Transformed Human Evolution*. Chicago: University of Chicago Press, 2004, p. 11.

34. Catherine Hobaiter e Richard W. Byrne, "Able-Bodied Wild Chimpanzees Imitate a Motor Procedure Used by a Disabled Individual to Overcome Handicap", *PLoS ONE* 5, n. 8 (ago. 2010).

35. Ver Edwin J. V. van Leeuwen, Katherine A. Cronin e Daniel B. M. Haun, "A Group-Specific Arbitrary Tradition in Chimpanzees (Pan troglodytes)", *Animal Cognition* 17, n. 6 (2014), pp. 1421-5.

36. Victoria Horner e Andrew Whiten, "Causal Knowledge and Imitation/Emulation Switching in Chimpanzees (Pan troglodytes) and Children (Homo sapiens)", *Animal Cognition* 8, n. 3 (2005), pp. 164-81. Ver também Daniel Haun, Yvonne Rekers e Michael Tomasello, "Children Conform to the Behavior of Peers: Other Great Apes Stick with What They Know", *Psychological Science* 25, n. 12 (2014), pp. 2160-7.

37. Conforme escreveu Georg Simmel, "a moda é apenas um produto das demandas sociais... Uma prova cabal disso é o fato de que em geral não se acha a mínima razão para as criações da moda do ponto de vista da conveniência objetiva, estética ou qualquer outra". Ver Simmel, "Fashion", p. 544.

38. Adam Smith, *The Theory of Moral Sentiments*. Londres: Cambridge University Press, 2002, p. 228.

39. O curioso é que as crianças diziam não se lembrar de qual modelo haviam ou não assistido, como se tivessem entendido a deixa subconscientemente. Ver Maciej Chudek et al., "Prestige-Biased Cultural Learning: Bystander's Differential Attention to Potential Models Influences Children's Learning", *Evolution and Human Behavior* 33, n. 1 (2012), pp. 46-56.

40. Ver Joe Henrich e Robert Boyd, "The Evolution of Conformist Transmission and the Emergence of Between-Group Differences", *Evolution and Human Behavior* 19, n. 4 (1998), pp. 215-41.

41. A citação foi extraída do excelente artigo de Philip Ball, "The Strange Inevitability of Evolution", *Nautilus*, 8 jan. 2015.

42. Gabriel Tarde, o economista francês do *fin-de-siècle*, foi um dos primeiros a comparar inovação e evolução, e descreveu o inovador como um "louco [...] guiando sonâmbulos". A citação foi extraída de Faridah Djellal e Faïz Gallouj, "The Laws of Imitation and Invention: Gabriel Tarde and the Evolutionary Economics of Innovation" (mar. 2014). Disponível em: <halshs.archives-ouvertes.fr/halshs-00960607>.

43. Ver, por exemplo, Michael Lynn e C. R. Snyder, "Uniqueness Seeking", em C. R. Snyder e Shane Lopez (orgs.), *Handbook of Positive Psychology*. Nova York: Oxford University Press, 2002, pp. 395-410.

44. Agradeço a Robert Sapolsky pelo exemplo.

45. Ver Dan Ariely e Jonathan Levav, "Sequential Choice in Group Settings: Taking the Road Less Traveled and Less Enjoyed", *Journal of Consumer Research* 27, n. 3 (dez. 2000), pp. 279-90.

46. Matthew Hornsey e Jolanda Jetten, "The Individual Within the Group: Balancing the Need to Belong with the Need to Be Different", *Personality and Social Psychology Review* 8, n. 3 (ago. 2004), pp. 248-64.

47. Jolanda Jetten et al., "Rebels with a Cause: Group Identification as a Response to Perceived Discrimination from the Mainstream", *Personality and Social Psychology Bulletin* 27, n. 9 (2001), pp. 1204-13.

48. Como observou Elihu Katz, "existem modas e coqueluches que não são rotuladas". Rótulos dão forma às atividades incipientes e ajudam-nas a se fundamentarem sozinhas. "Geralmente é por meio do rótulo", escreve Katz, "que a moda ganha fama — extrapolando seu público consumidor." Rolf Myersohn e Elihu Katz, "Notes on a Natural History of Fads", *American Journal of Sociology* 62, n. 6 (1957), pp. 594-601.

49. Para uma excelente análise da tendência, ver Eugenia Williamson, "The Revolution Will Probably Wear Mom Jeans", *Baffler*, n. 27 (2015).

50. Ver Richard Benson, "Normcore: How a Spoof Marketing Term Grew into a Fashion Phenomenon", *Guardian*, 17 dez. 2014.

51. Simmel, "Fashion", p. 549.

52. Ver Richard Wilk, "Loving People, Hating What They Eat: Marginal Foods and Social Boundaries", em Elizabeth Finnis (org.), *Reimagining Marginalized Foods: Global Processes, Local Places*. Tucson: University of Arizona Press, 2002, p. 17.

53. Mullan trouxe a questão à tona durante uma discussão sobre gostos no programa da BBC *In Our Time*. Disponível em: <www.bbc.co.uk/programmes/b0082dzm>.

54. E. H. Gombrich, *News and Form: Studies in the Art of the Renaissance*. Londres: Phaidon Press, 1966, p. 88.

55. Pelo menos um estudo postula que imitar uma pessoa de quem antes não se gostava não aumenta o apreço pela pessoa; imitar alguém de que já se gosta, no entanto, leva a um apreço ainda maior por ela. Ver Mariëlle Stel et al., "Mimicking Disliked Others: Effects of A Priori Liking on the Mimicking-Liking Link", *European Journal of Social Psychology* 40, n. 5 (2010), pp. 867-80.

56. O conceito e o termo são de Gabriel Tarde, mas fiquei sabendo dele por meio do artigo de Djellal e Gallouj, "Laws of Imitation and Invention".

57. A ideia é elaborada em Herbert Hamilton, "Dimensions of Self-Designated Opinion Leadership and Their Correlates", *Public Opinion Quarterly* 35, n. 2 (1971), pp. 266-74.

58. Para um bom relato do uso de *"like"* na língua inglesa, ver Britt Peterson, "Linguists Are Like, 'Get Used to It!'", *Boston Globe*, 25 jan. 2015.

59. Daniel Luzer, "How Lobster Got Fancy", *Pacific Standard*, 7 jun. 2013.

60. Marjorie Perloff ressalta esse ponto em um ótimo ensaio sobre o gosto, inspirado no famoso texto de Raymond Williams, *Keywords*. Ver Perloff, "Taste", *English Studies in Canada* 3, n. 4 (dez. 2004), pp. 50-5.

61. Em um estudo famoso conduzido pelo psicólogo Henri Tajfel na década de 1970, a tarefa de vários meninos em idade escolar era dizer quais eram seus quadros preferidos entre uma série de pinturas abstratas e sem

legendas feitas por dois "pintores estrangeiros". Os meninos foram agrupados em fãs de "Klee" e de "Kandinsky". No entanto, havia uma pegadinha. Eles não foram divididos em grupos de acordo com suas pinturas prediletas. Mas ali estavam, reunidos como fãs de Klee ou de Kandinsky, e incumbidos de distribuir certo número de "pontos" — um exercício comum na psicologia — entre os dois grupos, de maneiras que poderiam beneficiar o próprio grupo ou ressaltar a equidade geral. O que aconteceu? Os meninos do Klee sempre davam mais "pontos" ao próprio grupo — mesmo quando podiam dar pontos ao do Kandinsky sem causar prejuízos ao seu lucro. Tajfel, que chamou isso de "paradigma do grupo mínimo", estava tentando demonstrar como a discriminação do "grupo externo" e o favorecimento do "grupo interno" brotava mesmo sob os pretextos mais fúteis. O que poderia ser mais fútil, concluiu Tajfel, do que predileções inventadas por "artistas sobre os quais nunca tinham ouvido falar"? Ver Tajfel et al., "Social Categorization and Intergroup Behavior", *European Journal of Social Psychology* 1, n. 2 (1971), pp. 149-78.

62. O sociólogo Michael Macy e seus colegas declaram: "Quando reverberam na 'câmara de ressonância' da interação com outros afins, até vieses individuais pequenos podem servir de mecanismo de coordenação que catalisam a autocorrelação em rede nas populações numerosas. Uma função coordenativa similar pode ser exercida pelos formadores de opinião com ampla influência, ainda que tal influência seja bem menor do que a de seus pares. É necessário apenas uma leve 'cutucada', seja 'de dentro' ou 'de cima', para lançar uma grande população em uma dinâmica de feedback de reforço capaz de talhar profundas fissuras culturais no cenário demográfico". Ver Daniel DellaPosta, Yongren Shi e Michael Macy, "Why Do Liberals Drink Lattes?", *American Journal of Sociology* 120, n. 5 (mar. 2015), pp. 1473-511.

63. Segundo um grupo de pesquisadores, "a conformidade tem a interessante propriedade teórica de reduzir a variação comportamental ao mesmo tempo que potencialmente aumenta a variação entre populações". Ver C. Efferson et al., "Conformists and Mavericks: The Empirics of Frequency-

-Dependent Cultural Transmission", *Evolution and Human Behavior* 29, n. 1 (2008), pp. 56-64.

64. Ver Bruce E. Byers, Kara L. Belinsky e R. Alexander Bentley, "Independent Cultural Evolution of Two Song Traditions in the Chestnut-Sided Warbler", *American Naturalist* 176, n. 4 (out. 2010).

65. De acordo com R. F. Lachlan e os colegas, é provável que "todos os indivíduos aprendam um traço cultural de forma ligeiramente incorreta, mas apenas o efeito cumulativo de tantos aprendizados errôneos leve à geração do traço cuja diferença em relação ao original seja perceptível". Lachlan et al., "The Evolution of Conformity-Enforcing Behaviour in Cultural Communication Systems", *Animal Behavior* 68 (2004), pp. 561-70.

66. "Quando são raros e a cópia é aleatória", Byers me contou, "a coisa mais rara é a mais sujeita ao desaparecimento." Faz sentido, mas ele salientou que não devemos subestimar a aleatoriedade. "Se por um acaso, em uma geração, apenas oito pássaros o copiarem, em vez de dez, então na seguinte forem seis pássaros, de repente ele se torna raro, propenso à extinção por mero acaso."

67. Essa não é a história na íntegra, claro. Um estudo sobre a adoção de hashtags no Twitter revelou que a hashtag retuitada com mais frequência no começo acabou ofuscada por uma hashtag rival, que saiu na frente por meio da força das "respostas", indicando não só um envolvimento mais profundo, mas uma sensação entre os usuários de que o tuíte que cresceu primeiro talvez fosse uma moda passageira. Ver Yu-Ru Lin et al., "#Bigbirds Never Die: Understanding Social Dynamics of Emergent Hashtags", *arXiv*, 1301.7144v1, 28 mar. 2013. Em relação aos memes de pássaros, também existem características peculiares, além da exposição e da frequência, que provocam o sucesso (como "duração mais longa, modulação com maior amplitude e frequência média aguda"). Ver, por exemplo, Myron Baker e David Gammon, "Vocal Memes in Natural Populations of Chickadees: Why Do Some Memes Persist and Others Go Extinct?", *Animal Behaviour* 75, n. 1 (2008), pp. 279-89.

68. O exemplo foi tirado do livro fascinante de Erez Aiden e Jean-Baptiste Michel, *Uncharted: Big Data as a Lens on Human Culture*. Nova York: Riverhead, 2013, p. 36.

69. E, acrescentam eles, devido à incrível invenção do protogermânico, o sufixo "-ed", por volta de 500-250 a.C.

70. Para um debate interessante sobre o papel dos "acidentes" na música pop, ver Charles Kronengold, "Accidents, Hooks, Theory", *Popular Music 24*, n. 3 (2005), pp. 381-97.

71. Para um interessante relato sobre Goree Carter e a gravação de "Rock Awhile" (que o historiador do rock Robert Palmer afirma ser a primeira canção de rock-and-roll — e não "Rocket 88", de Ike Turner —, usando como critério principal as distorções de guitarra), ver John Nova Lomax, "Roll Over, Ike Turner", *Texas Monthly*, dez. 2014. Caso queira uma fascinante cronologia dos principais momentos na história da distorção de guitarras, ver Dave Hunter, "Who Called the Fuzz? Early Milestones in Distorted Guitars". Disponível no website da fabricante de guitarras Gibson: <www2.gibson.com/News-Lifestyle/Features/en-us/who-called-the-fuzz-714.aspx>.

72. Ver Jann Wenner, "Pete Townshend Talks Mods, Recording, and Smashing Guitars", *Rolling Stone*, 14 set. 1968.

73. Pierre Bourdieu, *Sociology in Question*. Nova York: Sage, 1993, p. 109.

74. J. Stephen Lansing e Murray P. Cox, "The Domain of the Replicators", *Current Anthropology 52*, n. 1 (fev. 2011), pp. 105-25.

75. Harold Herzog, R. Alexander Bentley e Matthew Hahn, "Random Drift and Large Shifts in Popularity of Dog Breeds", *Proceedings of the Royal Society B: Biological Sciences*, 7 ago. 2004, pp. 353-6.

76. Ver Stefano Ghirlanda et al., "Fashion vs. Function in Cultural Evolution: The Case of Dog Breed Popularity", *PLoS ONE 8*, n. 9 (2013), pp. 1-6.

77. Harold Herzog, "Forty-Two Thousand and One Dalmatians: Fads, Social Contagion, and Dog Breed Popularity", *Society and Animals 14*, n. 4 (2006), pp. 383-97.

78. Ver Stefano Ghirlanda, Alberto Acerbi e Harold Herzog, "Dog Movie Stars and Dog Breed Popularity: A Case Study in Media Influence on Choice", *PLoS ONE* 9, n. 9 (2014). Destacam os autores: "Esses dados sugerem que filmes com cachorros tendem a usar raças cuja popularidade já vem crescendo há algum tempo".

79. Ver "Fads: The Poodle Dethroned", *Time*, 23 fev. 1962.

80. Escrevi sobre o tema em "When Good Waves Go Rogue", *Nautilus*, 31 jul. 2014. Assim como ocorre com tendências da moda, certos lugares são muito adequados à formação de ondas traiçoeiras, mas não há como prever a emergência delas.

81. Ver o clássico de Stanley Lieberson, *A Matter of Taste: How Names, Fashions, and Culture Change*. New Haven, Connecticut: Yale University Press, 2000, p. 25.

82. Jonah Berger et al., "From Karen to Katie: Using Baby Names to Understand Cultural Evolution", *Psychological Science*, out. 2012, pp. 1067-73.

83. Ibid.

84. Ver Alan T. Sorenson, "Bestseller Lists and Product Variety", *Journal of Industrial Economics* 55, n. 4 (dez. 2007), p. 738.

85. Ver H. Leibenstein, "Bandwagon, Snob, and Veblen Effects in the Theory of Consumers' Demand", *Quarterly Journal of Economics* 64, n. 2 (maio 1950), pp. 183-207. Leibenstein se refere a três fenômenos da "demanda não somatória": o "efeito manada", no qual a demanda por algo que os outros estão consumindo aumenta; o "efeito esnobe", pelo qual a demanda por algo que os outros estão consumindo cai; e o "efeito Veblen", em homenagem a Thorstein Veblen, em que a demanda dos consumidores sobe porque o produto tem preço mais elevado.

86. Ver Marianne Bertrand e Senhil Mullainathan, "Are Emily and Greg More Employable Than Lakisha and Jamal? A Field Experiment on Labor Market Discrimination" (NBER, artigo em andamento 9873, jul. 2003). Os pesquisadores observam que, embora os nomes possam refletir a origem social, bem como a raça ("Associam-se bebês afro-americanos chamados Kenya

ou Jamal a mães com mais instrução do que bebês afro-americanos chamados Latonya ou Leroy"), eles na verdade não afetam os retornos: "Em suma, o teste revela que há poucas evidências de que a origem social impacta o grau de discriminação".

87. Ver Petra Moser, "Taste-Based Discrimination: Empirical Evidence from a Shock to Preferences During WWI" (Stanford Institute for Economic Policy Research, artigo em discussão 08-019, 2009).

88. O exemplo vem de Lansing e Cox, "Domain of the Replicators".

89. Ver "A World of Hits", Economist, 26 nov. 2009. De acordo com a revista, "uma análise recente feita pela Billboard, uma revista setorizada, revelou que a tendência é similar nos Estados Unidos. Nesse país, as vendas caíram de forma generalizada, mas são os hits que se mantêm mais firmes. Os álbuns que estão entre as posições trezentos e quatrocentos na lista dos mais vendidos sofreram as maiores perdas proporcionais". Conforme observou a Billboard acerca da distorção entre as canções mais bem-sucedidas e as de cauda longa, "dada qualquer semana, as faixas digitais do top 200 são responsáveis por quase um quarto da vendagem. Contextualizando, a loja de MP3 da Amazon.com atualmente lista 9,99 milhões de faixas. Assim, as canções do top 200 representam somente 0,002% do que a enorme loja de downloads contém". Glenn Peoples, "Tracking the Hits Along the Musical Long Tail", Billboard, 11 maio 2009.

90. Anita Elberse declara que, na esteira da transição para a música digital, a cauda longa se tornou mais longa e mais achatada: "Embora os sucessos de hoje não atinjam mais o volume de vendas típico da era pré-pirataria, um conjunto cada vez menor de títulos de sucesso continua a representar uma imensa parcela da demanda total por música". Elberse, "Should You Invest in the Long Tail?", Harvard Business Review, jul. 2008.

91. William McPhee, Formal Theories of Mass Behavior. Nova York: Free Press of Glencoe, 1963, p. 136.

92. A teoria de McPhee foi fundamentada pelas descobertas do estudo empreendido pela professora de marketing Anita Elberse, que examinou o

comportamento em sites de música e de filmes: "Até mesmo no caso de consumidores que quase sempre escolhem os produtos mais obscuros, é comum que produtos de sucesso constituam a maior parte de suas escolhas". Ver Elberse, "A Taste for Obscurity: An Individual-Level Examination of 'Long Tail' Consumption" (Harvard Business School, artigo em andamento 08-008, ago. 2007). Para uma análise do princípio aplicado a marcas comerciais, ver também Andrew Ehrenberg e Gerald Goodhardt, "Double Jeopardy Revisited, Again", *Marketing Research* (primavera de 2002), p. 40-2. Outra pesquisa sugere que o consumo da "cauda longa" não é impulsionado por quem busca principalmente produtos obscuros; na verdade, "todo mundo é meio excêntrico", escolhendo "produtos de nicho, pelo menos de vez em quando". Cerca de 85% dos usuários da Netflix, por exemplo, "se aventuram causa adentro". Ver Sharad Goel et al., "Anatomy of the Long Tail: Ordinary People with Extraordinary Tastes", *WSDM'10*, 4-6 fev. 2010.

93. Em estudo posterior, Watts e Salganik tentaram forçar a questão alterando a classificação das canções segundo a popularidade percebida. Apesar de a manipulação ter causado a ascensão de canções impopulares por um breve período, eles questionaram "se essa dinâmica provocaria um impacto permanente na popularidade das canções ou se os resultados observados seriam apenas temporários". Duncan Watts e Matthew Salganik, "Leading the Herd Astray: An Experimental Study of Self-Fulfilling Prophecies in an Artificial Cultural Market", *Social Psychology Quarterly* 71 (dez. 2008), pp. 338-55.

94. Ver Matthew Salganik, Peter Sheridan Dodds e Duncan J. Watts, "Experimental Study of Inequality and Unpredictability in an Artificial Cultural Market", *Science*, 10 fev. 2006, p. 855.

95. Ver "The Death of the Long Tail". Disponível em: <www.midiaconsulting.com>.

96. E, em contraposição, artigos menos populares acabariam sofrendo. Quando, em 1991, o sistema de "ponto de vendas" da SoundScan foi instaurado, trazendo nova granulosidade e precisão à apuração das vendas, a *Billboard* observou que 45 álbuns, vários de "artistas novatos", "saíram totalmente das

listas dos mais vendidos". Ver Geoff Mayfield, "A Decade Ago, SoundScan Burst onto the Scene", *Billboard*, 2 jun. 2001.

97. Ortega, *Revolt of the Masses*. Caso se interesse por uma ótima discussão sobre a difusão linguística, ver John Nerbonne, "Measuring the Diffusion of Linguistic Change", *Philosophical Transactions* B 370, n. 1666 (abr. 2015).

98. A estimativa foi tirada de Eric D. Beinhocker, *The Origin of Wealth: Evolution, Complexity, and the Radical Remaking of Economics*. Cambridge, Massachusetts: Harvard University Press, 2006, p. 9.

99. Pense, por exemplo, nos inúmeros estudos que descobriram correlações entre o uso do Facebook e a autoestima. "Dado que a cada hora 10 milhões de fotos novas são publicadas no Facebook (Mayer-Schönberger & Cukier, 2013), a rede social dá às mulheres um meio de se envolver frequentemente em comparações relacionadas à aparência, que pode contribuir para as preocupações que as jovens nutrem com relação ao corpo". Ver Jasmine Fardouly et al., "Social Comparisons on Social Media: The Impact of Facebook on Young Women's Body Image Concerns and Mood", *Body Image* 13 (mar. 2015), pp. 38-45.

100. Carol Pogash, "During Bakery Break-In, Only Recipes Are Taken", *New York Times*, 6 mar. 2015.

101. Escreve o historiador Irving Allen: "A nova cultura do urbanismo inclui a cultura lexical. Uma parte é composta por gírias que expressam novas categorias sociais, novas formas de desigualdade social, novas relações, novas tecnologias, novos estilos de vida e outras rupturas da tradição". Ver Allen, *The City in Slang*. Nova York: Oxford University Press, 1995, p. 5.

102. Ver, por exemplo, Emile Alirol et al., "Urbanisation and Infectious Diseases in a Globalised World", *Lancet: Infectious Diseases* 11, n. 2 (fev. 2011), pp. 131-41.

103. Leonard Bloomfield, *Language*. Nova York: Holt, Rinehart and Winston, 1933, p. 46.

104. Ver Bates L. Hoffer, "Language Borrowing and Language Diffusion: An Overview", *Intercultural Communication Studies* 11, n. 4 (2002).

Ver também Ben Olah, "English Loanwords in Japanese: Effects, Attitudes, and Usage as a Means of Improving Spoken English Ability". Disponível em: <www.u-bunkyo.ac.jp/center/library/image/kyukiyo9 177-188.pdf>.

105. Ver, por exemplo, Allison Stadd, "Guess What the World's Most Active Twitter City Is?", Social Times (blog), Adweek, 2 jan. 2013. Disponível em: <www.adweek.com/socialtimes/most-active-twitter-city/475006>.

106. Ver R. Alexander Bentley e Matthew W. Hann, "Is There a 'Neutral Theory of Anthropology'?", de comentários em Lansing e Cox, "Domain of the Replicators", p. 118.

107. Jan Lorenz et al., "How Social Influence Can Undermine the Wisdom of Crowd Effect", PNAS 108, n. 22 (2011). Segundo os autores, "supostamente, o efeito manada é ainda mais pronunciado nas opiniões ou atitudes para as quais não existem respostas corretas predefinidas". Sem dúvida, isso se aplica a novas modas, novas artes, novas músicas. Conforme ressalta Mark Buchanan, no influente livro A sabedoria das multidões, James Surowiecki observa — em uma mensagem que muitas vezes passa despercebida — que, para que as multidões sejam sábias, as pessoas precisam tecer juízos independentes: apenas avaliações "imparciais" podem resultar em avaliações precisas.

108. Se pensarmos nas listas da Billboard desse modo, podemos concluir que, quanto mais as pessoas veem as outras gostando de hits, mais escutam as mesmas canções, com menos frequência expandem o leque estreito de canções para escutar outras e, por meio de uma espécie de "viés de segurança", mais convictas ficarão de que são essas as melhores músicas que há para escutar.

6. CERVEJA, GATOS E TERRA [pp. 269-324]

1. Peter Paul Moormann, "On the Psychology of Judging Cats", Rolandus Union International. Disponível em: <rolandus.org/eng/library/judging/moorman03.html>.

2. Filip Boen et al., "The Impact of Open Feedback on Conformity Among Judges in Rope Skipping", Psychology of Sport and Exercise 7, n. 6 (nov. 2006), pp. 577-90.

3. Ver Herbert Glejser e Bruno Heyndels, "Efficiency and Inefficiency in the Ranking in Competitions: The Case of the Queen Elisabeth Music Contest", *Journal of Cultural Economics* 25, n. 2 (maio 2001), pp. 109-29.

4. Ver Vietta Wilson, "Objectivity and Effect of Order of Appearance in Judging of Synchronized Swimming Meets", *Perceptual and Motor Skills* 44, n. 1 (fev. 1977), pp. 295-8.

5. Wändi Bruine de Bruin, "Save the Last Dance for Me: Unwanted Serial Position Effects in Jury Evaluations", *Acta Psychologica* 8, n. 3 (mar. 2005), pp. 245-60.

6. Para uma crítica, ver S. R. Schmidt, "Distinctiveness and Memory: A Theoretical and Empirical Review", em John H. Byrne (org.), *Learning and Memory: A Comprehensive Reference*. Oxford: Academic Press, 2008, pp. 125-44.

7. Ver Amos Tversky, "Features of Similarity", *Psychological Review* 84, n. 4 (jul. 1977), pp. 327-52. Ver também Susan Powell Mantel e Frank R. Kardes, "The Role of Direction of Comparison, Attribute-Based Processing, and Attitude-Based Processing on Consumer Preference", *Journal of Consumer Research* 25 (mar. 1999), pp. 335-52.

8. Como escreve Bruine de Bruin, "os membros do júri podem ter notado que o primeiro patinador fez uma pirueta impressionante, o segundo fez um salto duplo extraordinário e a coreografia do terceiro era de tirar o fôlego". Então, embora o patinador 8 tenha feito uma pirueta tão boa quanto a do patinador 7, o salto duplo incrível que somente o patinador 8 fez chama exagerada atenção. Mesmo nesse momento, a memória é comprometida, visto que os jurados, seduzidos pelo que o patinador 8 fez de diferente do patinador 7, talvez já tenham se esquecido do que o patinador 7 fez de diferente do patinador 8. Ver Bruine de Bruin, "Save the Last Dance for Me".

9. Laurie Whitwell, "Smith Playing Russian Roulette as Gymnast Will Wait Until Last Minute to Decide Which Routine to Perform on Pommelhorse", *Daily Mail*, 3 ago. 2012.

10. Ver Hillary N. Morgan e Kurt W. Totthoff, "The Harder the Task, the Higher the Score: Findings of a Difficulty Bias", *Economic Inquiry* 52, n. 3 (jul. 2014), pp. 1014-26.

11. Lysann Damisch, Thomas Mussweiler e Henning Plessner, "Olympic Medals as Fruits of Comparison? Assimilation and Contrast in Sequential Performance Judgments", *Journal of Experimental Psychology: Applied* 12, n. 3 (2006), pp. 166-78.

12. Thomas Mussweiler, "Same or Different? How Similarity versus Dissimilarity Focus Shapes Social Information Processing", em Jeffrey W. Sherman, Bertram Gawronski e Yaacov Trope (orgs.), *Dual-Process Theories of the Social Mind*. Nova York: Guilford Press, 2014, pp. 328-39.

13. Em outro experimento, Mussweiler e Damisch pediram aos participantes que descobrissem as diferenças ou similaridades entre duas séries de fotografias. Depois lhes mostraram dois vídeos de rampas de esqui e pediram uma estimativa de suas extensões. Os que foram "preparados" para procurar similaridades entre as fotografias imaginaram que a medida das rampas de esqui eram mais próximas do que os participantes que haviam procurado diferenças. Essas similaridades ou diferenças podem ser pequenas: quando as pessoas veem primeiro a foto de uma pessoa considerada feia, segundo as pesquisas elas geralmente se acham mais bonitas. Caso lhes mostrem primeiro uma pessoa atraente, não têm essa onda de autoestima. Porém, quando ficam sabendo que fazem aniversário no mesmo dia que a pessoa atraente, se sentem melhor quanto à própria beleza, como se "assimilassem" parte da bela aparência do fotografado. Jonathan Brown et al., "When Gulliver Travels: Social Context, Psychological Closeness, and Self-Appraisals", *Journal of Personality and Social Psychology* 62, n. 5 (1992), pp. 717-27.

14. Isso suscita a ideia interessante de que o jurado nem precisa ser conterrâneo do atleta para ocorrer um viés "nacionalista".

15. Como dizem Ravi Dhar e seus colegas, "é provável que os consumidores julguem similar ou diferentemente quando se deparam com produtos

novos, comparando-os aos que já têm. Por exemplo, indivíduos buscam as similaridades de uma casa em construção com as próprias casas. É comum que tais juízos de similaridade sejam feitos sem que ao mesmo tempo se faça juízo de valor ou preferência.

16. Segundo observam Drew Walker e Edward Vul, o grupo "predispõe os observadores a verem indivíduos segundo a média coletiva". Walker e Vul, "Hierarchical Encoding Makes Individuals in a Group Seem More Attractive", *Psychological Science* 25, n. 1 (jan. 2014), pp. 230-5.

17. R. Post et al., "The Frozen Face Effect: Why Static Photographs May Not Do You Justice", *Frontiers in Psychology* 3 (2012), doi:10.3389/fpsyg.2012.19122.

18. Ver Thomas Mussweiler, Katja Rüter e Kai Epstude, "The Man Who Wasn't There: Subliminal Social Comparison Standards Influence Self--Evaluation", *Journal of Experimental Social Psychology* 40, n. 5 (2004), pp. 689-96. Resultados parecidos foram obtidos em indicadores como agressividade: as pessoas se achavam mais agressivas quando "viam" a imagem de Arnold Schwarzenegger do que ao ver a "cantora pop alemã Nena". Ravi Dhar, Stephen M. Nowlis e Steven J. Sherman, "Comparison Effects on Preference Construction", *Journal of Consumer Research* 26, n. 3 (dez. 1999), pp. 293--306.

19. Saurabh Bhargava e Ray Fisman, "Contrast Effects in Sequential Decisions: Evidence from Speed Dating" (Columbia Business School, 2012). Curiosamente, dizem os autores, "apesar de as decisões tanto das mulheres quanto dos homens serem determinadas pela atratividade do alvo do momento, apenas os avaliadores do sexo masculino são sensíveis à atratividade dos alvos anteriores. Para os homens, a influência contrastiva da atratividade do alvo recente é 31% maior do que a influência exercida pela atratividade do alvo atual".

20. David A. Houston, Steven J. Sherman e Sara M. Baker, "The Influence of Unique Features and Direction of Comparison on Preferences", *Journal of Experimental Social Psychology* 25, n. 2 (1989), pp. 121-41.

21. Ver Tanuka Ghoshal et al., "Uncovering the Coexistence of Assimilation and Contrast Effects in Hedonic Sequences" (Tepper School of Business, artigo 1395, 2012). Disponível em: <repository.cmu.edu/tepper/1395>.

22. Há uma discussão mais aprofundada da brincadeira de Chris Noessel em Christopher Noessel, "Is Serial Presentation a Problem in the Circuit?", *Sci-Fi Interfaces*, 4 out. 2013. Disponível em: <scifiinterfaces.wordpress.com/2013/10/04/is-serial-presentation-a-problem-in-the-circuit>. É interessante pensar que o jogo pode ser manipulado: se um candidato considerado indesejado fosse o primeiro incumbido de atravessar a porta, seria de imaginar que depois a pessoa tomaria uma decisão mais rápido; após ver o "pior", a pessoa recalibraria seu conceito de melhor. Pedir a uma pessoa muito atraente que cruze a porta primeiro pode protelar a decisão, como se a pessoa elevasse seu parâmetro interno (para não falar que o jogador ficará mais seletivo, tentando escolher alguém que se aproxime do ideal estabelecido pelo primeiro candidato).

23. Ver Amos Tversky, *Preference, Belief, and Similarity: Selected Writings*. Cambridge, Massachusetts: MIT Press, 2004, p. 34.

24. Moormann, "On the Psychology of Judging Cats".

25. Os padrões das raças estão disponíveis no website da Cat Fancier's Association, <www.cfainc.org>.

26. Pegue, por exemplo, a descrição que a TICA (a International Cat Association, um dos dois maiores conselhos de criação do mundo) faz do donskoy: "O donskoy é ímpar. É um gato inteligentíssimo, belo e amoroso que olha nos olhos da pessoa e mergulha na alma". Esse deve ser o trecho mais sóbrio da descrição dessa raça, também comparada a "extraterrestres que chegam do espaço sideral". Mas até o padrão oficial faz uma descrição bastante turva: "O donskoy é um gato fascinante, único, sociável, de coração mole, porte médio e pele macia, enrugada, sem pelos, tépida e aveludada ao tato". Pode-se criar geneticamente, ponderei à mesa dos jurados, um gato de coração mole?

27. Ver o maravilhoso livro de Sue Hubbell, *Shrinking the Cat*. Nova York: Mariner Books, 2002.

28. Como Carlos A. Driscoll e seus colegas ressaltam, "ao contrário dos cachorros, que têm uma grande variedade de portes, aparências e temperamentos, os gatos domésticos são praticamente homogêneos, diferindo sobretudo quanto às características da pelugem. A razão para a relativa falta de variedade dos gatos é simples: faz muito tempo que os seres humanos criam cães para ajudá-los em tarefas específicas, como caçar ou puxar trenós, mas os gatos, que não têm nenhuma propensão ao cumprimento da maioria das tarefas úteis aos seres humanos, não sofreram as pressões da criação seletiva". Ver Driscoll et al., "The Evolution of House Cats", *Scientific American*, jun. 2009.

29. Harrison William Weir, *Our Cats and All About Them*. Londres: Fancier's Gazette Limited, 1892, p. 84. Disponível em: <www.gutenberg.org/files/35450/35450-h/35450-h.htm>.

30. Ver Walker Van Riper, "Aesthetic Notions in Animal Breeding", *Quarterly Review of Biology* 7, n. 1 (mar. 1932), pp. 84-92.

31. "Criadores persistentes talvez tivessem interesse e se divertissem tentando criar espécimes fora do comum", escreveu Frances Simpson em *The Book of the Cat*. "Um cão de caça cheio de manchas pretas e brancas, como um dálmata, ou um gato zebrado, sem dúvida pode ser produzido com o tempo, por meio da seleção cuidadosa e sensata." Os criadores invocavam princípios artísticos de beleza, mas assumiam que às vezes eram dados à moda sobre quatro patas. "Hoje em dia, na Inglaterra, os marrons-escuros estão em voga", notou Simpson, "mas nos Estados Unidos os mais procurados são os clarinhos." Simpson, *The Book of the Cat*. Nova York: Cassell, 1903, p. 236. Algumas pessoas suspeitavam que certo grau de arbitrariedade estava em ação. Um comentarista da época, falando da criação de cachorros, sugeriu que não havia nenhuma lógica na ideia de que "os olhos pequenos eram uma virtude em uma raça (toy terrier) e um defeito em outra (King Charles spaniel)". *The Dog: Its Varieties and Management in Health and Disease*. Londres: Frederick Warne, 1873, p. 87.

32. O entrelaçamento dessas iniciativas atingiram o apogeu no movimento "Fitter Families", uma campanha eugênica que se alastrou pelas feiras

agrícolas dos Estados Unidos no início do século XX. Um elemento comum era a avaliação de seres humanos ao estilo da que era feita com animais. "Enquanto os avaliadores de animais testam os Holsteins, vacuns e caras brancas no pavilhão do gado", declarou um oficial, "nós testamos os Jones, os Smith e os Johnson." Ali, em meio às categorias das "cabras leiteiras" e "bichos de estimação", havia tropas de famílias sendo medidas em diversos aspectos, de testes de agilidade mental a exames dentais. Ver Laura L. Lovett, "Fitter Families for Future Firesides: Florence Sherbon and Popular Eugenics", *Public Historian* 29, n. 3 (2007), pp. 69-85. Um fato histórico curioso: um dos jurados de uma competição, que fazia "avaliações estruturais antropomórficas", foi ninguém mais ninguém menos do que James Naismith, o pai do basquete.

33. Às vésperas do século XX, um grupo de criadores se formou perto de Stuttgart, conta o historiador Aaron Skabelund. O objetivo era transformar um cão pastor típico da região em um pomposo "pastor alemão", um "cão germânico", um "guerreiro alemão orgulhoso" que fosse leal e, num eco assombroso do que o futuro guardava, de raça pura. Ver Skabelund, "Breeding Racism: The Imperial Battlefields of the 'German' Shepherd Dog", *Society and Animals* 16 (2008), pp. 354-71. Segundo Skabelund, "as pessoas nem sempre reconhecem, ou às vezes esquecem, que as raças de animais, assim como as raças humanas, são categorias construídas culturalmente, contingentes, em permanente mutação, inextricavelmente ligadas à formação do país, às estruturas de classe e às identidades nacionais".

34. Como a historiadora Harriet Ritvo escreve a respeito da criação de cachorros na era vitoriana e do crescimento da população canina em Londres, "qualquer outro tipo de cachorro poderia comprometer o status social do dono". Ver Ritvo, "Pride and Pedigree: The Evolution of the Victorian Dog Fancy", *Victorian Studies* 28, n. 2 (1986), pp. 227-53.

35. Da Cat Fanciers' Association "Show Standards". Disponível em: <www.cfainc.org/Portals/0/documents/forms/14-15standards.pdf>. A discrepância entre o padrão e a realidade pode levar a questionamentos filosóficos. Pense no problema de tentar estabelecer o ideal artístico de uma nova

raça. Como saber se o gato é perfeito se você nunca viu esse tipo de gato? Como me disse Vickie Fisher, presidente da TICA, o primeiro passo é responder a questão: por que é uma raça? Fisher aponta para o munchkin, uma raça relativamente nova, baseada na mutação genética, que a TICA, com direito a controvérsias, apresentou na década de 1990. "As pernas curtas surgiram", ela explicou, "então a ideia foi: vamos criar uma raça nova. Mas o que percebemos logo — e ainda acontece muito hoje — é que uma característica não cria uma nova raça." Em outras palavras, o pessoal dos munchkins se apoiaram bastante naquelas perninhas curtas.

36. *The New York Times*, 21 dez. 1906.

37. Louise Engberg, uma criadora dinamarquesa do que chama de "persas clássicos", propõe um teste simples para distinguir os persas de outrora dos atuais: pegue um pedaço de papel e o segure alinhado sob dos olhos. "Não se vê o couro do focinho abaixo da beirada dos olhos", ela declarou. Nos gatos modernos, sim.

38. Embora a Associação dos Criadores de Gatos enfatize que "o persa atual é um resultado vivo, brincalhão, ronronante, de mais de 150 anos de criação afetuosa, astuciosa", nos casos mais extremos, esses gatos braquicéfalos (ou de cabeça pequena) são cheios de problemas de saúde. Segundo a descrição do *Journal of Feline Medicine and Surgery*, vão de "respiração estridente e apneia obstrutiva do sono" ao cérebro "apertado dentro da abóbada craniana de dimensões erradas". Ver Richard Malik, Andy Sparkes e Claire Bessant, "Brachycephalia— a Bastardisation of What Makes Cats Special", *Journal of Feline Medicine and Surgery* 11, n. 11 (2009), pp. 889-90.

39. O *Journal of Feline Medicine and Surgery* ressalta que os gatos conjuram as qualidades infantis da teoria da beleza de Lorenz: "O rosto do bebê, repleto de curvas, é associado à pureza, honestidade, franqueza e vulnerabilidade. Imediatamente, nos provoca um instinto protetor". Ver Claudia Schlueter et al., "Brachycephalic Feline Noses: CT and Anatomic Study of the Relationship Between Head Conformation and the Nasolacrimal Drainage System", *Journal of Feline Medicine and Surgery* 11, n. 11 (2009), pp. 891-900.

40. Burke, *Philosophical Enquiry into the Sublime and Beautiful*, p. 134.

41. Ver, por exemplo, David M. Garner et al., "Cultural Expectations of Thinness in Women", *Psychological Reports* 47, n. 2 (1980), pp. 483-91. Olhando os encartes da *Playboy*, dentre outras fontes, os autores ressaltam que, principalmente na década de 1970, "parece ter havido uma mudança no corpo feminino idealizado, de voluptuoso, cheio de curvas, para o anguloso, esguio de hoje em dia". Curiosamente, um estudo posterior concluiu que "a tendência crescente [descoberta por Garner et al.] à magreza das coelhinhas da *Playboy* se estabilizou e começou a ser revertida". Ver Mia Foley Sypeck et al., "Cultural Representations of Thinness in Women, Redux: Playboy Magazine's Depiction of Beauty from 1979 to 1999", *Body Image* 3, n. 3 (set. 2006), pp. 229-35.

42. Ver James W. Tanaka e Marjorie Taylor, "Object Categories and Expertise: Is the Basic Level in the Eye of the Beholder?", *Cognitive Psychology* 23, n. 3 (1991), pp. 457-82.

43. Ver L. A. Gills et al., "Sensory Profiles of Carrot (Daucus carota L.) Cultivars Grown in Georgia", *HortScience* 34, n. 2 (1999), pp. 625-8.

44. John Locke, *An Essay Concerning Human Understanding*. Londres: T. Tegg, 1836, p. 35.

45. Herbert Stone et al. (orgs.), *Sensory Evaluation Practices*. Nova York: Academic Press, 2012, p. 202.

46. Ver Steven J. Harper e Mina R. McDaniel, "Carbonated Water Lexicon: Temperature and CO_2 Level Influence on Descriptive Ratings", *Journal of Food Science* 58, n. 4 (1993), pp. 893-8.

47. Ver Janine Beucler et al., "Development of a Sensory Lexicon for Almonds". Disponível em: <www.almonds.com/sites/default/files/content/Sensory%20Lexicon.pdf>.

48. Ver John Locke, *The Philosophical Works of John Locke*. Londres: George Ball & Sons, 1892, 2:20.

49. A ideia de inventar um sabor totalmente baseado na cromatografia gasosa me lembra uma cena de *Matrix* em que o personagem Mouse diz: "Vai

ver que elas [as máquinas] não conseguiram descobrir qual sabor dar ao frango, e é por isso que frango tem gosto de tudo".

50. O exemplo foi extraído de Harry T. Lawless e Hildegarde Heymann, *Sensory Evaluation of Food: Principles and Practices*. Nova York: Springer, 2010, p. 216.

51. Ver Herbert Stone e Joel Sidel, *Sensory Evaluation Practices*. Nova York: Academic Press, 2010, p. 210.

52. "Não existe uma boa resposta para a questão do que fazer com juízos de preferências corretos versus incorretos da parte de avaliadores nos testes discriminatórios." Ver Lawless e Heymann, *Sensory Evaluation of Food*, p. 306.

53. F. J. Prial, "Wine Talk", *New York Times*, 29 maio 1985.

54. E. P. Köster, "Diversity in the Determinants of Food Choice: A Psychological Perspective", *Food Quality and Preference* 20, n. 2 (2009), pp. 70-82.

55. Jean Anthelme Brillat-Savarin, *The Physiology of Taste; or, Meditations on Transcendental Gastronomy*. Nova York: Alfred A. Knopf, 2009, p. 55. Brillat-Savarin também argumentou que os seres humanos têm o paladar mais desenvolvido, apesar de sua lógica ser meio superficial: "O homem, rei de toda a natureza por graça de Deus, e para o qual a terra foi recoberta e povoada, tem de forçosamente ser munido de um órgão que possa colocá-lo em contato com tudo o que seja saboroso dentre seus súditos".

56. Ver Harry T. Lawless, "Descriptive Analysis of Complex Odors: Reality, Model, or Illusion?", *Food Quality and Preference* 10, n. 4-5 (1999), pp. 325-32.

57. Ver Sylvie Chollet, Dominique Valentin e Hervé Abdi, "Do Trained Assessors Generalize Their Knowledge to New Stimuli?", *Food Quality and Preference* 16 (2005), pp. 13-23. No estudo, vários membros de painéis foram treinados em várias cervejas e depois receberam cervejas novas, com novos sabores acrescentados. Segundo os autores, "avaliadores treinados não usaram termos diferentes para descrever as cervejas conhecidas e desconhecidas. A

tendência foi empregar os descritores de aromas aprendidos durante o treinamento a todas as cervejas, mesmo não sendo a priori os termos adequados. Esse resultado indica que, embora avaliadores treinados sejam capazes de apresentar descrições eficientes para cervejas novas, não conseguem identificar aromas novos na cerveja".

58. Ver Dominique Valentin et al., "Expertise and Memory for Beers and Beer Olfactory Compounds", *Food Quality and Preference* 18, n. 5 (2007), pp. 776-85.

59. Ver, por exemplo, Yanfei Gong, K. Aners Ericsson e Jerad H. Moxley, "Recall of Briefly Presented Chess Positions and Its Relation to Chess Skill", *PLoS ONE* 10, n. 3 (2015).

60. "A perícia em vinhos", concluíram os autores do estudo, "aparentemente baseada na habilidade perceptiva, é parecida com muitas outras áreas de especialização, já que se fia expressivamente no conhecimento." A. L. Hughson e R. A. Boakes, "The Knowing Nose: The Role of Knowledge in Wine Expertise", *Food Quality and Preference* 13, n. 7 (2002), pp. 463-72.

61. Para um relato sobre a construção da linguagem dos especialistas em vinho, ver Frederic Brochet e Denis Dubourdieu, "Wine Descriptive Language Supports Cognitive Specificity of Chemical Senses", *Brain and Language* 77, n. 2 (2001), pp. 187-96.

62. Chollet, Valentin e Abdi, "Do Trained Assessors Generalize Their Knowledge to New Stimuli?".

63. Via de regra, os especialistas são, conforme já foi sugerido, suscetíveis ao chamado efeito Einstellung: quando rigorosamente dependentes da perícia, ficam cegos a novas informações e soluções diferentes. Para se informar a respeito de uma boa pesquisa sobre o tema, bem como acerca de um experimento com enxadristas, ver Merim Bilalić, Peter McLeod e Fernand Gobet, "Inflexibility of Experts— Reality or Myth? Quantifying the Einstellung Effect in Chess Masters", *Cognitive Psychology* 56, n. 2 (mar. 2008), pp. 73-102.

64. Rose M. Pangborn, Harold W. Berg e Brenda Hansen, "The Influence of Color on Discrimination of Sweetness in Dry Table-Wine", *American Journal of Psychology* 76, n. 3 (set. 1963), pp. 492-5.

65. Ver também Wendy V. Parr, Geoffrey White e David Heatherbell, "The Nose Knows: Influence of Colour on Perception of Wine Aroma", *Journal of Wine Research* 14, n. 2-3 (2003), pp. 79-101.

66. Barry Smith, *Questions of Taste: The Philosophy of Wine*. Nova York: Oxford University Press, 2009, p. 67.

67. De acordo com o crítico de vinhos Mike Steinberger, "algumas pessoas se saem melhor que outras avaliando vinhos, mas, segundo o que aprendi, é mais provável que as razões para isso estejam no cérebro, e não no nariz ou na boca". Steinberger, "Do You Want to Be a Supertaster?", *Slate*, 22 jun. 2007. Disponível em: <www.slate.com/articles/life/drink/2007/06/doyouwanttobeasupertaster.2.html>. Acesso em: 17 dez. 2013.

68. A descrição do trabalho empreendido por Schafer vem de Trevor Cox, *Sonic Wonderland: A Scientific Odyssey of Sound*. Londres: Bodley Head, 2014, prólogo.

69. Ver David G. Wittels, "You're Not as Smart as You Could Be", *Saturday Evening Post*, 17 abr. 1948.

70. K. Kjaerulff, "Comparing Affective and Cognitive Aspects of Sensory Tests — Are Affective Tests More Sensitive?" (dissertação de mestrado, Royal Veterinary and Agricultural University, Copenhague, Dinamarca, 2002). Mencionado em Köster, "Psychology of Food Choice".

71. Em outra experiência fascinante, consumidores de leite dinamarquês foram mais capazes de distinguir leites quando incumbidos de escolher entre o leite "dinamarquês" que bebiam e um leite "estrangeiro" sobre o qual ouviram "uma história desconcertante, inverídica", do que quando lhes pediam que fizessem uma análise sensorial minuciosa dos leites. Ver Lise Wolf Frandsen et al., "Subtle Differences in Milk: Comparison of an Analytical and an Affective Test", *Food Quality and Preference* 14, n. 5-6 (jul.-set. 2003), pp. 515-26.

72. Joseph T. Plummer, "How Personality Makes a Difference", *Journal of Advertising Research* 40, n. 6 (2000), pp. 79-84. Curiosamente, à medida que o Dr. Pepper ganhava popularidade, passando a ser o terceiro refrigerante

mais consumido, sua vendagem sofreu um revés. Segundo Plummer, "sem querer, viramos as costas para um dos pontos fortes do Dr. Pepper — o perfil singular da marca. Era isso que o transformava em algo diferente para os consumidores em comparação com a coca-cola ou a pepsi ou os refrigerantes frutados".

73. Ver Keller, "Odor Memories", bem como Yaara Yeshurun et al., "The Privileged Brain Representation of First Olfactory Associations", *Current Biology* 19, n. 21 (2009), pp. 1869-74.

74. Para um debate sobre o tema, ver Vanessa Danthiir et al., "What the Nose Knows: Olfaction and Cognitive Abilities", *Intelligence* 29, n. 4 (jul.--ago. 2001), pp. 337-61.

75. Poucas semanas depois, conduzi minha própria degustação às cegas usando alguns refrigerantes que considerei similares ao Dr. Pepper — o de cereja preta Dr. Brown's e o Moxie, refrigerante da Nova Inglaterra adorado por Calvin Coolidge. Talvez não fossem boas opções, mas fiquei pasmo ao perceber que consegui distinguir o Dr. Pepper, agora me valendo do linguajar aprendido no painel. O refrigerante de cereja preta Dr. Brown's tem um quê de cereja, mas é um tipo de cereja bem mais simples, mais doce, mais melado. O Moxie é parecido com o Dr. Pepper no tocante à mistura complexa de sabores, mas é muito diferente, com um sabor de remédio que me lembrou um pouco os refrigerantes de cola (depois que o gás se esvai).

76. David Y. Choi e Martin H. Stack, "The All-American Beer: A Case of Inferior Standard (Taste) Prevailing?", *Business Horizons* 48, n. 1 (2005), pp. 79-86.

77. Kant, *Critique of Judgment*, p. 301.

78. Matt Lawrence, *Philosophy on Tap: Pint-Sized Puzzles for the Pub Philosopher*. Nova York: John Wiley & Sons, 2011, p. 45.

79. Christian Helmut Wenzel, *An Introduction to Kant's Aesthetics: Core Concepts and Problems*. Nova York: John Wiley & Sons, 2008, p. 11.

80. Steve Annear, "Are Hipsters Driving Up the Cost of Pabst Blue Ribbon at Bars?", *Boston Magazine*, 13 maio 2013. Disponível em: <www.boston-

magazine.com/news/blog/2013/05/23/pabst-blue-ribbon-price-hipsters>.
Acesso em: 15 jan. 2014.

81. Dennett, "Quining Qualia", em Lycan, *Mind and Cognition*, p. 390.

CONCLUSÃO: NOTAS DE DEGUSTAÇÃO [pp. 325-9]

1. Robert Ashton, "'Nothing Good Ever Came from New Jersey': Expectations and the Sensory Perception of Wines", *Journal of Wine Economics* 9, n. 3 (dez. 2014), pp. 304-19.

2. Evgeny Yakovlev, "USSR Babies: Who Drinks Vodka in Russia" (Center for Economic and Financial Research, artigo em andamento w0198, nov. 2012).

3. Ver Winkielman et al., "Easy on the Eyes, or Hard to Categorize".

4. Ver Paul Rozin e Edward B. Royzman, "Negativity Bias, Negativity Dominance, and Contagion", *Personality and Social Psychology Review* 5, n. 4 (2001), pp. 296-320.

Índice remissivo

101 dálmatas, Os (filme), 252
11ª pessoa, brincadeira da, 281
7up, 74, 310

abacaxi, 68, 295-6, 304
Abbey Road (álbum), 157
Abebe, Nitsuh, 145
abstração, nível básico de, 292
acid house (gênero musical), 155
ácidos isovaléricos, 297
açúcar, 31
afeto, 182
Aiden, Erez, 248
Airbnb, 108
Akerlof, George, 97, 99, 105
Albini, Steve, 116
Albright, Adam, 17
álcool, 231
álcool fenetílico, 297
Aldredge, Tess, 298, 302-3, 310

ale (cerveja), 313-4
Alemanha, 26, 274
alimentos pré-embalados, 51-3, 55, 62, 64, 66
Alka-Seltzer, 71
All-Bran, 42
Allen, Fal, 319, 321
Allen, John S., 40
Allen, Woody, 80, 87, 241
Almodóvar, Pedro, 94
Altoids, pastilha, 48
Alzheimer, mal de, 25, 338
amargo, 30, 67
Amatriain, Xavier, 83-4, 86, 88, 90, 92-3, 360
Amazon, 81, 98, 103, 107, 109, 112, 114-5, 117-9, 121, 123, 362, 366, 368, 371, 415
American Idol (programa de TV), 273
amígdala, 78

"amnésia de variedade", 63
amnésicos, 41
amora-ártica, 55
amuse-bouches, 46
análise descritiva, 295
Anderson Valley Brewing Company,
   319
Anderson, Eric, 105, 107
androstenona, 32
Antico Broilo (vinho), 45
Antuérpia, 167-8, 170
Appert, Nicolas, 52
Apple, 21, 230
Apple Jacks, cereal, 42
aprendizagem social, 235, 237, 239,
   244, 258, 264, 266
apresentação do prato, 37
Aral, Sinan, 110, 112, 114
Arcade Fire, 148
Arctic Monkeys, 148
*Aristóteles contemplando o busto de
   Homero* (Rembrandt), 175
Arnheim, Rudolf, 196, 390
Art Institute of Chicago, 203
arte, 18-9, 390; angústias da, 186;
   aversão de grupos na, 244;
   categorização da, 216-7; duração
   da contemplação na, 174-5;
   experimento Tuymans na, 167-9,
   171; gostar de, 169; instintos na,
   182; juízos de valor na, 22-13;
   mudança de gostos na, 223-4,
   226; neurociência da, 192-202;

papel dos museus na, 172-87;
   reação cerebral à, 188-202;
   reação emocional à, 185-6; ruim,
   213-4; tempo de observação da,
   184
Arte como experiência (Dewey), 173
arte marginal, 217
arte não figurativa, 200
Art-Journal, 190, 404
ArtLab (Universidade de Nova
   York), 199
asco, 38, 151
Assim falou Zaratustra (Nietzsche),
   9
assimilação, 54
assistir com ódio, 219
Associação de Criadores de Gatos,
   286, 425
Atenas, 212, 276
Auden, W. H., 168, 381
auge da reminiscência, 160
Austrália, 74
*Australian Journal of Dairy
   Technology, The*, 300
autoengano, 87
autoridade crítica, 102-3
avaliação de solos, 289
avaliadores de animais, 290
aversão condicionada ao gosto, 38-9
aversão, boca aberta como gesto
   de, 38
aversões, 134, 243-4, 326, 329, 371
Azalea, Iggy, 260

azedo, 67
azul, 13, 17, 19, 21, 336

Bach, Johann Sebastian, 151
Bacon, Francis (pintor), 194-5
Bali, 182
Baltimore, Maryland, 296
Bananas (filme), 241
banheiros públicos, 15-6
Banksy, 169, 172
Barnes, Julian, 328
Barrett, Lisa Feldman, 171-2
Barrett, Syd, 143
Bastianich, Joe e Lidia, 29
Batali, Mario, 29, 40
batata chips, 36, 49
batatas, 34, 342
Baxandall, Michael, 185
Bayley, Stephen, 13, 118, 402
Beatles, 143, 156, 164, 241, 260
Beauchamp, Gary K., 31, 79, 357
bebês, 21, 48; preferências em, 11, 19, 20, 31-2
Becker, Gary, 11
Bee Gees, 165
Beethoven, Ludwig van, 194
beleza, 208, 210, 290, 390, 397
Bélgica, 313
"Believe" (canção), 249
Bellagio, hotel, 266
bens de busca, 117-8
bens de consumo, 22
bens de experiência, 117-8

Bentley, R. Alexander, 251, 253-4, 257, 265, 267
Berger, Jonah, 242
Bergman, Ingmar, 86
berinjela, 33
Berkeley, Califórnia, 188
Berklee College of Music, 135
Berkshire, 246
Berlyne, Daniel, 156, 390
Berridge, Kent, 76-7, 358
Berry, Chuck, 156
Best Short Stories of 1915, The (O'Brien, org.), 89
Best Short Stories of 1925, The (O'Brien, org.), 89
Bíblia, 14, 211
Biederman, Irving, 199
Bieschke, Eric, 164-5
Big Black, banda, 116
Bilbao, 232
Billboard, 254, 260, 415-6, 418
biscoitos Ritz, 304
Bitgood, Stephen, 177-8, 383
Blender, revista, 148
Blitter (Brian Whitman), 139
Bloomfield, Leonard, 266
"Blurred Lines" (canção), 262
boca a boca eletrônico, 85, 98-9, 103; problemas do, 99
"Bohemian Rhapsody" (canção), 153
bolor, 299
Bolsa de Valores de Nova York, 257
bottom-up, estímulo, 170

435

Boulder Beer, 314
Bourdieu, Pierre, 85, 115, 119, 128-
30, 134, 136-7, 143, 145, 148-9,
151, 209, 245, 250, 367, 372-3,
375, 380
Boyd, Robert, 236, 239-40
Boylan, Alexis, 207
Brahms, Johannes, 146, 380
Brillat-Savarin, Jean Anthelme, 303,
427
Brillo Boxes (Warhol), 198
Brin, Sergey, 131
British Museum, 286
Brix, grau, 298
Brooklyn Brewery, 56, 312, 314
Brooklyn, New York, 114, 137, 296,
320
Brueghel, Pieter, 168, 181, 184
Bruine de Bruin, Wändi, 274, 419
Bryson, Bethany, 146
Bud Light, cerveja, 314
Budweiser, 46, 315
buldogues, 285-6
"Burbujas de amor" (canção), 154
burguesia, 126
Burke, Edmund, 11, 290
Byers, Bruce, 247, 412
Byrne, Richard, 237

Cabeça I (Bacon), 195
cachorros, 285, 423
café, 46, 66-7, 73, 75, 302, 322
"Café do Combatente", 51, 66

Cahiers du Cinéma, 81
Caillebotte, Gustave, 203, 205,
396
Califórnia, Universidade da, em
Berkeley, 17, 21; Instituto de
Neurociência Helen Wills na,
189; Laboratório de Percepção
Visual e Estética (Palmer Lab),
na, 17
Califórnia, Universidade da, em Los
Angeles (UCLA), 195
Calvino, Italo, 206
Camaro, 253
camarote, O (Renoir), 225
camp, 217, 219
Campbell's, 56
Campeonato Europeu de Patinação
Artística, 275
Campeonato Mundial de Patinação
Artística, 275
canções disco, 217
canções folk, 216
canela, 296
Canon, 126
canoro de asas castanhas, 246-7
cantos de pássaros, 246-7
cão andaluz, Um (filme), 94
cão, O (Goya), 185
capital cultural, 128
capitalismo, 229
Capitão América (filme), 86
Cardello, Armand, 53-4, 56, 59,
61, 351

436

Carnegie Mellon University, 160, 280

Carpenter, Mary Chapin, 142, 373

Carter, Goree, 249

Cate, Ted, Jr., 213

categorização, 327, 401

cebola, 300

Centro de Pesquisa, Desenvolvimento e Engenharia do exército dos eua, Natick, 51-2, 54-5, 59, 61, 63-4, 66

"Ceremony" (canção), 140

cerveja, 46, 56, 73, 231, 311-24, 427; "porta de entrada", 321-2

cerveja trapista, 322

Cézanne, Paul, 203

Charles ii, rei da Inglaterra, 295

Charles, Ray, 123

Château Margaux, 46

Cher, 249

Chesterton, G. K., 218

Cheval Blanc, 65

Chicago, Illinois, 59

chihuahuas, 252

Chimero, Frank, 233

chimpanzés, 236-7

Choi, David, 316

Chollet, Sylvie, 306, 427

Christie's, 223-4

ciclo do design de produto, 230

cidades, 266

Clark, Kenneth, 183, 207

Clinton, Bill, 279

Clooney, George, 129

Clube de Livro do Mês, 161

cluster inicial, 17

Coca-Cola, 67, 308, 310, 354, 374, 378, 430

Coen, irmãos, 81

coentro, 32, 301

Cohen, Leonard, 210

Coldplay, 135

Colorado, 58, 314

Com a bola toda (filme), 86

comida indiana, 63, 102

comida tailandesa, 63

computadores Sony Vaio, 253

Concerto para a mão esquerda (Ravel), 128

condicionamento "nutriente-sabor", 69

condicionamento do paladar, 74

conformidade superior do self, 241

Congreve, William, 243

Conrad, Tom, 163, 164

Constable, John, 175

contágio, 244

contexto, 64, 169, 326

contraste, 55

Conversão de S. Paulo (Brueghel), 184

Coors (cerveja), 322

córtex frontal medial, 201

Costello, Elvis, 159

Cowen, Tyler, 40, 63

crenças básicas, 248

criação de animais, 285

Crítica da faculdade do juízo (Kant), 169, 208, 316, 318

Crítica da razão pura (Kant), 80

críticas cinematográficas, 120

críticos, 210, 399-400; hostilidade em relação aos, 186

cromatografia gasosa, 297

Crystal Palace, 284, 286

Crystal Pepsi, 57-8, 63

cubismo, 195, 216

cubo de Necker, 196

Culinary Institute of America, 37

Cutting, James, 202-3, 205

Cyrus, Miley, 141

dadaístas, 244

Damisch, Lysann, 276-7, 420

Dancing on Ice (programa de TV), 271

Danto, Arthur, 198, 394

Danúbio azul (Strauss), 128

Darsch, Gerald, 51-3, 62, 66

Davies, Dave, 250

Davis, Clara M., 48, 348

Davis, William C., 52

de Araújo, Ivan, 77

de Botton, Alain, 186

de Kooning, Willem, 184

de Vries, Hugo, 240

Debussy, Claude, 144

degustadores, especialistas, 299-300, 302

Del Posto (restaurante), 29, 33, 37, 39, 43, 45-6, 49, 66

Delacroix, Eugène, 187, 196

demanda não funcional, 257

demência frontotemporal, 25

democratas, 21, 142, 241, 336

Denby, Edwin, 172

Dennett, Daniel, 231, 322

Denver, Colorado, 311-2, 314

desenhos fractais, 197, 393

desfiguração, 194-6

desigualdade de renda, 130

desinteresse, 208

Desperation Squad, banda, 144

determinismo geracional, 380

Dewey, John, 173, 175, 202

Diamond, Jared, 74

Diana of the Uplands (Furse), 212

Digg, 110, 112

dilema do onívoro, 158

dimetilsulfureto, 297

Diretório de Alimentação em Combate do Departamento de Defesa, EUA, 51-2, 54-5

Discovery Channel, 188

Disney, 252

dissonância cognitiva, 43

Distinção (Bourdieu), 128, 131, 367

distinção conformista, 240-1, 243-5

distinção ótima, 241

distorções de guitarra, 249

Dixon, Chris, 133

Do amor (Stendhal), 215
"Do padrão do gosto" (Hume), 209, 218
doce, 30-1, 67
doçura, 74, 157, 341
Dogville (filme), 94
Dom Quixote (Cervantes), 303
Donath, Judith, 102
Double-Dealer, The (Congreve), 243
Douglas, Mary, 136, 172
Dr. Brown's, refrigerante de cereja preta, 430
Dr. Pepper, 308-9, 311, 430
Draft, revista, 57
Drake, Nick, 156, 406
Drouais, Jean Germain, 174
Drouot, casa de leilões, 224
Duchamp, Marcel, 173, 198
duplo risco, 260
Dürer, Albrecht, 191
Dutton, Denis, 208

Eagles, 95
Eames, Ray, 129
eBay, 108, 124n
Echo Nest, 135, 137, 139-40, 142-3, 146-7, 153, 259; projeto "Every Noise at Once", 140, 143, 148n; tecnologia de "Perfil de Gosto", 142
efeito catraca, 255, 287
efeito da mera exposição, 71
efeito da primazia, 275

efeito da recência, 275
efeito da sobremesa, 49
efeito do direcionamento comparativo, 275
efeito do falso consenso, 44
efeito hipster, 234
efeito líder de torcida, 278
efeito "o melhor ainda está por vir", 276
efeito sorvete, 49
Einstein on the Beach (ópera), 137
Eiseman, Leatrice, 21
eliza (programa de inteligência artificial), 125
embaixadores, Os (James), 122
Emin, Tracey, 175
empatia, 334
encontros rápidos, 280
Engberg, Louise, 287, 425
Enquanto somos jovens (filme), 160n
enregelamento do gosto, 160
Ensaio sobre o entendimento humano (Locke), 294
escala do ideal, 61
escala hedônica de nove pontos, 59, 61
escolhas, 15-6, 34, 39, 43, 333, 346-7; de filmes, 82; gostar de fazer, 40; nas preferências alimentares, 43, 45
especialistas, 102, 290-1, 313, 319, 325; em degustação, 299-300,

302-3, 305-6; em vinhos, 305-6;
prática x talento natural para,
303
esterilização térmica assistida por
alta pressão, 52
estética experimental, 191-2
Estrada, A (McCarthy), 118
Estrella, Miguel Ángel, 151
eugenia, 423
Evangelos, Kathy, 51-2
"Every Noise at Once" (projeto),
140, 143, 148n
evolução, 240
exercício de escolha forçada, 17
expectativas, 54-6, 58, 60-1, 63-4,
66, 97, 100, 115, 326, 328
experimento "Qual é o seu
estereótipo?", 137
exposição, 71, 73, 153-5, 158, 202,
204-5, 212, 379, 401
Exposição de Cães de Westminster,
252
expressionismo abstrato, 197, 200
extrato de baunilha, 298
Eysenck, Hans, 180

Facebook, 14, 131, 133, 135, 138,
264, 329, 371, 417
fadiga de museu, 175
Família Soprano (programa de TV),
91, 379
familiaridade, 229, 234, 328, 379
"Fancy" (canção), 260

Farace, Nancy, 301
Fargo (filme), 80
Fechner, Gustav, 190, 192, 389-90
FedEx, logotipo da, 291
Feira Mundial de Chicago (1893),
19
felicidade, 266
"fenômeno azul sete", 13
Ferrari, 23
Festinger, Leon, 43
Festival da Canção Eurovision, 274
Field Notes, 42
Filipe IV, rei da Espanha, 185
Firefly, 123
Firmenich, 253
Fisher, Vickie, 287-8, 425
fisiologia do gosto, A (Brillat-
-Savarin), 303
Fisman, Ray, 85, 421
"Fitter Families" (movimento), 423
Flaubert, Gustave, 328
Flickr, 86
Floyd, Jamie, 318-9, 322-3
fluência, 202, 206, 232, 328
fluência perceptiva, 153, 155, 157
Folgers, 46
fonógrafos, 144
fonte tipográfica, 197
Forer, efeito, 132
Forgotify, 144
Forgotten Faces, exposição, 212
Formal Theories of Mass Behavior
(McPhee), 260

440

França, 74, 130, 146, 271, 368
Frank, Michael, 213, 217-8
Frasch, Ronald, 229
Freud, Sigmund, 136
Frith, Simon, 140, 217
Fritz, Claudia, 26, 339
friulano, vinho tinto, 45
Frosted Flakes, 42
Fun (banda), 164
Furse, Charles Wellington, 212

gabar-se com humildade, 131
Gabriel, Peter, 158
Gale, Harlow, 189
Galton, Francis, 285
"Gangnam Style" (canção), 262
Garrick Club, 196
Gaskell, Elizabeth, 127
gato oriental de pelo curto, 272
gatos, 269, 271, 282-4, 286, 288-9
gatos birmaneses, 283
gatos bombaim, 283
gatos braquicéfalos, 287, 425
gatos chausie, 283
gatos Donskoy, 422
gatos Maine coon, 287
gatos munchkin, 425
gatos persas, 270, 272, 286-8, 425
gatos ragdolls, 270
gatos selkirk rexes, 270
Gehry, Frank, 232
Geiger, Theodor, 150
gêneros, 140-1

Gilbert, Daniel T., 40, 344
Gillette, Marianne, 296, 298, 300, 302, 309-10
Gilman, Charlotte Perkins, 229
ginástica artística, 276-7
gíria, 266
giro fusiforme, 196
Glass, Philip, 137
Glee (série de TV), 164
Godes, David, 113-4
Goffman, Erving, 87
Goldstone, Robert, 263
Gombrich, E. H., 243
Gómez Uribe, Carlos, 86, 88
Gomorra (filme), 94
Goodreads, 89n, 108, 115
Google, 81, 109, 122, 128, 130;
    índice Ngram, 128, 204, 219
Gore, Al, 86
gosto, 36, 115, 325, 329; adaptável,
    12; adquirido, 73-4; aleatoriedade
    e imprevisibilidade do, 246-68;
    Burke sobre, 11; comparação
    social e, 110-1; criação de grupos
    e, 245; discussões sobre, 136;
    efeito da exposição no, 153-4;
    especialistas em, 269-324; falar
    sobre, 293-311; indicadores do,
    130; juízo de, 317; mudança de,
    12, 25, 223-68; previsibilidade
    do, 83, 122-66; problema do
    autorrelato no, 85; "sinais" de,
    87; e sistema de classificação com

estrelas, 90; vitoriano, 127; *ver também* preferências

gosto musical, 134-49, classe e, 144; internet e, 258, 260; onivoridade em, 144, 146; unívoros em, 147-8

gosto, gostar, 135, 243, 326, 371

gostos adquiridos, 73-4

Gourmet, revista, 101

Goya, Francisco, 185

Grã-Bretanha, 74

grande Lebowski, O (filme), 94

gravidade final, 312

Great American Beer Festival (GABF), 311-2, 314-6, 318, 319, 321

Green Giant, 54

Greenberg, Clement, 170, 183, 405

Groupon, 104, 116

Guardian, jornal, 101

Guerra da Secessão americana, 52

Guerra Fria, 234

Guerra, Juan Luis, 154

guerreiro silencioso, O (filme), 94

Guggenheim, museu, Bilbao, 232

Guide to North American Birds (Audubon), 246

Guinness, cerveja, 321

Gureckis, Todd, 263

H&M, 131

Häagen-Dazs, 67

Haley, Bill, 146

"Happy" (canção), 260, 262

Hargreaves, David, 156

harmonia, 18-9

Harry e Sally: Feitos um para o outro (filme), 265

Harvard Club, 62

Harvey, James, 198

Havaí, 64

Heath, Chip, 242

heavy metal, 147

Heineken, 321

Helen Wills, Instituto de Neurociência, 189

Hendrix, Jimi, 250

Henrich, Joseph, 235, 239, 240n

Hensher, Philip, 175, 184

Heródoto, 224

heroína, 199

Herzog, Harold, 251

Hitchcock, Alfred, 80

Hitler, Adolf, 151

Hogan, Steve, 162, 164, 166

Holanda, 270

Holbein, Hans, o Jovem, 190-1

Holbrook, Morris, 158, 380

Holloway, Thomas, 223-4, 404

Homero, 212

Hook, Philip, 224

Horas de museu (filme), 184

horas, As (filme), 94

Horner, Victoria, 237-8

Hornsey, Matthew, 241

Horváth, Ödön von, 87

"Hotel California" (canção), 95

442

Hotel Ruanda (filme), 86-7

house music, 155

Housen, Abigail, 181

How to Spend It, suplemento, 127n

HP Labs, 112

Hubbell, Sue, 284

Huberman, Bernardo, 112

Hudson, Kenneth, 176

Hughes, Robert, 184

Hugo Boss, 253

Hume, David, 170, 192, 207, 209-10, 212, 214, 217-9, 222, 225-6, 398-9, 402

Hunch, 123-4, 126, 129-30, 132-3, 371; Decision Lounge da, 132-3; Prognosticador de Twitter, 132

Hyde, Robert, 49

"I Need a Girl (with a Car)" (canção), 144

"I'm Gonna Be (500 Miles)" (canção), 153

Ícaro, 168, 184

Iluminismo, 170

ilusão do fim da história, 227

iMac, 22

Imagine Dragons, 260

imitação, 235, 237-9, 244, 247, 268

impacto visual, 195

impressionismo, 203, 205, 224-5, 228, 240, 244

"In Your Mind" (canção), 155

India pale ale (IPA, cerveja), 313, 315

índice passional, 147

índices de audiência Nielsen, 189

"inferência bayesiana", 103

inflação das notas, 276

inflação linguística, 100n

Inglaterra, 71, 205-6, 243, 251, 255, 285, 295, 312, 314, 424

Inner Vision (Zeki), 193

inovação, 240; erros na música como, 249

Insane Clown Posse, banda, 148-9

Instagram, 24, 41, 86, 110, 131, 171, 266

instintos, 182

Instituto Max Planck, 237

insustentável leveza do ser, A (Kundera), 207

internet, 85, 93, 96, 101-2, 109, 123, 128, 130, 145, 258, 260, 266-7, 372

IPA preta (cerveja), 313

iPhone, 22

Iron Maiden, 137

ironia, 219, 402

iTunes, 142

Iyengar, Sheena, 119

James, Henry, 122

Japão, 34, 74

Jastrow, Joseph, 19, 336

Jefferson, Thomas, 174

Jehan, Tristan, 140

Jetten, Jolanda, 241
Jobs, Steve, 230
Jogos Olímpicos (Atenas, 2004), 276
John B. Pierce Laboratory (Universidade Yale), 73
Johnson, Samuel, 219-20
Jordan, Michael, 279
Journal of Feline Medicine and Surgeryn, 287, 425
juggalos, 148-9
juízo afetivo, 326
Julie (chimpanzé), 237
jurados, competição, 270-9, 312; extração de informações por, 291-2; jogo da 11ª pessoa e, 281; memória dos, 273-4; parcialidade e, 273-4, 276, 278; segurança dos, 291

Kandel, Eric, 170
Kandinsky, Wassily, 129, 411
Kansas State University, 289
Kant, Immanuel, 37, 80, 169, 181, 201, 207, 209, 316-7, 397
Kaplan, Peter, 20
Kellogg's, 42
ketchup, 26
Kidman, Nicole, 94
Kieran, Matthew, 206, 212
King, Silvia, 297
Kinkade, Thomas, 205-6, 209-10, 212, 222, 396, 399, 401

Kinks, 249
kitsch, 207, 217
Knight, Robert, 189
Kool-Aid, 69
Koons, Jeff, 173
Koren, Yehuda, 90
Korsmeyer, Carolyn, 36
Köster, E. P., 65, 301, 353
Kottke, Jason, 215
Kovács, Balázs, 115, 363
Kraft, 26, 51
Kraus, Brad, 318, 324
Kundera, Milan, 207, 396
Kunsthistorisches Museum, 184
Kushner, Rachel, 118

La Rana Dorada, cervejaria, 319
Laboratório de Percepção Visual e Estética (Palmer Lab, UC Berkeley), 17
Laboratório Interdisciplinar de Ciências Afetivas (Northeastern University), 171
lager, cerveja, 314-6
Lamere, Paul, 138, 141
lança-chamas, Os (Kushner), 118
Lance Armstrong Foundation, 243
Landers, Ann, 16
Lang Lang, 147n
Lanternas vermelhas (filme), 94
Lar sem teto (filme), 89
laranja (cor), 253

444

Lawless, Harry T., 300, 427
Lawrence, D. H., 80
Lawrence, Matt, 317
La-Z-Boy, 205, 222
Left Hand Brewing, 318
Lei Seca, 316
Leiden, Universidade de, 270
leite em pó, 26
"Lemons Never Forget" (canção), 165
Leskovec, Jure, 313
Leutze, Emanuel, 175
Lieberson, Stanley, 254-5, 287
Life Savers, 70
Lifetime Brands, 22
Linden, Greg, 81
língua inglesa, 248
língua japonesa, 267
linguagem, 40, 245, 266, 294, 300, 304, 327
línguas (humanas), 67
linguística, 17
lista de Schindler, A (filme), 88
Liu, Hugo, 123, 125, 130-1, 133-4, 369
Lizardo, Omar, 146, 369, 373
Locher, Paul, 179, 181
Locke, John, 294-6, 304, 308
Loewenstein, George, 226-7, 345
Loewy, Raymond, 230, 247, 255
lois de l'imitation, Les (Tarde), 235
Londres, 127, 190, 212, 223, 228, 252, 424

Long, Edwin Longsden, 223-5, 228, 252
Longrois, Félicité, 187
Louvre, 174
Luca, Michael, 98, 103, 105
Lucas, George, 214
Ludlum, Robert, 226
Lyons, Leslie, 284

Madrigal, Alexis, 94
Maes, Pattie, 123
Making Sense of Taste: Food and Philosophy (Korsmeyer), 37
Malibu (rum), 74
maltodextrina, 75
manga, 300
Mann, Aimee, 152
marcas, 97
Margulis, Elizabeth Hellmuth, 153
Marius prisionnier à Minturnes (Drouais), 174
Mark, Noah, 146
Mason, Michelle, 211, 399
Match.com, 86, 124
Matthews, Dave, 138
Maxwell House, 322
McAuley, Julian, 313
McCarthy, Cormac, 118
McCormick, 296, 298, 301-2, 304, 308, 311, 313
McDonald, Glenn, 135, 138-40
McDonald's, 99
McGegan, Nicholas, 220

445

McPhee, William, 260, 415

memória, 39, 41, 43, 50, 160, 171, 304-5, 309-10, 328; dos jurados, 273-4

meninas, As (Velázquez), 185

mentir, 106

mercado de arte, 224

mercado de carros usados, 97

mercado eficiente, hipótese do, 98-9, 250

mercado matrimonial da Babilônia, O (Long), 223-5, 252, 404

metal (gênero musical), 143, 147

Metallica, 147n

Metropolitan Museum of Art (Met), 174-5, 177, 179, 187

Metropolitan Opera, 222

Michel, Jean-Baptiste, 248

Michelangelo, 191

Milgram, Stanley, 239

Millais, John Everett, 205-6, 212

Mills Brothers, 158

Minnelli, Liza, 213

Minnesota, Universidade de, 189, 359

Mirabile, Tom, 22

mit, 17, 64, 110, 130, 135

mit Media Lab, 123

moda, 126, 229, 238, 242, 254

"modelo neutro" das mudanças culturais, 250-1, 253-4, 256-8

Mojo ipa, cerveja, 314

Molanphy, Chris, 259, 262-3

Mondrian, Piet, 193, 391

Monell Chemical Senses Center, 31, 35, 66, 79

Monet, Claude, 203, 224

monotonia alimentar, 62, 64

Moore, Suzanne, 101

Moormann, Peter, 270-1, 273, 282-3, 286, 288

Morewedge, Carey, 160

Morris & Co., 127

Moskowitz, Howard, 62, 157, 302, 308-9

Moulin Rouge (filme), 94

Mudambi, Susan, 117

Mullan, John, 243

Musée d'Orsay, 203

Museu Nacional do Prado, 185

Museum of Bad Art (moba), 213, 217, 400, 402

Museum of Modern Art (MoMA), 213

museus, 172-87, 384

Music Box, 155

música chinesa, 216

música country, 147

música dance, 164

música dance inteligente, 139

música gospel, 147

música pop italiana, 25

música techno, 164

música, erros como inovação na, 249

446

Mussweiler, Thomas, 276-7, 279, 420

"My Ding-a-Ling" (canção), 156

Myerscough, Paul, 104

n+1, revista, 148

Napoleão I, imperador da França, 52, 187

Napoleon Dynamite (filme), 94

nasa, 56

Natick, Massachusetts, Centro de Pesquisa, Desenvolvimento e Engenharia do exército dos EUA, 51-2, 54-5, 59, 61-2, 64, 66

National Bureau of Economic Research, EUA, 98

National Gallery, 196

Nauman, Bruce, 169

náusea, 38-9

negligência com a duração, 50

neofobia, 30

Netflix, 80-94, 110, 116, 119, 123, 236, 360-1; prêmio de otimização da, 82, 84, 91; sala *Top Gun* da, 83

neuroestética, 192, 197, 208, 390

NeuroFocus, 188-9

New Order, 140

New York Review of Books, 145, 373

New York Times, 30, 89, 190, 256, 286

New Yorker, 231, 359

Ngram, 128, 204, 219

Nietzsche, Friedrich, 9, 170n

Nine Inch Nails, 231

Ninkasi Brewing, 318

No Depression, revista, 142

"nobrow", 374

Nochlin, Linda, 183, 215

Noessel, Chris, 281

noite alucinante, Uma (filme), 81-2

Noite estrelada (Van Gogh), 18

Noivo neurótico, noiva nervosa (filme), 80

nomes de bebês, 254, 256-7, 263-4, 415

"normcore" tendência antimoda, 242

Norte e sul (Gaskell), 127

North, Adrian, 143, 156

Northeastern University, Laboratório Interdisciplinar de Ciências Afetivas da, 171

Not by Genes Alone (Boyd e Richerson), 236

Nova York, NY, 29, 62, 102, 123, 174-5, 239, 265, 267

Novak, David, 58

novidade, 25, 229-31, 234, 243, 287, 328

números, 13, 15

Nussbaum, Emily, 219

O'Brien, Edward, 89

objetos de sabor, 74

odor, 310

odor de macho inteiro, 32, 341
"Of the Sublime" (Burke), 290
Ofélia (Millais), 212
OkCupid, 86, 132
olfato, 67
olhar da época, 185
Oliver, Garrett, 56, 312, 314, 323
Omnivorous Mind, The (Allen), 40
onívoros, 30
opioides, 199
Oregon, 233, 323
Ortega y Gasset, José, 101, 129, 180, 264-5, 267, 385
Orwell, George, 72, 162, 218-9
Osmond, Donny, 156
Our Cats and All About Them (Weir), 284
Ovídio, 210

Pabst Blue Ribbon, cerveja, 315, 320-3
padrões, 283, 286-7, 289, 291, 311, 313
paladar, 31, 36, 294
Palmer, Stephen, 17, 19-20, 23
palmtop Newton da Apple, 230
Pança, Sancho (personagem), 303
Pandora, 85, 123, 151-2, 161-2, 164-5; Projeto Genoma Musical do, 152, 161
Pangborn, Rose Marie, 306
Pantone, 253
papaia, 300

paradoxo da publicidade, 115
parcialidade, 325; em avaliações, 273-4, 276, 278; *ver também vieses específicos*
Paris, 52, 212, 269, 282, 286, 288, 313
Parrish, Maxfield, 212
Pascal, Blaise, 41
"Passionate Kisses" (canção), 142
Pavement, banda, 137
Payne, Alexander, 129
Pelchat, Marcia, 66-8, 70, 73, 75
Penicillin (coquetel), 57
Peppiatt, Michael, 195
Pepsi-Cola, 58, 126, 354, 378, 430
percepção top-down, 170
período vitoriano, 127, 224-5, 285, 404
persuasão, 244
pessoas mestiças, 327, 376
Peterson, Richard, 144, 147
Pharrell, 260, 262
piercings, 241
Pink Floyd, 142
Pink Moon (álbum), 156
pintura como arte, A (Wollheim), 174
Pitchfork, publicação, 164
Pixies, 210
Planeta Terra (documentário), 188
Plano 9 do espaço sideral (filme), 218
Playboy, 426

Please Please Me (álbum), 156
Plummer, Joseph T., 308, 430
Pohlmann, Andrew, 188
Pollan, Michael, 158
Pollock, Jackson, 197, 208, 393
Popper, Karl, 171
Pop-Tarts, 54
popularidade, 93, 228, 231, 257,
   263-4; duplo risco da, 260, 262
popularidade de raças caninas,
   251-2
porcos, 290
Portlandia (série de TV), 233, 235,
   245
Pradeep, A. K., 189
prazer, 70; desconfiança do, 169
prazeres culpados, 87, 220-2, 404
Precisamos falar sobre o Kevin
   (Shriver), 257
prediletos, 9-10, 13, 15
preferência de cor, 18-20, 22, 253,
   336
preferências, 325; arte e, 18-9;
   bebês e, 11, 19-20, 31-2; ciclo
   de realimentação nas, 23-4;
   degustação de, 26-7; escolha
   e, 12, 347; fragilidade das, 16;
   internet como experimento
   constante sobre, 93; medição
   das, 57-66; por paisagens do
   mundo real, 199; tipos de, 10-1;
   ver também gosto, *preferências
   específicas*

preferências alimentares, 20, 26,
   29-79, 157, 332; aversões tão
   intensas quanto, 33-4; aversões
   viscerais nas, 38-9; cores nas,
   58; de bebês, 31-2; expectativas
   nas, 52-3; exposição nas, 71, 73;
   frequência de escolha nas, 35;
   importância do contexto nas,
   64-5; mudanças nas, 42-3; olfato
   nas, 67; papel da cultura nas, 73,
   75; papel da escolha nas, 44-5;
   saciedade sensorial específica
   em, 47, 49; sensibilidade
   biológica nas, 32-3; variedade
   nas, 42-3
preferências categóricas, 10
preferências comparativas, 11
preferências congênitas, 11
preferências construídas, 11
preferências contextualizadas, 10
preferências estéticas, 25
preferências imotivadas, 16
prêmios, 115, 117
Prescott, John, 74, 75
pré-sentir, 40
Pretty Hate Machine (álbum), 231
pretzels, 298
Primeira Guerra Mundial, 257
princípio maya (mais avançado,
   porém aceitável), 230, 247, 255
Pringles, 299
problema da conversa fiada, 85
problema da ovação, 365

449

problema da Popularidade no
  Colégio, 228
problema de partir do zero, 139
problema do autorrelato, 85
problema do frango ao limão, 97
problema do limão, 97
problema *Napoleon Dynamite*, 82
problema *Um sonho de liberdade*, 93
processamento estético, 181
Proclaimers, banda, 153
proeminência, 227-8
Prognosticador de Twitter, 132, 134
Projeto Genoma Musical, 152, 161
propaganda, 189
psicofísica, 59, 190
Psicose (filme), 80
pulseiras Livestrong, 242-3, 245
"Puppy Love" (canção), 156

qualia, 322
Quartermaster Food and Container
  Institute, 59
quatro estações, As (Vivaldi), 137
queijo Limburger, 68

rádio, 162, 263
rádio pública dinamarquesa, 150
"Radioactive" (canção), 260
Radiohead, 139
Rafael, 191, 207
Rambler, The (Johnson), 219
Rancière, Jacques, 151, 375, 380
rap, 147

rap-rock "horrorcore" (gênero
  musical), 148
Rapsódia húngara, (Liszt) 128
RateBeer.com, 313, 320
ratos, 37, 69, 76
Ravel, Maurice, 18, 128
Ray-Ban, 126
rebelião das massas, A (Ortega y
  Gasset), 101, 264
reclamações, 96, 361
recomendações, 92-4
"Recuperação de Informações
  Musicais", 140
rede de modo padrão, 201-2
redes (negócios), 97-8
redes sociais, 96, 110, 261, 266
Reed, Danielle, 35
reflexo gustofacial, 32
refrigerante de laranja, 308
regra dos terços, 18
Reichl, Ruth, 101
Rembrandt, 175
remorso do comprador, 43
Renascença, 195
Renoir, Pierre-Auguste, 129, 203,
  224
Renshaw, Samuel, 307
republicanos, 21, 142, 241, 336
resenhas, on-line, 95-121, 236,
  360, 366; avaliações úteis em,
  109; despotismo mesquinho e,
  104-5; distribuição em forma de
  J em, 108; efeito dos prêmios

450

sobre, 115, 117-9; falsas, 105-6; problemas em relação a, 107; viés da influência social nas, 110-2, 114; viés positivo em, 108

ressaca, A (filme), 88

restaurantes, 29-30; Yelp e fatia do mercado dos, independentes, 98

retângulo áureo, 192

Retrato de uma jovem (Vermeer), 177

Review Skeptic, 107

RevMiner, 100n

Richerson, Peter, 236, 240

Ridgway, Jason, 298, 309-10

Riesling, 305

Rigoletto (ópera), 222

rituais, 172

Ritvo, Harriet, 285, 286, 424

Robinson, Edward S., 177

"Rock Awhile" (canção), 249

Rolling Stones, 166

Romantics, banda, 231

rosa (cor), 22

Rose, John, 295

Ross, Sean, 263, 373

Rossetti, Dante Gabriel, 127

rostos humanos, 194-6

rottweilers, 252

Royal Academy, 224

Rozin, Paul, 30, 34, 37, 41-2, 50, 67, 79, 151, 158, 331

Rua de Paris, dia chuvoso (Caillebotte), 203

Rubin, Rick, 231

Ruffles, 49

Rush: Beyond the Lighted Stage (filme), 159

Ruskin, John, 224

Russell, Kent, 149

Rússia, 288, 326

sabor de tomate, 297

sabores, 67, 73, 296-7, 299

sabores que servem de bodes expiatórios, 70

saciedade, 157, 163

saciedade sensorial específica, 47, 49

Sacks, Harvey, 96

Saks Fifth Avenue, 229

salgado, 67

Salganik, Matthew, 262, 416

Salon International du Chat, 270-1, 273

Sam Adams, cerveja, 321

Sand, George, 187

Sandler, Adam, 81

Schafer, Murray, 307

Schindler, Robert, 158, 380

Schloss, Karen, 20

Schoenberg, Arnold, 18

Schuff, David, 117

Schumpeter, Joseph, 229

Scientific Monthly, 175

Scruton, Roger, 136

Segunda Guerra Mundial, 307

Segurança de shopping (filme), 91
Seinfeld, Jerry, 47n
sensação bucal, 33
serviços de streaming de músicas, 138-9
sete (número), 13-4
setor de serviços, 104
Seuss, Dr., 234, 244
Shaftesbury, Lorde, 170n
Shanteau, James, 289-91, 313, 319
Shapin, Steven, 294
Sharkey, Amanda, 115
Sharot, Tali, 44, 346
Shelley, James, 211
Sideways (filme), 65
Sierra Nevada Pale Ale, cerveja, 315
Silva, José, 113-4
Silver Lambkin (gato persa), 286
Simester, Duncan, 105, 107
simetria, 195
Simkus, Albert, 144
Simmel, Georg, 126, 238, 242, 244, 408
sinalização, 102, 131, 242
sinalização de identidade, 242
síndrome de Stendhal, 185
Sisley, Alfred, 224
sistema de classificação com estrelas, 82-94
sistemas de recomendação algorítmica, 80-95
sites de namoro, 248
"Sledgehammer" (canção), 158, 380

Small, Dana, 73, 75, 358
Smarties, bala, 49
Smith, Adam, 238
Smith, Barry, 306
Smith, Jeffrey, 174, 187, 196
Smith, Louis, 276
"Smoke Rings" (canção), 158, 380
sobreajuste, 93
sobrevivência dos mais aptos, 240
Soltando os cachorros (filme), 252
Somm (documentário), 303
sommeliers, 305-6
sonho de liberdade, Um (filme), 93
Sonhos de um sedutor (filme), 87
Sontag, Susan, 217, 219
Sony, gravadora, 141
South Park (programa de TV), 159
Special K, 42
Spielberg, Steven, 91
Spin, revista, 148
"Spirit of Radio" (canção), 159
Spotify, 85, 135, 144
Stack, Martin, 316
Stanley, Bob, 155
Stendhal, 215, 219
Sterren Dansen op het Ijs (programa de TV), 271
Stigler, George, 11
Stiller, Ben, 160n
Stone, Matt, 159
Stradivari, Antonio, 26
Strangers to Ourselves (Wilson), 27
Strauss, Johann, 220

Subaru, 114
Sublime inspiração (filme), 80
sublinhar (as características do
  gato), 287
superdegustadores, 399
Swamp Picnic (Cate), 213
Sydney Opera House, 231, 232
Szczesniak, Alina Surmacka, 34

Tácito, 210
Taco Bell, 252
Taiwan, 74
Tanaka, James, 292
taquistoscópio, 179
Tarde, Gabriel, 235, 407
Taste Matters (Prescott), 74
Tate Britain, 175, 187, 206, 212
tatuagens, 405
Taylor, Marjorie, 292
Taylor, Richard, 197
temperos, 296
tempo de olhar, 19
teoria da mente, 334
teoria da valência ecológica, 20
teoria dos jogos, 234
teóricos da escolha racional, 12
terpineol, 299
teste do delicado, 67
texturas, 34, 65
Thirer, Irene, 89
THX 1138 (filme), 214
tiazol, 297
Ticiano, 191, 196

Tinka (chimpanzé), 236
Tolstói, Leon, 119
tomates, 34, 342
Touboul, Jonathan, 234
Townshend, Pete, 250
trabalho afetivo, 104
transtornos obsessivo-compulsivos,
  15
TripAdvisor, 95, 98, 103, 105, 108,
  236, 266, 363
Trivers, Robert, 87
Tsien, Jennifer, 126, 368
Turner, J. M. W., 175
Tuymans, Luc, 167-70, 173, 177,
  198
Tversky, Amos, 275, 279, 282, 288
Twitter, 132-3, 248, 267, 412

"Uma boa xícara de chá" (Orwell),
  72
umami, 67
Universidade Cornell, 35, 106, 109,
  203
Universidade de Nova York, ArtLab
  na, 199
Universidade Estadual de Ohio, 307
Universidade Harvard, 98, 254
Universidade Yale, 177; Laboratório
  John B. Pierce na, 73
unívoros, 147-8
USA Today, 126
Utzon, Jørn, 232, 240
uvas verdes, 12-3, 332

van Gogh, Vincent, 18
Van Halen, 210, 226,
Van Riper, Walker, 285
vanilina, 26
variedade, 42, 47, 63, 65, 345, 353
Veblen, Thorstein, 87, 414
Velázquez, Diego, 185
Velvet Underground, 314
verdade inconveniente, Uma (filme), 86
vergonha, 221
Vermeer, Johannes, 177, 179, 182, 385
Vessel, Edward, 199, 200, 202
via visual ventral, 199
Viagem alucinante (filme), 94
Victoria, rainha da Inglaterra, 223, 286
vídeos por streaming, 84
viés da dificuldade, 276
viés da diversificação, 345
viés da influência social, 110-2, 114
viés da seletividade histórica, 233
viés da similaridade, 277-8, 282
viés da verdade, 106
viés de projeção, 226
viés de retração, 88
viés do número inteiro, 89
viés do prestígio, 244
viés positivo, 108, 110-2
viés seletivo, 91
Vigilantes do Peso, frango com manjericão e tomate fabricado pela Heinz, 43

vinho, 45-6; especialistas em, 306
vinho de Napa Valley, 326
vinho italiano, 326
violinos, 26-7, 339
virgem do burgomestre Meyer, A (Holbein), 190-1
Vivaldi, Antonio, 137
vodca, 327
von Hippel, William, 87

Walker, Rob, 320
Walton, Kendall, 216
Wansink, Brian, 35
Warhol, Andy, 173, 198, 390
Washington cruzando o rio Delaware (Leutze), 175
Watts, Duncan, 261, 416
"We Are Young" (canção), 164
Weber, Max, 114
Weir, Harrison William, 284
Wenzel, Christian, 317
Westergren, Tim, 151-2, 161, 163
"What I Like About You" (canção), 231
Whedon, Joss, 223
White Castle, 323
White Stripes, 148
Whiten, Andrew, 237, 238
Whitman, Brian, 137, 139, 142-3, 146, 153
Whitney Museum, 185
Wigley, Mark, 232
Wilde, Oscar, 229

Wilk, Richard R., 243, 371
Williams, Lucinda, 141
Wilson, Carl, 133
Wilson, Timothy, 27, 40, 60, 227, 344
Wired, 126, 230
Witherly, Steven, 49
Wittgenstein, Ludwig, 186
Wollheim, Richard, 174, 177
Wood, Ed, 218
Woodstock, festival de música de, 160
Woolf, Virginia, 68
Wowee Zowee (álbum), 137
Wu, Fang, 112
Wundt, Wilhelm, 59, 340

Yakovlev, Evgeny, 326
Yellin, Todd, 83-4, 86-7, 91, 93-4, 110, 361
Yelp, 24, 98, 101-3, 105, 108, 116, 119
"Yesterday" (canção), 260, 263
"You Really Got Me" (canção), 249
Your Hit Parade (programa de rádio), 157
YouTube, 24, 108, 262

Zaidel, Dahlia, 195
Zajonc, Robert B., 71, 154, 181-2, 186-7, 382
Zapruder, Michael, 162, 164, 380

Zeki, Semir, 192-3, 195-6, 215, 384, 391, 393
Zellner, Debra Z., 37, 39-40, 46, 49, 343, 347
Zervas, Georgios, 105

ESTA OBRA FOI COMPOSTA PELA ABREU'S SYSTEM EM INES LIGHT
E IMPRESSA EM OFSETE PELA LIS GRÁFICA SOBRE PAPEL PÓLEN SOFT DA
SUZANO PAPEL E CELULOSE PARA A EDITORA SCHWARCZ EM MARÇO DE 2017

A marca FSC® é a garantia de que a madeira utilizada na fabricação do papel deste livro provém de florestas que foram gerenciadas de maneira ambientalmente correta, socialmente justa e economicamente viável, além de outras fontes de origem controlada.